한국 유료방송 산업정책론

한국 유료방송 산업정책론

초판 1쇄 인쇄　2020년 6월 23일
초판 1쇄 발행　2020년 6월 30일

지 은 이　이상식
펴 낸 이　신일희
펴 낸 곳　계명대학교출판부
출판등록　제347-1998-1호(1970. 9. 1)
주　　소　대구광역시 달서구 달구벌대로 1095
대표전화　053-580-6233
팩　　스　053-580-6235
홈페이지　www.kmupress.com

ISBN 979-11-6516-047-0 93070　정가 23,000원

• 이 도서의 국립중앙도서관 출판예정도서목록(CIP)은 서지정보유통지원시스템 홈페이지(http://seoji.nl.go.kr)와 국가자료종합목록 구축시스템(http://kolis-net.nl.go.kr)에서 이용하실 수 있습니다. (CIP제어번호 : CIP2020025287)

이 저서는 2016년 정부(교육부)의 재원으로 한국연구재단의 지원을 받아 수행된 연구임
(NRF-2016S1A6A4A01020141)

한국 유료방송 산업정책론

이상식

계명대학교출판부

머리말 Preface

지난 사반세기는 국내 방송 역사에서 매체 환경이 급변한 과도기로 평가할 수 있다. 그 변화의 중심에 유료방송이 존재한다. 그동안 유료방송이 급성장하면서 논의가 활발하게 전개되었으나, 유료방송을 총체적이고, 체계적으로 정리한 전문 학술도서나 역사서가 국내에서 별로 없다.

케이블TV, 위성방송, IPTV, OTT에 이르기까지 시기별로 정리해 놓은 책은 발간되었지만, 특별한 사관(史觀)이 없이 연대기적 서술에 머문 한계가 있었다. 다양한 주제들을 이론적인 분석 틀이 없이 정리하였다는 점에서 아쉬움이 있는 책도 있었다.

이 책은 유선라디오방송에서부터 종합유선방송, 위성방송, IPTV 그리고 스마트TV까지 망라하여, '산업 정책'의 관점에서 유료방송의 역사를 정리하였다는 점에서 기존 방송 역사서와 차별성을 가진다. 정책사와 같은 특별한 시각에서 매체를 다룬 역사서는 드물다는 점에서 이 책의 의미가 있다. '방송 정책사'라는 관점에서 유료방송을 조망함으로 방송 역사 연구의 지평을 넓히는 데 조금이나마 기여할 수 있다면 다행이다.

국내 유료방송은 외국과 다른 특수성을 지닌다. 시장 규모가 절대적으로 작은 데 반해, 수많은 경쟁 사업자들이 과당 경쟁을 벌이는 상황에서 일종의 정책 실험이 이루어져 왔다. 과연 이러한 실험이 시장에서 어떠한 효과를 나타내고 있는지를 규명하는 작업은 나름 의미가 있다고 생각된다.

이 책은 총 8부로 구성되어 있다. 제1부 서론에서 연구 목적, 연구 방법, 시대 구분에 대해 설명하였다. 제2부에서는 최초의 유료방송인 중계유선의 기원과 전개에 대해 간략하게 살펴보았다. 제3부는 종합유선방송과 중계유선방송 경쟁 시기를 다루었다. 제4부에서는 종합유선방송과 위성방송 경쟁 시기를 다루었다. 제5부에서는 디지털 유료방송의 무한경쟁 시대를 다각적으로 깊이 분석하였다. 제6부에서는 시장 행위에 대해 설명하였다. 제7부에서는 시장 성과에 대해서 다루었다. 제8부에서는 종합적 결론을 내린 후, 유료방송의 미래를 전망하였다.

이 책은 유료방송 정책과 산업에 대해 비교적 체계적이고, 자세하게 소개하고 있기 때문에 현업 종사자들이 총체적으로 유료방송을 이해하는 데 도움이 될 것이다. 아울러, 학생들의 경우 유료방송 전반과 방송·통신 융합 정책을 이해하는 데 도움이 되길 기대한다.

이 책이 나오기까지 적지 않은 조직과 개인들로부터 도움을 받았기에 감사를 표한다. 다행스럽게, 직·간접적으로 정책 수립, 인허가 심사위원으로 참여할 수 있었다. 새로운 방송국 탄생의 과정을 보고, 재허가 심사를 통해 성장과 문제점을 파악할 수 있었다. 수많은 정책 토론회에서 새로운 자료에 접근할 수 있었고, 참여자들로부터 유익한 통찰력을 제공받았다.

방송위원회와 한국케이블TV협회, 방송통신위원회에서 정책 연구를 수행하고, 자문위원으로 참여함으로써 정책과 시장을 이해할 수 있었던 것은 소중한 경험이었고, 이 책을 저술하는 데 도움이 되었다. 이 지면을 통해 관계자들에게 감사의 마음을 전한다. 연세대 김영석 교수가 주도한 '디지털 미디어 연구팀' 교수들과 함께 했던 세미나는 넓은 안목에서 유료방송을 바라본 좋은 기회였기에 감사드린다.

이 책이 빛을 볼 수 있도록 지원해 준 한국연구재단에 특별히 감사드린다. 그동안 유료방송 연구자들의 축적된 연구 성과에 힘입은 바 크다. 학계의 도움에 대해서는 너무 많아서 참고 문헌이나 각주로 감사 인사에 대신하고자 한다. 혹 출처를 제대로 밝히지 못한 부분에 대해서는 용서해 주시길 바란다.

종합유선방송 출범부터 유료방송을 연구한 것은 내게 행운이었다. 1990년대 초 박사학위 논문에서 케이블TV에 대해 관심을 갖기 시작한 이후 지속적으로 유료방송 주제에 대해 연구해 왔다. 한국 방송 역사에서 의미 있는 한 시대를 정리했다는 보람과 후련함이 있지만, 본인의 게

으름과 능력 부족으로 아직도 만족스럽지 못한 부분들이 눈에 보여 아쉬움이 남는다. 독자들의 너그러우신 양해를 구한다.

사랑하는 나의 가족에게 감사한다. 아내 최선자는 늘 사랑으로 나를 챙겨주는 든든한 후원자이다. 애정과 감사의 마음을 담아 이 책을 아내에게 헌정한다. 예쁜 딸 로지는 내 삶의 활력소였고, 믿음직한 사위 경인을 얻어서 매우 기쁘다. 든든한 아들 남헌은 도표 작성에서부터 컴퓨터 작업에 어려움이 있을 때마다 큰 도움을 주었다. 두 자녀는 종합유선방송의 등장과 함께 이 세상에 태어나 유료방송의 성장과 함께 장성하였다. 다음 세대들이 좀 더 나은 매체 환경 속에서 살아갈 수 있기를 소망한다.

COVID19 사태 속

아름다운 계명동산 연구실에서

이 상 식 sahangshiklee@gmail.com

목차 Contents

제1부

서론

1. 목적
2. 방법
3. 시대 구분
4. 유료방송 개념

제1부

서론

1. 목적

우리나라에서 유료방송이 1950년대 말 시작되었으니 유료방송의 역사는 60년이 넘는다. 국내 방송 역사에서 본격적으로 새로운 매체인 유료방송이 도입된 1990년대부터 2000년대 그리고 2010년대에 이르는 시기는 과거 어느 때보다 격변의 과도기로 평가할 수 있다. 특히, 1995년 국내 최초 뉴미디어로 평가받은 종합유선방송의 도입을 시작으로, 2002년 디지털 직접위성방송, 2006년 지상파DMB와 위성DMB, 그리고 2009년 IPTV가 도입됨으로 인해 다채널 유료방송이 거의 시차를 두지 않고 속속 도입되었다. 사반세기 기간 동안 유료방송의 영역은 크게 확대되었고, 유료방송은 완전히 자리를 잡았다.

이 시기에 각종 다양한 스마트TV 등의 새로운 유료방송들이 경쟁을 가속화시켰다. 2005년 아프리카TV를 필두로 해서, 2010년 Tving, 2012

년 Pooq, 에브리온TV 등의 OTT(Over The Top) 사업자가 가세하였다. 2016년 Netflix까지 국내 진출하면서 유료방송 시장에서 과당 경쟁이 발생하였다. 1995년 이후부터 2020년까지 이 기간은 우리나라 방송 역사에서 매우 중요한 시기이다. 유료방송이 도입되어 자리를 잡아 나가는 시기이다. 국내 방송계의 외연은 확장되었지만, 내적으로는 여러 측면에서 혼돈 상황이 지속되었다.

매체 기술은 급속하게 발전하고, 매체 시장은 급변하는 데 반해 관련 법 제도는 시의적절하게 뒷받침되지 못했다. 특히 유료방송의 복잡한 속성으로 인해, 실타래처럼 얽혀 있는 방송 사업자들 간의 복잡한 이해관계를 해결하는 것이 더욱 어려워지고 있다. 국내 작은 규모의 방송 시장 규모를 고려할 때, 너무 많은 방송사업자가 출현하여 제로섬 게임(zero sum game)이 불가피하였기 때문이다.

매체 산업이나 정책의 측면에서, 유료방송은 무료 지상파방송과는 비교할 수 없는 차별적 특성을 지닌다. 유료방송의 등장 이전까지만 해도 '매체정책'이나 '매체산업정책'은 거의 관심의 대상이 되지 않았다. 독점 시대에 지상파방송사들은 가입자 확보나 광고 영업을 할 필요가 없었다. 제작과 전송 부문의 수직적 결합이나 수평적 결합으로 인한 폐해도 그다지 문제시되지 않았다. 가입자나 광고 확보를 위한 경쟁이 그렇게 심하지 않았기에 사업자 간의 불공정 경쟁 행위도 별로 없었다. 다만, 공공성이나 공정성과 같은 사회문화적 차원(예를 들면, 프로그램의 독립성, 폭력성, 선정성 등)에 관한 규제가 주된 논란의 중심에 있었다. 매체 정책, 채널 정책, 나아가 주파수 관리 정책 등은 관심의 사각지대에 있었다.

국내에서 다채널, 유료 서비스를 제공하는 케이블TV가 유료방송으로 처음 등장하면서 그 양상은 달라졌다. 유료방송에 대한 산업정책의 중요성이 부각되었다. 유료방송들은 무료 지상파방송과는 전혀 다른 새로운 가치 사슬(value chains)을 창출하였기 때문이다. 제작, 플랫폼, 네트워크, 단말기 등의 각 가치 사슬에서 경쟁이 발생하였고, 경쟁 정책이 어느 때보다 더 요구되었다.

새로운 유료방송 매체의 확산 과정을 살펴보면, 몇 가지 주요 특성이 나타난다. 대부분의 국가에서 발견되는 보편성과 함께, 국가별로 독특한 특수성이 나타난다. 대표적으로 새로운 매체인 케이블TV의 탄생과 성장 과정에서 공통적 특징이 명확하게 다음과 같이 단계적으로 나타난다. 첫째, 지상파 방송 신호 수신이 어려운 지역을 중심으로 신호를 재전송하기 위해 자연 발생적으로 등장한다. 둘째, 다양한 전문 채널들이 나타나서 '종합편성' 위주의 지상파방송에 대응하는 '전문 편성' 매체로 성장한다. 셋째, 케이블TV망을 통해 초고속 인터넷 서비스를 제공하면서 통신 사업으로 영역을 확장한다.

이상과 같은 해외 주요 국가들에서 일반적인 케이블TV 진화 과정이 우리나라 유료방송의 역사에서도 발견되지만, 우리나라 나름의 고유한 특성도 발견된다. 외국의 자연 발생적 성장과는 달리, 우리나라 케이블TV는 정치적 요인에 의해 인위적으로 도입되고, 정책적 요인의 영향에 의해 확산되는 경향을 보인다는 점이다. 케이블TV뿐만 아니라, 위성방송, 지역민방과 같은 다른 방송 매체의 도입 결정 역시 비슷하다. 이상의 모든 방송 매체가 대통령 공약에서 정치적으로 도입 논의가 시작되었다.

IPTV의 경우도 예외가 아니다. 정부가 일자리 창출을 위해 정책의 일환으로 IPTV 도입을 적극적으로 추진하였다. 협소한 국내 시장에서 시차를 별로 두지 않고 등장한 경쟁 사업자들은 사활을 건 경쟁이 불가피하였다. 새로운 경쟁 매체들이 시장에 진입할 때마다 시장은 소용돌이에 휩싸였다. 도입을 주도한 감독자인 정부는 이해 당사자 간의 갈등을 조정하기 위해 시간이 지남에 따라 보다 강력한 조정자로서 역할이 요구되었는데, 과연 정부는 어떠한 역할을 했는지에 대해서 살펴보는 것이 의미가 있겠다. 바로 이러한 점 때문에 규제 정책, 경쟁 정책, 그리고 지원 정책과 같은 방송 산업 정책에 대한 이해가 요구된다.

세계 방송 시장과 정책은 급속하게 '구 질서'에서 '신 질서'로 재편되고 있다. 매체 기술의 융합(convergence)이 새로운 질서를 만들고 있다. 특히, 과거 아날로그 시대 만들어진 질서는 디지털 기술의 발전으로 인해 새로운 질서로 변화하고 있다. 국내 방송 시장 상황도 예외가 아니다. 구 질서기에는 각각의 기술과 매체가 나름대로의 차별적 목적을 지니고 있었다. '융합'의 결과 나타나는 새로운 질서하에서는 모든 뉴미디어와 통신 서비스들이 상호 연결되어 있다. 기술과 정책 변화를 다루기 위해 통합 정책이 요구된다(Yaron Katz, 2005, p.2). 기술 혁신과 탈규제 정책, 그리고 경제·사회적 변화가 방송 정책의 근본적인 변화를 불가피하게 만들고 있다.

세계화, 탈규제화, 자유화, 융합화, 디지털화와 같은 변화의 주요한 흐름은 우리나라를 포함한 선진국들의 모든 매체 시스템에 영향을 미치고 있다. 방송, 기타 방송계 뉴미디어, 그리고 통신 분야 전체를 아우르는 종합적인 정책 수립의 필요성을 더해 주고 있다. 이 결과, 적지 않은 국가들이 일찍이 매체 분야의 독점을 해체하고, 민영화(privatization)를 추진해 왔다. 과거 매체 정책은 도전을 받게 되었고, 정책 결정자들은 새로운 매체 정책을 위한 패러다임을 모색해 오고 있다(Jan van Cuilenburg & Denis McQuail, p.181). 아울러, 자유 시장이라는 공통된 목표를 향해 나아가고 있는 특징도 나타난다.

세계에서 우리나라의 유료방송 보급률은 케이블TV가 도입된 초기 2002년 기준으로 세계 9위를 기록하였다. 케이블TV와 위성의 보급률이 54.6%에 불과했던 2002년도 기준으로 전 세계 시장에서 2.1%를 차지하였다(IDATE, 2004). 위성방송의 도입 초기인 2004년 기준으로 우리나라의 유료방송 가입 비율은 2년만에 83.5%로 크게 증가하여 높은 보급률을 보였다. 그리고 IPTV가 정착하는 2016년 들어 유료방송 가입 비율은 90%에 달하였다. 해외 주요국들의 유료방송 가입 비율(미국 84%, 영국 58%, 일본 80%)과 비교할 때, 상대적으로 매우 높다(미래창조과학부, 2016). 한편, 흥미롭게도 유료방송 가격은 2014년 기준으로 7.9US$, 로 미국(72.9US$), 호주(67.9US$), 영국(52.3US$), 프랑스(27.4US$), 일본(15.5US$)보다 낮고, OECD 회원국 평균 33.0US$에 비해 현저히 낮아 좋은 대조를 보인다(OVUM, 2014). 2020년에도 사정은 비슷하다.

우리나라의 매체 여건은 다매체·다채널이 성장하기에 그리 좋지 않다. 일반적으로 다매체·다채널이 발전한 국가들을 보면, 다양한 언어, 민족과 인종, 문화가 존재하거나 아니면 방송 시장 규모가 큰 국가들이다. 우리나라는 단일 언어, 단일 민족인데다 하부 문화가 다양하지도 않고, 인구 수도 5천만 명이 약간 넘는 작은 시장 규모이다. 그럼에도 불구하고, 유료방송 가입자 비율이 이렇게 높다는 점은 흥미로울 뿐만 아니라, 매체 경제학적으로 의미 있는 연구 대상이다.

국내에서 1995년 케이블TV가 선보이면서 진정한 의미에서 유료방송의 개념이 싹트기 시작했다. 하지만 지상파방송에 익숙하거나, 저렴한 비용으로 중계유선방송을 통해 지상파방송을 보는 것이 익숙한 상황에서 유료방송이 자리를 잡는 데 시간이 걸릴 수밖에 없었다. 방송은 무료로 혹은 값싸게 본다는 기존 통념이 유료방송의 도입과 보급에 큰 장애 요인이었다.

또한 무허가, 불법 등의 떳떳하지 못했던 과거 중계유선방송과 차별화시키고, 뉴미디어 방송으로서 사명을 갖고 전문편성이라는 새로운 서비스를 시작했지만 방송 환경은 녹록치 않았다. 서비스가 안착되기도 전에 IMF 외환 위기로 사업은 뿌리채 흔들렸다. 혼란과 침체의 기간을 거치고 2000년대 들어서야 케이블TV는 서서히 안정기로 접어들었다.

종합편성채널의 등장으로 방송 프로그램과 관련하여 변화도 있었다. 본격적인 다매체·다채널 시대가 열리게 된 것이다. 세계 최초로 시작한 위성DMB의 폐업 등 만만치 않은 사회적 비용도 지불했다. 방송과 통신이 융합하는 상황 속에서 유료방송은 2014년부터 케이블TV, 위성방송, IPTV 모두가 초고화질 UHD 방송을 상용화하는 등 기술 혁신을 거듭하였다. 고화질 디지털 방송으로의 이행으로 말미암아 전통적인 방송뿐만 아니라, 미디어 전 영역에서 새로운 흐름을 주도하게 되었다.

이러한 눈부신 유료방송의 기술적 발전과 산업적 외적 확장 이면에는 부침이 있었다. 사업자 수, 가입자 수, 경영 지표, 기업 가치, 법 제도 등 모든 면에 있어서 격변과 혼돈의 시기를 거쳤다. '황금알을 낳는 거위'로 기대받고 출범했던 케이블TV 산업이 IMF 경제 위기 시기에는 '황금알을 삼키는 거위'로 묘사되었다. 2000년 들어오면서 '황금알을 낳기 시작하는 거위'로 투자자들의 관심을 받게 되었지만, 2010년대 와서는 IPTV와의 경쟁에서 가입자들을 빼앗겼고, IPTV사에 흡수 통합되는 비운도 겪었다. 전통적인 유료방송 매체들은 향후 스마트TV와 사활을 건 경쟁이 예고되어 있어 미래가 그다지 낙관적이지 못하다.

유료방송을 에워싼 방송 환경은 급변하고 있고, 유료방송 환경에 영향을 미치는 요인들은 다양하다. IPTV 도입 이후 결합상품에 기반한 요금 할인 경쟁은 유료방송 시장 구조를 근본적으로 뒤흔들고 있다. 기술적으로 네트워크의 고도화, All-IP화 추세 등도 주요한 변화이다. 인터넷을 이용한 동영상 서비스들의 경우, 규제의 사각 지대에 있어 거의 규제를 받지 않는 제도적 이점을 가지고 빠르게 성장하고 있다는 점도 방송 시장을 위협하고 있다. 이용 행태의 변화 역시 주목할 필요가 있다. 1인 가구의 증가, 미디어의 개인화 등 N스크린을 통한 모바일 시청이나 VOD 이용이 증가하고 있는 상황은 전통적 방송의 입지를 어렵게 만든다. 이러한 국내 요인들 외에도, 국외 요인으로 한·중 FTA 발효 이후 나타나는 중국 자본의 콘텐츠 생산 요소 시장에 대한 진출도 빼놓을 수 없는 관심사이다. 이는 우리나라 콘텐츠 생산 기반에 위협적인 요인으로 작용할 가능성이 있다는 점에 주목할 필요가 있다(이종원, 김태오, 권용재, 2015).

이상과 같이 유료방송의 발전에 영향을 미치는 요인들은 매우 다양하고 복합적이다. 강대인은 방송 70년간 한국 방송을 관통하고 있는 주요 원리가 정치 권력과 자본이라는 두 축에 의해 분석되고 평가되어야 하며, 이를 반성하면서 미래 한국 방송의 좌표가 마련되어야 한다고 주장하였다(강대인, 1997, p.17). 한국 유료방송의 역사를 설명하는 데 있어서도, 이 같은 원리는 적용될 수 있겠다. 이 책에서는 '정치 권력'과 '자본' 혹은 '경제'라는 두 가지 대칭되는 주요 축을 '정부 정책'과 '시장'으로 간주한다. 두 요인 간의 관계 변화에 초점을 맞추기로 한다.

이 책에서 집중적으로 살펴보게 될 시기는 종합유선방송이 출범한 1995년 이후부터 2019년까지이다. 방송사적으로 볼 때 이 시기는 매우 중요하며, 다양한 의미를 지닌다. 무엇보다, 국내에서 유료 다채널 매체가 도입되어 정착된 시기이다. 중계유선방송과 종합유선방송의 경쟁 시기, 위성방송과 IPTV, 스마트TV가 도입되면서 다채널·다매체 시장에서 이종 매체 간 무한 경쟁 시기이다. 통신사업자들이 방송(IPTV) 영역에, 케이블TV가 인터넷 전화(VoIP) 영역에 상호 진입하면서 양자 간에 경쟁이 시작되는 시기이다. 기술적으로, 아날로그 방송에서 디지털 방송으로 방송 기술의 패러다임이 전환되는 시기이기도 하다.

정치·경제·사회문화·국제적으로도 격변의 시기였다. 이러한 시대적 요인은 유료방송 산업 정책에 직·간접으로 영향을 미칠 수밖에 없었다. 문민 정부, 국민의 정부, 참여 정부, 이명박 정부, 박근혜 정부, 문재인 정부의 정권 교체와 함께 민주화가 빠르게 진행되었다. 이 결과, 과거 어느 때보다 다양성과 국민의 참여가 강조되었다. 김대중 정부는 신자유주의 이념을 강조하면서, 자유화와 규제 완화를 통해 시장의 자율성 확대와 경쟁을 강화시켰다. 지방자치제도가 뿌리를 내리면서, 지역화가 강조된 시기이기도 하다.

국제적으로도 의미 있는 시기이다. OECD 가입과 IMF 관리 체제 그리고 FTA 협상을 통해 대외 개방이 가속화됨으로 국내 경제가 세계 체계 속으로 급속하게 편입된 시기이다. 국제화와 개방화 시대에 대응하여 국내 방송 산업의 경쟁력을 높일 시급성이 대두된 시기이기도 했다. 1990년대를 전후한 동구권의 몰락 이후 세계 질서의 구조는 글로벌화의 조류에 많은 영향을 받았다. 특히 우루과이라운드 타결을 전후하여 미국과 유럽, 일본을 중심으로 하는 경제 전쟁이 본격화되었고, 이후 중국까지 가세하였다. 이로 인해 세계 시장의 단일화 움직임이 활성화되었던 시기이기도 했다. 한편, NAFTA나 EU, APEC과 같은 지역별 블록화가 급속히 추진되어 세계화 추세 속에서 자국의 산업을 보호하고자 하는 움직임이 강하게 나타나던 시기이기도 했다. 즉, 세계화 추세 속에서 자국 산업을 보호, 육성하고자 하던 경향이 강하게 나타났다. 방송 산업도 이러한 세계적 흐름과 맥락을 같이하던 시기이다(조항제·방석호, 1995).

이 책의 의미는 방송 정책 역사에 대한 연구가 그다지 많지 않은 상태에서 방송 연구의 지평을 확대하는 데 기여할 수 있다는 점이다. 정윤식(2004)은 정책 연구의 지평을 다양화하는 차원에서 우리의 정책 연구도 한 시기에 집중되는 단기적인 연구가 아니라 역사학과 결합한 장기적인 정책 연구가 필요하다고 지적하였다. 국내 방송 정책 논문들을 분석한 결과, 방송 역사와 결부된 연구는 매우 적은 비중을 차지하고 있었다. 방송 정책 연구가 제대로 이루어지려면, 그 전에 방송 정책의 역사가 먼저 체계화될 필요가 있다. 그러기 위해서는 방송 정책 역사에 대한 연구가 보다 활성화되어야 할 필요가 있다(정인숙, 2007, p.16).

2. 방법

이 책에서는 유료방송 산업정책과 시장 간의 관계를 분석하기 위해 산업조직론(Industrial Organization)을 적용한다. 산업조직론은 정부 정책과 시장 간의 관계 규명을 위한 이론적 틀을 제공한다. 산업조직론은 시장 구조(Structure)-행위(Conduct)-성과(Performance)의 결정 요인 및 상호 간의 인과 관계와 이에 대한 정부 개입의 효과를 연구하는 경제학의 한 부문이다. 산업조직론은 미디어 경제학 연구에 유용한 수단이며 다양한 형태의 분석에 이론적, 실용적 유용성을 제공하는 것으로 평가 받아왔다(Levin, Meisel, 1991; Emmons, Prager, 1997; Ahn, Litman, 1997; Albarran, Chan-Olmsted, 1998; Li, Chiang, 2001; Oba, Chan-Olmsted, 2005; Schejter & Lee, 2007). 산업조직론이 지닌 설명력으로 인해, 국내 유료방송 산업을 설명하는 데도 꾸준히 사용되어 왔다(정회경, 1995, 1999; 이화진, 1998; Bae & Baldwin, 1998; 김국진, 주정민, 1998; 이인찬, 2000; 윤충한, 이인찬, 2001; 김대호, 김은미, 류춘열, 2001; 이상식, 2002, 2003; 권호영, 김도연, 2005; 전혜선, 2005; 황상재, 정영주, 2005; 공정거래위원회, 2006; 이상우, 2007; 여현철, 김재범, 이상식, 2009; 주정민, 2010; 여현철, 김영수, 2010; 김선미, 김성태, 2015).

이 책에서 다룰 연구 대상 시기는 중계유선의 시작부터이지만 집중적으로는 1990년대 종합유선방송 출범 이후부터 유료방송 간의 경쟁이 본격화되는 2010년대 말까지이다. 사반세기 기간이지만, 위성방송, IPTV, OTT 등과 같은 다양한 새로운 유료방송이 경쟁적으로 출범하였던 유료방송의 도입기와 정착기 그리고 개화기에 해당된다. 이 시기에 정책과 시장 구조, 시장 행위, 시장 성과들의 분석에 중점을 둔다. 구조 분석에서는 경쟁 구조, 수평적 결합, 수직적 결합 등에 대해 조망한다. 행위 분석에 있어서는 가격 및 제품 전략, 유료방송 플랫폼사와 프로그램 공급업체 간의 계약 전략, 지상파 재송신, 불공정 경쟁, 필수설비를 둔 갈등 등을 중심으로 살펴본다. 시장 성과는 경제적 성과와 사회·문화적 성과 그리고 기술적 성과로 구분하여 분석한다. (〈그림 1-1〉 참조)

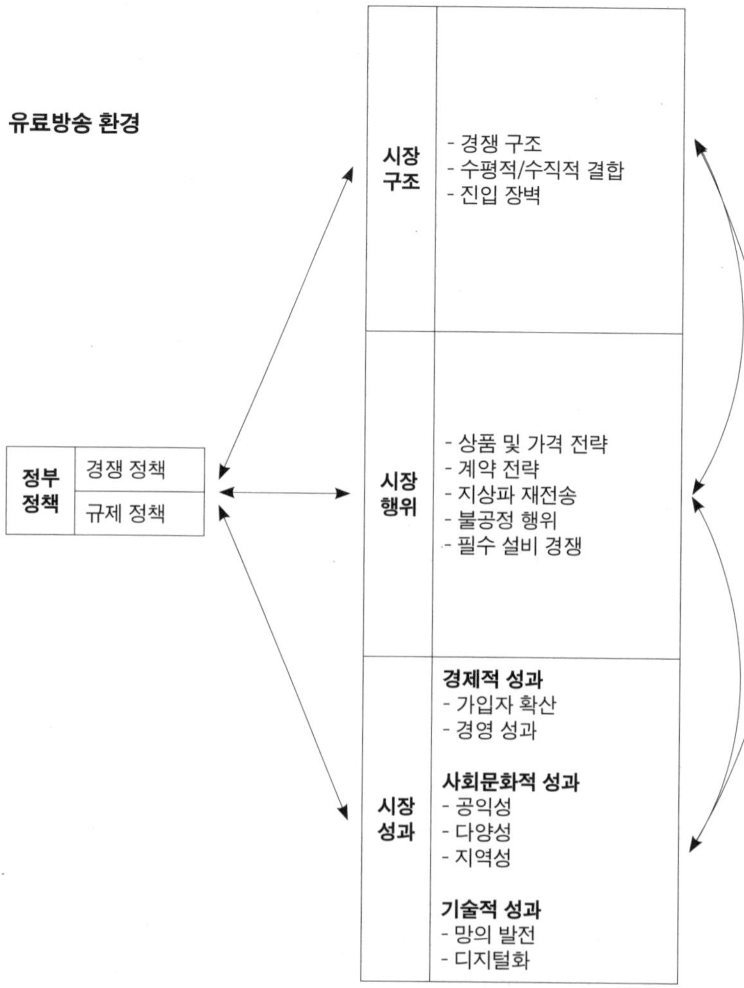

〈그림 1-1〉 유료방송 산업 조직 분석 틀

3. 시대 구분

시대 구분은 역사의 변천 과정을 체계적으로 분석하고, 시대적 특성을 파악하기 위해 필수적이다. 시대 구분 방식은 해당 역사를 어떻게 파악할 것인지와 일맥상통한다. 따라서 역사를 기술하는 연구자의 시각이 필연적으로 포함된다. 일반적으로 역사 기술에 있어서 시대 구분은 시간의 흐름에 따라 구분하면서, 정치사적 기준이나 특정 역사적 사실을 중심으로 구분한다. 즉, 역사의 시대 구분은 대체로 ① 시간 흐름에 따른 구분, ② 정치사적 구분, ③ 역사적 사실에 의한 구분 등으로 분류할 수 있다. 산업을 중심으로 역사를 기술할 경우에 시간 흐름과 함께 역사적 주요 사실을 함께 고려하여 시기를 구분하는 것이 바람직하다.

국내 유료방송의 역사가 오래되지 않았기 때문에 시기를 구분하는 것은 한계가 있다. 일반적으로 유료방송 역사의 시대 구분은 다양한 기준이 적용되었다. 미국 케이블TV 역사를 정리한 파슨즈(P. Parsons)는 케이블TV와 위성방송 역사를 정리함에 있어, 케이블TV를 통해 제공되는 서비스를 중심으로 크게 3기로 구분하였다. ① 도입부터 지상파 재전송 역무를 주로 담당하던 중계유선 시기, ② 케이블TV 방송국에 위성을 통해 프로그램을 분배하던 시기, 그리고 ③ 1996년 통신법 제정 이후 디지털 커뮤니케이션 시기(Patric R. Parsons & Robert M. Frieden, pp.20~21).

국내에서 시대 구분을 위한 시도가 이루어졌다. 케이블TV 역사를 여명기, 태동기, 기반 구축기, 침체기, 재건기 등으로 시대 구분하거나(한국케이블TV방송협회, 2000), 유선라디오방송 등장, 유선텔레비전 등장, 유선텔레비전 혼란기, 종합유선방송 준비기, 종합유선방송 출범기, 종합유선방송 위기기, 방송법 시행 시기 등으로 구분하였다(손창용, 여현철, 2003). 이러한 시대 구분 방법은 기준도 모호하고, 타당성도 결여되었거니와, 10년이라는 비교적 짧은 케이블TV 역사를 설명하기에 너무 세분화되어 있다. 종합유선방송 출범 10주년을 기념하여, 한국케이블TV방송협회(2005)가 발간한 〈케이블TV 10년사〉에 따르면, 준비기, 종합유선방송법 시대, 통합방송법 시대, 방송통신융합 시대로 구분한 것도 관련법과 서비스라는 이원적 기준을 적용함으로써 일관성이 결여되어 있다.

〈대한민국 유료방송 50년사〉에서는 한국방송역사를 나누는 방식과 유료방송역사를 구분한 방식을 토대로 하여 유료방송산업의 라이프 사이클과 산업 전반에 영향을 미쳤던 주요 역사적 사건, 즉 법 제도적 변화를 중심으로 다음과 같이 6개 시기로 구분하였다. 그 시기가 갖는 의미를 해당 시기의 제목으로 명명하였다. 거의 역사에서 사라진 중계유선에 대해 너무 자세하게 구분했다는 문제가 있다.

〈시대 구분〉

① 유료방송의 태동 : 유선라디오방송과 중계유선방송 시대 (1950년대~1960년대)

② 중계유선방송 기반 조성 시대(1970년대~1985년)

③ 중계유선방송 성장 시대(1986년~1990년)

④ 종합유선방송의 시작과 경쟁시대(1991년~1999년)

⑤ 뉴미디어 시대(2000년~2008년)

⑥ 디지털 미디어 융합시대(2009년~현재)

결론적으로, 이 책에서는 시장의 경쟁과 경쟁 정책의 시각에서 시대 구분을 하고자 한다. 종합유선방송 전사(pre history)에 해당하는 중계유선방송기(기원~1990년), 종합유선방송이 출범하면서 중계유선과 경쟁하는 종합유선방송과 중계유선방송 경쟁 시기(1991년~2001년), 위성방송의 등장 시점(2002년) 이후 종합유선방송과 경쟁하는 종합유선방송과 위성방송의 경쟁 시기(2002년~2008년), 그리고 IPTV가 등장(2009)하면서 종합유선방송, 위성방송과 경쟁이 이루어지는 디지털 매체 경쟁 시기로 구분하였다. 이 시기는 스마트TV가 등장하여 다매체 간 무한 경쟁이 이루어지는 시기이기도 하다.

〈시대 구분〉

① 중계유선방송 시기(기원 ~ 1990년)

② 종합유선방송과 중계유선방송 경쟁 시기(1991년 ~ 2001년)

③ 종합유선방송과 위성방송의 경쟁 시기(2002년 ~ 2008년)

④ 디지털 방송 무한 경쟁 시기(2009년 이후)

4. 유료방송 개념

1) 유료방송 개념

법적으로 '유료방송'이라 함은 '시청자와의 계약에 의하여 수개의 채널단위·채널별 또는 방송프로그램별로 대가를 받고 제공하는 방송'을 의미한다(방송법 제2조 용어의 정의).

산업적으로 '유료방송'이란 비용을 지불하고 시청하는 방송을 의미한다. 방송도 돈을 내고 시청한다는 것을 대중들이 이해하기 시작한 것은 오래되지 않는다. 우리나라 방송은 정책과 산업 모든 측면에서 지상파방송 중심으로 상당 기간 운영되어 왔다. 시청자들 역시 오랜 세월 '방송=지상파'로 인식해 왔다. 유료방송은 지상파 전송에서 시작됐고, 지상파방송의 보조 서비스로 간주되었다(미디어미래연구소 대한민국유료방송 50년사 편찬위원회, 2015). 대표적인 유료방송으로 종합유선방송, 위성방송, IPTV, 그리고 스마트TV 등이 있다.

종합유선방송이란 '종합유선방송국(System Operater, SO)을 운영하며 전송망을 이용하여 행하는 방송'을 말한다. 일반적으로 케이블TV라고도 불린다. 케이블TV는 지상파방송을 수신하여 중계 송신하는 중계유선과 종합유선방송을 포함한다.

위성방송은 '인공위성의 무선설비를 이용하여 방송을 행하는 사업'이다. 위성방송은 적도 36,000km 상공 정지궤도에 있는 인공위성을 이용한다. 스카이라이프사가 운영하고 있는 한국디지털위성방송이 있다.

IPTV는 법적 용어로 '인터넷 멀티미디어 방송'이다. IPTV란 '광대역통합정보통신망 등을 이용하여 양방향성을 가진 인터넷 프로토콜 방식으로 텔레비전 수상기 등을 통하여 이용자에게 방송프로그램과 전자상거래 등의 콘텐츠를 제공하는 방송'을 말한다.

방송채널사용사업(Program Provider, PP)은 '지상파방송사업자·종합유선방송사업자 또는 위성방송사업자, IPTV 사업자의 특정 채널 전부 또는 일부 시간에 대한 전용사용계약을 체결하여 그 채널을 사용하는 사업'을 말한다.

스마트TV는 법적 용어가 아니다. 방송통신위원회는 스마트TV를 '디지털 TV에 운영체제(OS) 및 인터넷 접속 기능을 탑재해 실시간 방송뿐 아니라 VOD, 게임, 검색, 날씨 등 다양한 콘텐츠를 편리한 이용자 환경(UI/UX)에서 이용할 수 있는 TV'로 정의했다. 많은 연구자들의 정의에 따르면, ① 운영체제(OS), ② 인터넷 접속, ③ 웹 및 콘텐츠 등 세 가지 요소를 공통적으로 지적하고 있다.

2) 유료방송의 시장 획정

케이블TV, 위성방송, IPTV는 유료방송으로 유사한 서비스를 제공하고 있음에도 불구하고, 케이블TV와 위성방송은 방송법으로, IPTV는 인터넷멀티미디어방송사업법으로 차별적으로 규제함으로 그동안 비대칭 규제를 비롯하여 많은 논란이 되었다. 이에, 2011년 7월 이루어진 방송법 제35조의5 신설에 따라 방송시장 경쟁 상황 평가위원회를 설치하고, IPTV 방송을 포함한 방송시장에 대한 경쟁 상황 평가를 매년 실시하여 그 결과를 국회에 보고할 의무가 방송통신위원회에 부과되었다. 이 평가위원회의 설치 목적은 방송시장의 효율적인 경쟁체제 구축과 공정한 경쟁 환경 조성이다.

현행 방송법 및 관련 법령에서는 방송매체의 기술 및 내용적 특성, 도입시점과 배경 등에 따라 방송의 유형과 방송사업의 단위를 분류하고 있다. 방송사업 분류 체계에 따라 구분된 방송사업 단위별로 상이한 정책목표가 설정되어 있다. 이의 실현을 위해서 규제의 내용과 강도가 차별적으로 적용된다. 방송사업 단위별로 네트워크와 서비스를 일체화해 차별적인 규범과 규율체계가 적용되는 수직적 규제(silo regulation) 제도를 여전히 채택하고 있다. SO 등의 유료방송 플랫폼은 자연 독점적인 성격으로 인해 시장 진입과 요금 등과 관련하여 상대적으로 높은 강도의 규제를 적용받고 있다.

국내 유료방송 가입자 시장은 종합유선방송사업자, 위성방송사업자, IPTV 사업자 등이 존재한다. 유료방송 상품으로는 케이블TV, 위성방송, IPTV 등의 유료방송 상품이 있으며, 케이블TV는 아날로그 케이블TV와 디지털 케이블TV로 구분된다. 유료방송 상품이 가진 차별재화(differentiated goods) 성격으로 인해 상품시장 획정이 용이하지 않다.

아날로그 케이블TV, 디지털 케이블TV, 위성방송, IPTV 상품 가운데 화질, VOD나 양방향 서비스, 채널 수 등 주요 상품 속성에서 열등재인 아날로그 케이블TV를 별도 시장으로 획정할 것인지가 주요 이슈 가운데 하나였다. 한편, 전국 사업자인 위성방송과 IPTV가 주도하고 있는 디지털 유료방송 시장에서는 지리적 경쟁 범위를 어떻게 획정할 것인지도 주요 논의의 대상이 되었다.

경쟁상황평가 보고서는 SO, 위성, IPTV 방송 사업의 단위를 확장해서, 유료방송 가입자 시장을 단일 시장으로 획정하고 해당 시장의 경쟁상황을 분석하고 있다(방송통신위원회, 2016, 서론 및 p.235 참조). 다만, 8VSB 케이블TV와 다른 디지털 유료방송서비스는 분리 획정하고 있다. 상품 속성 측면에서 8VSB 케이블TV는 아날로그TV에 비해 기존 디지털 유료방송서비스(QAM, 위성방송, IPTV)와 유사성이 높으나, VOD 제공여부, 가격, 채널 수 등에서 차이가 존재하기 때문이다(방송통신위원회, 2019, p.240).

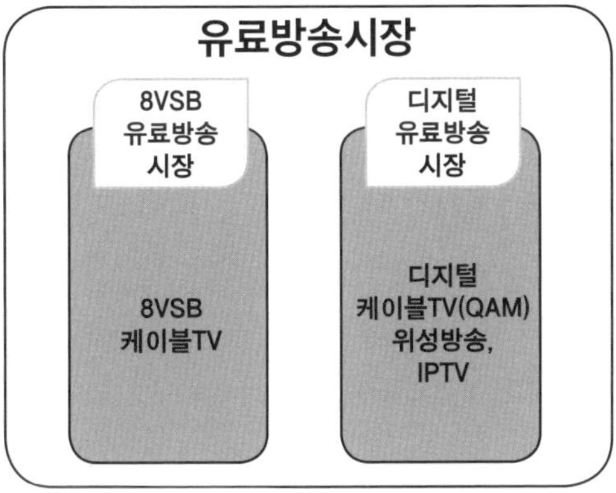

〈그림 1-2〉 유료방송의 상품 시장 획정

출처 : 방송통신위원회(2019), 〈2019 방송시장경쟁상황평가〉, p.241.

OTT 동영상 서비스를 유료방송 서비스와 동일 시장으로 획정할지 여부도 관심 주제였다. 개방형 인터넷을 통한 동영상 이용이 점차 확산되면서, 이들 서비스가 기존 방송 시장에 미치는 영향에 대한 관심이 고조되고 있다. 특히, 대표적인 OTT 동영상 서비스인 미국의 Netflix 이용객의 급증으로 이른바 '코드 커팅(cord-cutting)'으로 불리는 유료방송 해지 움직임이 생겨나는 등 OTT 동영상 서비스가 기존 유료방송시장에 실질적 경쟁압력을 제공할 가능성이 부각되기 시작하였다(방송통신위원회, 2016, pp.142~143). OTT는 기존 유료방송 매체와 같은 시장으로 획정하지는 않았지만, 기존 유료방송 수요에 영향을 미칠 수 있으므로 시장 변화 가능성을 염두에 둘 필요가 있다.

제2부

중계유선의
기원과 전개
(1957년 ~ 1990년)

제2부

중계유선의 기원과 전개(1957년 ~ 1990년)

유료방송의 효시는 1957년 도입된 유선 라디오 방송이다. 5.16 군사쿠데타를 통해 집권한 박정희 정권은 당면 지상과제로 조국 근대화를 달성하기 위해 장기 경제개발계획을 수립·시행하고자 하였다. 이러한 정책에 대한 국민의 지지와 혁명 정부에 대한 국민의 인식 제고를 위해 홍보 매체의 중요성을 절감한 혁명 정부가 홍보 정책의 강화를 위해 유선 라디오 방송을 도입하였다(황현탁, 1989, p.24). 정부는 라디오가 제대로 보급되지 않은 농어촌 지역에 계몽과 정부 홍보를 목적으로 앰프와 스피커를 배포해 마을 단위로 배포했다. 정부의 유선 라디오 방송 정책이 호응을 얻자, 민간에서 소규모로 라디오를 유선으로 중계하는 사업자가 나타났다.

1965년 1월 16일 연두 교서에서 박정희 대통령은 "공보행정에 있어 전국의 주요 난청 지역의 해소"를 언급하였고, 1965년 10월 19일 시정연설에서 "공산 진영의 선전 공세에 대처한 반공 선전 활동을 강력히 전개하기 위하여 각종 홍보 매체의 전국적 확산을 강력히 추진하여 난청 지역을 해소하며 특히 획기적인 지방 홍보 활동에 주력하여 문화 혜택의 지방 균점을 이룩할 것"을 강조하였다(문화공보부, 1979, pp.38~39).

정권의 홍보 매체로 시작했지만, 농촌 지역에 문화나 정보 매체로써의 근대화를 위한 역할도 수행했음을 다음과 같은 내무부 장관의 글에서 나타난다.

> "....우리 농촌에 문화의 꽃씨를 뿌려주고 문명의 물길을 전해준 유선방송이 한걸음 더 나아가서 농촌 지역 사회의 'Information Center'가 되어 행정 당국의 시책에 발맞춰 지역사회 개발의 선구자가 된다면 한국 농촌의 부흥 발전은 그 속도를 더욱 빨리 할 것이다"(양찬우, 1965, p.4)

유선방송의 목적은 단순히 중앙 또는 지방방송국의 중계에만 그치는 것이 아니며, 지역사회의 실태에 적응하여 지역사회 발전의 일익이 된다고 보았다. 그것은 자체 프로의 확대 강화를 통하여 지역사회의 공통 문제를 주지 각성시키고 정책을 지역적 특수성에 적응·변용시키고 주민 간의 상호 의사 교류를 촉진함으로써 가능하였던 것이다. 당시 앰프업자들도 자체 프로그램 시간을 설정하여 이용하였다. 면 방송, 군 방송 시간이 있는 지역도 있었다. 그러나 그 자체 프로그램이 때로는 군의 시달, 앰프 운영자의 자의적인 내용, 방송 의뢰자들의 요청의 테두리를 벗어나지 못하고 무질서하며 수준이 낮았다. 따라서 앰프 운영자의 의식 수준 여하에 따라서, 관의 적극성 여하에 따라서 제각기 나름의 자체 프로그램이 방송되었다. 이에 자체 프로그램의 질 향상과 통일성을 기하기 위한 최소한의 통제에 대한 필요성이 제기되었다.

이런 점에서 군 일원화는 자체 프로그램을 향상시키고 통일화시킬 수 있는 계기가 될 수 있었다. 즉, 군 방송센터 운영위원회에서 지역 사회의 실정에 적합한 자체 프로그램 편성 지침을 수립하여 그 관할하에 각 앰프업소에서는 이에 준하여 프로그램을 편성·운영할 수가 있었다. 그리고 군 방송센터에서는 각 업소의 다이얼·컨트롤러들을 교육시킬 수 있었다(오갑환, 1965, pp.6~7).

1968년 무렵 새로운 유선방송 시설에 의거한 별도의 앰프촌 건설 사업을 추진하는 등의 사업 다각화를 시도하였다. 이 사업은 "유선방송 시설을 향토 방위 연락 수단으로 활용하는 방안"으로서, 유선방송협회에서는 각도의 유선방송 시범 군 센터를 선정, 시범 앰프촌(telephone speaker 부설)을 설치한다는 계획을 수립하여, 경기도 광주군과 전남 승주군에는 한국 최초의 유선방송과 전화의 겸용 시설 시범 사업소를 설치했다(합동통신사, 1969, p.232).

KBS TV가 1961년, TBC TV가 1964년, MBC TV가 1969년 전파를 내보내면서, 텔레비전 방송 시대가 본격적으로 시작됐다. 중계유선은 1960년대 지상파 시대를 맞이하여 지상파 수신이 제대로 되지 않는 지역에 대한 중계 필요성에 따라 도입되었다.

1970년대는 경제 개발 결과로 국민 소득이 향상되어 텔레비전이 널리 보급되었다. 여전히 난시청 지역은 전국 곳곳에 산재했다. 중계유선방송은 가시청 지역을 확대함으로써 TV 문화 확산에 크게 기여하였다.

1980년 컬러 TV 방송이 시작되면서 중계유선방송은 사회적으로 지탄을 받는 대상으로 전락하기도 했다. VTR이 1980년부터 국내에서 생산, 보급됨에 따라 저질 비디오 문화인 외설, 폭력 프로그램을 전파한다는 비난이 쏟아졌다. 대도시를 중심으로 성행하는 중계유선방송은 유흥가, 호텔 등을 대상으로 하는 집단적 가입자를 확보하여 불법 외설물을 보여준다 하여 사회 문제의 온상으로 지탄받았다.

또한, 무허가 유선텔레비전 방송이 난립해 불법 외설물을 공공연하게 방영하고 있었다. 서울 시내와 서울 근교에 산재해 있는 유선텔레비전 방송사업자들은 상당수 일반 가정을 대상으로 비디오 테이프를 방영하였다. 공연윤리위원회 심의도 거치지 않은 외설 폭력물을 내보내기도 했다. 무허가 유선텔레비전 방송은 설치비 2~3만 원을 받고 다방, 숙박업소, 유흥 음식점은 물론 일반 가정집까지 가입자를 확보해 영업을 하였다. 가입자들에게 월 5천~1만5천 원을 받았고, 일반 가정집 가입자에게는 월 3천~1만 원의 시청료를 받았다(대한민국 유료 방송 50년사 편찬위원회, 2015, op.cit., p.40).

유선 텔레비전 방송은 난시청 지역에서의 국영 방송을 재전송하기 위한 주요 목적으로 도입됐기 때문에 엄격한 규제를 받지 않고 자생적으로 성장해왔다. 이에 따라 방송 권역 개념도 명확하지 않았다. 시장의 크기나 사업성에 따라 복수의 사업자가 경쟁하거나 단일 사업자가 독점 영업을 하는 등 다양한 형태로 사업을 영위했다. 요금이나 채널 수도 사업자마다 제각각 달랐다. 사업자들 간의 인수 합병도 자유로웠기에 빈번하게 이루어졌다. 방송 프로그램의 저작권료를 지불하지 않아 불법 영업으로 간주되기도 했다.

유선방송은 지상파방송의 보급과 난시청 지역의 해소에 일조한 지역매체로 평가되었으나, 영세한 사업 규모로 인해 자연스럽게 종합유선방송 산업으로 진화하지 못했다. 종합유선방송 사업자 선정 과정에서 기존 중계유선방송을 발전시키는 형태가 아니라, 중계유선방송을 배제시키고, SO와 NO를 분리하는 방식으로 종합유선방송 사업이 시작된 점은 유료

방송 산업의 발전을 더디게 한 원인으로 지적되기도 하였다(권호영, 오정호, 2005).

중계유선과 이후 등장하는 종합유선방송과의 관계 설정의 문제는 케이블TV 산업계에서 큰 논란의 불씨가 되었다. 종합유선방송 추진 당시 중계유선방송과 인위적으로 분리됨으로써, 케이블TV 역사의 일시적 단절이 나타났다(이상식, 2002). 그동안 중계유선방송 업무를 관장하며 정부 정책 홍보를 담당한 공보처가 종합유선방송 사업의 주무부처가 되면서 종합유선방송에 대한 통제가 있었고, 운영과 편성까지 간섭하였다.

제3부

종합유선방송과 중계유선방송 경쟁 시기 (1991년 ~ 2001년)

1. 종합유선방송의 도입 초기
2. 종합유선방송의 초기 시장 행위
3. IMF 외환 위기와 종합유선방송 산업의 위기
4. 신자유주의와 규제 완화

제3부

종합유선방송과 중계유선방송 경쟁 시기
(1991년 ~ 2001년)

1. 종합유선방송의 도입 초기

1) 종합유선방송의 도입 배경

노태우 대통령 후보는 1987년 선거 공약으로 종합유선방송 도입을 처음으로 언급하였다. 도입 필요성이 논리적 골격을 갖추게 된 것은 1990년 방송위원회의 '방송제도연구위원회'에서이다(방송제도연구위원회, 1990). 동 위원회의 건의에 따라 1990년 6월 정부가 방송제도 개편안을 공식 발표함으로써 종합유선방송이 본격적으로 추진되었다.

당시 정부의 모든 관심과 역량은 정보화 사회 건설에 결집되어 있었다. 정부가 종합유선방송의 도입을 서두르고, 매우 빠른 속도로 추진시켰던 명목적인 이유는 1993년 6월의 대 국민 발표문에 잘 나타나 있다. 정부가 발표한 우리나라에서 케이블TV 도입 배경은 다음과 같다(공보

처, 1996, pp.11~12)

> 첫째, 눈부신 방송 기술의 발달에 따라 급격하게 변화되고 있는 방송 환경에 부응하기 위해, 뉴미디어의 도입, 실시가 필수적이며, 이와 같은 세계적 추세에 더 이상 낙후될 수 없다.
>
> 둘째, 지상파 방송의 주파수가 포화 상태에 있는 현실에서 지상파방송만으로는 다양한 전문 정보 욕구를 충족시킬 수 없다. 따라서 다채널 활용이 가능한 케이블TV, 위성방송 등 뉴미디어의 도입, 실시는 필연적이라고 볼 수 있다.
>
> 셋째, 향후 우리 사회는 대량 정보 전달 수단으로 종합정보통신망 구축이 필요 불가결하며, 케이블TV는 그 중추 매체로서의 역할 수행을 하게 될 것이다.
>
> 넷째, 우리나라에 침투하고 있는 외국위성방송에 대응하기 위해서는 케이블TV의 조속한 시행이 필요했다. 현재 일본, 홍콩, 중국 등 외국 위성방송이 무차별적으로 전파월경(Spillover)하고 있는 상황에서 외국 문화 종속현상을 더 이상 방치할 수 없으므로 적극적 대응 차원에서 새로운 미디어 도입을 추진한 것이다.

공보처의 종합유선방송의 실제적인 도입 목적은 보다 정치적인 데 있었다. 정인숙의 연구에 따르면, 1987년 노태우 대통령 후보의 공약 사항으로 도입을 결정하였으나, "케이블을 서두르게 된 정치적 이유는 KBS의 장기 제작거부에 있었다. 통폐합으로 방송 경쟁 구도가 없어지면서 시청률이 올라가고 광고 수입이 안정되자 돈 많고 시간 많은 방송인들이 정부에 도전했고, 그에 위기를 느낀 정부가 SBS를 탄생시켰고 결국 힘의 분산화를 위해 케이블을 탄생시킨 것이다."고 설명하고 있다(정인숙, 1995, p.101)

2) 삼분할 사업자 구조

종합유선방송의 도입과 함께 이루어진 케이블TV 초기 시장 구조는 세 분야 사업자 간의 상호 겸영을 엄격히 금지하는 이른바 '삼분할' 구조를 그 특징으로 하였다. 삼분할 체제의 도입이 바람직하다고 제시한 방송제도연구위원회의 제안이 결정적 영향을 미치게 되었다(공보처, 1996, pp.12~13). 언론 정책을 관장하던 공보처가 방송 측면을 강조한 나머지, 산업적 측면에 대한 고려가 부족했었다(조신외, 1996, p.10). 케이블TV 사업을 정착시켜야겠다는 정부의 강력한 정책 의지가 삼분할 구조를 만들었다. 그 이유는 매체 독점을 우려하는 시각이 지배적이라고 보고, 복수 종합유선방송국을 소유하고 이를 계열화하여 경영하는 독과점 체제를 인정하지 아니한 것이다(이상식, 2002, p.295).

소위 한국형 모델이라고 정부에서 주장한 삼분할 체제는 케이블TV 시장에서 많은 문제를 야기하였다. 세 분야 사업자 간 이해가 다를 경우, 유기적인 협조는 말할 것도 없고, 이해조정이 어려웠다. 공기업이 전송망 사업에 참여하였고, 공보처가 적극적으로 독려하여 단기간에 높은 홈패스율을 달성할 수 있었으나, 전송망의 설치를 둘러싸고 SO와 NO 사이에 갈등이 나타났다. 공보처가 기술 인력 등의 여건을 고려하지 않고 무리한 일정을 강요하였고, SO와 NO가 분리되어 있어 기술적 사고에 대해 상호 책임 전가를 하였다. NO는 통신 사업에 주력하고 있었기 때문에 원가 이하로 제공하고 있는 전송망 설비를 활발하게 부설할 유인을 갖지 못했고, NO가 공기업이기 때문에 갖는 경영상 경직성도 그 원인으로 작용하였다(조신외, op.cit., p.1). SO가 망을 소유하지 못함으로써 발생하는 A/S문제, 수용자가 가입하고자 해도 적기에 망을 깔지 못하는 문제, 전 채널 의무 재전송에 따른 SO, PP, NO 간의 수신료 배분 문제, PP의 반대로 SO의 티어링 시행의 어려움으로 인한 가입자 확보의 부진 등을 그 대표적 예로 들 수 있겠다.

삼분할 사업 구조에 대한 이상과 같은 많은 문제점들이 지적되자, 1999년 종합유선방송법 개정시 수직적 결합이 허용되었고, 이후부터 삼분할 구조는 와해되고 수직적 결합 사례들이 나타나기 시작했다. 수직적 결합은 두 가지로 나타났는데, SO들이 자가 망을 소유하는 것과, SO와 PP 간의 겸영 형태인 MSP이다.

3) 종합유선방송과 중계유선방송의 이원화 구조

우리나라 케이블TV가 가지는 가장 큰 특징 중의 하나는 중계유선방송과 종합유선방송의 이원화 구조이다. 중계유선방송과 종합유선방송을 분리 추진한 것은 공보처 정책에서 비롯되었다. 공보처는 중계유선과 종합유선방송을 전혀 별개 매체로 인식하였다(공보처, 1996, p.11). 공보처는 종합유선방송을 국책 사업으로 추진하면서, 중계유선은 이러한 국책 사업으로 연계하기에 적합하지 않다고 판단하였다. 그 후, 중계유선은 종합유선방송과 매체 성격이 다르다고 주장하면서, 정보통신부로 업무를 이관하였다.

이러한 이원화 구조는 종합유선방송을 추진한 공보처의 기본 정책에서 비롯되었는데, 이 정책은 경제적 논리에 기초한 것이 아니었다. 중계유선방송은 라디오 지상파방송의 난시청 지역 해소를 목적으로 도입되었고, 종합유선방송은 세계 방송 환경의 혁명적 변화에 부응하면서 일본이나 홍콩의 위성방송에 의한 문화 침투에 대비하기 위해 도입되었다(이상식, op.cit., p.294).

종합유선방송과 중계유선방송 관련 법령과 규제 기관이 이원화되고 사업자들이 난립함으로써, 케이블TV 시장에서 적지 않은 문제들이 발생하였다(이상식, 1999, p.2). 정통부는 1995년 12월 유선방송관리법을 개정하여, 중계유선방송에게 녹음·녹화를 통한 이시 재전송을 허용하자, 양 매체 간의 경쟁은 물론, 공보처와 정보통신부 간의 경쟁으로 비화하게 되었다. 중계유선사들이 지상파 방송을 녹음, 녹화하여 이시 재송신한 채널 수는 평균 2.5개, 많게는 18개에 달하는 것으로 조사되었다(정보통신부, 1998). 이로 인해 종합유선방송은 중계유선과의 차별성을 크게 부각시키는 것이 어렵게 되었다(한태열, 조은기, 현진석, 1997, p.126). 중계유선사들에 의한 PP의 불법적인 송출도 이루어졌다. 중계유선방송업계는 PP 송신을 허용해 줄 것과, 216Mhz까지 제한된 가용 주파수 대역을 750Mhz까지 확대해 줄 것을 요구하였다(한국유선방송협회, 1998, p.12). 나아가 SO의 지역독점권을 폐지해 줄 것도 요청하였다(한국방송신문, 1998, p.1)

이러한 업계 의견을 반영하여, 정통부는 1999년 8월 9일, '유선방송기술기준에 관한 규칙' 개정안을 공표하였다. 중계유선방송용 주파수 대역을 54-276Mhz(31개 채널)로 확대하고, 그 이상 채널 시설(276-

750Mhz)도 설치할 수 있되, 채널 용도는 정통부장관이 고시하도록 했다(이상식, 1999, op.cit., pp.158~159). 정통부는 중계유선방송사가 PP 전송하는 것을 허용하겠다고 발표하였다(문화관광부, 1998, p.2). PP 업체들도 당면 위기를 극복하기 위해 중계유선방송 가입자에게 프로그램 송신을 허용하여 시장을 확대하여 줄 것을 요구하였다(프로그램공급사협의회, 1998). 급기야 종합유선방송위원회 역시 능력 있는 중계유선을 종합유선방송국으로 추가 허용해야 한다는 정책안을 발표하기에 이르렀다(종합유선방송위원회, 1998).

정통부의 정책안에 대해 문화관광부는 중계유선의 PP 송출 및 복수SO를 허용하는 것은 부당하다고 반박하였다(문화관광부, 1998, op.cit., pp.5~6). 전국 SO들은 정통부와 종합유선방송위원회의 정책 방안에 대한 비판 성명을 냈다.[01] 이러한 와중에 한국케이블TV협회는 위기에 처한 종합유선방송 산업을 회생시키기 위해 PP 프로그램을 중계유선에게 전송하는 방안을 비공식적으로 관계 부처에 제출하였다(한국케이블TV방송협회, 1998).

이에 정부는 1998년 12월 14일 대통령 직속으로 방송개혁위원회를 구성하여, 법령 및 규제 기관의 일원화 및 양 사업의 통합을 제시하였다. 이 제안에 따라 2000년 1월 새 방송법이 제정됨으로써 양 사업에 대한 관련법 및 규제기관이 일원화되었으며 유선방송 사업자에 대한 종합유선방송 사업 승인제도가 신설되었다(이상식, 2002, op.cit., p.294). 이 결과, 2001년과 2002년 두 차례에 걸쳐 방송위원회는 각 종합유선방송 구역 내의 중계유선방송사 중 1개 사에 대하여 종합유선방송 사업승인을 하

01 조선일보, 동아일보, 중앙일보, 한국일보, 국민일보(1998. 8. 3., 1998. 8. 4.)

게 된 것이다. 이러한 제도 변화의 결과, 다수의 중계유선사들이 종합유선방송으로 대거 전환하게 되어, 종합유선방송 가입자들이 대폭 증가하게 되었다.

(1) 지역 독점 제도의 포기와 갈등

복수 프랜차이즈의 허용에 대한 논의는 케이블TV 도입 초기인 1995년으로 거슬러 올라간다. 중계유선방송 사업자는 대통령 앞으로 탄원서를 1995년 6월에 제출했는데, 이 가운데서 중계유선 사업자들도 종합유선방송 프로그램의 공급을 허용해 달라는 내용이 포함되어 있다.

> "국민의 대다수인 중계유선방송 가입자에게 보다 유익하고, 다양한 프로그램이 공급되어 빈부의 격차에 따라 정보가 차등 제공되어서는 아니 된다. 뉴스 프로그램과 교육, 종교, 어린이 및 청소년 등의 교양에 대한 프로그램은 그 수요자를 확대하여야 하며, 자율 경쟁의 원리를 존중하여야 한다.
> 많은 비용을 들여 프로그램을 만들면 일단은 유리한 조건으로 팔 수 있는 자유 경쟁 시장 원리에 의한 시장이 형성되어야 한다. 종합유선방송의 가입자가 극히 미미한 이때에는 프로그램 공급업자라도 의욕적인 제작으로 살아날 수 있는 활로를 개방해 주는 일석이조의 효과를 거둘 수 있어야 한다."[02]

한편, 중계유선사들과 경쟁하던 사업자들의 모임인 종합유선방송국

---

02 한국유선방송협회(1995. 6.), "김영삼 대통령께 드리는 탄원서"

협의회는 1996년 7월에 이어 11월에 '종합유선방송 사업자와 중계유선업자의 효율적 업무 권한 부여를 위한 건의'를 구 공보처에 제출하였다. 주요한 내용은 종합유선방송과 중계유선방송의 역무 구분을 엄격하게 해줄 것을 요구한 점이었다.

> "종합유선방송과 중계유선방송의 역무가 거의 구분되지 않는 형편이고, 양 사업자의 사업 취지가 변질되어 단 시일 내에 실질적으로 양 사업자의 역무 구분을 폐지하는 방향으로 정책 방향이 흐르는 것 같습니다.
> 대다수 중계유선방송이 현재 다섯 개 이상의 해외방송과 한 개 이상의 PP 프로그램을 송출하고 있고, 종합유선방송위원회나 단체의 심의도 없이 자체 프로그램을 제작하여 여과 없이 자체 채널을 운영하고 있습니다. 더욱이 종합유선방송 도입의 가장 큰 장점이었던 부가통신서비스도 실시할 수 있도록 규정화되어 있습니다.
> 특히 97년도 위성방송이 본격화될 시 현행법으로 중계유선의 위성방송 재송신을 규제할 법 조항이 없으므로, 그나마도 종합유선방송이 비교 우위를 차지했던 '다양한 자국어 프로그램 채널 확보'란 최대의 마케팅 도구도 유명무실하게 될 것입니다.
> 특히 입법 예고된 방송법은 현행 PP의 위성방송 채널 프로그램 공급 자격 부여를 규정하고 있습니다. 그리고 대다수의 PP는 현재 위성방송 프로그램 공급을 기정사실화하고 있는 형편인바, 이 같은 상황은 SO의 프랜차이즈권을 붕괴시키게 될 것으로 예상됩니다. 이는 PP, SO, NO의 현 삼분할 체제의 붕괴를

의미함은 물론이고 SO 사업의 위축을 초래, 우리나라 종합유선 방송의 발전은 물론 정착마저도 위태롭게 할 것으로 예상됩니다.

...중략...

특히 현 중계유선방송 600여만 가구와 종합유선방송 40만 유료 가구의 가입 규모를 비교할 때, 현 종합유선방송은 중계유선 방송에 대한 경쟁력을 상실, 업무 구분의 폐지는 실질적인 종합 유선방송의 포기를 초래하게 될 것입니다. 또한 대다수 중계유선방송은 개인 사업자의 형태로 되어 있는 바, 사업적 논리 못지않게 공익적 책임성이 요구되는 방송 사업자로 중계유선방송이 실질적으로 참여케 된다면, 이는 크나큰 사회적 문제를 야기시킬 가능성이 농후하다고 예측됩니다.

따라서 정부는 종합유선방송과 중계유선방송의 도입 취지에 상응하는 명확한 역무 구분을 하여 주실 것을 재삼 건의하는 바입니다."[03]

이러한 양 사업자들의 첨예한 논의가 그치지 않은 상태에서, 종합유선방송과 중계유선 사업자 간에 통합을 위한 논의가 진행되었다. 특히, 양 사업자 간에 M&A가 이루어진 경우나 협업이 이루어진 경우, 그리고 중계유선 사업자가 종합유선방송 사업의 허가를 받은 경우, 중계유선 가입자들에게 종합유선방송 프로그램을 전송해 달라는 요구가 드셌다.

---

03 종합유선방송국협의회(1996. 11.), "종합유선방송사업자와 중계유선방송사업자의 효율적 업무권한 부여를 위한 건의", 미간행 자료

이와는 별도로 중계유선 가입자를 상당한 수 확보하고 있는 중계유선 사업자들은 경쟁력 확보 차원에서 복수 SO를 주장하였다. 이러한 논의가 본격적으로 활성화된 것은 정보통신부가 복수 SO를 허용할 방침이라는 정책 발표와 방송개혁위원회의 복수 SO 허용 방침이 발표되고 나서부터이다. 이에 대한 여러 이해 집단의 입장 차이는 매우 크게 나타났다.

(2) 이해 당사자들의 갈등

① 중계유선방송사업자의 입장

중계유선방송협회는 복수 SO 허용에 대해 즉각적으로 환영을 표시하면서, 즉시 허용해줄 것을 요청하였다. 그리고 즉시 허용할 필요성에 대해 다음과 같은 이유를 들었다.[04]

- 만약 유예기간을 두었을 시 그 기간 동안 양 사업자 간 중복투자로 인한 국가 재원 낭비 발생
- 복수 SO 즉시 허용시 양 사업자 간 첨예한 대립 조기 해소
- 방송 개방(2,000년)에 따른 국내 위성방송 산업 발전에 기여할 수 있음(저렴한 비용으로 위성방송 수신 혜택 기회로 작용)
- 양 방송 매체 간 자연스러운 통합(M&S) 협업 활성화
- 도농까지 정보화로 가는 인프라 구성에 기여
- PP 활성화에 기여(유료 80만에서 즉시 700만 가입자 확대 가능)

---

04 한국유선방송협회(1999. 2. 5.), "유선방송 쟁점사항관련 의견제시", 방송개혁위원회 실행위원회 제시자료

- 지역 구분 없이 시청자의 방송 선택권 즉시 허용

이들은 작은 규모의 복수 SO도 허용해 줄 것을 요청하였다. 소규모 복수 SO는 지방 산업 발전의 순기능 역할 및 기초 지방자치단체의 매체 역할을 수행할 수 있을 것이라고 주장하였다.

② 종합유선방송사업자의 입장

한국케이블TV방송국 협의회는 정보통신부의 발표가 나간 이후, 전국 주요 일간지에 이에 대한 반박 성명을 5단 광고로 게재하였다. 그리고 방송개혁위원회의 방침이 알려지자, 방송개혁안 중 케이블TV 부분이 크게 잘못되어가고 있다는 반박문을 다음과 같이 발표하였다.

> "…..최초 허가 시 소정의 방송발전기금을 납부한 것은 물론 개국 준비 과정에서부터 적정 시설과 인력의 확보, 운영 및 해당 방송 권역 관리를 위해 수십억 원씩의 자금을 쏟아 넣으며, 오직 이 땅에 첨단 매체를 활착시키기 위해 노력해 왔고, 그 성과 또한 머지않아 기대할 수 있는 시점에 와 있습니다.
> 그 엄청난 유, 무형의 투자와 수만 종사자가 참여한 재산권에 대해서는 누가 보상해 줄 것입니까? 동일 지역 내에 SO가 복수로 있다면, 과연 어느 누구가 케이블TV 발전의 사업 주체가 되어 모든 것을 사심 없이 투자하고 헌신하겠습니까?
> 복수 사업자의 시너지 효과보다는 부실화, 공동화(空洞化)를 초래하고 복수 사업자 간의 과잉 경쟁으로 인한 사회 문제까지 야기시키고 지난 3년여간 구축해온 PP프로그램의 정상적인 유통

경로마저 일시에 와해시키게 될 것임이 또한 명약관화할진대, 그렇다면 복수 SO를 하겠다는 것이 중계유선업자와 일부 PP사 그리고 몇몇 인사 외에 도대체 누구에게 도움을 준다는 것입니까?"[05]

SO 사업자들이 주장한 핵심 내용은 케이블TV의 발전 주체의 상실과 사업자 재산권의 침해로 요약된다. 즉 동일 사업 구역 내 과잉 경쟁으로 인해 부실화, 나아가 사회 문제의 야기 가능성을 제시했다. 아울러 사업 승인 시 출연한 기금, 5년 가까이 투자해 온 유무형의 재산권의 문제를 제기하였던 것이다.[06]

③ 프로그램 공급업자의 입장

프로그램 공급업자들의 입장에서는 복수 SO의 허용을 근본적으로 찬성하였다. 복수 SO의 허용이란 프로그램 판매 시장의 확대를 의미하기 때문이다. 다만, 복수 SO가 되기 위한 선행 조건으로 방송사업자로서의 적격 여부를 요구하였다. 권역권은 시군구 단위 이상의 기초 자치 단체 지역으로 기존 SO 구역 중심으로 SO 전환 기준을 마련할 것을 제안하였다. 또한 가입 가구 수는 최소한 광역시 지역은 1만 가구 이상, 기타 지역에서는 5천 가구 이상을 확보한 경우로 제한할 것을 요청하였다. 아울러 쌍방향 서비스 또는 450MHz 이상의 망을 구축하도록 요구하였다(한국케이블TV 프로그램 공급사협의회, op.cit., 1999. 6., pp.99~100).

---

05 한국케이블TV방송국협의회(1999. 2.), "호소합니다", 미간행 발표문

06 한국케이블TV방송국협의회(1999. 1. 18.), "케이블TV관련 현안 해결방안 : 방송, 영상산업진흥을 위한 제언(1)", 미간행 방송개혁위원회 제출 의견문

복수 SO 운영 방안과 관련하여, 복수 SO로 케이블TV 시장에 진입한 이후, PP는 복수 SO에게 동일 가격의 프로그램 사용료로 공급하고, 복수 SO로 진입한 이후에는 중계유선 역무보다 케이블TV 역무를 본격화할 수 있는 운영 기준의 마련이 필요하다고 제안하였다. 재허가 갱신 시에 복수 SO를 일원화하기 위한 방안으로는 케이블TV 운영 수준, 망 기술 수준, 자산 평가 등을 종합적으로 고려하여 평가 기준을 정립하는 것이 필요하다고 제안하였다.

④ 정부의 최종 결정

김대중 정부는 1998년 12월 14일 대통령 직속으로 '방송개혁위원회'를 구성하여 법령 및 규제 기관의 일원화 및 양 사업의 단계별 통합 방안을 제시하였다. 1단계 조치로 동일 사업 구역 내 복수 종합유선방송 사업자를 인정한다. 2단계로 동일 사업 구역 내 복수 종합유선방송 사업자 통합을 전제로 재허가를 갱신한다는 것이었다. 시장에 의한 자율적 통합이 안 될 경우, 제3자의 자산 평가 실시 후 단일 법인을 구성하도록 제안하였다. 이러한 방송개혁위원회의 건의가 받아들여져서, 2000년 1월 새 방송법 제정 시 양 사업에 대한 관련법 및 규제기관이 일원화되었다. 중계유선방송 사업자에 대한 종합유선방송 사업 승인 제도가 신설되었다.[07] 이 결과, 종합유선방송법과 유선방송관리법이 통합되었다. 규제기관인 방송위원회와 종합유선방송위원회도 통합되었다.

07 방송법 제9조 제3항

(3) 전환 승인 정책의 추진과 갈등

케이블TV 정책 실패를 보완하는 의미에서, 대통령령이 정하는 기준에 해당하는 중계유선방송 사업자의 경우 방송위원회 승인으로 종합유선방송 사업자의 지위 확보가 가능하게 되었다. 1차로 종합유선방송사업 53개 지역은 1년, 나머지 종합유선방송사업 24개 지역은 2년 6개월의 유예 기간을 두었다.[08] 전환 신청한 중계유선사업자는 해당 SO 지역 전체 가구 대비 15% 이상 가입자를 확보하도록 사업 참여 기준을 설정하였다.[09]

전환 승인 정책의 목표는 능력 있는 케이블TV의 시청 기회를 확대하고, 시장 통합 기반을 조성함으로써 케이블TV 산업을 활성화시키는 데 있었다. 즉, 그동안 종합유선방송과 중계유선방송에 대한 법 규제 기관의 이원화 및 양 사업의 분리 추진으로 발생한 사업자 간의 왜곡된 경쟁구조를 개선하고, 케이블TV 시장 확대를 통한 매체 경쟁력 강화 및 다채널 방송의 수용 범위 확장에 따른 시청자의 케이블TV 시청 기회를 확대하고자 한 것이다.[10]

방송위원회가 중계유선방송의 전환 승인 정책을 추진하자, 한국케이블TV협회는 방송위원회를 상대로 하여 법적으로 강하게 대응하였다. 그들의 주장에 따르면, "같은 방송 구역 안에 또 다른 복수 사업자가 불합

---

08 방송법 제7조, 시행령 제9조

09 당해 사업구역의 범위와 특성을 고려하여 가입자 수 비율을 차등화할 수도 있으나 방송법상 허가방송구역별로 유예 기간을 두어 전환 SO 승인을 하도록 한 점과 유예 기간 동안 당해 SO 사업 능력에 따라 잔여 중계유선 가구 수가 결정되고 승인 신청 가능 여부도 좌우된다는 측면을 감안할 때 지역별 차별적인 진입 조건은 형평성 문제를 유발하게 되므로 지양한다는 원칙이 수립되었다. 황부군, "중계유선의 SO 전환에 따른 정책과 현안", 케이블TV회보, 2002년 7월호, p.2

10 방송위원회(2000), "중계유선방송의 종합유선방송 사업 승인 방안", 공청회 자료집

리하게 등장함으로써, 정당한 합법적 기득권이 불공평하게 제한되는 등 그 법적 지위에 있어 회복하기 어려운 치명적인 법적 불이익을 당할 입장에 놓여, 결과적으로 승인 처분이 원고들의 '평등권, 직업 선택의 자유, 재산권' 등의 기본권을 침해하였다"는 것이다.[11]

방송위원회는 종합유선방송 사업자들의 이러한 반발에도 개의치 않고, 전환 승인을 추진하였다. 종합유선방송 43개 프랜차이즈(franchise) 지역에서 54개 사업자가 신청하였다. 2001년 4월 30일에 38개 사를 승인 대상자로 선정하여, 최종 33개 사업자에게 승인장을 교부하였다. 이에 헌법소원과는 별도로, 서초종합유선방송 외 27인은 2001년 5월 3일 방송위원회를 상대로 해서 기존 SO가 중계유선 사업자들의 종합유선방송 사업 전환 승인의 전체를 취소하는 소송을 청구하였다.[12] 이 소송은 2차례에 걸친 전환 승인이 종료된 2003년 2월 27일 원고 측이 소를 취하함으로써 종결되었다.

1차 전환 승인 심사는 수익성이 높을 것으로 예상되는 대도시 지역의 다수의 사업자를 대상으로 이루어져 경쟁이 심하였다. 따라서, 전환 승인 탈락 사업자들은 심사에 승복하지 않고, 방송위원회를 상대로 줄이어 소송을 제기하였다.[13] 이러한 와중에도 방송위원회는 예정대로 2차 사

---

11 유재홍 외 30인, 헌법소원심판청구서, 2001

12 종합유선방송사업승인거부처분 취소건, 서울행정법원2001구16780

13 2001년 5월 29일에 아산케이블방송의 종합유선방송사업승인거부처분 취소건, 서울행정법원2001구20659; 종합유선방송사업승인거부처분 취소건, 서울행정법원2001구25517; 행정처분효력정지가처분신청건, 서울행정법원2002아40
2001년 5월 21일에는 수원네트워크의 종합유선방송사업승인거부처분 취소건, 서울행정법원2001구19246; 종합유선방송사업승인거부처분 취소건, 서울행정법원2002구합691; 행정처분효력정지가처분신청건, 서울행정법원2001아912
2001년 6월 9일에는 도봉, 강북 지역의 배국철 외 3인(가칭 한국케이블TV하나로방송(주))은 각각 방송위원회를 상대로 전환 승인에서 탈락하자 승인거부처분의 취소를 구하는 소송을 제기하였다. 종합유선방송사업승인거부처분 취소건, 서울행정법원2001구22464

업 지역에서 2002년 11월 4일 8개사에 대해 종합유선방송 전환 정책을 추진하였다.

승인에서 탈락한 일부 중계유선방송사들이 방송위원회를 대상으로 강하게 반발하였다. 그들에 따르면, "방송위원회가 법령에서 규정하고 있는 승인의 요건을 모두 갖추어 승인 신청을 하였으므로, 방송위원회가 이를 승인해주어야 함에도 법령상의 근거가 없이 '방송구역별 1개 사업자 이내 승인'이라는 내부 방침을 마련하고 이에 따라 승인을 거부하였기 때문에, 이러한 승인 불가 처분은 승인 신청을 한 중계유선방송사들의 영업의 자유 내지 직업의 자유를 침해한 것일 뿐 아니라, 헌법상의 경제 질서 원칙에 반하는 것으로 위법하다"고 주장하였다.

이에 대해 방송위원회는 "종합유선방송 사업 승인의 법적 성격은 승인 신청자에게 종합유선방송 사업을 영위할 수 있는 권리 등을 부여하는 설권적 행정 행위이다. 방송위원회는 그 승인을 함에 있어 폭넓은 재량을 행사할 수 있고, '방송 구역별 1개 사업자 이내 승인'이라는 방침을 정하고 이에 따라 승인을 하였다. 이는 방송위원회의 재량권의 범위 내이므로, 신청자들의 영업의 자유 내지 직업의 자유를 침해하였다거나, 헌법상의 경제 질서 원칙에 반하는 처분이라고 할 수 없다"고 주장하였다.

이 사건에 대해 최종적인 법원의 판단을 살펴보자. 2001년 서울행정법원은, "심사 사항 범위 내에서 방송위원회가 구체적인 심사 항목 및 항목별 배점을 정하고, 적정 사업자 수를 고려하여 승인 사업자 수를 제한하는 것 등은 방송위원회의 재량에 속하는 것이다. 그 구체적인 심사 기준의 설정이나 사업자 수의 제한이 방송법령의 규정에 반하거나 객관적으로 합리성이나 타당성을 결여하여 재량권의 한계를 일탈하거나 이를

남용한 것이 아닌 이상, 위법하다고 볼 수 없다"고 판시하였다.[14]

방송 사업자들이 규제 기관을 대상으로 소송을 이렇게 많이 제기한 것은 방송 역사상 처음 있는 일이었다. 특히 인허가권을 가진 규제 기관을 대상으로 소송을 건다는 것은 예전에는 상상하지 못할 일이었는데, 방송 사업자들은 자신들의 미래가 걸린 사안이었기에 법적 다툼도 주저하지 않았던 것이다.

방송위원회는 2001년 4월 30일 38개 사업자를 선정 발표하였다. 그중 최종적으로 33개 사업자가 승인을 받아 사업을 진행하게 되었다. 유예 기간을 거친 두 번째 전환 승인은 2002년 11월 4일에 이루어졌다. 전국적으로 남은 13개 지역에서 9개 중계유선 사업자를 추가로 종합유선방송 사업자로 선정하였다. 이 결과, 전국에서 118개 종합유선방송 사업자가 등장하였다.

이러한 전환 승인은 케이블TV 유료 방송 시장에서 두 가지 점에서 큰 의미를 지닌다. 첫째는 케이블TV가 독점으로 시작되었으나, 지역 독점 체제에서 경쟁 체제로의 변화를 의미하기 때문이다. 전체 77개 지역 가운데 42개 지역에서 SO 간의 경쟁 체제로 전환되었다. 둘째는 중계유선과 종합유선방송의 역사적 단절이 회복되었다는 점이다. 중계유선이 제도권의 유료방송 체제 내로 편입되었다는 것을 의미한다. 1차 전환을 통해 98개 중계유선방송 사업자, 2차 전환을 통해 83개 중계유선방송 사업자가 각각 종합유선방송 사업자로 전환함으로써, 전체 중계유선방송 사업자 가운데 23%가 전환한 것으로 나타났다.

방송위원회의 기본 입장은 가능한 한 많은 중계유선 사업자들에게

---

14 방송위원회 대 아산케이블방송주식회사, 서울행정법원, 2001. 10. 31. 2001구20659

전환 승인의 기회를 부여하는 것이었다. 이 결과, 종합유선방송 사업의 지역 독점 구조는 대부분의 신청 지역에서 복점 경쟁 구조로 이행하게 되었다. 이러한 구조적 변화는 중계유선방송을 종합유선방송이라는 제도권 내에서 수용함으로써, 혼란한 시장을 정비한다는 의도에서 시작되었지만, 정책을 집행함에 있어 적지 않은 갈등과 혼란이 발생하였다.

〈표 3-1〉 국내 케이블TV 방송 구역 및 SO 경쟁 현황

방송구역	구역 수	SO 수	1994년 1차 SO (대도시 지역)	1997년 2차 SO (시, 군 지역)	2001년 3차 SO (대도시 지역)	2002년 4차 SO (시, 군 지역)
독점 지역	35	52	30	18	3	1
복점 지역 (동일 MSO 포함)	42	50	20	5	21	4
합 계	77	102	50	23	24	5

출처 : 한국케이블협회(2005), 〈케이블TV 10년사〉 재구성

특히, 전환 승인 심사에서 탈락한 세 사업자들이 제기한 종합유선방송사업 승인처분 취소 1심 소송에서 방송위원회가 패소함으로써, 과거 인허가와 관련하여 사업자와 법률적 다툼이 별로 없었던 방송위원회를 당혹스럽게 만들었다.[15] 2000년 초 전환 승인으로 촉발된 방송위원회의 매체 정책에 대한 사업자들의 법률적 대응은 그 후 다른 정책 사안과도 관련하여 연이어 발생하였다. 방송위원회는 2000년 이후 2005년까지 100여 건 이상의 소송에 시달려야 했다. 방송 정책 수립 권한을 문화관

15 아산케이블TV가 청구한 종합유선방송사업승인거부처분 취소건(서울행정법원2001구25517)은 방송위원회가 일부 패소하였다. 또 다른 종합유선방송사업 승인처분 취소 청구(서울고등법원 2002누1252) 건은 각하되었다.

광부로부터 이양 받은 방송위원회의 책임성과 전문성이 더욱 강화되어야 함을 일깨워주는 계기가 되었다.

〈표 3-1〉에서 보듯이, 35개 지역에서 52개 SO가 독점적 시장 구조를 지니고 있으며, 42개 지역 50개 SO가 복점 경쟁적 구조로 변화되었다.

4) 전문 편성 채널 정책과 허가제

프로그램 공급업(PP)과 관련된 정책의 가장 중요한 특징은 전문 편성 채널 정책과 허가제이다. 케이블TV 도입 초기부터 정부가 채널 분야를 지정하여 허가하는 등 채널 정책에 깊이 관여하였다. 정부는 1993년에 공급 분야를 지정하고, 11개 분야에 20개 채널을 선정하였다. 정부는 채널의 전문 분야를 허가함으로써, 종합유선방송을 전문 채널로만 출범하도록 하였다. 허가제를 채택한 이유는 도입 단계에서 질서 확립과 채널의 다양성 및 전문성을 확립하기 위함이었다(이상식, 2002, op.cit., p.295).

케이블TV 도입 이후, PP 시장의 구조 변화를 가져온 가장 주요한 정책은 허가제에서 등록제로의 전환이었다. 출범부터 경제적 어려움에 직면했던 PP들이 IMF 이후 부도로 인해 큰 어려움을 겪었다. 케이블TV 전체 누적 손실액이 1조 원 이상으로 나타났다. 이 가운데 PP가 8,726억 원으로 가장 많았다. 이러한 상황에서 문화관광부는 1998년 8월에 '방송영상산업진흥대책'을 발표하면서, 그동안 지속적으로 제기되어 왔던 PP를 허가제에서 등록제로 전환하기로 결정하였다. 등록제에 대한 필요성은 사업 초기부터 제기되었으며, 1998년에는 국회에서도 케이블TV 산업 활성화 방안으로 거론되었다(이상식, 2002, Ibid., p.296).

프로그램 공급업의 등록제 도입과 시장 경쟁

IMF 외환위기로 인해 초래된 PP들의 어려움을 타개하기 위해서, 1999년 1월 6일 PP를 허가제에서 등록제로 전환하였다. 정부는 PP 활성화를 위한 다양한 정책 방안들을 쏟아냈다. 정보통신부는 '유선방송 발전 대책'을 발표하였다. PP의 장르 변경을 허용하고, 자체 제작 비율을 완화하며, PP에 대한 규제 완화를 통해 복수 PP, PP와 SO의 겸영 허용, PP의 등록제, 지상파방송, 위성방송 등에도 프로그램 공급을 허용한다는 내용을 발표하였다. 이에 문화관광부도 1999년 PP 추가 승인을 포함한 '케이블TV 활성화 지원 계획'을 발표하였다. 김대중 정권은 방송개혁위원회를 구성하여 방송 개혁의 방향과 과제들을 정리하면서, PP에 대한 허가제를 2001년 1월부터 등록제로 전환하겠다는 계획을 발표하였다(방송개혁위원회, 1999, p.65).

통합방송법에서 이러한 정책을 반영하여 2000년 12월 31일까지 유예한 뒤 2001년부터 등록제를 시행키로 하였다. 법 시행령 개정이 2001년 3월 20일에 이루어지는 바람에 2000년 12월 31일까지 한시적으로 방송위원회의 승인을 받도록 하였다. PP의 인허가 제도는 〈표 3-2〉와 같은 과정을 거쳐 변화하였다.

PP 허가에서 승인, 그리고 승인에서 등록으로 점진적으로 규제를 완화한 정책 의도는 '다양한 콘텐츠를 공급할 수 있는 능력 있는 사업자들에게 기회를 부여하여 영상 산업 진흥을 도모한다'는 것이었다. 즉 정책의 근본 취지는 '진입 장벽의 철폐를 통해 PP 분야에서 시장 원리를 정착시킨다'는 것이었다. 또한 복수프로그램공급업(MPP)의 육성을 통해 규모의 경제 실현과 방송 산업 관련 자원의 효율화를 유도하기 위해서였다.

〈표 3-2〉 PP의 인허가 제도 변화

시 기	1993.~1999. 2.	1999. 2.~2000. 2.	2000. 3.~2000. 12.	2001. 1.~2005. 4.
제 도	허가제	승인제 등록제 유예	좌동	등록제 홈쇼핑, 종합, 보도 분야 승인제
근거법	종합유선방송법 제13조 (1991. 12. 제정)	종합유선방송법 제13조 (1999. 2. 개정)	좌동	방송법 제9조 5항 (2001. 1. 개정)
담당부처	공보처(문화관광부)	문화관광부	방송위원회	방송위원회
채널 수	29개 PP(1993) 허가		15개 PP 추가 승인(2000.5.)	372 PP 등록
비 고	진입 규제 강함	탈규제 과도기		진입 규제 약함

출처 : 이상식(2008, p. 126)

방송위원회는 PP 등록 요건으로 (1) 자본금 5억 원 이상, (2) 주조정실, 부조정실, 종합편집실 및 송출시설의 구비를 필요로 한다고 정했다. 이는 일정한 자본금과 최소한 시설 기준을 요건으로 정함으로써 경쟁력이 낮은 PP의 난립 현상을 막고자 한 조치였다. 이러한 진입 장벽을 크게 낮춘 조치는 수많은 PP들이 시장에 등장하는 결과를 가져왔다.[16]

등록제 실시 첫 해인 2001년 한 해 동안 방송위원회에 신규로 등록한 채널은 TV 채널이 116개이고, 오디오 채널만 97개에 달하였다. 방송채널사용사업자는 1999년 28개에서 2000년 37개로 증가하였고, 2001년

16 2001년 3월 20일 시행령의 신설(제7조의 2)

들어 134개로 크게 늘어났다.

PP 등록제가 실시되면서 MPP 역시 활성화되기 시작하였다. PP들이 적자에 시달리면서, 위기에 빠진 채널 사업을 수습하기 위한 한 방안으로 사업자들은 MPP를 추구하게 되었다. 2000년 PP 사업자 구조는 온미디어, 제일제당, SBS의 3대 MPP의 등장으로 특징 지을 수 있었다.

2001년 들어와서 현저한 특징으로는 첫째, 기존 3대 MPP가 보다 견고하게 채널들을 추가해 나갔다는 점과, 둘째 지상파방송사들의 MPP 확대, 그리고 마지막으로 신문사들의 MPP로의 진출을 들 수 있다. 즉 2001년도에 기존의 빅3 구조는 다원화되었고, SBS의 MPP는 다른 지상파방송사들의 MPP화를 추구하는 자극제가 되었다. 등록제의 시행으로 인해 방송프로그램 분야의 진출이 쉬워지자 신문사들이 방송 분야에 진입 그리고 틈새를 겨냥한 MPP의 등장이 돋보였다(이상식, 2002, op.cit., p.296).

국내 홈쇼핑 채널 수도 늘어났다. 승인제를 유지하고 있는 홈쇼핑의 경우에 2001년 4월 신규 사업자로 한국농수산방송, 우리홈쇼핑, 연합홈쇼핑 3개 사업자가 선정되었다.

2002년, PP 채널의 수는 187개로 대폭 증가했다. 채널 수가 증가하면서 프로그램 시장에서 변화도 나타났다. 2002년 11월 방송위원회에 등록한 PP의 공급 분야를 보면 영화 15.6%, 교양 9.7%, 경제 및 정보 8.6%, 교육 9.1%, 오락 7.5% 등의 분포를 보였다. 틈새 장르, 매니아를 대상으로 하는 장르 등 다양한 장르가 출현했지만 영화 장르의 채널 수가 크게 늘어난 점이 특징적이었다.

그 후 PP 수는 폭증하여 2005년 4월 기준으로 171개의 법인이 415개의 채널(텔레비전, 라디오, 데이터 채널 포함)을 운영한 것으로 나타났다(〈표 3-3〉참조). 이렇게 짧은 기간 동안 수많은 PP들이 등장하게 된 이유는 위성방송의 출범으로 인해 출구 확대가 이루어질 것이라는 예상과 함께, 새로운 매체의 출현으로 인해 영상 산업에 대한 미래 전망이 밝을 것이라는 전망이 작용하였기 때문이다. 미래는 '콘텐츠가 왕(Content is King)'이라는 주장들이 나오기 시작하면서, 우후죽순처럼 콘텐츠 사업자들이 시장에 등장하였다.

〈표 3-3〉 방송채널사용사업자의 변화

구분	1차(覽-訣)		2차(2000)		신규홈쇼핑(2001)		3차 등록(2001. 3.~)						총계	
							텔레비전		데이터		라디오			
	법인수	채널수	법인수	채널수	법인수	채널수	법인수	채널수	법인수	채널수	법인수	채널수	법인수	채널수
전체	27	29	13	14	3	3	184	239	30	40	15	262	268	587
폐업	1	1	2	2	0	0	86	104	1	1	4	61	94	169
취소	0	0	0	0	0	0	3	3	0	0	0	0	3	3
현재	26	28	11	12	3	3	106	132	30	39	11	201	171	415

출처 : 방송위원회

1. 1차 29개 채널 : 구 공보처, 문화관광부의 허가 및 승인 채널(93, 94, 95)
2. 2차 14개 채널 : 방송위원회 등록제 유예 기간 내 승인 채널(2000. 5.)
3. 3차 : 등록제 시행 이후 등록 채널(2001. 3.~)

등록제의 효과는 적지 않았다. 등록제가 유료방송을 포함한 전체 방송 시장에서 어떤 영향을 미쳤는지에 대해 살펴보자. 무엇보다 등록제로 인한 다수 사업자의 출현은 PP 간 본격적인 프로그램을 통한 질적 경쟁을 강화하였고, PP와 SO 마케팅을 강화하였다는 점을 지적할 수 있겠다. 그렇지만, PP 등록제가 심각한 부작용을 낳았다는 점도 부인할 수 없다. 보다 구체적으로 역효과를 살펴보면, (1) 지상파방송 3사 계열의 PP가 시장을 지배하는 경향, (2) 채널 구성이 특정 장르에 편중되고 있어 방송법과 정책이 추구하는 다양성과 균형성이 위축되는 경향, (3) 과거 PP의 허가제는 SO 채널 편성권을 유명무실하게 한 반면, PP의 등록제는 SO의 채널 편성권의 남용이라는 부메랑 효과를 낳았다는 평가이다(김정기, 2003, p.318). 그 외 등록만 해 놓고 방송을 하지 않는 서류상으로만 등장하는 부작용도 수반하였다.

5) 지역 채널의 보도 규제

종합유선방송은 허가 시 SO의 지역채널의 성격을 보도, 언론 매체로 보지 아니하고 '지역생활정보매체'로 규정하여, 비보도, 비정치의 원칙을 적용하였다. 공보처에 의한 종합유선방송 허가 시 이러한 원칙이 적용되었다.[17]

허가 당시 비보도, 비정치 원칙이 적용된 것은 종합유선방송이 정착되기 전 취재 보도 허용의 부작용, 예를 들면, 사이비 기자의 난립으로 인한 폐해를 방지하는 데 그 목적이 있었다. 종합유선방송위원회는 '지역생활정보방송프로그램에 관한 규정'(1994. 6. 24. 제정)을 제정하여 순수한 생활 정보만을 제작, 방송하도록 하였다.

지역 밀착 매체인 종합유선방송 활성화를 위해 취재 보도를 허용해 달라는 지속적인 SO들과 전문가들의 요구를 받아들여, 종합유선방송위

17 종합유선방송위원회(1998.10.), 1998년 국정 감사 요구자료집, p.205

원회는 취재 보도 및 정치 논평 등을 단계적으로 허용하는 것이 바람직하다고 판단하였다. 위원회는 종합유선방송 개시 2주년을 넘어선 1997년부터 정치 보도를 제외한 취재 보도 허용을 추진하였다. 1997년 12월 19일 '지역생활정보방송프로그램에 관한 규정' 개정을 하였고, 지역 채널 취재 보도를 1998년 1월 1일자로 허용하였다.

그렇지만, 당시 SO들은 경영 상태가 열악하여 취재 보도를 제대로 하기에 턱없이 부족하였다. 종합유선방송위원회 조사 결과, 각 SO의 지역 채널 편성, 제작 인원은 평균 6-8명이었다. 대부분이 PD, 카메라, 아나운서, 편집 등 1인 다역을 맡고 있었다. 일부 SO에서는 IMF 경제 한파로 인해 인원 감축을 통한 구조 조정을 실시하여 지역 채널 운영이 제대로 이루어지지 않았다.

하지만, 규정 개정을 통해 지역생활정보의 범위를 광역자치단체까지 확대하였다는 점은 종합유선방송의 영향력을 확대하는 데 기여하였다. 즉, 원칙적으로는 지역채널의 취재, 보도 대상 범위는 SO가 허가받은 방송 구역을 벗어날 수는 없지만, 지역 주민의 공동 관심 사항으로서 지역사회 발전과 주민 편의를 위해 그 범위를 광역자치단체까지 확대한 것이다. 따라서, 광역시는 전체를 대상으로 인접 구역의 SO가 연합하여 취재 보도할 수 있게 되었다. 무엇보다 중요한 점은 취재 보도 허용으로 인해, 지방자치제 선거에 종합유선방송이 중요한 역할을 하게 되었다는 점이다.

6) 국책 사업에 대한 정부 지원

공보처는 국책 사업으로 케이블TV 사업을 추진하면서, 케이블TV 기기의 국산화 시책에 부응하고 영상 산업의 국제 경쟁력을 강화시킨다는 명분으로 케이블TV 사업 초기부터 세제 및 금융 지원을 꾸준히 추진하였다. 1994년 12월 31일에는 '특별소비세법시행령'이 개정되어, 케이블TV 컨버터의 특별 소비세가 면제되었다. 1995년 7월 10일에는 통상산업부 고시가 개정되어 케이블TV 컨버터를 외화표시 국산기계 구입 자금 융자 대상 품목으로 지정받아 8,800억 원에 달하는 금융 지원을 받게 되었다.

같은 해, 종합유선방송 사업을 지원하기 위해 다양한 관련법들이 개정되었다. 7월 1일에는 '중소기업기본법시행령'이 개정되어 유선방송업과 방송프로그램제작업이 중소기업 범위에 포함되었다. 7월 6일에는 '공업발전법시행령'이 개정되어 유선방송업과 프로그램제작업이 동법의 적용 대상에 포함되었다. 12월 29일에는 '조세감면규제법'이 개정되어 첨단 지식 산업의 범주에 유선방송업과 방송프로그램 작업이 추가되었다(공보처, 1996, op.cit., pp.163~166).

이로 인해, '유선방송업 및 방송프로그램제작업'이 제조업 수준의 각종 세제, 금융 혜택을 받을 수 있게 되었다. 조세감면규제법에 의해 창업 중소 기업에 대한 소득세 및 법인세 감면이 이루어졌다. 중소기업 투자 세액 공제가 이루어졌고, 공업발전 기금에 의한 장기 저리의 기술개발 자금 지원, 중소기업은행의 기술개발 자금 융자를 받을 수 있게 되었다.

1995년 12월 27일 개최된 국무회의에서 케이블TV 수신료와 컨버터 사용료에 부과되던 부가가치세를 한시적으로 면제(1996. 1. 1.~1998. 12. 31.) 하도록 결정하였다. 이후 부가세가 계속 면제되다가 부가세법시행령 개정에 따라 2002년 7월 가서야 수신료의 10%가 부과되었다.[18] 그 이후 문화관광부는 1998년 8월 21일에 2003년 방송 영상 선진국 진입을 목표로 방송영상 산업을 국가 전략 산업으로 키워나가기 위해 '방송영상 산업진흥대책'을 발표하였다. 지원 정책으로는 1999년부터 수입용 방송 기자재에 대한 특소세 감면을 추진하고, 방송 프로그램 제작업을 당시 서비스업에서 제조업으로 변경해 세제 혜택을 부여하고, 중소 기업 육성 기금 지원도 가능하도록 하였다(한국케이블TV방송협회, 2000, op.cit., pp.61~62).

2. 종합유선방송의 초기 시장 행위

1) 상품 및 가격 전략

종합유선방송 도입기에는 SO에 채널편성권이 주어지지 않은 채, 전 채널을 제공하는 기본형 상품의 송신이 의무화되어 있었다. 1998년 8월 SO들의 지속적인 요구와 케이블TV 산업 활성화를 위한 정책의 일환으로 SO의 채널 편성권이 허용되었다. 동일 상품을 동일 가격에 제공해야 한다는 허가장 부관 사항이 삭제되었다. 1999년부터 티어링(tiering, 채

18 재정경제부는 국가세수 확대 및 방송 매체의 과세 형평성을 기하기 위하여 현행 180개 부가세 감면 대상 종목 중 59개 감면 대상을 축소 폐지하였으며, 이러한 세법 개정 조치에 종합유선방송과 중계유선방송 사업자가 과세사업자로 전환되게 되었다.

널 선택) 제도가 실시됨으로써 케이블TV 산업은 새로운 국면으로 접어들게 되었다.

채널 선택제가 도입된 이후 비교적 빠른 기간에 폭넓게 확산되었다. 티어링 제도의 운영은 전국적으로 천차만별로 운영되었다. 보급형의 경우, 제공 채널 수나 그 내용에 있어 SO별 차이가 심하게 나타났다. 전국 최고 가격이 14,000원에서부터 최저 가격 2,000원까지 가격 차이가 무려 12,000원이나 났다. 제공하고 있는 채널 수 역시 최대 채널 수가 69개에서부터 최저 19개까지 그 범위가 매우 크게 나타났다. 고급형 티어에서 제공하고 있는 PP 채널 수는 전국 최고 43개에 달하였지만, 최저는 9개에 불과하였다. 국내 채널 선택제의 운영은 과학적 마케팅 자료에 의해서 운영되거나 합리적 가격으로 운영되기보다는 사업자들이 임의적으로 무분별하게 운영하였다. 티어 제도 도입 초기 다양한 티어의 유형 및 제공 서비스 그리고 가격은 표와 같았다(〈표 3-4〉 참조).

〈표 3-4〉 티어 도입 초기 채널 및 가격

유형	채널	가격
국민형	공중파, 국내 위성방송, KTV, 아리랑 TV, 지역채널 등	월 4천 원 이하
보급형 A형	공중파의 국내 위성방송 등 11개 채널 대교방송, NTV, 재능방송, OUN, YTN, 종교방송 3채널	월 5천 원 이하
보급형 B형	공중파와 국내 위성방송 등 11개 채널 대교방송, NTV, 재능방송, OUN, YTN, 아리랑 TV	월 5천 원 이하
선택형	국민형과 보급형 채널을 기반으로 나머지 15개 채널을 3개 이하씩 합쳐 다섯 묶음으로 구분	월 3천 원 이하
기본형	공중파와 국내 위성방송 등 11개 채널 케이블 텔레비전 28개 채널 전체	월 1만 5천 원 이하

종합유선방송 도입 초기, 공보처는 기본 채널 수신료로 15,000원을 승인하였다. 제공되는 프로그램의 질에 비해 수신료가 비싸다는 인식이 높았다. 종합유선방송 서비스가 제공되기 전에 대부분의 시장 조사에 따르면, 소비자들이 생각한 적정한 월 이용료의 수준은 10,000원 이하였다. 이러한 소비자의 지불 의사는 실제 방송 서비스 가격에 제대로 반영되지 않았다.

종합유선방송이 실시된 지 2년이 지난 조사에서도 15,000원의 기본료 등 종합유선방송의 서비스 가격이 확산을 저해한 주된 요인으로 지적되었다. 한국케이블TV방송협회(1997, p.47)가 조사한 결과를 보면 전반적으로 케이블TV 비용이 비싸다고 인식하고 있었다. 케이블TV에 가입하지 않는 이유로는 '수신료가 비싸서'가 57.1%로 가장 높았고, '설치비가 비싸서'가 55.2%, '볼 시간이 없을 것 같아서'가 42.0%로 나타났다. 아울러 소비자들의 최대 지불 의사를 물은 결과 월 이용료의 경우 94.2%의 응답자가 1만 원 이하로 응답하였다.

수신료 가격이 크게 인하된 것은 1999년 티어링 제도의 도입의 결과이다. 티어링 제도 도입 후 저가 티어 상품으로 가격이 크게 인하되었다.

2000년도 초반 티어 운영에서 가격 인하가 여실히 나타났다. 티어 운영의 특징의 하나는 '다양한 채널 상품 구성없이 저가 상품 의존 구조'라는 점이다. 2004년 평균 가입 가구 당 수신료 매출(ARPU)은 5,492원으로 2003년(5,436원)과 비슷하게 운영되었음을 알 수 있다.

상품과 가격을 포함한 약관 내용들이 SO마다 달랐고, 전국적으로 티어 상품 구성과 가격이 크게 차이 났다. 방송위원회는 왜곡된 유료방송시장 구조를 바로잡고 공정한 경쟁을 촉진함으로써 소비자를 보호하자는 취지로 2000년 5월 23일 이용약관심사위원회를 구성하였다.

이 위원회는 2000년 '종합유선방송 이용약관 표준화 방안'을 수립하였다.[19] 공정거래위원회는 2002년 12월 30일 본 약관을 표준 약관으로 승인한 후 시행하였다. 이용약관심사위원회는 전국적으로 티어 상품의 가격이 천차만별인 점을 고려하여, 이용약관 표준화 방안을 제정하여 사업자로 시행하도록 권고함과 동시에 가격 정책을 마련하여 시행하였다. 주요 내용은 매년 물가 인상률 이상으로 가격을 인상하지 못하도록 하고, 채널 수를 기준으로 가격 가이드라인을 마련하여 가격을 승인하였다. 그 기준은 표와 같다. 채널의 질을 고려하는 것이 바람직했지만, 당시 질을 측정할 만한 평가 기준이 마련되어 있지 않았기 때문에 불가피하였다.

〈표 3-5〉 이용 요금 승인 기준

구분	채널 기준 수	이용 요금
묶음 1(의무형)	17-20개 채널 내외	월 4,000원 이하
묶음 2(보급형)	26-30개 채널 내외	월 6,000원 이하
묶음 3(패키지형1)	34-40개 채널 내외	월 8,000원 이하
묶음 4(패키지형2)	50개 채널 내외	월 10,000원 이하
묶음 5(기본형)	51-60개 채널 내외	월 15,000원 이하

출처 : 정윤식(2006, p.101)

1995년 5월부터 1998년까지 프로그램 공급업자의 경영 안정 및 시청자의 다양한 채널 접근 보장 차원에서 SO의 자율적인 채널 구성을 제한

19 이상식(2001), "종합유선방송 이용약관 개선 방안", 방송위원회 주최 종합유선방송 이용약관 표준화 방안 공청회 발제문 참조

하여 허가장 부관 사항으로 모든 PP 채널들을 의무적으로 송출하도록 명시하였다. 그러나, 모든 가입자에게 동일 서비스를 동일 가격으로 제공하도록 한 것은 가격 저항을 불러 일으켜 가입자 확보의 제약 요인으로 작용하였다.

1998년 케이블TV 활성화 정책의 일환으로 SO의 채널 선택권이 허용되었다. 1999년 초부터 채널 상품을 운영함으로써 티어링 제도가 실시되었다. 티어링 미실시 사업자에 대해, 방송위원회는 2001년 9월 약관을 개정하여 최소한 3개 이상의 묶음 채널을 시청자 복지를 위해 제공하도록 하였다. 티어링 실시 현황을 보면, 중계유선방송과의 경쟁을 주된 목적으로 운영되고 있는 약 3,000원 수준의 '국민형'을 실시하는 SO 수는 1999년 12월 37개에서 2001년 3월 46개 사로 늘어났다. 2001년 영업을 시작한 30여 개 전환 SO들이 3,000~4,000원짜리 채널 상품에 40여 개 채널을 제공하였다.

이러한 저가 티어의 확산에 따른 문제가 발생하였는데, SO가 가입자로부터 이 비용을 받아서 PP에게 프로그램 사용료를 줄 수 있는 여지가 거의 없다는 점이었다. PP 수입에서 프로그램 사용료가 차지하는 비중이 매우 낮았는데, 그마저도 제대로 받지 못하였다.

이에 대해 프로그램공급업협회가 담합하여 저가형 티어링을 구성하는 SO에게 프로그램을 공급하지 않기로 결정하였다. 그러나 PP가 담합하여 단체 행동을 하는 것은 불공정거래행위인 측면이 있고, 실제로 PP마다 처해진 입장이 달랐기 때문에 실행에 옮기지는 못했다. 예를 들어, 2001년에 발생한 16개 PP의 성남지역 케이블TV SO인 아름방송에 대한 송출 중단 사건이 발생했는데, 이 사건 발생 과정에서 PP들이 단체 행동을 하기가 어렵다는 점이 나타났다.

2) 종합유선방송과 중계유선방송 간 불공정 경쟁

케이블TV 시장에 경쟁이 본격화되면서, 케이블TV사 간에 불공정 경쟁이 심하게 발생하였다. 중계유선방송이 모두 종합유선방송으로 전환되지 않은 채 운영되면서, 양 사업자 간 불공정 경쟁 행위들이 여전히 심각하게 발생하였다. 복점 경쟁이 도입되면서, 중계유선에서 전환한 SO와 기존 SO사 간에 불공정 경쟁도 심하게 전개되었다.

중계유선방송 사업자들이 불법 프로그램을 전송하는 사례가 많았다. 한국통신의 위성을 통하여 송출하는 종합유선방송 채널을 무단 수신하여 중계유선방송 시청자에게 전송하는 불법 사례들이 다수 적발되었다. 공보처는 불법 중계유선방송 업체에 대해 형사 고발 및 행정 처분을 의뢰하였고, 시도지사에 불법 사업자들에 대해 관리 감독을 요청하였다(이상식, 2002, op.cit., p.297).

심지어 중계유선방송 사업자들이 케이블TV 전송선을 임의로 절단하는 사례까지 발생하였다. 양 사업자 간 갈등이 가장 심했던 부산 지역에서 중계유선시설의 복구 과정에서 케이블TV 전송선을 절단, 훼손하자 해당 중계유선방송사 대표가 재물 손괴 등 혐의로 구속되기도 하였다.

가격과 관련해서 경쟁업체들에게 취하는 대응으로는, 상품 판매가를 한계생산비에 밑돌게 하여, 경쟁사도 마찬가지로 가격을 인하하지 않을 수 없게 하여 경쟁사에 타격을 주었다. 중계유선사들은 종합유선방송사로 전환한 이후에도, 이런 방법으로 경쟁자에게 손실을 강요하는 것이 기존 SO와 신규 SO 사이에 발생하였다. 신규 SO들은 1년 동안 무료로 가입자 확보에 나선 경우도 있었다. 해당 지역에서 경쟁 사업자가 시장에 진입하지 못하도록 하는 전략도 시도되었다.

복점 경쟁 체제로의 전환에 대비하여 방송법상 공정 경쟁의 원칙이 제대로 정비되지 못한 시기를 틈타 채널 운용의 불법, 탈법 사례도 심각하게 나타났다. 1차 전환 승인 이후 양 사업자 간에 불법적인 시장 행위는 극심하게 이루어졌다. 불법, 탈법 행위에 대해 2000년 방송위원회가 내린 행정 처분이 154건이었던 것이, 2001년 135건으로 약간 감소하였으나, 전환 승인 이후 2002년 들어와서는 305건으로 2000년에 비해 약 2배 가량 크게 증가하였다.

행정 처분 내용을 살펴보면 SO들은 주로 매출액을 증가시키기 위해 불법 홈쇼핑 채널을 운영한 데 따른 처분이 주를 이루고 있었다. 한편, 중계유선방송 사업자들은 종합유선방송과 경쟁을 목적으로 방송법상 허용 받은 31개 이상의 채널을 운영한 데 따른 행정 처분 사례가 대부분이다. 예를 들면, 전체 운용 채널 수 초과, 녹음 녹화 채널 수 초과, 녹음 녹화 채널 편성 변경, 불법 홈쇼핑 광고 방송, 외국 방송 송출 등의 위반 사유로 행정 처분 조치가 내려졌다(방송위원회, 2003, p.193).

중계유선방송의 종합유선방송 전환 승인과 관련하여, 불공정 행위가 가장 빈번하게 발생한 사례는 가격 전략과 관련해서였다. 전환 이전에는 중계유선방송 사업자들이 허용된 채널을 초과 운영하거나, 종합유선방송 PP채널을 송출하면서 정부의 이용 요금 승인을 받지 않고 임의로 요금을 인상하였던 것이다(종합유선방송위원회, 1999). 한편, 전환 승인 이후 공정거래위원회에서 문제로 다루어진 대부분의 사례는 경쟁이 심화되면서 나타난 가격 인하[20] 및 가격 담합이었다.[21]

---

20 (주)한국케이블티브이 호남방송의 부당한 광고행위 및 부당한 고객유인 행위에 대한 건, 공정거래위원회, 2002. 10. 30. 2002광사1272, (주)한국케이블티브이 서남방송의 부당한 광고행위 및 부당한 고객유인행위에 대한 건, 공정거래위원회, 2002. 10. 30., 2002광사0475

21 한국케이블TV푸른방송(주) 및 티시엔대구방송(주)의 부당한 공동행위에 대한 건, 공정거래위원회, 2002. 12. 24. 2002구사1470

3. IMF 외환 위기와 종합유선방송 산업의 위기

1997년부터 한국 사회에 불어닥친 IMF 경제 위기로 인해, 1998년에는 케이블TV 산업이 존폐 직전의 위기에 직면하게 되었다. 정보 사회의 기간 매체가 될 것이라는 낙관적 전망과 함께 정부 주도로 도입, 추진되어 왔던 케이블TV가 가입자 확보의 부진, 케이블TV 프로그램공급업체들의 연이은 도산, 기업들의 구조 조정으로 인한 인력 감축, 전송망 사업자들의 사업 포기, 공보처 폐지 이후 행정의 공백과 정책의 표류 등 복합적 요인들이 영향을 미침으로 인해 시장 위기에 빠졌던 것이다. 이후 종합유선방송 사업이 국책 사업이라는 표현도 점차 사라졌다.[22]

실업 사태와 임금 삭감으로 소득이 줄어든 가입자들에게는 케이블TV 수신료도 부담스러울 수밖에 없었다. 해약자가 급증했을 뿐만 아니라 신규 가입자도 대폭 줄어들었다. 환율 폭등으로 인해 각종 방송 장비 등을 외화 리스로 들여온 케이블TV 사업자들은 엄청난 환차손을 입게 되는 상황에 처했다. 20%가 넘는 고금리는 차입에 의존했던 사업자들의 금융 비용을 상승시켰다. 극도로 위축된 소비 심리와 기업의 구조 조정은 광고 시장에도 찬바람을 불러일으켰다.

이러한 좌초 직전의 케이블TV 사업 실상은 정권 교체를 계기로 1998년 가을 국회 국정감사 등을 통해 낱낱이 드러났다.[23] 개국 초의 장

---

22 국가 전체가 외환 위기에 따른 경제 침체로 구조 조정 작업에 나서고 있는 시점에서 국책사업이니 정부가 계속 돌보아야 한다는 논리는 더 이상 정당성을 얻기가 어렵다고 주장하면서, 차제에 경쟁력이 없는 기업은 시장에서 퇴출할 수 있도록 함으로써 국가 경제 전체에 주름을 주지 않을 것을 제안하였다. (김도연, 1998, pp.14~15)

23 종합유선방송위원회(1998. 10.), 1998년도 국정감사 요구자료

밋빛 청사진과는 달리, 문민정부의 방송 정책 실패로 인한 손실액이 누적 적자 규모로 1조 원 이상으로 나타났다. 분야별로는 PP 8,726억 원, SO 1,494억 원, NO 2,828억 원으로 나타났다.

1) PP 분야의 위기

IMF 경제 위기는 PP들을 더욱 어려운 상황으로 몰아넣었다. 삼분야 사업자 모두 적자인 상태였지만, PP의 적자는 SO나 NO와는 비교가 안 될 정도로 그 규모가 컸다. 1997년 4월 진로그룹의 부도로 계열사이자 케이블TV 여성 채널인 GTV가 29개 PP 가운데 첫 부도를 낸 데 이어, 경제 위기가 본격적으로 불어닥치기 시작하면서 다솜방송, 기독교TV, 동아TV, CTN 등 4개 PP가 연이어 부도를 냈다. 이 가운데 동아TV는 1998년 10월 31일 정규 방송 중단을 하였다.

순수 흑자를 낸 채널은 유통업 채널인 LG홈쇼핑 85억 2,300만 원, 39쇼핑 82억 9,700만 원, 다른 채널에 비해 제작비가 별로 들지 않는 MBN이 4억 원의 흑자를 내는 등 3개사뿐이었다. 각 채널의 당기 손실 규모액은 50억 원 이하 10개사, 50억~100억 원 7개사, 100억 원 이상이 4개사로 나타났다. 매출액이 증가한 채널은 7개사(28%)였고, 나머지는 매출액이 감소하였다(한국케이블TV방송협회, 2000, pp.54~55).

이러한 상황은 결국 사업자 간의 인수 합병과 같은 새로운 시장 질서의 출현을 불가피하게 만들었다. PP 업계에 진출하였던 삼성, 대우, 현대, 진로 등 대기업들이 1998년부터 1999년에 걸쳐 퇴출하였다. 케이블TV 출범 당시와 비교해서 소유주나 대주주가 바뀌었거나, 채널명 혹은 채널 장르가 바뀐 경우가 빈번하였다. 허가 당시의 대주주가 바뀐 경우는 KTV, DBC, Channel Next, OCN 등으로 출범 당시 허가를 받았던 29개 채널 중에서 20개에 해당하는 PP들이 소유주 및 대주주가 바뀌었다. 1996년 10월 YTN에 대한 최대 주주가 연합통신에서 한전정보망으로 바뀐 것을 시작으로, 여러 건의 최대 주주의 주식 인수, 영업권 양수 양도, 법인 신설 및 흡수 합병이 이루어졌다. 또한 DCN과 DSN은 각각 OCN과 JN23TV로 채널명을 바꿨다. 다솜방송은 의료건강26으로 채널명을 바꾸었을 뿐만 아니라 서비스 장르도 출범 당시의 교육에서 건강, 의료로 전환하였다.

이후 제일제당은 1997년 4월 M-net과 2000년 5월 (주)삼구쇼핑을 인수·합병함으로써 MPP로 변화하였다. 동양그룹의 경우 1999년 4월 OCN과 캐치원을 인수하여 몸집 부풀리기에 나섰다. 지상파방송 3사의 PP 시장 진출에 이어 MPP화를 도모하기 시작한 점도 주요한 특징 중의 하나이다. 지상파방송사의 PP로의 진출은 SBS가 1999년 6월에 한국골프채널(구 마이TV)을 인수하면서 시작되었다.

PP가 직면한 불황은 프로그램의 편성, 제작 면에도 자연히 심각한 타격을 줄 수밖에 없었다. 1998년 10월 국회 국감자료에 의하면, 26개 채널 가운데 19개 채널이 총 방송 시간의 50% 이상을 순환편성(재방송)한 것으로 나타났다(종합유선방송위원회, 1998. 10.).

2) 전송망 사업의 위기와 대응책

① 전송망 사업의 위기

한국전력은 통신사업을 위한 방편으로 케이블TV망 사업에 참여하였다. 내부적으로는 원격검침, 원격 부하관리 등에 전력사업의 보조적 수단으로 케이블TV망을 활용한다는 명분을 가지고 망 사업에 참여하였다. 그러나 케이블TV 전송망 사업에 1997년 말까지 2,871억 원을 투자하였고, 사업 개시 후 3년간 순손익이 약 1,131억 원에 달하자 사업성을 재검토하기에 이르렀다.

한국통신은 채산성을 이유로 1997년 2차 전송망 사업 허가 신청을 포기하였고, 한국전력 역시 1998년 10월 공기업 구조 조정의 일환으로 망 사업을 비롯한 통신망 사업을 포기하고 고유의 전력 사업에만 역점을 두겠다고 밝혔다. 2차 SO의 전송망 구축을 위해서는 모두 1조 원 이상의 대규모 투자가 집행돼야 하는 만큼 자칫 한국전력의 존립 근거가 되는 안정적인 전력 공급을 저해할 수 있기 때문이라는 이유였다. 1997년 5월에는 23개의 2차 SO 지역에서 SO를 선정하였지만, 전송망이 깔리지 않아 방송 시설과 신규 인력을 확보하고도 개국을 못하는 사태가 발생하였다.

1997년 7월 15일에는 2차 SO 구역에 포함된 전국 188개 시, 군 지역을 대상으로 전송망을 설치할 2차 전송망 사업자로 총 20개 사업자를 정보통신부가 선정하였다. 2차 SO 허가와 NO의 지정이 이루어졌으나, 1997년 말에 불어닥친 IMF 경제 위기는 케이블TV 산업을 위기로 몰아넣었다. 초기 투자가 막대한 전송망 사업의 투자 중단은 2차 SO 사업자 선정에도 불구하고, 방송 개시를 불가능하게 만들었다. 정보통신부는 부진한 전송망 부설을 위해 1998년 중반부터 전송망 사업자를 수시로 지정하는 정책을 채택하였다. 1998년 말까지 26개의 사업자를 추가 지정하였다. 그러나, 1999년도에도 전송망 투자는 여전히 부진하여 2차 SO 중 서비스를 개시한 사업자는 6개에 불과했다(이인찬, 김도연, 고동희, 1999, pp.85~91).

2차 SO 지역 중, 중계유선사업자들이 8개 SO 지역에서 13개 사업자가 전송망 사업자로 지정받았다. 그러나 실제적으로 중계유선사업자에 의한 전송망 부설은 성남유선방송만 자체망을 이용하여 전송망을 부설하였다. 그 이유는 제도적인 문제에 기인하였다. 중계유선을 매입한 종합유선방송국 운영업자들도 종합유선방송법상 종합유선방송국과 망사업의 겸영 금지 규정으로 인해 망 활용을 하지 못하였기 때문이다.

MMDS(Multichannel, Multipoint Distribution Systems)나 LMDS(Local Multipoint Distribution Service)와 같은 무선망 사업자 역시 2차 SO 지역에 전송망 사업자로 참여하였다. 이들은 전송망 사업보다는 WLL(Wireless Local Loop) 등 무선통신용 주파수 확보를 위해 5개의 전송망 사업자가 지정받았으나, SO들이 HFC(Hybrid Fiber Coax) 망을 선호함으로 인해, 무선망 사업자와는 단 한 건의 계약도 성사되지 못했다. 특히 IMF 외환 위기 이후 무선망 사업자들이 사업을 중단함으로 인해, 무선망의 활용이 거의 이루어지지 않았다. 1998년 무선망 사업자인 삼양 텔레콤은 도산하였다.

② 전송망 사업에 대한 정부 대응책

IMF 외환 위기로 인한 케이블TV 사업의 어려움은 세 분야 사업자에 따라 조금씩 그 어려움은 차이가 있지만, 전체적인 파국이 예고되고 있었다. 특히, 전송망 사업의 포기는 여타 두 사업자에게 연쇄적인 영향을 미칠 수밖에 없었다. 전송망 없는 케이블TV 사업이란 존재하지 않기 때문이다.

망 사업을 관장하였던 정보통신부는 여러 가지 정책을 발표하였다; NO 사업의 수익성 제고를 위해 이용 요금을 상향 조정하고, 정통부는 외국자본의 참여를 33%까지 허용하도록 하였다. 추가적으로 방송법 개정안에 NO 지정제를 등록제로 완화하고, NO와 SO의 겸영을 허용한다는 내용을 발표하였다. 아울러, SO와 중계유선 등이 한전 전주를 사용하는 것을 허용하되 적절한 안전 대책을 강구하면서 유료로 이용하는 방안을 강구하였다. 이러한 노력의 결과, 1999년 1월 21일자로 '정보화촉진기본법'이 개정되어, 중계유선방송 사업자 및 종합유선방송사업자들은 한전의 전주를 1999년 7월부터 합법적으로 사용할 수 있게 되었다.[24] 또한 종합유선방송과 중계유선방송의 통합을 위해 SO의 자체 전송, 선로의 설치를 허용하고, 중계유선과 전송선로시설의 상호 이용을 허용하는 것을 통해 M&A를 가속화시켜 나간다는 계획을 가지고 있었다.

이러한 정보통신부 정책 방안들에 대해 경쟁 부처였던 문화관광부는 난색을 표명하였다. 문화관광부의 기본 입장은 다음과 같았다; 전송망 이용료의 인상안과 관련하여, 전송망 이용료는 가입자의 수신료 중에서 일정한 부분을 NO에게 분배하는 것이므로, 전송망 이용료의 일방적인

---

24 정보화촉진기본법, 제32조(초고속정보통신망 확충을 위한 협조 등) "전기통신기본법 제7조의 규정에 의한 기간통신사업자, 유선방송관리법에 의한 유선방송사업자 및 종합유선방송법에 의한 종합유선방송 사업자(이하 11조에서 '기간통신사업자 등'이라 한다)는 도로, 철도, 지하철도, 상·하수도, 전기설비, 전기통신회선 설비 등을 건설, 운용, 관리하는 기관의 장에 대하여 필요한 비용부담을 조건으로 전기통신 선로설비(유선방송관리법에 의한 유선방송시설 및 종합유선방송법에 의한 전송선로 시설을 포함한다)의 설치를 위한 관로 등의 건설 또는 대여를 요청할 수 있다."

인상은 수신료의 인상 요인으로 작용할 것이다. 경제 침체기에 케이블TV 가입자 확대를 위하여 채널 티어링을 통한 가격 인하가 검토되고 있는 만큼, 전송망 이용료는 사업자 간 이해 관계 조정을 전제로 채널 티어링 방식과 연계한 종합적인 검토가 필요하다고 지적하였다. 기본적으로 고정적 시설 투자를 요하는 전송망 사업의 특성상, 수신료와 무관하게 최소한의 전송망 이용료는 보장되어야겠으나, 삼분할 사업 구도상 NO가 수신료의 1/3 이상을 차지하는 것은 곤란하다는 입장을 밝혔다.[25]

정보통신부,[26] 종합유선방송위원회,[27] 한국유선방송협회[28] 등에서는 중계유선을 추가 전송망 사업자로 지정하는 방안을 제안하였다. 한국전력이 망 사업을 중단함으로 인해 2차 SO 지역에서 케이블TV 사업의 부진성을 해결하기 위한 방안으로 제안한 것이다. 이에 대해 문화관광부도 중계유선을 복수 NO로 추가 지정하는 것은 현행법으로도 가능하다고 보았다. SO와 망 사용 계약을 체결한 중계유선방송은 별도의 심사 없이 전송망 사업자로 추가 지정함으로 종합유선방송과 중계유선이 협력적인 관계 정립을 할 수 있다고 본 것이다.[29] 중계유선의 NO 지정에 대해 한국전력의 반발이 예상되었으나, 한전의 전송망 사업 중단으로 불가피한 조치인 만큼, 중계유선의 한전주 사용 합법화 및 사용료 협상을 중재할 필

---

25 문화관광부(1998. 8. 18.), "케이블TV 현안 및 회생 지원 대책"

26 정보통신부는 전송망 사업자 사업구역 확대 및 추가지정을 위한 의견 수렴을 한 바 있다. 정보통신부는 1차 확대 및 2차 SO 지역에서 한통과 한전의 전송망 설치가 지연됨에 따라 전송망의 원활한 공급을 위해 유선 NO(중계유선 포함)의 추가 지정 및 무선 NO의 사업 구역 확대 필요성을 제기하였다.
정보통신부(1998. 8. 12.), 전송망사업자 사업 구역 확대 및 추가 지정 계획(시안)

27 종합유선방송위원회(1998. 7. 24.), "〈케이블TV 위기극복과 정책방향에 관한 연구〉, 미간행 정책보고서.

28 한국유선TV신문(1998. 6. 10.)

29 1997년 2차 SO 허가시 151개 중계유선(220만 가입가구)이 SO 법인에 참여하였으나, 전송망 문제로 가입자 확보를 못하고 있는 실정이었다. 문화관광부(1998. 8. 18.), op.cit., p.7

요가 있다고 보았다.

중계유선사업자들을 NO로 지정하는 정책 방안과 관련하여 찬성과 함께 이의들도 제기되었다. 중계유선사업자들이 무단으로 전력주를 이용하여 망을 부설한 경우, 중계유선사업자들이 망 사업자로 지정된다면 망 사업자인 중계유선사업자와 한국전력 그리고 SO들 간의 갈등은 더욱 심화될 것이라는 주장이었다. 한국전력의 입장에서는 망의 복선화로 인해 이미 부설한 자체망의 활용도가 낮아질 것이며, SO의 경우에는 적대 사업자의 망을 이용하여 가입자 유치를 한다는 것은 불가능하다는 현실론을 제기한 것이다(한국케이블TV방송협회, 1998. 6.).

중계유선의 경우 가입가구 수가 1만 가구 미만인 사업체가 693개로 전체 중계유선의 80.5%에 달하고 있는 바와 같이 대부분 소규모로 운영하고 있었다. 따라서 영세사업자들의 망을 연결하여 사용하는 것은 비효율적이라는 지적도 있었다.

4. 신자유주의와 규제 완화

금융 위기 발생과 더불어 등장한 김대중 정부는 경제적 차원에서 신자유주의적 개혁을 시도하였다. IMF는 한국의 국가 경쟁력 강화라는 명목을 앞세워 한국에 신자유주의를 정착시키게 되었다. 김대중 정부는 민주적 원리에 의하여, 즉 민간인들의 자율성에 의하여 작동하는 경제 체제를 건설하고자 하였다. 국민의 정부는 국가의 정상화가 가장 시급한 과제였으며, 국제적 조류에 적응하기 위해 신자유주의를 자연스럽게 받아들였다. 그리하여, 김대중 정부는 구조개혁 정책, 탈규제화 정책, 민영화, 사유화 정책, 자유화, 개방화 정책 등을 실행에 옮겼다. 신자유주의가 한국 사회 전반에 자리 잡음에 따라 시장주의가 미디어 영역을 지배하게 되었다. 케이블TV 산업도 예외는 아니었다.

1995년 7월 14일, 방송과 통신의 융합 현상에 대비하기 위해 새로운 방송 질서에 부합되는 법, 제도를 마련하기 위해 당시 문민정부하의 공보처는 '선진방송 5개년 계획'을 수립하였다. 이 보고서 제안을 토대로 1995년 12월 1일 '통합방송법안'으로 일단 입법 예고까지 되었으나, 방송위원 선임 방식 등 정치적인 갈등으로 1996년 5월 29일 폐기되었다. 같은 해 11월 20일, 다시 국회에 상정되었지만 같은 이유로 통과하지 못했다.

법 제정이 미루어지는 상황에서 문화관광부는 케이블TV를 활성화시키기 위한 정책들을 발표하였다. 1998년 8월에 '방송영상산업진흥대책'을 발표하면서, PP를 허가제에서 등록제로 전환하기로 결정하였다. 같은 달 18일, 문화관광부는 '케이블TV 현안 및 회생 지원대책'을 발표하였다.[30] 본 대책의 수립 배경에 당시 정부가 느꼈던 케이블TV의 위기가 다음과 같이 잘 나타나 있다.

> "우리나라의 케이블TV 산업은 본방송 3년여 만에 초기 투자에 따른 누적 손실 및 IMF 경기침체 등 복합적 요인으로 전면적 위기 상황이 도래하였다. 더구나, 1997년 5월 2차 SO가 허가되

---

30 문화관광부(1998. 8. 18.), "케이블TV 현안 및 회생지원대책"

> 어 1998년 초 2차 SO 개국으로 가입자의 획기적인 증가를 예상했으나, 한전의 전송망 사업 중단으로 케이블TV의 전반적인 부실이 가속화되고 있다. 도입 초기 안정적 정착을 위하여 전 채널의 의무전송 등 각종 규제를 통한 보호, 육성책을 실시하였으나, 중계유선 장애 문제나 세 분야 사업자 간 갈등 등으로 실효에는 한계가 있다. 현행 체제를 유지하는 경우, PP의 경영난 가중 및 부실이 가속화되어 케이블TV 산업의 붕괴 초래가 예상된다. 당면 위기 극복을 위해 시급한 과제인 새 방송법 제정이 지연되고 있는 가운데, 현행법 테두리 내에서라도 정책적 규제의 완화 등 회생지원방안 추진이 불가피하다."

회생 대책의 핵심 내용은 종합유선방송과 중계유선방송의 단일법화, 중계유선의 복수 NO 지정, 케이블TV 채널 티어링 허용, 중계유선 역무제공범위 명확화 및 불법 행위 엄중 단속 등이었다.

정부의 이러한 정책 처방에도 불구하고 통합 방송법안이 국회를 통과하지 못하자, 큰 위기에 직면해 있던 케이블TV 산업을 회생시키기 위해, 종합유선방송법만 1999년 1월 개정하였다. 이때, 그동안 발전의 걸림돌로 지적되었던 적지 않은 제도들의 개선이 이루어졌다. 개정된 종합유선방송법에는 소유 규제가 대폭 완화되었다.

중요한 내용으로는, 세 분야 사업자 간의 겸영이 허용되고, 복수종합유선방송국(MSO)이 허용되는 등 수평적, 수직적 결합이 허용되었다. SO는 전체 PP 중 5분의 1 이내에서 겸영할 수 있고, PP는 전체 SO 중 10분의 1 이내에서 겸영할 수 있게 되었다. SO는 전체 대상 가구의 10분의 1을 초과하지 아니하는 범위 이내에서 다른 종합유선방송국을 겸영할 수 있고, PP는 전체 프로그램 공급업의 5분의 1 이내에서 다른 프로그램 공급업을 겸영할 수 있게 되었다. 또한 개정 전에는 대기업, 언론사 및 외국인이 SO를 소유할 수 없었으나, 개정 후 33%까지 소유할 수 있게 되었고, PP의 외국인 지분 제한이 15%에서 33%로 완화되었다. 전송망에 대한 규제도 완화되어 전송망 사업은 지정제에서 등록제로 변화되었고, SO 자가 망 설치 및 기간 통신사업자의 전기통신 설비 이용이 허용되었다.

종합유선방송법 개정(1999)의 주요 탈규제 정책

- 세 분야 사업자 간 겸영 허용
- 대기업, 언론사 및 외국인의 SO 소유 허용
- PP의 외국인 지분 제한 완화
- 전송망의 지정제에서 등록제 완화
- SO의 자가 망 설치 허용

제4부

종합유선방송과 위성방송 경쟁 시기 (2002년 ~ 2008년)

1. 종합유선방송과 위성방송의 매체 특성 비교
2. 종합유선방송의 복점화
3. 지상파 재송신을 둘러싼 종합유선방송과 위성방송의 경쟁
4. 종합유선방송과 위성방송의 다채널 시장 분할
5. SMATV를 둘러싼 케이블TV와 위성방송의 갈등

제4부

종합유선방송과 위성방송 경쟁 시기
(2002년 ~ 2008년)

김대중 정부의 신자유주의 이념으로 인해 규제 완화가 이루어졌고, 두 차례에 걸친 중계유선방송의 종합유선방송 전환 승인 정책으로 가입자들이 대폭 증가하였다. 종합유선방송 사업은 SO들을 중심으로 정착 단계에 접어들기 시작하였다. SO들의 경영 상태도 많이 나아졌다. 하지만, SO와 PP 간에 수신료 배분이 제대로 이루어지지 않음으로, MPP나 인기 있는 PP를 제외하고 대부분의 PP들은 경영 측면에서 어려움을 겪었다.

종합유선방송이 출범한 지 7년의 시차를 두고 2002년 위성방송이 출범하게 되었다. 위성방송은 처음부터 디지털 방송 서비스를 제공하였다. 유료 매체 시장에서 종합유선방송이 지배적 사업자로 선점한 상태에서 위성방송의 등장에 대해 종합유선방송 사업자들의 견제가 매우 심하였다. 종합유선방송의 경우, 아날로그 서비스를 제공했기 때문에 채널 용량이나 신호 품질 면에서 디지털 위성방송에 뒤쳐진다는 한계가 있었다.

1. 종합유선방송과 위성방송의 매체 특성 비교

스카이라이프는 2000년 12월 허가받고, 2002년 3월부터 유료 방송 서비스를 시작하였다. 위성방송은 종합유선방송보다 열악한 환경에서 출범했다. 이미 종합유선방송 가입자가 크게 확산되었다는 점도 그렇지만, 위성방송을 수신하기 위해서 부담해야 할 장비 구입비가 종합유선방송보다 훨씬 비쌌다는 점도 가입자 확보에 장애 요인으로 작용했다. 하지만 스카이라이프는 거대한 모기업인 한국통신의 막강한 자본력을 바탕으로 수신 장비료를 크게 인하하거나, 가입자들에게 혜택을 줄 수 있었다. 위성방송의 다양한 부가 서비스 개발에 필요한 개발비를 부담할 수 있는 자본력을 가지고 있었다는 장점도 있었다. 이러한 장점들에도 불구하고, 사업 초기 위성방송은 어려움이 컸다. 스카이라이프는 경쟁 매체의 강력한 반대로 지상파방송을 재송신하지 못하는 불리함으로 인해, 초기 가입자를 확보하는 데 많은 어려움을 겪었다.

〈표 4-1〉에서 보듯이, 종합유선방송과 위성방송의 매체 특성을 고려할 때 유사한 점이 많았다. 사업자 구조 측면에서 플랫폼 사업자, 전송망 사업자, 프로그램을 제공하는 소위 채널사용사업자로 구성되어 종합유선방송사업자와 유사하였다. 다채널 양방향 매체, 통신 서비스 제공 등 서비스 측면에서 거의 대체재로서의 특성을 지녔다. 주요 차이점으로는 SO들은 비교적 영세한 데 반해, 위성방송에 대주주로 참여한 한국통신, KBS, MBC, SBS 등은 국내 최고의 통신 및 방송사업자들이었다.

종합유선방송과 위성방송은 산업 구조 측면에서 차별성이 별로 없고, 서비스 간의 대체성으로 인해 양 사업자는 동일 시장을 대상으로 유사한 서비스를 통해 경쟁을 벌였다. 이러한 경쟁은 시청자의 입장에서 요금이 인하되고, 내용 및 고객 서비스가 개선되고, 설비가 업그레이드되는 것과 같은 바람직한 결과를 가져왔다. 한편, 제한된 시장에서 살아남기 위해 무리한 투자, 상업주의 만연, 경쟁 지역에서 거의 덤핑에 가까운 약탈적 가격 설정, 그에 따른 손실을 경쟁이 약한 지역에 전가하는 문제 등과 같은 과열 경쟁의 폐해가 발생하였다.

〈표 4-1〉 종합유선방송과 위성방송 사업자 비교

	종합유선방송	위성방송
사업자 구조	- 지역 단위 소규모 사업자로 출발했으나, 소수 MSO 중심으로 집중화 경향 - 지역 독점사업자로 출발했으나, 독점 내지 복점 경쟁 체제로 변화 - 중계유선방송사와 경쟁 구조였으나, 종합유선방송으로 흡수되었음	- 종합유선방송에 비해 후발주자라는 약점이 있으나, 전국을 대상으로 하는 독점사업자
서비스 내용	- 450-750MHz로 아날로그 신호 제공 - 지속적으로 망의 업그레이드가 이루어지고 있으나 시스템에 따라서는 망 용량 부족현상 - 지상파, 위성방송에 비해 디지털화가 상대적으로 느리게 진전 - 다양한 PP 채널 외에 지역 채널 서비스 제공 - 초고속 인터넷 접속 서비스	- 디지털화의 조기 진전에 따라 케이블TV에 비해 다양한 고화질 서비스 제공 - CD 수준의 화질 및 음질 제공 - 기본 서비스 및 옵션 부가서비스의 다양한 영상 채널 패키지 제공 - 유사 주문형(NVOD) 및 PPV(Pay per View) 서비스 제공 - 데이터 채널과 전화선을 결합시켜 다양한 데이터방송 및 부가서비스 제공
서비스 가격	- 비교적 저렴한 초기 설치비 및 월 수신료	- 디지털 위성방송의 경우, 고가의 수신기 및 안테나 설치

2. 종합유선방송의 복점화

위성방송이 출범하기 전후 시점을 중심으로 종합유선방송사의 구조에도 변화가 있었다. 종합유선방송사는 독점 체제였다가 중계유선사들이 종합유선방송사로 전환하면서 복점 경쟁 체제로 변화함으로써 경쟁 구조에 큰 변화가 생긴 것이었다.

두 차례에 걸친 종합유선방송국 허가, 또 다른 두 차례에 걸친 중계유선방송 사업자의 종합유선방송 전환 승인으로 인해 중계유선사업자 수에 있어서도 적지 않은 변화가 있었다. 중계유선방송 사업자 수는 종합유선방송 출범 이전인 1993년 875개였던 것이, 종합유선방송 일차 허가 시점인 1994년 896개사로 증가하였고, 1997년 이차 SO 허가 시점인 1997년 860개사로 감소한 이후, 지속적으로 줄어들고 있었다. 중계유선방송사의 종합유선방송사로의 일차 전환 승인이 이루어졌던 2001년에는 696개사로 대폭 감소하였고, 2002년 이차 전환 시점에서는 다시 638개사, 2007년 139개사, 2009년에는 100개사로 크게 줄어들었다.[31](〈표 5-4〉 참조) 규모가 큰 대부분 중계유선방송 사업자들은 종합유선방송으로 전환했고, 남은 사업자의 숫자는 많으나, 실제 그 사업 규모는 그다지 크지 않아 이미 자연스럽게 도태되고 있었다.[32]

전환 승인으로 중계유선 사업자들이 종합유선방송 사업자로 전환하

31 보다 자세한 자료는 p.120의 <표 5-4>를 참조할 것

32 2002년 가입자 수를 기준으로 중계유선방송사의 평균 가입 가구 수는 약 7,000 정도에 불과하던 것이 2004년에는 1개사당 평균 약 3,000가구로 감소하여 매우 영세하였는데, 약 10만 가구를 확보한 중계유선사도 있지만, 1,000가구 이하 사업자도 매우 많았다.

자, 그 지역에 또 다시 중계유선 사업자로 신규 신청하는 사례가 발생하였다. 이에 대해 방송위원회는 전환 승인 정책의 연장선에서 신규 허가를 하지 않자, 이에 대해 중계유선 신청사업자가 소송을 제기하였다. 이에 대해 서울행정법원에서는 2005년 10월 12일 방송위원회의 중계유선방송사업 신규 허가 추천 거부처분의 절차적 정당성과 유선방송시장의 통합과 효율성을 도모하기 위한 정책의 타당성을 인정하여 방송위원회 승소 판결을 내렸다.[33]

서울행정법원의 판결[34]에 따라 방송위원회는 유선방송 시장에 대한 공정경쟁 기반 조성, 시장질서 교란 및 전송망 중복투자 방지, 유선방송 시장 활성화 및 통합유도의 정책을 보다 적극적으로 추진하였다. 한편, 중계유선방송사업자의 종합유선방송사업 전환 승인을 통해 중계유선방송사업 허가권을 반납한 지역에서 중계유선방송사업 신규 허가 추천 신청을 자제하는 것이 국민의 편익 및 행정 낭비 방지를 위해 바람직하다고 밝혔다.

---

33 이 판결은 방송위원회가 시청자 의견 청취 절차 잘못으로 인한 패소 이후에 시청자 의견 청취 절차를 보완하여 새롭게 중계유선방송사업 신규 허가 추천을 거부한 사례에 대한 최초의 법원 판결에 해당한다. 그동안 중계유선방송사업 신규 허가 추천 거부에 따른 행정소송에서 방송위원회 홈페이지만을 통한 시청자 의견 청취는 방송법의 취지에 반한다는 이유로 방송위원회가 패소한 바 있어, 중계유선방송사업 신규 허가 정책 방향에 대한 논란이 제기되었다. 방송위원회(2005. 10. 12.), "중계유선방송 신규 허가 추천 거부 소송 승소", 보도자료

34 서울행정법원 2005구합14981 서울행정법원은 노덕환 외 2인과 방송위원회 간 중계유선방송사업 허가추천 거부처분 취소 사건에서 방송위원회가 방송위원회 홈페이지, 관보, 관련 지자체 홈페이지를 통하여 시청자 의견을 충분히 수렴하였으므로 절차적 정당성이 인정되고, 중계유선방송사업의 신규 허가 추천을 거부하는 것은 유선방송시장 통합과 효율성을 도모하기 위한 타당성이 인정되므로 재량권을 일탈·남용한 것으로 볼 수 없다고 판단하였다.

3. 지상파 재송신을 둘러싼 종합유선방송과 위성방송의 경쟁

위성방송이 등장하면서, 정부는 매체 간 균형 발전을 위해 방송 채널 정책에 역점을 두었다. 방송위원회는 2001년 11월 19일 종합적인 방송 채널 운영 정책을 발표하였는데, 핵심 쟁점 중의 하나가 바로 지상파 위성방송사에 의한 지상파 재전송이다. KBS와 교육방송은 의무 재송신하도록 하였다. 다만, MBC와 SBS의 경우에는 당해 방송 구역을 벗어나는 재송신을 2년간 허용하지 않았다. 2002년 4월 국회를 통과한 개정 방송법에 따라 KBS 1TV와 EBS만 재송신하는 의무를 지니도록 하였다. 개정된 방송법 제78조 제4항에 따르면, 종합유선방송과 중계유선방송의 경우에는 구역 외의 지상파 방송 채널을 동시 재송신하고자 할 때와, 위성의 경우에는 전국이 방송 구역에 해당하므로 의무 동시 재송신 채널 이외의 모든 지상파방송을 재송신하고자 할 때, 방송위원회의 승인을 받도록 하여 방송 구역의 전국적 확대와 역외 재송신 문제에 대응하였다.

이러한 정부 정책의 결정 과정에서 이해 당사자들인 지역방송, 종합유선방송 그리고 위성방송사 간에 첨예하게 대립하였다.[35]

위성방송이 실질적으로 네트워크화되어 있는 MBC, SBS, KBS2 등이 위성을 통하여 재전송하고자 하였기 때문에 내용상 별 차이가 없는 관련 지역방송사들이 지역성을 해친다는 명분하에 위성방송의 지상파 재송신을 반대하였다. 위성방송의 성장을 견제한 종합유선방송이 지역방송사

---

35 지상파방송 재송신정책에 대해서는 김정기(2003) 제 14장을 참고할 것. 이에 대해서는 시장행위 중 지상파 재전송 주제(제6부5)에서 자세하게 다루도록 한다.

들의 입장을 지지하면서 그 논란 과정에 뛰어들어 전 방송 산업계가 내홍을 치르게 되었다.

스카이라이프가 출범하면서 KBS를 재송신하는 것은 공공 서비스의 차원에서 허용되었다. 그렇지만 종합유선방송 업계 및 지역 방송국 입장에서 볼 때, 지역 방송국을 계열사로 지니고 있는 MBC나 지역 방송사들을 가맹국으로 확보하고 있는 SBS를 스카이라이프가 재송신할 경우, 전국망을 장악할 가능성이 있다고 보고 강력하게 반발하였던 것이다.

지상파 재송신 금지 조치로 인해 스카이라이프는 신규 가입자 확보에 차질이 빚어졌다. 기존 가입자들조차도 해지하는 주요 원인이 되었다. 종합유선방송 PP 가운데 지상파 방송 프로그램을 재방송하는 MBC나 KBS 드라마 채널의 시청률이 상위 5위 안에 들고 있다는 사실에서 엿볼 수 있듯이, 지상파 방송의 재송신은 가입자 유치에 적지 않은 영향력을 미쳤던 것이다.

한편, 종합유선방송 업계가 위성방송에 비해 지니고 있는 가장 큰 상대적인 장점은 지상파의 재송신을 하고 있다는 점이었다. 이에 종합유선방송 업계는 스카이라이프의 지상파 방송 재송신을 결사반대하였다. 특히, 2003년 10월 스카이라이프가 지역 방송국들과 협약을 통해 권역별 지역 방송에 대한 협의를 마무리 짓고 있는 상태에서 종합유선방송 업계는 지역 방송 재송신을 중단하겠다고 위협하였다. 이는 지상파방송의 재송신이 이루어질 경우, 종합유선방송 가입자가 위성방송으로 전환할 것을 염려하였기 때문이다.

4. 종합유선방송과 위성방송의 다채널 시장 분할

경쟁 매체인 케이블TV와 위성방송 사이에 채널 상품 구성에 있어서 차이가 있었다. 가장 큰 특징은 케이블TV의 경우, SO들은 국민형, 기본형, 경제형 등의 이름으로 제공하는 저가 패키지를 제공하고 있으나 위성방송의 경우에는 저가 상품이 없었다.

케이블TV와 위성방송 간에 인기 있는 채널들만 비교해 보면, 양 매체 간에 큰 차이가 존재하지 않았다. 인기 있는 지상파 드라마채널들이 케이블TV와 위성방송 모두 최상위권의 점유율을 형성하고 있었다. 이어서 OCN 영화 채널이나 YTN의 보도 채널 역시 양 매체에서 상위 시청률을 보였다. 다만, CJ미디어가 위성방송과의 계약에서 누락됨으로 인해 투니버스, 채널CGV, 퀴니, 슈퍼액션을 제외하면 나머지 채널들은 별 차이가 없었다.

SO들은 다양한 지상파 계열의 PP들에게 많은 채널을 할당하고 있는 점이 특징으로 나타났다. 디지털 케이블TV를 추진하면서, 디지털 지상파 채널 대역을 별도로 설정 해놓은 지역도 있어 지상파에 대한 의존율이 높게 나타났다. 시청자들의 선호도가 높은 지상파 PP는 케이블TV PP와의 경쟁에서 우위를 점하고 있었다. SO들은 지상파 PP를 송출해야 수익의 안정성이 보장되었다는 점은, 케이블TV 산업이 지상파 사업자들에 의해 여전히 종속되어 있음을 시사한다.

종합유선방송과 위성방송 간에 유료 매체 시장을 두고 경쟁이 심화되기 시작하면서, 채널 상품을 중심으로 시장 분할이 이루어졌다.

종합유선방송 도입 초기, 기본 채널 수신료는 15,000원이었다. 제공되는 프로그램의 질에 비해 수신료가 비싸다는 인식이 높았는데, 1999년부터 티어링 제도가 본격적으로 도입되면서 저가 티어 상품을 위주로 가입자가 증가되어 왔다. 이러한 경향은 지속되어, 2004년 티어 운영에도 여실히 나타났다. 한마디로, 티어 운영과 관련해서 주요한 특징의 하나는 '다양한 채널상품(티어) 구성없이 저가 상품 의존 구조'였다. 평균 가입가구당 수신료 매출(ARPU)은 2003년은 5,436원, 2004년은 5,492원 수준이었다.

〈표 4-2〉 채널 상품별 현황

	기준시점	의무형	묶음2	묶음3	묶음4	기본형
가입가구 수 (점유율)	2004. 6. 30.	520,818 (4.4%)	6,753,828 (57.6%)	1,788,129 (15.3%)	703,589 (6.0%)	1,957,691 (16.7%)
	2003. 12. 31.	570,358 (5.1%)	7,045,179 (63.2%)	1,440,254 (12.9%)	117,817 (1.1%)	1,975,877 (17.7%)
ARPU(원)	2004. 6. 30.	3,167	4,684	5,404	4,471	8,383
	2003. 12. 31.	2,764	4,639	5,188	7,502	8,545
운영 SO 수	2004. 6. 30.	89	92	76	26	117
	2003. 12. 31.	74	97	69	21	110
평균공급채널 수	2004. 6. 30.	21.8	44.9	57.3	59.0	70.1
	2003. 12. 31.	21.5	44.2	56.6	62.8	68.6

출처 : 방송위원회(2004)

2006년 기준, 위성방송사는 비디오와 오디오를 합쳐 170여 개의 채널을 50% 할인한 28,000원에 스카이 플레티늄이라는 이름으로 제공하였다. SO와 비슷한 티어링 서비스 역시 제공하였다. 기본형 SkyFamily는 121개(비디오 81채널과 오디오 40개 채널)를 제공하며 20,000원의 수신료를 받았다. 그 외 영화 전문 패키지인 SkyMovie+, 스포츠 매니아를 대상으로 스포츠 프로그램에 더해 시사 교양 프로그램을 함께 제공하는 Times & Sports 패키지, 여성과 아이들을 대상으로 한 Kids & Mom 패키지, 디지털 오디오 채널만을 제공하는 Sky Sound 패키지 등이 있었다.

그 외 채널 단위로 가입할 수 있는 프리미엄 서비스를 제공하였고, 핸드폰을 이용하여 위성방송을 시청할 수 있는 Fimm, PDA를 통해 시청할 수 있는 Swing 서비스 등을 제공하였다. 아울러, 가입자 유치를 위해 초고속인터넷 상품과 함께 묶음으로 서비스를 제공하고 있는데, 묶음 상품의 경우, 할인을 통해 가입자를 유인하였다.

위성방송의 상품별 가입자 추이를 살펴보면, 고가 상품인 기본형 Sky Family/Sky Family+(월 18,000원)가 꾸준히 증가하였다(〈표 4-3〉 참조). Sky On(8,000원)은 30%대 전후에서 약간의 편차를 보였다. 고가 상품을 중심으로 위성방송의 가입자가 확산되고 있어, 저가 상품 중심의 종합유선방송과 좋은 대조를 보였다. 가격을 중심으로 유료 매체 시장이 분점화(fragmentation)되는 경향을 보였다.

〈표 4-3〉 상품별 가입자 현황

구분	2002년 6월	12월	2003년 1월	6월	2004년 10월
Sky On	37%	33%	32%	28%	34.7%
Sky Family	46%	51%	52%	57%	61.6%
기타	17%	16%	16%	15%	3.7%
계	100%	100%	100%	100%	100%

출처 : 스카이라이프 내부 자료(2003; 2004)

* 기타는 Sky On (+) 선택형, Sky Movie+, Sky Movie+(+) 선택형이며, 프리미엄 채널은 제외

주) 보급형: 월 시청료 10.000원 이하, Sky On+(총 62개 채널), Sky Green(총 66개 채널)
기본형: 월 시청료 14,000원~18,000원, Sky Movie+(총 73개 채널), Sky Blue(총 135개 채널)
고급형: 월 시청료 20,000원~25,000원, Sky Family+(총 133개 채널), Sky Gold+(총 137개 채널)
최고급형: 월 시청료 28,000원~30,000원, Sky Platinum(총 139채널 및 프리미엄 채널 포함)

5. SMATV를 둘러싼 케이블TV와 위성방송의 갈등

위성방송이 도입되면서, 가입자 확보를 위해 네트워크 확보 경쟁이 발생하였다. 공동주택에서 공청 선로(Satellite Master Antenna Television, 이하 SMATV) 이용을 두고, 유사 서비스를 제공하고 있는 종합유선방송과 위성방송 간 심한 경쟁을 벌였다. 아날로그 MATV 논의에서 한 걸음 더 나아가 디지털 SDM(Satellite Distribution Method)에 대한 논의로 확대되었다.

스카이라이프사는 가입자 확보를 위해 2002년 3월부터 고층 아파트의 저층에서 많이 나타난 전파 음영지역 해소를 위해 리피터(repeater)를 개발하여 보급하였다. 2004년 기준 전국 700개 단지 3,500동에서 약 7,000개 정도 설치된 것으로 파악되었으며, 가 시청 가구 28만 세대에 약 2만 세대가 리피터를 통해 스카이라이프를 시청하는 것으로 조사 결과 나타났다.

그러나, 리피터는 궁극적으로 음영지역을 해소하기 위한 방안이라기보다는 민원을 해결하기 위한 임시방편에 불과하였고, SMATV를 통한 확산 전략을 2001년부터 적극적으로 추진하였다. 2001년 10월, 스카이라이프사는 SMATV 수신방식 도입과 관련하여 정책 건의안을 작성하여 관련 기관에 제출하였다. 이러한 스카이라이프사의 전략에 대해 종합유선방송업계에서는 강하게 반발하였다.[36] 이미 아파트에는 종합유선방송사들이 단체 계약을 통해 종합유선방송 신호를 공시청 안테나를 통해

36 한국디지털위성방송(2003. 2), 위성방송 SDM 방식 관련 SkyLife 입장

내보내고 있었다. 위성방송사들의 SMATV를 통한 가입자 확보 노력은 종합유선방송 시장의 잠식을 의미하는 것이었다.

방송위원회는 2003년 7월 위성방송의 공시청 수신 설비 이용을 허용하기로 결정하고, 방송법 개정안을 마련하였다. 이에 대해 정보통신부는 공시청 수신 설비의 이용에 대한 선택권은 공동주택 주민에게 있으므로 방송법에서 규제하는 것은 적절치 못하다는 의견을 방송위원회에 전달하였다.

(1) 공동주택 방송수신 실태

공동주택은 지상파방송, 종합유선방송 및 위성방송을 서로 다른 수신 설비를 통해 방송을 수신하였다. 지상파방송은 MATV(텔레비전 공동시청설비), 종합유선방송은 CATV 구내선로설비, 위성방송은 건물 외벽 접시 안테나를 이용하였다.

그러나 정보통신부의 조사에 따르면(2007), 실제 공동주택의 구내 수신 설비는 법·제도적으로 규정된 용도와는 다르게 이용되는 경우가 많았다. MATV는 노후화로 이용이 곤란하거나 CATV 사업자가 MATV를 CATV 선로로 이용하는 경우도 있는 것으로 나타났다.[37]

위성방송의 경우에는 가구별로 건물 외벽에 위성안테나를 설치하여 수신하거나 일부에서는 불법 사업자의 유사 위성방송을 시청하였다. 주상복합 등 베란다가 없는 건축물이나 건물 미관 훼손을 이유로 입주자

---

37 정보통신부 전파방송기획단(2007), op.cit.

가 반대하는 경우 위성안테나 설치 곤란으로 위성방송 수신이 제한받았다. 일부 공동주택은 건축업자가 건물 신축 시 공동수신설비를 설치하여 위성방송을 수신하였다.

〈표 4-4〉 아파트의 방송 공동수신설비 이용 현황

준공시기	배선형태	이용 실태
'95년 이전	MATV 단독배선	대부분 선로 노후화로 이용 곤란 일부는 CATV 사업자가 서비스 제공에 이용
'95년~04년	층별 단자함까지 MATV와 CATV 분리배선	층별로 MATV 또는 CATV 선택 가능
'05년~07년	세대단자함까지 분리배선	세대별 MATV 또는 CATV 선택 가능(자체 구축한 설비를 통하여 일부는 DTV 및 위성방송 수신도 가능)

출처 : 정통부 및 관련 사업자 합동 실태조사(2007. 6.)

DTH 방식과 SMATV 방식의 가격을 비교해 보면, SMATV는 DTH에 비해 설치비가 15,000원 가량 저렴하였다. SMATV의 비용이 저렴한 이유는 DTH와 달리 안테나 설치 공정이 제외되기 때문이다. SMATV-IF 경우 사용하는 수신기는 DTH용과 동일하여 가격이 같고, SMATV-DTM 경우 복합형 수신기를 사용하는데 QAM 모듈이 추가 탑재되기 때문에 DTH 수신기보다 2만원 더 비쌌다. 월 수신료는 DTH와 SMATV 사이에 차이가 없었다. 따라서, DTH와 비교했을 때, SMATV가 13,000원에서 35,000원 정도가 저렴한 것으로 나타났다.

〈표 4-5〉 DTH 대 SMATV 가격 비교(2004년 기준)

구 분	DTH	SMATV
설치비	40,000	25,000
수신기 구매	66,000	66,000~88,000

안테나 구매	20,000	해당 없음
가입비	면제	면제
월 수신료	이용약관 적용, 전사적 이벤트 적용	좌동
합 계	126,000	91,000~113,000
차 이	13,000 ~ 35,000	

국내 총 가구 수(약 1,450만 가구) 중 아파트나 연립주택 등 공동주택 비율이 62.7%에 달하는데, 일정 규모의 공동주택은 지상파 TV 공청 안테나와 구내 선로를 의무적으로 설치하도록 되어 있어, 이를 이용한 단순 공청 및 유료 공동 수신 환경이 비교적 잘 구비되어 있었다.

이 환경을 이용해 SMATV 사업을 하는 사업자들은 크게 SO, 중계유선, SMATV 사업자로[38] 구분되는데, 이들은 공동주택의 관리사무소나 주민 대표들이 공시청 안테나와 선로 관리 계약을 맺어 사업하고 있었다.[39] 공동주택, 빌딩 등에 TV 공시청 설비 구축이 입주자 부담으로 제도적으로 의무화되어 있었다.

(2) SMATV에 대한 법개정

① 공동주택 방송설비 법령체계

"주택건설기준 등에 관한 규정"은 MATV와 CATV 구내설비를 공동

38 정확한 통계는 나와 있지 않지만, SO와 위성방송의 틈새에서 상당한 영역을 형성하고 있으며, 이들 중에는 허가받지 않은 프로그램(불법 홈쇼핑, 해외위성채널)을 불법적으로 제공하고 있는 사업자도 있었다.

39 가입자 댁내 셋탑박스는 없음.

주택 건축 시 설치하도록 의무화하였다. 설치기준 및 방법은 "텔레비전공동시청안테나시설등의설치기준에관한규칙(정통부령, MATV 규칙)"에 위임하였다. 건축법 시행령에서 공동주택과 판매·운수·의료·업무·숙박시설에 공동시청 안테나를 설치 시 설치 기준은 정통부령에 따르도록 규정하였다. 위성방송의 경우에는 구내설비 설치에 대한 규정이 미비한 상태였다. 설치 의무화 근거가 되는 주택법령과 설치방법·기준이 되는 정통부령에 위성방송 관련 조항이 없었다.[40]

② 방송위원회와 정보통신부의 법 개정 시도

방송위원회는 2003년 7월 위성방송의 공시청 수신설비 이용을 허용하기로 결정하고, 방송법 개정안을 마련하였다. 개정안에 따르면, "공시청 수신설비" 개념 속에 송신하기 위한 수신장치, 케이블, 증폭장치, 주전송 장치 등의 설비를 포함시켰다. 방송위원회의 방송법 개정안에 대해 정보통신부는 "1) 공시청 수신설비 관련 조항이 건축법 등의 관련 규정이 존재하는 상황이고, 2) 설비의 소유에 관한 해석에서 사업자와 소비자 간 법적 분쟁의 소지가 있으므로 현행 텔레비전공동시청안테나시설에 관한 규칙에서도 관련 사항에 대한 충분한 규제 근거가 존재하므로 별도의 규정을 신설할 필요성이 없다."라는 의견을 제시하였다.

방송법 개정안 제93조에 따르면, '위성방송사업자는 대통령령이 정하는 기준에 해당하는 경우에 한해 대통령령이 정하는 바에 따라 공시청수신설비를 이용해 위성방송사업을 할 수 있다'고 규정함으로써 위성방송사업자도 종합유선방송사업자 및 중계유선방송사업자와 동일하게 공시

40 정보통신부 전파방송기획단(2007. 9.), "위성방송 공동수신설비(SMATV) 정책방안"

청 수신설비를 사용하도록 허용하였다. 이에 대해 정보통신부는 공시청 수신설비의 이용에 대한 선택권은 공동주택 주민에게 있으므로 방송법에서 규제하는 것은 적절치 못하다는 부처 의견을 방송위원회에 전달하였다.

방송법 개정안 제93조 제4항에서는 "종합유선방송사업자·위성방송사업자 또는 중계유선방송사업자가 아닌 자는 제1항 및 제2항의 규정에 의하여 종합유선방송사업자·위성방송사업자 또는 중계유선방송사업자가 행하는 방송을 시청자에게 중계 송신하기 위하여 공시청 수신설비를 설치하거나 이를 이용하여 방송을 행하는 경우를 제외하고는 공시청 수신설비를 이용한 방송(공시청 수신설비를 설치 또는 관리하는 제3자가 수신료, 유지보수비 또는 기타의 명목으로 정기적으로 대가를 징수하는 경우를 포함한다)을 행할 수 없다."라고 규정함으로써, 종합유선방송사업자·위성방송사업자·중계유선방송사업자 외에 별도의 공시청방송사업자를 두지 않을 것임을 명시하였다.

한국케이블TV협회는 이러한 방송위원회의 방송법 개정 시도에 대해 정면으로 반발하였다. 협회는 위성방송의 SMATV 도입 문제점을 지적하고, 이를 철회할 것을 요구하는 건의서를 문화부와 정통부, 그리고 방송위원회에 제출하였다. 케이블TV협회는 공시청 수신설비 이용에 위성방송사업자를 배제할 것을 요지로 하는 건의를 2003년 8월 6일 방송위원회를 비롯한 관계 부처에 제출하였다.[41]

정보통신부는 방송위원회의 SMATV 관련 조항을 삭제해 줄 것을 요청하였고, 최종적으로 방송위원회의 방송법 개정안에 SMATV 허용 조

41 한국케이블TV방송협회, 〈케이블TV회보〉, 2003년 8월호, pp.1~2.

항은 삭제되었다. 한편, 정보통신부는 2003년 12월에 공동주택 위성방송 공동수신을 허용하기 위해 법령 개정을 추진하였다. 정통부는 개정 배경에서 "공동주택 입주자의 시청 권익 증대를 위해 음영 지역 및 전파 간섭 발생 시에도 모든 TV 방송 신호를 수신할 수 있도록 한다"라고 밝히고, SMATV 실시를 위한 추가 주파수 대역을 명시했다.

정통부의 규칙 개정안에 대해 방송위원회는 일단 모법인 방송법 개정을 우선 추진하고 사업자의 역무 구분 등에 대해 보다 명확한 근거 규정 등이 마련돼야 한다는 입장을 밝혔다.[42] 방송위원회는 2003년 12월 상임위원회를 통해 불법홈쇼핑사업자의 악용을 방지하고 방송사업자가 아닌 자가 방송을 목적으로 악용하지 못하도록 방송 역무 등을 명확히 규정하는 관련 법령의 근거를 확보한다면, 정통부의 SMATV 허용 기술 기준 관련 규칙 제정을 찬성한다고 최종 결정하였다.[43]

그러나 동 규칙 제정은 2005년으로 미루어졌다. SMATV를 허용하기 위해서는 관련 이해당사자들의 협의와 의견 조율이 되어야 하는데, 특히 SO들의 반대가 심해서 2005년 위성방송의 재송신이 이루어졌을 때에 추진하고자 하였다.

사업자들의 거센 반발로 인해 입법화하지 못하다가 2007년 9월 정보통신부는 스카이라이프에 대해 신규 주택에 한해 SMATV를 허용하는 규칙을 개정하였다.[44] 주된 내용은 지상파 텔레비전 방송은 채널에 따른 54Mhz-806Mhz의 범위에서, 위성방송은 950Mhz-2,150Mhz 범위에서 주파수를 각각 할당하여 SMATV를 허용키로 결정하였다. 정통부의 이러

42 전자신문(2003.12.17.), "위성방송의 SMATV 허용 논란"
43 전자신문(2003.12.11.), "방송위, SMATV 허용 조건부 찬성"
44 텔레비전공동시청안테나시설등의 설치기준에 관한 규칙, 정보통신부령 제229호

한 결정에 대해 케이블TV협회가 강력하게 반발하자, 정통부와 협회는 신규 공동주택에 한하여 허용하는 방향으로 최종 결정하였다.

제5부

디지털 유료방송의 무한 경쟁 시대 (2009년 이후~)

1. IPTV의 도입 초기
2. 다채널 유료방송의 사업 구조
3. 유료방송 규제 정책
4. 유료 방송 산업 지원 정책
5. 방송·통신 융합 정책
6. 종합편성채널 정책
7. 대외 개방 정책

제5부

디지털 유료방송의 무한 경쟁 시대
(2009년 이후~)

이 시기는 본격적인 다매체·다채널 무한 경쟁 시대가 열리는 매우 중요한 시기이다. 2000년대 초 중계유선방송이 종합유선방송으로 전환되면서 케이블TV가 자리를 잡아 나감과 동시에, 2002년 위성방송이 등장하고, 2000년대 중반 디지털케이블TV, 위성DMB 등 다양한 유료 방송 플랫폼이 생겨나면서 유료방송은 새로운 국면을 맞게 됐다.

2009년 IPTV가 시작되면서 유료방송의 영역과 저변은 확대되었다. 종합편성채널의 등장 역시 콘텐츠 시장에 적지 않은 영향을 미쳤다. OTT 등 스마트TV까지 경쟁에 가세하였다. 2012년 위성DMB가 폐업을 하는 등 어려움도 있었다. 방송과 통신이 융합하면서 유료방송은 2014년 초고화질 UHD 방송을 상용화하는 등 기술 혁신을 거듭하며 디지털 방송 시대를 열어간다.

국내의 작은 유료방송 시장에 새로운 매체들이 출현하면서 과당 경쟁이 발생하였고, 정책적 대응이 필요하였다. 이 장에서는 이 기간 동안 가장 큰 이슈로 부각되었던 IPTV의 등장과 그로 인한 시장의 변화를 정리하도록 한다. 이어서 주요한 정책적 이슈들로 논란이 되었던 유료방송 규제, 유료방송 산업 지원 정책, 방송과 통신의 융합 정책, 종합편성채널 정책, 그리고 대외 개방 정책과 관련해서 살펴보기로 한다.

1. IPTV의 도입

1) IPTV 도입 추진 과정

우리나라는 브로드밴드 등 IT 분야에서 세계 최강국으로서의 위상을 이미 확보하고 있었다. 2006년도 기준으로 초고속인터넷 보급률 OECD 국가 중 4년 연속 1위를 기록하였다. 인구 100명당 24.9명이 초고속인터넷에 가입하였다. 2004년 기준으로 국가정보화 종합 순위 세계 3위로, 1998년 기준으로 22위에서 수직 상승하였다. OECD에서도 최강의 IP 네트워크를 보유하였다. QoS가 보장된 네트워크로 가기 위한 핵심 기술이었다.

그럼에도 국내 IPTV 도입이 지체되면서, 신기술 개발과 관련된 산업의 주도권 상실이 우려되었다. 해외 다수의 사업자들이 본격적으로 융합서비스를 제공하기 시작한 것이다. 홍콩은 2003년 유료방송사업 허가를 득하여, 2005년에는 70만 가입자를 이미 확보하였고, 이탈리아도 2003년 시장에 등장하여 2004년 18만 가입자를 확보하였으며, 미국은 2004년 규제 없이 IPTV가 시장에 진입하였고, 일본과 대만, 영국 모두 2004

년에 사업 허가를 받아 사업을 추진하고 있었다. 심지어 중국조차 2005년 사업을 시작한 상태였다. 이미 2006년 들어서 전 세계 국가들의 약 211여 개 통신사업자들이 본격적으로 IPTV 사업을 추진 중에 있었다.

그렇지만, 국내는 관련법 제정이 지체되면서 계속 네트워크의 진화가 정체되었다. 자칫 더 늦어지게 되면 인터넷의 강국인 우리나라는 다음 세대 QoS IP망에서는 후진을 면할 수 없을 것이라는 우려가 나왔다(심주교, 2006).

이러한 상황에서, 케이블TV사업자들은 경쟁 사업인 IPTV의 도입을 심하게 반대하였다. KT는 통신 시장의 지배력을 바탕으로 콘텐츠 시장에까지 진출함으로써 미디어 콘텐츠 시장의 수직 계열화를 시도하고 있었다. 이러한 지배적 사업자의 시장 독점력은 향후 단일 사업자에 의한 미디어 콘텐츠 시장의 잠식이 우려되었다. KT는 초고속인터넷 시장(51.7%)을 비롯하여, 시내전화(93.8%), 시외전화(81.3%) 시장에서 압도적으로 높은 점유율을 보이는 시장 지배적 사업자였다. 특히, 통신사업자의 경우 초고속인터넷 시장의 성장 둔화와 기존 초고속인터넷 가입자 이탈 방지를 위해 IPTV 서비스를 실시하고자 하였다. IPTV의 조기 도입을 통해 양방향 디지털 방송 시장을 선점하길 원했다.

IPTV는 디지털케이블TV와 방송 콘텐츠, 방송 기술 측면에서 동일한 서비스였다. 케이블TV 사업자들의 주장에 따르면, 통신사업자는 디지털케이블TV와 비교할 때 상대적으로 가벼운 규제 내용으로 IPTV를 시장에 진입시키려고 한다는 것이다. 더욱이 KT는 방송 시장에 비해 엄청난 자본 규모를 가진 통신 시장에서 이미 시장 지배적 사업자로서, IPTV를 통해 방송 시장에 미칠 파장이 클 것으로 예상되었다. 이러한 상황에서 디지털케이블TV로의 전환 과정 중에 있는 케이블TV 사업자는 IPTV의 조기 도입에 심각한 타격을 받을 수 있다는 강한 우려가 있었다(한운영, 2006).

2) TV 포털의 등장 : IPTV 전 단계의 VOD 시작

IPTV 법제화가 지연되면서, 통신 회사들은 IPTV 전 단계로 VOD 서비스 중심의 TV 포털 사업을 시작하였다. 하나로텔레콤은 2006년 7월 24일 '하나TV' 상용 서비스를 개시하고 지상파방송 등 각종 매체를 통해 대대적인 판촉 활동을 벌인 결과, 2007년 6월 기준으로 약 55만 가구를 확보하였다.

디지털 케이블TV와 IPTV는 유사 서비스를 제공하는 대체재이다. 양 매체의 보급률을 비교해 보면, 디지털 케이블TV보다 IPTV의 보급이 조금 빠르게 이루어지고 있다. IPTV와의 경쟁 시작부터 IPTV의 급성장 가능성을 시사하고 있었다.

디지털 케이블TV 전체 가입자와 하나TV 한 회사의 가입자만 비교해 보아도, 2007년 1월 디지털 케이블 TV 가입자 수가 377,400가구에서 6월 들어 545,157가구로 증가한 데 반해, 하나TV는 같은 기간 232,843가구에서 547,979가구로 디지털 케이블TV 전체 가입 가구에 맞먹는 가입자를 확보하였다. IPTV 사업자는 세 개가 있는데, SK가 인수한 하나로통신의 하나TV는 2006년 7월 서비스를 개시하였다. 2008년 1월 기준으로 85만 가구, 2007년 7월에 개시한 KT의 메가TV는 39만 가구, 2007년 12월 가장 늦게 진입한 LG텔레콤의 myLGTV는 3천 가구를 확보하였다. 비슷한 시기 약 100만 가입자를 확보한 디지털 케이블TV 가입자를 앞지르고 있었다.

〈표 5-1〉 디지털 케이블방송과 TV포털서비스(하나TV)의 가입자 변화 추이

(단위 : 가구)

구분	2007.1.	2007.2.	2007.3.	2007.4.	2007.5.	2007.6.
디지털 케이블 방송	377,400	330,000	419,200	465,836	503,288	545,157
TV포털서비스 (하나TV)	232,843	302,131	382,590	433,206	486,375	547,979

출처 : 미디어 미래 연구소(2007)

3) IPTV 도입에 대한 정책 논란

IPTV 사업 출범이 지연되었던 근본적인 이유는 법과 규제 정책 때문이었다. 이는 근본적으로 정보통신부와 방송위원회 간의 IPTV를 보는 차별적 시각에서 비롯되었다. 방송법과 전기통신사업법은 방송과 통신을 이분법적으로 분리하고 있어서, IPTV의 성격을 명확히 구분하기가 현실적으로 어려웠다.

IPTV에 대한 기관별 입장을 종합적으로 정리해 보면, 서비스에 대한 성격 규정과 법적 위상, 관할권 등 다양한 규제 정책들에서 차이를 보였다(〈표 5-2〉 참조). 방송을 규제하고 있는 방송위원회와 통신을 규제하고 있는 정보통신부 사이에 경계 영역적 서비스를 보는 입장 차이가 현격하게 존재하였다.

방송위원회는 IPTV에 대한 기본 입장은 다음과 같았다. IPTV를 통해 제공되는 주된 서비스는 방송 서비스이며, 방송법상 케이블TV 사업과 동일하며 시청자 입장에서는 콘텐츠의 접근 방식에 케이블망과 IP망의 차이가 없다. IPTV는 케이블TV 사업과 강력한 경쟁 관계를 형성하는

등 방송 산업 전반에 파급 효과가 클 것으로 보여, 방송법 체계 내에서의 규율이 필요하다고 간주하였다. 2005년 방송위원회는 4기 디지털방송추진위원회를 마무리하면서 IPTV를 '텔레비전 등 방송 프로그램을 유선 인터넷망(IP망)을 이용하여 공중에게 보내주는 다채널방송'으로 정의내리고 직접 IPTV 시범 사업을 추진하기로 공표한 바 있다.

한편, 정보통신부는 IPTV를 통신 영역의 서비스 확장으로 간주하였다. 따라서 전기통신사업법상 부가통신서비스 역무에 해당된다고 주장하였다. 이에 따라 제공되고 있는 양방향 서비스 등은 광대역 서비스로 TV 단말기를 통해 IPTV 서비스가 제공되더라도 단말기의 차이가 서비스 역무를 좌우하지 않는다고 보았다. 정보통신부는 IPTV를 통신 영역으로 보고, 실시간 방송 서비스를 제외하고 VOD 서비스를 주로 제공하는 새로운 용어인 ICOD(Internet Contents on Demand)라는 명칭을 내세웠다.

방송위원회는 방송법 개정 시에 별정방송사업을 신설하여 IPTV 관련 규정을 두고 이를 규제하는 방안을 검토하였다. 정보통신부는 가칭 통신방송융합서비스법에 '융합전송사업'과 '융합정보사업'을 신설, 규정하여 이에 입각한 규제 방안을 검토하였다.

정통부 입장에서는 IPTV가 인터넷망과 양방향성을 기반으로 제공하는 서비스이므로 통신 서비스에 해당된다고 주장하였다. 부가통신서비스에 해당하므로 현행 전기통신사업법상 신고만 하면 서비스가 가능하다는 것이었다. 융합형 서비스는 규제가 엄격한 방송 규제보다는 산업 육성과 발전 차원에서 통신의 관점에서 규제를 적용하는 것이 바람직하다고 보았다.

한편, 방송위원회 입장은 양방향성은 통신만의 특성이 아니라, 방송 서비스의 확대로 보는 것이 바람직하다는 것이었다. IPTV는 방송법상 방송 사업에 해당하므로 전기통신사업법의 규제를 받는 것은 불필요한 이중 규제에 해당한다고 보았다. 기존 방송 사업자와의 경쟁 관계 등을 고려하여 매체 간 균형 발전을 주장하였다.

〈표 5-2〉 IPTV에 대한 기관별 입장 차이

구 분		정보통신부	방송위원회
서비스 정의	서비스 성격	- 광대역융합서비스 - 방송과 통신 콘텐츠가 공존하는 융합서비스 - 보안기술 발달로 개인정보보호, 콘텐츠 유출 방지뿐만 아니라 금융거래까지 보안성을 보장하므로 통신임	- 멀티미디어 방송 서비스 - 비밀성이 보장되지 않아 통신이 아님 - 디지털 케이블과 동일한 방송 서비스에 통신 부가 서비스 결합
	역무구분	- 방송콘텐츠를 인터넷망과 서버 등에 연결한 통신서비스	- IPTV의 주 서비스는 방송서비스
	기획·편성권	- 기획·편성하는 채널권은 PP가 갖고 있으며 통신사업자는 단순히 전송만 하므로 통신임	- 방송프로그램을 기획·편성·제작해 공중에 제공하므로 방송임
	망에 따른 서비스 구분	- 원칙적 동의	- 적절치 않음
규제 정책	서비스 도입 시기	- 즉시 도입	- 디지털 케이블이 본궤도에 진입한 이후 도입
	적용법률 및 법리해석	- 광대역융합서비스사업법 제정 - 전기통신사업법은 통신사업 종류를 공제주의(negative 방식)에 입각하여 규정하고 있기 때문에 결과적으로 융합서비스는 부가통신사업에 해당[46]	- 방송법 개정(멀티미디어 방송법 신설) - 별정방송 사업[47] 개념을 도입해 방송위가 관할해야 함
	인허가 방식	- 전송사업자로 등록	- 방송사업자로 허가

45 정통부(2005.4.)는 방송법은 방송사업의 분류를 열거주의(positive 방식) 방식에 입각해 규정하고 있기 때문에 규제근거가 불명확하다고 주장한다. 통신과 방송의 고유 영역은 기존 법체계에 따라 규제가 가능하나, 융합서비스 영역은 관점에 따라 상이한 규제가 가능하며 불확실성이 존재한다고 법적 성격을 규명하고 있다.

46 별정방송은 '지상파방송·종합유선방송·위성방송·방송채널사용사업에 해당하지 않으면서 전기통신 설비를 이용해 방송을 행하는 사업'으로 정의

규제 정책	서비스 규제 원칙	- 융합 서비스로써 규제 완화 필요	- 디지털케이블과 동일한 방송규제 적용 필요
	기간통신 사업자 진입 제한	- 진입 허용, 자회사 분리 자율	- 진입 허용하되, 자회사로 분리
	규제 형평성	- 부가통신인 만큼 전기통신사업법상 신고만 하면 서비스 가능	- SO가 인터넷전화, 초고속인터넷 역무 허가를 받으니 통신사업자들도 방송진입 절차 규제 받아야 함
	사업 권역	- 전국 면허(사업자 자율)	- 77개 권역 유지, 지역면허, 전국면허 가능, 사업자의 cream-skimming 방지
	통·방 융합 규제 재정립	- 현행 통신법상에서 신규 서비스 제공하고 추후에 논의	- 진입규제, 겸영정책, 채널정책, 광고정책 등을 총괄 논의해 제도화
	규제기관	- 망 정책(정부)과 콘텐츠 규제(별도 규제기관)를 분리	- 방송과 통신을 포함해 단일 규제 기구를 설립
	경쟁 활성화	- 인터넷의 자연스러운 확장에 실시간 방송채널만 추가 규제	- 망보유사업자의 지배력 전이에 대한 강한 규제 필요(시장지배력 우려 사업자에 자회사 분리 규제)
	경쟁 구도	- 독점 케이블 시장에 자유 경쟁 도입	- 매체 간 균형발전 개념 유지
	지상파 재전송	- 케이블과 동일한 수준의 재전송 필요	- 일정 기간 재전송 유예

출처 : 정인숙(2005), 문화관광부(2006), 이상우(2007) 내용 중심으로 재구성

방송위원회와 정보통신부의 입장이 맞서는 가운데, 2006년 7월 28일 방송통신융합추진위원회가 출범하면서 방송통신 기구개편과 함께 IPTV에 대한 논의를 시작하였다. 2006년 10월 27일 기구 통합방안을 마련하였다. 추진위원회의 건의 내용을 토대로 정부가 방송통신 통합 기구 설립 법안을 마련하기로 결정하였다. 2007년 1월에는 법안을 국회에 제출하였다. IPTV 도입은 정보통신부와 방송위원회 간 이견 조정 및 합의 도출을 통해 추진하기로 결정하였다. 융합추진위원회 내부에서도 IPTV 도입 정

책에 대한 입장은 나누어지면서 입장 차이가 발생하였는데, 다음과 같다.

〈표 5-3〉 융합추진위원회의 IPTV 도입 정책 방안

	다수(안)	소수(안)
서비스 성격	방송이 주, 통신은 부	방송과 통신의 융합
사업자 분류	방송사업자	통신사업자
면허 방식	허가	등록
사업 권역	전국 권역	지역 권역
진입 제한	대기업, 지배적 통신사업자 제한 없음	대기업, 통신사업자 자회사 분리
시장점유율 제한	유료방송시장 33%	국내 총 가구 기준 33%
망 동등접근	사업 면허 시 모든 사업자에게 부과	일정 유예 기간 후, 일정 규모 및 시장점유율 이상 사업자, 필수설비 보유사업자

출처 : 이상우(2007)

2008년 1월 18일, 3년여에 걸친 진통 끝에 IPTV 법제화 작업이 마무리되었다. 국회 방송통신특별위원회에서 '인터넷멀티미디어방송사업법'을 통과시켰다. 법의 주요 내용은 다음과 같다.

첫째, IPTV는 방송으로 정의한다.[47] '인터넷 멀티미디어 방송을 광대역 통합정보통신망 등을 이용하여 양방향성을 가진 인터넷 프로토콜 방식으로 일정한 서비스 품질이 보장되는 가운데 텔레비전 수상기 등을 통하여 이용자에게 실시간 방송 프로그램을 포함하여 데이터, 영상, 음성, 음향 및 전자상거래 등의 콘텐츠를 복합적으로 제공하는 방송'으로 정의하고 있다. 방송으로 정의하고 있음에도 불구하고, 별도의 법 체계로 가

47 인터넷멀티미디어방송사업법 제2조

져감으로 인해, 방송법상 규제를 받는 케이블TV를 비롯한 타 매체와의 형평성 논란이 사전에 이미 예상되었고, 이후 케이블TV와 IPTV 간의 비대칭 규제는 많은 논란이 되었다. 아울러, 실시간 방송을 포함할 것을 규정함으로 원천적으로 지상파방송 프로그램의 재전송을 허용함으로써 위성방송이 겪었던 지상파 재전송 문제를 근본적으로 해결하고자 하였다.

둘째, 방송 제공 사업의 경우 전국을 하나의 사업 권역으로 하는 전국 사업자로 허가한다.[48] 이는 케이블TV 사업자가 '동일 서비스 동일 규제 원칙'을 강조하면서, 그동안 강하게 반발했던 사안으로 비대칭적 규제라는 논쟁을 불러올 것으로 역시 예상되었다. SO들은 지역사업자이면서, 한 SO가 전국 77개 사업권역 가운데 15개(20%)를 초과해 소유할 수 없도록 규정하고 있는 것과 대조를 보였다.

셋째, 기존 콘텐츠 제작 및 공급사업자들이 IPTV 사업을 위해 별도의 신고 및 등록하거나 승인을 얻도록 하였다.[49] 이 결과, 방송위원회로부터 등록했거나 승인받았던 PP 사업자들도 IPTV에 프로그램을 공급하기 위해 다시 동일한 진입 절차를 거치도록 하는 불편함이 있었다. 보다 중요한 점은 플랫폼 사업자 간 경쟁이 심한 상태에서, 배타적 계약이 현실적으로 이루어지고 있는 PP와 SO 관계를 감안할 때, 과연 PP들이 IPTV로 프로그램 송출하기 위해 다시 등록이나 승인 절차를 밟을지에 대해서 의문시되었다. IPTV PP로 등록한다는 것은 경쟁 플랫폼인 SO로부터 배척을 감수한다는 것을 의미하였기 때문이다.

넷째, 외국인의 주식소유제한을 100분의 49로 제한하였다.[50] 정보통

48 인터넷멀티미디어방송사업법 제6조
49 인터넷멀티미디어방송사업법 제18조
50 인터넷멀티미디어방송사업법 제9조.

신부는 KT 등 외국인 지분 소유 비중이 큰 기간 통신 사업자의 IPTV 진입을 허용하기 위해 외국인 소유제한 규정을 방송법이 아닌 전기통신 사업법을 준용하자는 의견을 제시해 소위에서 관철시킨 결과였다. 그러나 KT의 경우 외국인이 의결권을 가진 주식 비율이 60%를 넘어버려 자회사 분리가 불가피한 상황이 되었다. 케이블TV 업계에서는 KT의 시장 지배력 전이를 방지하기 위해 자회사 분리를 주장해 왔는데, 입법 과정에서 이러한 요구가 수용되지 않았다(황지혜, 2007).

2. 다채널 유료방송의 사업자의 변화

위성방송이 정착하고 IPTV가 유료방송 시장에 등장하면서 유료방송 사업의 전체적인 구조는 다음 〈그림 5-1〉과 같이 변화하였다. 유료방송 사업자들은 프로그램제공업체(PP, CP)들로부터 콘텐츠를 제공받고, 그 대가로 콘텐츠 사용료를 지불한다. 각각의 플랫폼 사업자들은 광동축 혼합망인 케이블TV망(Hybrid Fiber Coaxial, HFC), 무궁화 위성, IPTV의 광망(Fiber to the Home, FTTH) 등을 활용해서 이용자들에게 서비스를 제공하고 수신료를 받는다. 플랫폼 사업자들은 망 사용에 따른 대가를 망 사업자들에게 지불한다. PP나 플랫폼 사업자들은 광고주들에게 광고를 판매하고, 광고주들은 PP나 플랫폼 사업자들에게 광고비를 집행하는 구조이다.

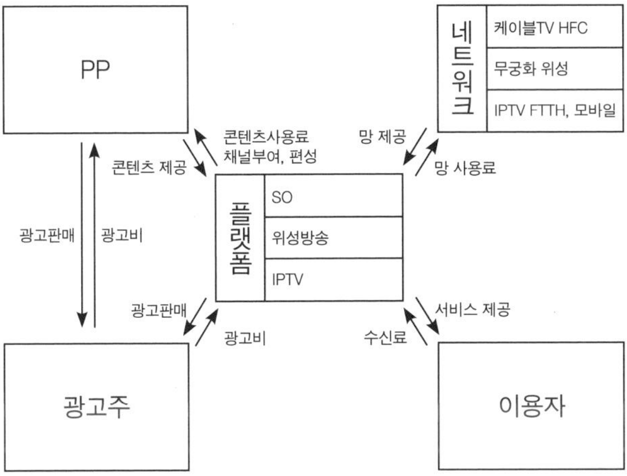

<그림 5-1> 유료방송 사업 구조

1) 유료방송 플랫폼 사업의 수평적 결합

종합유선방송 사업자가 허가받기 전까지만 해도, 중계유선만 존재하였기에 시장에서 독점이었다. 1994년 종합유선방송 사업자가 허가받으면서 종합유선방송과 중계유선방송 경쟁 구조 체제로 변화하였다. 2001년과 2003년 두 차례에 걸친 중계유선 사업자들의 종합유선방송 사업자로 전환되면서, 지역에 따라서 종합유선방송 복점과 독점 체제가 공존하였다. 2002년 위성방송이 출범하면서 종합유선방송 복점과 위성방송이 경쟁하게 되었다. 2009년 IPTV가 서비스를 제공하기 시작하면서 종합유선방송 복점과 위성방송이 경쟁하는 구조에서 IPTV가 경쟁에 가세하면서 무한 경쟁 시대가 열렸다. 중계유선은 종합유선방송으로 전환하여 그 숫자가 점차 줄어들어 2010년도 들어서는 100개 이하로 감소하였다.

2018년 기준으로, 종합유선방송 사업자의 수는 93개, 중계유선 사업자의 수는 39개로 감소하여 거의 시장에서 사라졌다. 위성방송 사업자 수는 1개, IPTV 사업자 수는 3개로 각각 출범 당시부터 숫자를 유지하고 있다.

〈표 5-4〉 유료방송 플랫폼 사업자 경쟁 구조의 변화

	1993	1994	1995	1996	1997	1998	1999	2000	2001	2002	2003	2004	2005	2006	2007
종합유선	-	53	53	53	77	77	77	77	109	110	119	119	119	111	107
중계유선	875	896	908	852	860	855	855	821	696	638	408	299	198	160	139
위성방송										1	1	1	1	1	1
IPTV															
시기 특성	-	1차 SO 허가 (광역시도)	-	-	2차 SO 허가 (중소도시)	-	-	-	3차 SO 전환 승인 (광역시도)	4차 SO 전환 승인 (중소도시) 위성방송 출범	-	-	-	-	-
경쟁 구조	중계유선 독점	종합유선방송과 중계유선방송 경쟁							종합유선방송 복점과 독점 공존, 위성방송과 경쟁						

	2008	2009	2010	2011	2012	2013	2014	2015	2016	2017	2018
종합유선	103	100	94	94	94	92	92	91	90	92	93
중계유선	108	99	100	97	78	69	65	52	49	44	39
위성방송	1	1	1	1	1	1	1	1	1	1	1
IPTV		3	3	3	3	3	3	3	3	3	3
시기 특성		IPTV 출범									
경쟁 구조		종합유선방송 위성방송 IPTV 경쟁									

출처 : 중계유선방송 사업자 수는 구 공보처, 정보통신부 및 관련 단체 자료 취합하여 재구성; 종합유선방송, 위성방송, IPTV 사업자 수는 방송통신위원회 당해연도 방송산업실태조사 보고서

그동안 유료방송 플랫폼 사업자 간에 이합집산이 있었다. 1999년 1월에 종합유선방송법이 개정되어 복수의 SO와 PP의 소유가 가능해지자 인수·합병이 본격화되었다. MSO가 허용된 1999년 이후 종합유선방송 산업의 시장 집중도가 빠르게 증가하였다. MSO의 수가 증가하였고, MSO들이 소유한 SO의 수도 증가하였으며, 전체 SO 매출액에서 MSO들이 차지하는 비중도 증가하였다. 4대 MSO들의 시장점유율 역시 같은 기간 크게 증가하여 2001년 24.8%에 불과하던 것이 2005년에는 55.8%로 크게 늘어났다. 2006년 기준으로, 4대 MSO의 매출액 점유율은 63%, 8대 MSO 점유율은 81.1%로 크게 증가한 것으로 나타났다. 8대 MSO들의 소유 SO가 2001년 46개에서 2005년 87개사로 증가하였다. 8대 MSO들의 매출액 점유율은 2001년 42.6%에서 2005년 72.8%로 증가하였다.

IPTV와 경쟁하면서, 국내 케이블TV사들은 5개의 주요한 MSO들로 재편되었다. 2011년 기준 CJ헬로비전, 티브로드, C&M, 현대HCN, CMB가 전국 94개 SO 중 76개를 소유하였으며, 이상 5개사가 종합유선방송사업 매출액의 85.7%라는 높은 시장점유율을 차지하였다(방송통신위원회, 2011).

이러한 경향은 굳어지면서, 2018년 상위 5개가 93개 SO 중 84개나 소유하였다. MSO의 방송사업매출액은 1조 8,572억 원을 기록하였다. 5대 MSO의 방송사업매출 점유율은 더욱 확대되어 약 88.9%에 달하였다. 나머지 단일 SO는 9개에 불과하였다. MSO 중 가장 점유율이 높은 사업자는 씨제이헬로로 24개 SO를 보유하고 있고, 전체 SO 방송사업매출의 30.5%를 차지하였다.

〈표 5-5〉 복수종합유선방송사(MSO) 방송사업매출액과 시장점유율

구 분	SO 수		방송사업매출액(억 원)		방송사업매출액 점유율(%)	
	2011년	2018년	2011년	2018년	2011년	2018년
씨제이헬로	19	24	5,031	6,375	23.8%	30.5%
티브로드	22	23	5,384	5,129	25.4%	24.5%
딜라이브	18	17	4,741	3,718	22.4%	17.8%
현대에이치씨엔	8	9	1,835	2,065	8.7%	9.9%
씨엠비	9	11	1,142	1,286	5.4%	6.2%
MSO 합계	76	84	18,133	18,572	85.7%	88.9%
SO 전체	94	93	21,169	20,898	100.0%	100.0%

출처 : 방송통신위원회(2013), 〈2013 방송산업실태조사 보고서〉; 방송통신위원회(2019), 〈2019 방송산업실태조사 보고서〉

2010년 후반 들어 시장에서 구조적으로 큰 변화가 있었다. IPTV사나 위성방송사는 KT의 스카이라이프 합병을 통해 방송과 통신의 결합 상품을 출시해서 가입자를 확보하였고, 인수 합병을 통해 경쟁력을 키우고 시너지 효과를 기대하면서 IPTV사들은 케이블TV MSO들을 인수 합병하기 시작한 것이다.

2019년 LGU+의 CJ헬로 지분 인수, SKT의 티브로드 인수 및 합병 추진 등 IPTV 사업자의 케이블TV M&A 움직임이 본격화되었다. 과학기술정보통신부는 IPTV 3위 사업자인 LGU+의 CJ헬로비전 지분인수를 2019년 12월 승인하였다. 국내 케이블TV 1위이자 알뜰폰 사업자 1위인 CJ헬로를 인수하면서 LGU+는 단숨에 유료방송 시장(인터넷TV·케이블TV·위성방송) 2위, 알뜰폰 1위 사업자가 됐다. SK브로드밴드와 티브로드 합병 법인이 2020년 4월에 출범하면서, 유료방송 시장이 IPTV 중심의 3강 체제로 재편됐다.

IPTV와 케이블TV M&A가 이루어진 결과, 상위 3개 사업자의 예상 점유율은 2019년 상반기 기준 KT+스카이라이프는 31.31%, LGU++CJ헬로비전은 24.72%, 바로 이어 SKB+티브로드의 결합으로 24.03%의 시장 지배율을 기록함으로써 통신 3사가 유료시장을 지배하게 되었다. IPTV로의 가입자 전환으로 케이블TV 업계의 독자생존이 쉽지 않을 전망이다.

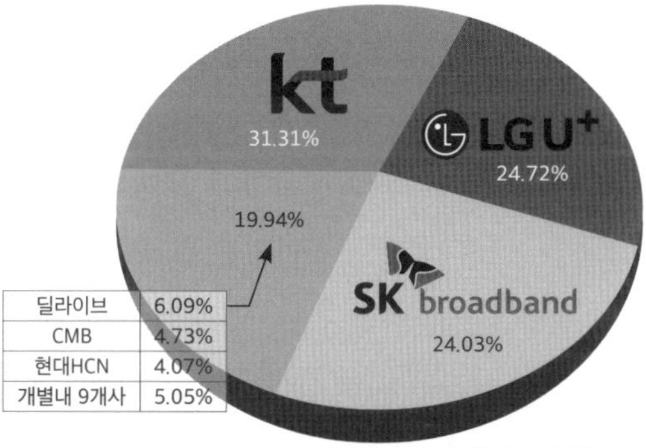

(2019년 상반기 기준, 과기정통부)

사업자	점유율	가입자 수
KT + KT 스카이라이프	31.31%	1034만2천462건
LGU+ + LG헬로비전	24.72%	816만6천52건
SK브로드밴드 + 티브로드	24.03%	793만8천714건
딜라이브	6.09%	201만937건
CMB	4.73%	156만2천56건
현대HCN	4.07%	134만5천365건
개별내 9개사	5.05%	166만8천723건

〈그림 5-2〉 유료방송 인수합병에 따른 가입자 수 및 시장점유율 변화

KT 역시 케이블TV 3위 사업자인 딜라이브 인수를 검토하고 있는 것으로 알려졌다. 2018년 6월 일몰된 합산규제 재도입 논의 결과에 따라 결정될 전망이다. 경쟁사의 인수합병에 따라, KT는 내실을 키워 1위 자리를 수성하겠다는 전략이다. '개인화된 홈미디어'를 앞세우는 한편, 자체

OTT 서비스인 '시즌'을 출범시켰다. KT스카이라이프도 위성방송을 넘어 개방형 플랫폼으로 진화하고 있다.

2) 유료방송 콘텐츠 사업의 수평적 결합

정부는 종합유선방송이 시작되기 전 1994년 26개의 PP 사업자를 선정하였다. 이후 1999년까지 추가로 2개의 사업자가 선정되어 28개의 허가나 승인받은 PP가 프로그램을 제공하였다.

IMF 외환 위기로 인한 PP들의 어려움을 타개하기 위해서, 1999년 1월 6일 구 종합유선방송법을 통해 PP의 허가제에서 등록제로 전환하였다. PP의 시장 진입 정책이 허가에서 승인, 승인에서 등록으로 점진적으로 규제가 완화된 것은 다양한 콘텐츠를 공급할 수 있는 능력 있는 참여 희망 사업자들에게 기회를 부여하여 영상 산업 진흥을 도모하고자 한다는 정책 의도가 있었다. 즉 진입장벽의 철폐를 통한 PP 분야에서 시장원리 정착을 근본 취지로 하고 있었다. 또한 복수방송채널사용사업자(MPP)의 육성을 통한 규모의 경제 실현과 방송 산업 관련 자원의 효율화를 유도하기 위해서였다.

PP 등록제 시행을 위해 방송위원회는 2001년 3월 20일 시행령의 신설(제7조의 2)을 통해, PP 등록 요건으로 (1) 자본금 5억 원 이상, (2) 주조정실, 부조정실, 종합편집실 및 송출시설의 구비를 필요로 한다고 정했다. 이는 일정한 자본금과 최소한 시설 기준을 요건으로 함으로써 경쟁력이 낮은 PP의 난립 현상을 막고자 한 조치였다. 이러한 진입 장벽을 크게 낮춘 조치는 수많은 PP들이 시장에 등장하도록 했다.

등록제 실시 첫 해인 2001년 효과가 확실하게 나타나 신규로 등록한 채널은 TV 채널이 114개였고, 오디오 채널만 97개에 달하였다. 2002년, PP 채널의 수는 165개로 대폭 증가했다. 틈새 장르, 매니아를 대상으로 하는 장르 등 다양한 장르가 출현했지만 영화 장르의 채널 수가 크게 늘어났다. 그 후 PP의 수는 폭증하여 2005년 144개에 달했다. 2018년 기준으로 PP의 수는 172개로 증가하였다. 짧은 기간 동안 수많은 PP들이 등장하게 된 이유는 위성방송의 출범으로 인해 출구 확대가 이루어질 것이라는 예상과 새로운 매체의 출현으로 인해 영상 산업에 대한 미래 전망이 밝을 것이라는 전망이 작용하였다.

〈표 5-6〉 유료방송 콘텐츠 사업자의 변화

	93~99	00	01	02	03	04	05	06	07	08
허가승인	28	37	7	7	7	7	7	17	19	16
등록			114	158	116	152	137	156	169	172
계(법인)			121	165	123	159	144	173	188	187
IPTV 콘텐츠 제공(CP)										
비고			홈쇼핑 3 추가					홈쇼핑 5, 보도 2, 데이터 방송 12		

	09	10	11	12	13	14	15	16	17	18
허가승인	16	13	17	17	17	17	19	19	19	18
등록	168	166	161	163	171	164	172	145	150	153
계(법인)	184	179	178	180	188	181	191	164	169	172

IPTV 콘텐츠 제공(CP)							26	25	44	42
비고	홈쇼핑 5, 보도 2, 데이터 방송 9						에스 비에스 콘텐츠 허브외 25			

출처 : 당해연도 방송산업실태조사보고서

1999년 MPP가 합법화되었다. MPP가 허용되자마자 가장 적극적으로 MPP를 추진한 회사는 온미디어였는데 이 시기 국내 최대의 MPP가 되었다. CJ 미디어 역시 1997년 엠넷을 인수하면서 MPP화를 시작하였다.

2007년 들어 채널 수 기준 CJ가 19개 복수 채널을 운영하는 최대 MPP사가 되었다. 지상파방송사로서는 KBS와 SBS가 각각 5개와 6개 채널을 운영하였다. 신문사 역시 방송 분야로 적극 진입하였는데, 중앙일보사가 2006년 4개의 복수 채널을 운영함으로써 가장 적극적이었다.

온미디어와 CJ 미디어라는 양강 구도가 한동안 지속되다가, 2010년 들어 PP 업계에 큰 지각 변동이 일어났다. CJ가 온미디어를 인수한 것이다. CJ는 계열사인 CJ 미디어와 엠넷 미디어하에 8개 채널을 소유한 MPP이자, CJ 헬로비전하에 14개의 SO를 소유한 MSO였다. CJ는 1997년 엠넷을 인수하면서 PP 시장에 진출한 이후 2000년 자사 PP의 안정적인 송출 확보를 위해 SO 인수를 적극적으로 추진하면서 거대 MSP가 되었다. 온미디어는 가장 많은 채널을 소유했을 뿐만 아니라, 4개의 SO를 소유한 MSP 사업자가 되었다. 온미디어는 투니버스를 시작으로 PP 시장에 진출한 이후 2000년부터 SO 사업에도 진출하였으나, CJ에 비해 SO 확장에는 소극적이었다.

온미디어 인수로 CJ는 총 18개 PP를 보유하게 되면서 PP 시장에서 독보적인 위치를 가지게 되었다. 2010년 CJ E&M이라는 거대한 콘텐츠 회사로 거듭나게 된 것이다. 더불어 18개의 SO를 소유함으로 MSO 상위 업체들과 대등한 시장력을 가지게 되었다. 합병 후 CJ는 PP 시장에서 1위(27.1%), SO 시장에서 2위(22.1%)로 점유율이 증가하였다. 이로써 PP와 SO 시장에서 과점이 강화되었다.

2013년 기준으로 전체 188개의 PP가 존재하였다. 대규모 유료방송 채널의 상당수는 복수의 유료방송채널을 동시에 운영하는 MPP가 소유하였다. 2013년 CJ 계열 MPP의 보유 채널은 20개에 달하였다. CJ 계열 MPP에 소속된 주요 채널은 tvN, 채널CGV, 투니버스, Catch On, OCN, 바둑TV, NGC(National Geographic Channel), 중화TV 등이었다. 플랫폼 사업자들도 채널을 확보해 나갔다. MSO가 확보한 가입자를 기반으로 채널을 안정되게 송출할 수 있었기 때문이었다. 2013년 t-broad 계열 MPP의 보유 채널은 10개이며 총 4개의 PP를 운영했다. t-broad는 인수합병과 신규 채널 론칭 등을 통해서 운영 채널을 늘려 CJ에 이어 채널 수 기준 2위 사업자가 되었다. t-broad 계열 MPP에 소속된 주요 채널은 스크린, 폭스채널, FX, 챔프 등이었다.

2015년 방송법 개정으로 인터넷 멀티미디어 방송사업자는 재산상황을 방송통신위원회에 제출하도록 하였다. 이에 IPTV에 콘텐츠를 제공하는 CP들이 정식으로 통계에 포함되기 시작하였다. 에스비에스콘텐츠허브를 포함하여 25개의 CP가 별도로 존재하였다. 2017년 CP 수는 44개로 크게 늘어났다(〈표 5-6〉 참조).

2018년 기준, 총 172개의 PP가 존재하고 있으며 이중 승인 PP는 18개, 등록 PP는 153개이다(〈표 5-6〉 참조). 그리고 IPTV에 콘텐츠를 제공하는 CP는 42개가 존재하였다. 2018년 2개 이상 PP가 결합한 MPP의 시장 점유율은 75.5%를 보였다. 상위 5개 MPP의 시장 점유율은 57.1%였다. 2013년도와 비교했을 때, 2018년에 케이비에스엔의 매출액이 감소하여 5대 MPP에 들지 못했고, 매일경제신문사가 포함되었다(〈표 5-7〉 참조).

〈표 5-7〉 상위 5개 MPP 방송사업매출액과 시장점유율

구 분	채널 수		방송사업매출액(억 원)		방송사업매출액 점유율(%)	
	2013년	2018년	2013년	2018년	2013년	2018년
씨제이	23	21	6,840	8,652	25.7%	25.9%
중앙홀딩스	4	5	2,018	4,315	6.2%	12.9%
에스비에스 홀딩스	10	10	4,331	2,137	15.7%	6.4%
문화방송	6	6	2,059	2,350	7.5%	7.0%
케이비에스엔	6		1,237		4.6%	
매일경제 신문사		3		1,650		4.9%
상위 5개 MPP 방송사업매출액			15,929	19,103	59.9%	57.1%
2개 이상 PP사업체가 결합한 MPP			20,905	25,254	78.6%	75.5%
PP 방송사업매출액 (홈쇼핑PP/데이터홈쇼핑 제외)			26,611	33,453	100.0%	100.0%

출처 : 방송통신위원회(2013), 〈2013 방송산업실태조사 보고서〉; 방송통신위원회(2019), 〈2019 방송산업실태조사 보고서〉

3) PP와 플랫폼 사업의 수직적 결합

1999년 1월, 종합유선방송법의 개정으로 법이 정한 한도 내에서 종합유선방송 사업자와 방송채널사용사업자, 전송망 사업자 간 인수, 합병

이 자유로워지자, 수직적 결합이 활성화되기 시작하였다. MSP(Multiple System Operator and Program Provider)는 SO의 채널 선택권이 보장되면서 방송채널사용사업자들의 자사 프로그램을 안정적으로 공급하기 위한 전략의 일환으로 추진되어 왔다.

특히, 2000년에 MSP가 시작되어 2001년에 들어오면서 MSP가 활성화된 것은 SO들이 티어링 제도를 활성화하기 시작하자 PP들이 유리한 티어(tier)에 포함되기 위한 전략에서 비롯되었다. MPP들이 MSP 전략에 적극적인 것으로 나타났는데, 패키지 전략으로 채널을 묶어서 판매하면 다른 경쟁 채널에 대해 배타적 지위를 확보할 수 있기 때문이다.

2011년 기준 씨제이와 티브로드가 적극적으로 확장하여, 씨제이 계열이 19개 SO를 확보하였다. SO 방송사업매출액과 PP 방송사업매출액을 합한 전체 매출액 점유율이 25%에 달하였다. 두 번째로 티브로드 계열이 22개 SO를 인수하여 점유율이 14.6%를 차지하였다. 5대 MSP사들이 매출액의 59.8%를 점유하였다.

2018년 들어서, SO와 PP 결합사업자(MSP)의 방송사업매출액은 전년 대비 3.8% 증가하였다. 5대 MSP의 점유율은 53.7%로 2011년에 비해 약간 감소하였지만, 여전히 높은 시장점유율을 보였다. 24개 SO의 지분 소유주인 씨제이 계열이 전체 SO/PP 방송사업 매출액(홈쇼핑방송매출 제외)의 27.6%(1조 5,026억 원)를 차지하였으며, 23개의 SO를 확보하고 있는 티브로드(태광산업) 계열이 11.2%(6,101억 원)를 차지한 것으로 나타났다.

<표 5-8> SO, PP 결합사업자(MSP) 방송사업매출액과 시장점유율

구 분	SO 수		계열 SO+PP 방송사업 매출액(단위: 억 원)		점유율	
	2011년	2018년	2011년	2018년	2011년	2018년
씨제이 계열	19	24	10,651	15,026	25.0%	27.6%
티브로드 계열	22	23	6,239	6,101	14.6%	11.2%
딜라이브 계열	18	17	5,421	4,540	12.7%	8.4%
현대에이치씨엔 계열	8	9	1,957	2,237	4.6%	4.1%
씨엠비 계열	9	11	1,209	1,287	2.8%	2.4%
MSP 전체	76	84	25,477	29,191	59.8%	53.7%
SO 방송사업매출액 +PP 방송사업매출액			42,597	54,351	100.0%	100.0%

출처 : 방송통신위원회(2013), <2013 방송산업실태조사 보고서>; 방송통신위원회(2019), <2019 방송산업실태조사 보고서>

지상파방송사의 PP로의 진출은 SBS가 1999년 한국골프채널(구 마이TV)를 인수하면서 시작되었다. SBS는 2000년 한국스포츠TV도 인수하였다. MBC는 드라마 채널이던 제일방송을 2001년 인수하면서 PP업에 진출하였고, KBS는 가장 늦게 PP업으로 진출하였다. 이후 지상파 계열 PP들은 채널을 추가하여 현재의 모습을 갖추게 되었다. 한편, KBS는 2003년과 2004년에 걸쳐 오락 채널과 다큐멘터리 채널을 신설하려고 했으나 기존 PP와 여론의 반발로 무산되었다. 지상파방송 3사가 스포츠, 드라마 등 인기 장르에 경쟁적으로 진입하기 시작한 것이다.

지상파방송 3사들은 다수의 계열 유료방송 채널을 확대해 왔다. 2018년 기준, MBC 계열 주요 유료방송채널은 MBC Every1, MBC Dramanet, MBC MUSIC, MBC SPORTS+, MBC ON, MBCNET 등 6개 채널이다. KBS 계열 주요 유료방송채널은 KBS N Sports, KBS N LIFE,

KBS Drama, KBS Joy, KBS W, KBS Kids 등 6개 채널이다. SBS 계열 주요 유료방송채널은 SBS Plus, SBS Plus UHD, SBS CNBC, SBS funE, SBS Sports, SBS Golf SBS MTV, 니켈로디언(Nickelodeon) 에스비에스 아프리카티비(SBS-AfreecaTV), SBS 교통정보 데이터 방송(Data) 등 10개 채널이다.

지상파방송 3사는 2018년 말 기준, 지상파방송 사업 매출액과 PP 방송 사업 매출액을 합한 총 매출액은 7조 1,418원 규모이다. 2011년 6조 573원에서 약 1조 원 이상 규모가 증가하였다. 계열사를 포함한 방송사업 매출액은 3조 5,072억 원을 기록하였다. 지상파와 방송채널사용사업의 방송사업 매출액 합계(홈쇼핑방송 매출 제외)에서 지상파 3사가 차지하는 비중은 KBS의 채널 숫자는 타 지상파방송사에 비해 적지만 21.5%로 가장 높으며 그 다음으로는 SBS 14.9%, MBC 12.7%이다. 지상파방송 3사의 수직결합 시장점유율은 49.1%로 전년과 동일했다.

〈표 5-9〉 지상파방송 3사 수직결합과 시장점유율

구 분	결합사업자	지상파+계열PP 방송사업매출액(억 원)		점유율	
	계열 방송채널 사용사업 법인	2011년	2018년	2011년	2018년
KBS	㈜케이비에스엔	15,539	15,360	22.7%	21.5%
MBC	㈜엠비씨플러스, ㈜엠비씨넷	10,694	9,102	12.9%	12.7%
SBS	㈜에스비에스플러스, 에스비에스바이아컴, ㈜에스비에스아프리카티비	11,182	10,610	13.6%	14.9%
계열 포함 지상파방송 3사 방송사업매출액		37,415	35,072	49.1%	49.1%
지상파방송사업매출액+PP방송사업매출액		60,573	71,418	100.0%	100.0%

출처 : 방송통신위원회(2013), 〈2013 방송산업실태조사 보고서〉; 방송통신위원회(2019), 〈2019 방송산업실태조사 보고서〉

3. 유료방송 규제 정책

1) 소유 및 겸영 규제

① 대기업 및 신문 방송 겸영 규제

방송 사업은 다른 업종과 비교하면 매우 엄격한 소유 제한 규정을 두고 있다. 대기업, 일간신문·뉴스통신, 외국자본 등의 방송사업 분야에 대한 소유 규제는 점차 완화되어가는 추세이다. 그리고 복잡한 소유 제한 규정을 갖고 있다. 소유제한의 입법취지는 특정 개인이나 집단에 의한 여론의 독과점 현상을 방지하여 여론의 다양성을 확보하고, 상호 견제와 균형을 통해 방송의 공익성 및 공정성을 도모하기 위함이다. 가장 중요한 특징은 정부나 기업, 개인을 막론하고 어떤 주체도 방송을 독과점하는 일이 있어서는 안 된다는 대명제에서 출발하고 있다. 최근 들어 뉴미디어를 중심으로 규제 완화가 이루어지고 있기는 하지만, 방송의 독립성과 다양성을 지키기 위한 제도들은 여전히 존재하고 있다(김정태, 2019, p.169).

대기업 지분 제한과 신문 방송 겸영 규제는 여론 독점 기능을 방지하고 상호 견제와 균형을 통해 방송의 공익성, 공정성 도모에 기여하는데 주된 목적이 있다. 대기업은 소비자보다는 기업 이익에 편향될 우려가 있으며, 신문 방송 겸영은 여론의 독점 없이 다양한 목소리가 드러나야 한다는 민주주의 원리에 맞지 않는 면이 있기 때문에 제한 규정을 둔 것이다. 지상파방송 사업과 종합 편성 또는 보도에 관한 전문편성 채널에 대해서는 일정 규모 이상의 대기업과 일간 신문이나 뉴스통신진흥에 관

한 법률의 규정에 의한 뉴스통신을 경영하는 법인의 지분 참여가 비교적 엄격히 제한된다.[51]

〈표 5-10〉 방송 관련 사업 소유 제한 및 1인 지분 제한

사업자	대기업	외국자본	일간신문·뉴스통신	1인 지분
지상파방송사업자	10%	금지	10%	40%
종합유선방송사업자(SO)	제한없음	49%	49%	제한없음
위성방송사업자	제한없음	49%	49%	제한없음
방송채널사용사업자(일반 분야PP)	제한없음	49%(한미FTA에 따라 보도, 종편, 홈쇼핑 PP를 제외한 일반 PP에 대한 간접투자는 100% 허용 예정)	제한없음	제한없음
방송채널사용사업자(종합편성·보도)	30%	종합편성PP:20% 보도PP:10%	30%	40%
중계유선방송사업자	제한없음	20%	제한없음	제한없음
전송망사업자(NO)	제한없음	49%	제한없음	제한없음
IPT 제공사업자	제한없음	49%	49%	제한없음
IPTV콘텐츠사업자(일반 분야)	제한없음	49%	제한없음	제한없음
IPTV콘텐츠사업자(종합편성·보도)	49%	20%	49%	제한없음

출처 : 김정태(2019), p.170

제한 대상이 대기업은 독점규제 및 공정거래에 관한 법률 제2조 제2

51 방송법 제8조 제3항

호 및 제3호의 규정에 의한 기업 집단 및 계열 회사 중에서 동법 제 14조의 규정에 의하여 지정된 상호출자 제한 기업 집단 중 상호출자 제한기업 집단으로 지정된 날을 기준으로 자산 총액이 10조 원 이상인 대기업이다.

이에 따라 자산 규모 10조 원 이상에 해당되는 재벌이나 일간신문사는 지상파방송의 주식 또는 지분은 10% 이내, 종합편성 또는 보도전문 PP의 주식 또는 지분은 30% 이내에서 소유할 수 있다. 이에 따라 종합편성PP 사업에 일간신문사가 주도적으로 참여하게 된 것이다.

② 방송사업자 간 소유, 겸영 규제

방송사업자 간 겸영 제한의 입법취지는 특정 개인이나 집단에 의한 여론의 독과점 현상을 방지하여 여론의 다양성을 확보하고, 상호 견제와 균형을 통해 방송의 공익성 및 공정성을 도모하기 위함이다.

종합유선방송 및 위성방송 시장점유율 규제 현황은 다음과 같다. 특정 방송사업자(방송채널사용사업자 제외)가 방송시장 전체 매출액의 33%를 초과하여 점유(특수관계자인 방송사업자의 매출액 포함)하는 것을 금지하고 있다. 이때, KBS, EBS, MBC, 종교 방송은 매출액 총액 제한에서 예외를 두고 있다.

지상파, 종합유선방송, 위성방송 사업자의 전체 매출액 규모 33%는 사실상 특정방송사업자가 달성하기 매우 어려운 규모로 매출액 상한제도는 실효성이 거의 없는 것으로 보아야 한다. IPTV 사업자 시장점유율 규제의 입법 취지는 IPTV 사업 도입으로 인한 방송의 다양성 훼손 방지에 있다. IPTV 사업자는 77개 종합유선방송구역별로 IPTV, 종합유선방송, 위성방송을 모두 합한 총 유료방송 가입가구의 3분의 1을 초과하여 서비스를 제공할 수 없다. 2009년 4월 17일 이전에는 5분의 1로 제한하였다.

방송채널사용사업자 시장점유율 규제의 입법취지는 채널 소유의 집중화를 배제하여 소유규제를 통해 다양한 사업자들이 경쟁할 수 있는 환경을 마련하고, 미디어 소유의 다원성을 통해 내용의 다양성을 확보하기 위함이다. 이를 위해 방송채널사용사업자가 전체 방송채널사용사업자 총 매출액의 33%를 초과하여 점유(특수관계자인 방송채널사용사업자의 매출액 포함)하는 것을 금지하고 있다. IPTV의 경우 콘텐츠 사업자 규정이 없으며 방송법에 준용하고 있다.

〈그림 5-3〉 방송사업자 간 소유, 겸영 규제 현황

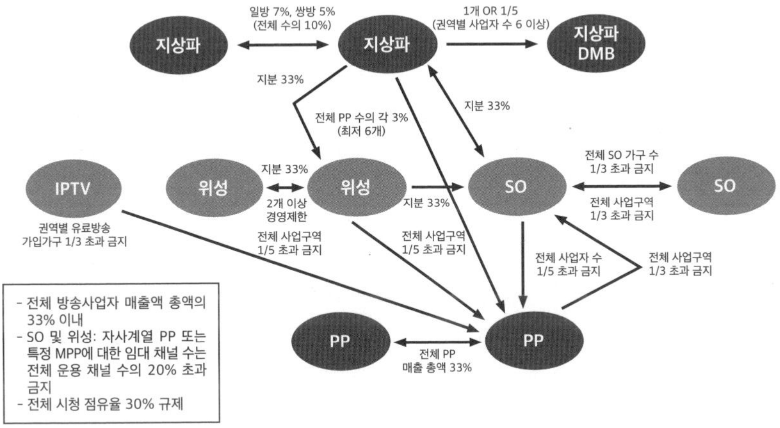

출처 : 김재철(2014), p.82

2) 합산 규제

방송통신위원회의 경쟁상황평가에 따르면, 케이블TV와 위성방송, IPTV는 유료방송 플랫폼으로 동일 시장으로 획정되어 있다. 그런데 케이블TV와 위성방송은 방송법으로, IPTV는 인터넷멀티미디어방송사업법으로 각각 규제하고 있다. 방송 관련법상 케이블TV와 IPTV 간에는 차별적 규제가 존재한다. 가입가구 수 상한은 동일하나 MSO는 전국 단위로, IPTV는 방송구역별로 제한을 받는다. MSO의 경우 전국 방송 구역의 1/3까지 소유할 수 있으며, 전국 SO 가구 수의 1/3까지 규제하고 있다. 최대 약 495만 가구까지 확보할 수 있다. 한편, IPTV의 경우 방송구역별 유료방송 가구 수 기준으로 1/3까지 허용하고 있다. IPTV는 약 780만 가구까지 확보할 수 있다. MSO와 IPTV 사업자 모두 차별적 규제의 해소를 주장하였다. MSO는 전국유료방송 가구 수 기준으로 1/3까지 허용하고, 방송구역 제한을 폐지해 줄 것을 요구하였다. 이 경우, MSO는 약 780만 가구까지 확보 가능하게 되는 것이다. KT는 MSO와 동일하게 방송 구역별이 아니라 전국 단위로 제한할 것을 요구하였다.

미래창조과학부는 종합유선방송사업자(SO)의 시장점유율 규제를 완화하는 방송법 시행령 개정안을 2014년 2월 6일 공포·시행했다. 개정안은 SO의 가입가구 수 제한을 기존의 'SO 가입가구의 3분의 1'에서 'SO와 IPTV, 위성방송 등 전체 유료 방송 가입가구의 3분의 1'로 완화하는 동시에 전체 77개 방송권역의 3분의 1인 25개 권역 초과 금지 조항을 전면 폐지하는 내용을 담고 있다. 정부가 그동안 고수해온 SO의 가입자 수 제한을 사실상 해제한 것이다. 이에 따라 특정 SO가 가입가구를 기존 495여만 가구에서 850여만 가구까지 늘릴 수 있게 되면서 가입자 포화 상태인 거대 SO 간 합종연횡이 본격화되기 시작했다. 무엇보다 중요한 사실은 수년간 지속된 SO를 둘러싼 불확실성이 해소됐다는 점이다.

2009년 IPTV 등장 이후 지속된 유료 방송 사업자 간 규제 불균형도 일정 부분 해소돼 공정 경쟁을 위한 환경도 마련됐다. 아울러 방송권역 제한 폐지로 기존 지역 사업자였던 SO는 위성방송이나 IPTV처럼 전국 사업자로 거듭날 수 있게 되는 등 SO 시장점유율 규제 완화는 유선방송 업계를 넘어 IPTV, 위성방송 등 유료 방송 시장 전체 판도 변화의 신호탄이 됐다. 거대 SO의 등장은 KT를 비롯한 IPTV 사업자와 위성방송 사업자에게 상당한 위협이 될 것으로 예상되었다. 가입자 확대 등으로 규모의 경제를 실현하고, 수익 확대와 신규 투자 등을 통한 선순환이 본격화되면 유료 방송 시장에서 SO의 입지가 이전과는 달라질 것이라는 것이 중론이었다.

이에 따라 미래창조과학부는 '동일 서비스 동일 규제'의 원칙 아래 케이블TV, IPTV, 위성방송 등 유료 방송 사업자 간 규제를 일원화하기 위한 법령 정비에도 착수했다. IPTV법과 방송법을 합치는 통합방송법에서 추진 중인 유료 방송 합산규제를 위한 법제화가 이루어진 것이다. 합산규제는 유료 방송의 시장점유율 규제를 사업자별로 하는 것을 말한다. 방송법과 IPTV 사업법은 독과점을 막기 위해 한 사업자의 시장점유율이 3분의 1을 넘지 못하도록 막고 있다. 위성방송은 KT스카이라이프 독자 체제로 시장점유율 규제가 없다. '동일 서비스 동일 규제' 원칙에 따라 케이블·IPTV·위성방송 등 모든 서비스를 유료 방송으로 포함시켜 한 사업자가 시장점유율을 전체 시장의 3분의 1을 초과할 수 없도록 규정하는 것이 합산규제 법안의 내용이었다.

합산 규제(특수 관계인 규제) 이슈가 대두된 배경은 OTS로 대표되는 IPTV와 위성방송 결합상품이 시장에 빠르게 확산되면서 KT 계열로의 시장집중 우려에서 기인하였다. 실제로 KT는 IPTV와 위성방송을 합하여 디지털 유료방송의 1위 사업자가 되었고, 이러한 추세가 지속되면 유료방송 시장이 KT로 집중되어 유료방송 시장의 공정경쟁과 방송의 다양성이 저해될 수 있다는 경쟁 사업자들의 문제 제기가 있었다. 법제적 측면에서는 앞서 설명한 바와 같이 입법 미비로 인한 위성방송에 대한 점유율 규제 공백으로 인해, 동일시장-동일규제 원칙에 따라 이러한 입법 미비를 개선해야 한다는 주장이 대두되었다.[52]

IPTV와 위성방송 서비스를 함께 제공하고 있는 KT는 합산규제 법안이 통과될 경우 가입자 유치에 제동이 걸릴 수 있다는 우려감이 강했다. 이미 IPTV와 위성방송에 결합 서비스인 '올레TV스카이라이프(OTS)'까지 합해 시장점유율이 30%를 육박하고 있는 상황에서 더 이상의 사업 확장이 어려워지기 때문이었다. 이에 SK브로드밴드와 LGU+ 등 KT를 제외한 IPTV 사업자는 합산규제 법안을 적극 반기는 반면, KT는 반대 성명을 발표하는 등 반박하고 나섰다.

IPTV와 위성방송은 명목상 방식은 다르지만 결과적으로 동일한 유료 방송이라는 점에서 KT가 시장을 독과점하고 있다는 게 반 KT 진영의 주장이었다. 이에 KT는 3분의 1이라는 규제 비율 자체에 대해 의문을 제기하며 합산규제가 전 세계에서 유례를 찾아볼 수 없는 과잉 규제라고 반발하였다. KT는 "공정거래법상 시장지배적 사업자 추정 기준도 50%"

52 이로 인해 합산규제를 위한 다양한 논의가 있었고 홍문종 의원의 방송법 일부 개정안과 전병헌 의원의 인터넷멀티미디어 방송사업법 일부 개정안이 2013년 12월 국회 미래창조과학방송통신위원회에 상정되었다.

라며 "규제가 필요한 상황이라면 사후 규제로도 해결할 수 있다"고 주장하였다.

국회에서 합산규제 법안은 우여곡절 끝에 2015년에 통과되었다. 합산규제의 도입으로 특정 유료방송사업자(특수관계인 포함)가 전국 가입자의 1/3을 초과해서 점유할 수 없게 하는 대신, IPTV 제공사업자의 SO 방송구역별 가입자 점유율 1/3 초과 금지를 제한한 기존 규정은 폐지되었다.

합산 규제 제도는 한시적 규제 일몰제로 도입되었는데 2018년 6월에 일몰되었고, 이후 국회에서 재도입에 대한 논의 가능성은 열려 있는 상태이다. 그렇지만, 유료방송서비스에 대한 진입·소유 규제는 향후 방송과 통신의 융합으로 인한, 수평적 규제체계의 도입과 방송 서비스에 대한 경쟁 활성화에 따라 진입 장벽 요인으로써의 중요도가 점차 감소할 것으로 예상된다.

3) 권역 규제

매체별 권역 규제 현황을 살펴보면, 종합유선방송사업자는 전국 권역의 3분의 1 초과 소유를 금지하여 왔다. 입법 취지는 종합유선방송의 존립기반인 지역 밀착형 방송을 활성화하고 지나친 독점을 방지하고자 함이다. 위성방송사업자의 경우 권역 규제가 적용되지 않고 있다. IPTV 사업자는 ① 전국을 하나의 사업권역으로 하나, 중소기업기본법에 따른 중소기업자의 요청이 있고 방송통신위원회가 특별히 필요하다고 인정할 때에는 지역 사업권역을 예외적으로 인정하고, ② 전기통신사업법 제34조

제3항 제1호 및 제2호에 따른 기간통신사업자는 3년 이내 방송통신위원회가 고시한 모든 방송 구역에서 서비스를 개시해야 한다.[53] 이는 IPTV가 제공되는 기반인 인터넷이 지역 구분이 없음을 고려해 전국 권역을 원칙으로 하며, 전국사업을 하기 어려운 중소기업자를 예외적으로 고려해 지역적으로 서비스를 제공할 수 있도록 여지를 둔 것이다. 입법 취지는 전국을 하나의 사업권역으로 함에 따라 IPTV 제공사업자가 전국적인 서비스 제공을 위해 노력해야 한다는 것이다.

그동안 20년 전 SO 도입 시기에 획정된 권역(현 78개)을 조정 없이 유지해왔는데, 처음 SO 방송 구역은 행정 구역, 지역주민 생활권 등을 참작하여 획정하였다.[54] 그렇지만, 신도시 개발 등 인구 변동에 따라 권역별 인구 편차가 커져 사업성의 불균형이 생겼다. 방송구역당 최대 70만 가구(경기도 수원·오산·화성), 최소 8만 가구(대구 서구)가 거주하고 있는 현실을 제대로 반영하고 있지 못하다는 점을 미래부는 인식한 것이다.

그 이후, 점차적으로 규제 완화 결과, 독점은 완화되었다. 출범 시 권역별 독점이었으나 중계유선방송(RO)의 SO 전환으로 구역 내 복수 SO가 허용되었고, 전국 사업자(위성, IPTV) 등장으로 경쟁 체제로 변화하였다. 두 차례에 걸친 RO의 SO 전환('01, '02) 승인으로 77개 방송구역 중 55%인 42개 구역에서 SO 간 경쟁 체제로 전환하였다. 2016년 기준으로 78개 권역 중 12개 권역에서 복수 SO 경쟁을 벌이고 있다. 위성('02)과, IPTV('09)가 등장하면서 SO 지역사업권료도 폐지하고 방송발전기금으로 일원화('05)하였다.

---

53 인터넷 멀티미디어 방송법 시행령 제5조
54 방송법 제12조 제2항

MSO 체계와 관련하여, 케이블TV 도입 초기 불허하였던 MSO를 허용하였고, MSO의 권역 소유 제한 폐지 등 규제를 완화하여 권역 단위의 중소사업자가 아닌, MSO 중심으로 시장을 재편해 왔다. 2018년 기준 방송사업매출액 중 MSO사들이 점유하고 있는 비율이 88.9%에 달하였고, 총 94개 SO 중 MSO들이 84개를 소유하고 있다(〈표 5-5〉 참조). 20년간 경쟁·대형화 정책으로 실제 시장 상황과 괴리가 있으며, 현재 효용을 찾기 어려운 권역제도가 자발적 구조 재편에 장애가 될 수 있다고 구 미래부는 보았다. 공정위 역시 1단계로 SO 권역을 광역화하고, 장기적으로 지역사업권을 폐지하는 제도 개선안을 제안한 바 있다.

구 미래부는 2016년 들어와서 케이블TV 사업 권역 개편을 유료방송 발전 방안으로 검토하기 시작하였다. 정책의 취지는 전국적 경쟁을 형성하여, MSO 대형화 등 시장 현실을 반영하지 못한 SO 권역 제도를 정비하여 자발적 구조 재편의 장애 완화 및 경쟁 활성화를 도모하기 위함이었다.

구 미래부는 SO만 지역사업권을 갖는 비대칭 규제와 관련하여 동일 서비스 동일 규제 실현을 위해서 SO에게도 전국 권역 사업권을 부여하여 유료방송 사업자 간 경쟁을 유도할 것을 검토하였다. 유료방송 발전 방안으로 1단계로 케이블TV 지역 사업권을 폐지하고, 신규 SO를 전국 허가 하거나, 희망 SO 재허가 시 권역 제한을 폐지하고, 2단계로 디지털 전환 완료 후 단일 허가 체계가 되는 경우, 권역 제한을 폐지하는 방안을 제시하였다.[55]

---

55 미래창조과학부(2016), 유료방송 발전방안, 제2차 공청회 발표 자료

〈표 5-11〉 비대칭 권역 규제 현황

구분	방송법		IPTV법	OTT
	SO	위성방송		
권역규제	허가 (지역사업권)	허가 (전국사업권)	허가 (전국사업권)	신고 (권역제한없음)

2016년 구미래부 유선방송발전 방안 공청회 결과, 케이블TV 업계나 IPTV 업계 모두가 반대하였고, 소수 방송학자가 찬성 의견을 제시하여 시기 상조임을 확인하였다.

〈표 5-12〉 케이블TV 권역 규제에 대한 의견

찬성	반대
- 동일 서비스 동일 시장에서 규제 체계를 일원화하는 것이 바람직 - 지역 독점, 플랫폼 희소성도 없는 상황에서 지역 사업권 유지는 유효성/실효성이 떨어짐 - 사업권이 있다고 지역성 구현되는 것 아님. 지역 사업권 = 양질의 지역성 구현한다는 증거 없음	- 동일서비스 동일 규제 차원의 지역사업권 폐지는 공정경쟁 여건이 마련돼야 실현 가능 - 권역 규제 폐지로 전국망 IPTV 사업자는 전국 어디서든 서비스 가능. SO는 실익 없음 - 현재 모두 폐지하면, 케이블 사업자의 프리미엄이 모두 없어질 우려 있음 - 방송의 공공성 약화

4. 유료 방송 산업 지원 정책

종합유선방송 도입 초기에 지원 정책들은 주로 SO에 대한 지원이 주를 이루었다. 다양한 방송 플랫폼들이 등장하면서, 콘텐츠 지원 필요성이 대두되자 여러 정부 부처에서 경쟁적으로 지원 정책을 발표했다.

구 문화관광부는 방송법, 문화산업진흥기본법에 입각해 방송 영상 진흥 정책을 수립했다. 문화부는 1998년 '방송 영상 산업 진흥 대책'과 2003년 6월 '방송 영상 산업 진흥 5개년 계획'을 토대로 각종 지원 사업을 추진해 왔다. 같은 시기 구 방송위는 2001년 11월에 '방송 산업 진흥 대책'을 수립해 실시했다. 방송위가 대부분 직접 지원 사업을 수행하지만, 방송영상산업진흥원을 통해서 지원하기도 했다.

구 문화부는 1994년 문화산업국을 신설하고, 1999년 '문화산업진흥기본법'을 제정하여 디지털 콘텐츠(게임, 애니메이션, 음악 등 주요 콘텐츠) 산업에 대한 지원 체계를 구축했다. 지원 실행 기구로 문화콘텐츠진흥원을 두었다. 디지털 콘텐츠와 관련하여, 구 정통부는 2002년 '온라인디지털콘텐츠산업발전법'을 제정하고, 음성·영상 등의 온라인 콘텐츠를 지원하기 위한 정책을 수립하고, 실행 기구로 소프트웨어진흥원을 설립했다.

구 문화부나 구 정통부가 디지털 콘텐츠 산업을 지원 영역으로 하고 있어, 이중 지원의 가능성이 존재했다. 하지만, 문화 산업이나 온라인 콘텐츠 산업의 경우 수직적으로 정책 기구와 지원 실행 기구 간의 갈등은 없었다. 그러나 방송 영상 산업에서는 정책 기구가 구 방송위와 구 문화부로 이원화되어 있고, 지원 실행 기구로 방송위와 방송영상산업진흥원으로 이원화되어 있었다. 문화 산업이나 온라인 콘텐츠 산업 그리고 방송 영상 산업 진흥 부문 간의 중복성도 문제로 제기되었고, 방송 영상 진흥 관련하여 중복성이 더 심각했다.

과거 문화부, 정통부, 방송위는 각각 자신들의 관할권 속에서 콘텐츠 진흥 정책을 두기 위해 민감한 반응을 보였다.[56] 방송통신추진위원회

56 정보통신부(2006.12.), 방송통신 기구개편 추진방향; 정보통신부(2007. 1.), 방송통신 기구통

는 2006년 12월 각 부처의 콘텐츠 기능을 하나의 독임제 행정 부처로 통합하는 방안을 검토, 추진하도록 정부에 건의했으며, 방송 통신 관련 콘텐츠 소관 문제는 기구 개편 방안 마련 후 추후 논의하기로 했다.

방송 영상 진흥 정책 수립과 관련하여, 방송의 기본 계획 중 방송 영상 정책과 관련된 사항, 예를 들면 방송 영상 산업 진흥에 영향을 미치는 방송 제도의 수립, 방송 프로그램 제작, 수급 및 유통 등에 영향을 미치는 방송 사업자 구도의 변경 등에 대해서 방송위는 문화부와 합의하도록 했다(방송법 시행령 제20조 제1항). 이 결과, 방송 영상 진흥 정책 수립에 있어 구 방송위의 독자성이 제한적이라는 지적이 있었다.

1) 방송통신위원회와 문화체육관광부 간의 갈등

방통위가 2008년도 출범하면서 '합의'는 '협의'로 변경되었다. 방통위는 규제와 진흥 기능을 동시에 가지고 출범했다. 그렇지만, 방통위의 진흥 업무는 크게 축소되는 큰 변화를 겪었다. 방통위 출범 이후, 콘텐츠 진흥 분야에서는 문화부와 업무가 중복되고, 정보 통신 기술 진흥 분야에서는 지식경제부와 업무가 중복되었다. 방통위 출범 이전에도 방송 영상 산업 정책권을 둘러싸고 문화부와 방송위가 대립하면서, 두 기관이 업무 협의 없이 관련 정책을 따로 추진하고 있어 중복에 따른 재원 낭비 가능성이 제기되었는데, 출범 이후에도 논란은 지속되었다.

두 기관은 각각 방송 콘텐츠 제작, 인력 양성 및 해외 수출 지원 사

합을 위한 입법 추진

업을 벌였다. 주로 독립 제작사는 문화부가, 방송 사업자는 방통위가 지원을 담당했다. 이러다 보니 유사 방송 콘텐츠에 대한 중복 지원이 이뤄진 것이다.

2008년 11월 13일, 국회 '디지털방송콘텐츠진흥특별법' 제정을 위한 공청회에서, 진흥을 위한 운영 주체는 고민이 필요하다는 의견들이 제기되었다. 방통위 최정규 과장은 "방송 정책과 관련 콘텐츠 정책은 종합적으로 관리·추진될 때 시너지를 기대할 수 있다"며 "경쟁력 있는 콘텐츠를 위한 종합 대책을 방통위 차원에서 곧 제시하겠다"고 말했다. 이에 문화부 김대현 과장은 "방통위는 규제 위주 기구고, 진흥 업무는 문화부가 진행하는 것이 이미 정리돼 있다"며 "콘텐츠 육성을 책임지는 주무 부처로서 관련법 제정에 적극 협력하겠다"고 대응했다.

이 결과, 문화부와 방통위가 방송 영상 콘텐츠 진흥 정책을 각각 추진하게 되었다. 두 기관은 2008년 7월 이후 6개월 여간 '디지털 융합 정책 조정회의'를 진행했지만 업무 조율에 실패했다. 비슷한 계획을 따로 추진하게 된 것이다.

2008년 12월 차관 회의에서 '방송통신발전에관한기본법제정안'의 부칙 제8조(다른 법률의 개정) 제2항에 따른 '방송법 제92조(방송발전의 지원) 제2항'을 삭제하는 데 실패하면서 방송 영상 진흥 기관이 두 개로 나뉘게 됐다. 문화부는 문화산업진흥기본법을 근거로 삼아 '방송영상산업' 진흥에 필요한 정책을 수립·시행했고, 방통위는 방송통신발전기본법에 따라 '방송 통신 콘텐츠'를 진흥하기 위한 제작·유통·활용 정책을 마련했다.

2012년까지 5년간 문화부 '방송 영상 산업 진흥 5개년 계획'의 6546억 원과 방통위 '방송 통신 콘텐츠 진흥 종합 계획'의 5642억 원 중복

투자도 불가피했다. 두 계획에는 거의 비슷한 사업도 있었다. 문화부가 HD 방송 영상 콘텐츠 제작 지원 시설을 위한 '디지털 방송 콤플렉스'와 방통위의 예비 타당성 조사를 시작한 '디지털 방송 콘텐츠 제작 센터'가 비슷했고, 문화부의 '디지털 방송 영상 온라인 C(콘텐츠)마켓 플레이스 구축'과 방통위의 '디지털 유료 방송 콘텐츠 유통 체계 구축'은 거의 같은 목표를 지향했다(etnews, 2008. 12. 15.).

양 부처 간 업무 중복에 대한 문제가 제기되었지만, 국회와 청와대는 상반되는 목소리를 내어 혼란만 가중시켰다. 2010년, 방통위 국감에서 방통위의 진흥 정책을 강화하라는 주문이 있었다. 나경원 한나라당 의원은 "방통위에 규제와 진흥이라는 두 가지 성격이 있다는 것은 여야가 함께 처리한 법에 명시됐다"며 "규제 기구는 합의제 성격이고, 진흥은 독임제 성격인 만큼 차관급 사무총장을 신설해 독임제 성격의 방통 산업 진흥을 강화해야 한다"고 밝혔다. 여당 의원들은 특히 정무직 사무총장제 신설을 통한 진흥 역할의 강화를 주문했다. 강승규 한나라당 의원은 "방통위가 효과적 진흥 정책 수행을 위해 사무총장제를 두자고 이야기하고 있는데, 방통위가 방통 산업 진흥에 나설 수 있게 진행돼야 한다"고 말했다. 야당인 민주당 전병헌 의원은 "사무총장제는 대통령이 임명하는 정무직 차관급을 하나 더 두자는 것이기 때문에 방통위 진흥 정책을 보완하는 방법으로 1급 사무처장제를 둬서 통신을 중심으로 한 진흥책에 차질이 없도록 해야 한다"라며 국회의원들은 문제의 본질을 비껴가는 의견들을 표명했다.

한편, 청와대는 2010년 4월 9일 방송 사업자 진흥은 방통위가, 방송 사업자가 만드는 방송 콘텐츠 진흥은 문화부가 맡도록 결정했다. 청와대는 방송 콘텐츠·방송광고 관련 업무 조정 최종안을 결정하고, 두 부처는 양해각서(MOU)를 교환하고 시행령 개정 작업을 진행하도록 했다. 청와대는 사업자 및 인력 양성 등의 진흥 정책은 방통위가, 제작 기획·유통·수출·R&D 및 인프라 지원은 문화부가 맡는 것으로 이원화했다. 방송 콘텐츠 진흥은 인력 양성만을 뺀 기획·제작·유통·수출·R&D 및 인프라 지원을 뜻하며 문화부가 담당했다. 한국방송광고공사 지도 감독 업무는 방통위가 담당하되, 한국프레스센터와 남한강 연수원 자산은 문화부가 관리하기로 했다.

방통위는 "이번 조정은 기능상의 분리인 것이지, 진흥 업무 전체로 확대 해석하는 것은 곤란하다"라면서도 "플랫폼과 콘텐츠를 분리해 정책을 집행하게 될 경우 실효성이 매우 떨어질 것"이라는 입장을 나타냈다. 한편, 문화부는 "다플랫폼·콘텐츠 융합 시대에 방통위가 방송 콘텐츠 진흥 업무만을 맡는 것은 공급자 중심적인 발상"이라며 "수요자 측면에서 본다면 모든 콘텐츠를 한 부처에서 진흥하는 것이 타당하다"는 상반된 입장을 보였다.

이러한 결정이 있은 후, 2011년 문화부는 '2011 콘텐츠 정책 대국민 업무 보고'를 개최하고, 지식경제부와 방통위 등 범부처 차원의 '콘텐츠 산업 진흥 기본계획'을 수립해 콘텐츠 산업 진흥을 위한 제도적 체계를 마련할 방침을 밝혔다. 이 계획에 따르면, 문화부는 3D·스마트·모바일 콘텐츠를 집중 육성하기로 정했다. 3D 콘텐츠 제작과 인력 인프라 구축, 공공 콘텐츠 제작에 185억 원을 지원하고 에듀테인먼트, e북, 소셜 네트워킹 서비스(SNS) 연계형 콘텐츠 등 스마트 콘텐츠 육성에 70억 원을 투자하기로 했다. 문화부는 또 글로벌 펀드 조성·투자에 400억 원을 출자해 2011년 총 1000억 원의 펀드를 조성하기로 했다. 기존 계획보다 1년 앞당겨 정부 800억 원, 민간 1200억 원 규모로 확대할 계획이었다. 차

세대 콘텐츠 핵심기술 개발을 위해 731억 원의 예산도 배정했다.

결국, 방송통신발전기본법에서 강조되었던 방통위의 진흥 기능은 청와대의 기능 조정으로 인해 크게 축소되면서 진흥 기관으로서의 위상이 낮아지게 되었다. 2011년 3대 핵심 과제 중 첫 번째로 방송 통신 콘텐츠 경쟁력 강화를 내걸었지만 실제로 예산 편성 등에서는 후순위에 두었다. 반면, 문화부는 독립 제작사에만 지원할 수 있었던 규정을 고쳐서 PP 지원책을 마련하는 등 공격적으로 콘텐츠 육성에 나서기 시작하면서 진흥 기구로서 위상을 강화시키는 좋은 대조를 보였다.

2) 범국가적 진흥 체계 구축

2010년 6월, 정부는 콘텐츠 산업을 17대 신성장 동력 산업의 하나에 포함하고, 범국가적 진흥 체계 구축을 위해 콘텐츠산업진흥법을 제정했다. 스마트화·융복합화 환경 변화에 대응, 콘텐츠 산업 육성을 위한 부처 간 협력 시스템 마련 및 콘텐츠 산업에 대한 컨트롤타워의 역할이 필요하다는 점을 인식했다. 부처 협력 및 효율적 추진 체계 마련을 위한 콘텐츠산업진흥위원회를 운영하기로 했다. 국무총리가 위원장이 되어 동 위원회는 2011년 11월 5일 3개년 중기 계획인 '제1차 콘텐츠 산업 진흥 기본 계획'을 마련했다. 대상 분야는 문화부(영화, 방송, 게임, 애니메이션 등) 및 관련 부처 소관(교육, 의료, 공공정보 등) 콘텐츠 전 분야를 포함했다. 비전으로 '스마트 콘텐츠 코리아 구현'을 설정하고, 목표로는 2013년 세계 7대 강국에서 2015년 5대 강국 진입, 시장 규모를 GDP 대비 2009년 2.7%에서 5% 수준까지 확대하며, 수출 규모는 시장 규모 대비 2009년 4.2%에서 7% 수준 이상으로 확대하는 것으로 삼았다. 고용 규모는 10만 명 신규 고용 창출을 목표로 했다.[57]

정부는 2011년 11월 24일 '제2차 콘텐츠산업진흥위원회'를 개최하고, 2012 콘텐츠 산업 정책의 주요 방향을 담은 내년 콘텐츠 산업 진흥 시행 계획'을 확정했다. 범정부 콘텐츠 산업 진흥 계획이라고는 하지만, 실제 문화부가 주도적인 역할을 담당했다. 2012년 '시행 계획'은 '기본 계획'에서 설정한 범국가적 육성 체계 마련, 국가 창조력 제고를 통한 청년 일자리 창출, 글로벌 시장 진출 확대, 동반 성장 생태계 조성, 제작·유통·기술 핵심 기반 강화 등 5대 추진 전략을 구체화·현실화하는 내용을 담고 있다.[58]

문화부 장관은 2012년 11월 21일 콘텐츠산업진흥위원회에 2013년도 콘텐츠산업진흥시행계획(안)을 상정하여 심의 의결했다. '제1차 콘텐츠 산업진흥기본계획(2011~2013)'의 이행을 위한 '2013년 콘텐츠산업진흥 시행계획'을 수립하기 위함이었다. 이 계획안은 기획재정부, 미래창조과학부, 교육부, 외교부, 국방부, 안전행정부, 문화체육관광부, 산업통상자원부, 보건복지부, 고용노동부, 국토교통부, 방송통신위원회, 공정거래위원회, 중소기업청을 망라하는 합동 계획이 특징이다.

2013년 3월, 콘텐츠 산업 진흥 기능 중 디지털 콘텐츠 분야의 정부 조직 개편이 이루어짐에 따라, 미래부로 이관되었고 원활한 업무 추진을 위해 부처 간 협업 필요성이 증가했다. 이에 2013년 6월 4일, 미래부·문화부 간 업무 협약을 체결했다. 미래부·문화부 양 부처는 비효율을 최소

57 관계부처합동(2011. 5.). 콘텐츠 산업 진흥 기본계획.

58 문화체육관광부(2011). 2012년 범정부 콘텐츠 산업 진흥 계획 논의. 보도자료.

화하고 실질적인 업무 협력을 강화해야 한다는 데 인식을 같이하고, 콘텐츠 진흥 계획을 합동으로 마련했다. 미래부는 디지털 콘텐츠, 문화부는 문화 콘텐츠 진흥 업무를 담당하며, 수시 협의, 협업 효과를 높이기 위해 노력하기로 했다. 역할 분담은 다음과 같았다.[59]

① 문화 콘텐츠 장르와 직접 관련된 사업은 문화부 담당
  예) 문화산업진흥기본법 제2조의 출판, 게임, 음악, 영화, 방송 영상 등
② ICT 성장 기반 조성에 필요한 디지털 콘텐츠 진흥은 미래부 담당
  예) 홀로그램, 앱, 콘텐츠 솔루션, 스마트 콘텐츠, 방송 통신 콘텐츠 등
③ 그 밖의 협업이 필요하거나 중복 소지가 있는 사업은 부처 간 상시 협의체를 통해 수시 협의 추진

2014년 5월 22일, 콘텐츠산업진흥위원회는 역시 범정부 차원에서 "제2차 콘텐츠산업 진흥 기본계획(2014~2016)"을 발표했다. 창조 경제 시대 국가 간 경쟁이 심화되면서, 세계는 경제 성장과 고용 창출 돌파구로 창조 경제와 산업을 적극 도입하고 있다는 점을 강조했다. 창조 경제 시대 콘텐츠 산업은 국민 소득 3만 달러 시대를 열어갈 먹거리 산업이기에, 상상력과 창의력, ICT 융·복합에 기반한 부가가치 창출의 핵심이라

59 미래창조과학부·문화체육관광부(2013. 7. 4.), 콘텐츠 산업 진흥계획 - 콘텐츠로 열어가는 창조경제

고 보았다. 제2차 콘텐츠 산업 진흥 기본계획에서는 다음과 같은 주요 전략을 담고 있었다.

전략 1. 투융자·기술 기반 조성

전략 2. 콘텐츠 창업·창작 활성화와 창의 인재 양성

전략 3. 글로벌 시장 진출 확대

전략 4. 건강한 생태계 조성 및 이용 촉진

전략 5. 분야별 콘텐츠의 경쟁력 강화 및 협력 체계 구축

콘텐츠산업진흥위원회는 2014년 12월 30일 "2015년도 콘텐츠산업진흥 시행계획"을 발표했다. 한편, 미래부는 그동안 범정부 부처 차원으로 추진한 콘텐츠산업진흥위원회의 콘텐츠 산업 진흥에 참여하다가, 2014년 7월 1일, 방통위와 함께 창조 경제의 핵심 PP산업 발전 전략을 공동으로 마련했다. 콘텐츠가 중심이 되는 새로운 미디어 생태계하에서 PP를 창조 경제 시대의 핵심 산업으로 육성하기 위하여 국가적 차원의 "PP산업 발전전략(2014~2017)을 추진하게 되었다"라고 배경을 설명했다. 이 발전 전략은 2013년 12월 미래부와 방통위, 문화부 3개 부처는 우리나라 방송 산업의 경쟁력 제고와 신성장 동력 창출을 위한 정부 차원의 방송 관련 종합 계획인 '창조 경제 시대의 방송 산업 발전 종합 계획'을 구체화한 첫 번째 후속 조치이자 실행 계획의 성격을 가진다. 2015년 3월 한·미 FTA 시행에 따른 방송 시장 개방에 적극 대비하고 PP 산업을 창조 경제 핵심 산업으로 육성하기 위해 마련되었다. 미래부와 방통위는 PP 시장의 문제점 개선을 통한 PP 산업의 경쟁력 확보를 위해 PP 산업 발전 전략(3대 전략 및 9개 추진 과제)을 수립하여 향후 4년간

(2014~2017년) 추진해 나갈 예정이었다. 그 주요 내용은 다음과 같았다.

> 첫째, PP 산업으로의 대규모 투자 자본 유입을 통한 PP의 영세성을 극복하고 양질의 방송 콘텐츠 생산 기반을 마련하기 위해 PP 산업의 선순환적 생태계를 구축한다.
> 둘째, 유료 방송 시장의 왜곡된 시장 구조 및 불공정한 거래 관행 개선을 위해 유료 방송 시장에 대한 관리 감독을 강화하여 PP 시장의 다양성과 공정성을 제고한다.
> 셋째, PP 채널을 통한 한류의 글로벌 확산과 PP 방송프로그램의 대국민 만족도 제고를 위해 PP 산업의 국내외 경쟁력을 확보한다.

정부는 2010년부터 관련 부처 간의 갈등을 해소하고, 범국가적 진흥 체계 구축을 위해 콘텐츠산업진흥법을 제정하고, 컨트롤타워로 콘텐츠산업진흥위원회를 구성하여 운영해 왔다. 그렇지만, PP 분야 진흥을 책임지고 있는 미래부는 이러한 지원 계획들이 PP 분야의 해묵은 과제를 해결하기에는 부족하다고 판단하고, 방통위와 함께 2014년 결국 별도의 PP 산업 육성을 위한 지원책을 발표하기에 이르렀다.[60] 그렇지만, 이 계획은 2013년 말 미래부와 방통위, 문화부 3개 부처가 공동 작성한 것처럼 모양새를 취해 수립된 정부 차원의 방송 관련 종합 계획인 '창조 경제 시대의 방송 산업 발전 종합 계획'에 근거해 있기에 미래부와 문화부 간의

60 미래창조과학부·방송통신위원회(2014. 7. 1.), 창조 경제의 핵심 PP산업 발전 전략

갈등은 예전처럼 심할 것 같지는 않을 것으로 예상되었다.

미래부의 2015년 주요 업무 계획들을 보면, 방송에 대한 관심과 비중이 현격히 줄어든 것을 알 수 있다. 조직도상 제2차관 관장 하에, 정보통신방송정책실이 있지만, 주요 업무 보고에는 방송과 관련하여 공영 TV 홈쇼핑 승인, UHD 콘텐츠 활성화 및 전략적 해외 진출의 확산 지원, 스마트 미디어 산업 역량 강화 등의 내용을 간단히 담고 있을 뿐이었다. 여타 미래부 소관 업무인 방송 산업 진흥 계획, 유료 방송 디지털 전환, 디지털 방송 난시청 해소 및 수신 환경 개선, 방송 산업의 국제 경쟁력 강화 방안 등 굵직한 정책들을 담고 있지 않아 상대적으로 방송이 ICT 기술에 비해 소홀히 다루어지고 있는 한계를 보였다.[61]

2016년 4월 28일, 기재부는 문화콘텐츠 산업 세제지원 등 확대 발표하였다. 그 주요 내용을 보면, 수출·관광 및 국가 이미지 등에 대한 파급 효과가 큰 영화·드라마 등의 제작비용에 대하여 일반 제조업 시설투자에 준하여 세액공제 신설을 추진하겠다는 것이었다. 주요 대상은 영화, 드라마 등이고, 공제비용은 국내 제작비용, 즉 시나리오 등 원작료, 배우 출연료, 세트 제작비, 의상비, 편집비 등으로, 홍보비 등 간접비용과 해외제작비 등은 제외하기로 하였다. 공제율은 대기업·중견기업은 7%, 중소기업은 10%로 현행 투자 세액 공제율 중 최고 수준이었다.

또한 콘텐츠 개발업 등 신성장 서비스업의 경우 중소기업 고용 증가 인원에 대한 사회보험료 세액공제율을 50%에서 75%로 인상하기로 하였다. 세액공제율은 중소기업의 고용인원이 증가한 경우 사용자 부담 사회보험료의 50~100%를 세액 공제을 해 주었다. 드라마 및 예능 분야에만

---

61 미래창조과학부(2015. 1.), 과학기술·ICT 혁신을 통한 역동적 창조경제 실현

세액 감면을 추진하기로 하였다. 세제 혜택 지원 대상은 한류의 중심이 되는 장르만 대상으로 결정한 것이었다.

2019년 문화·체육·관광에서 주요 지표가 역대 최고를 기록하고 문화산업도 견실히 성장하는 등 가시적인 성과를 거뒀다. 특히 영화 기생충 아카데미 4관왕, 방탄소년단(BTS)의 사례에서 보듯이 신한류의 부상으로 그 어느 때보다 우리 문화가 세계에서 인정 받게 되었다. 이에, 문화체육관광부는 콘텐츠-관광-스포츠 산업의 혁신 성장이 멈추지 않도록 총력을 기울여 신한류로 경제 파급 효과 확대에 나섰다. 문화체육관광부는 2020년 업무계획에 기치를 '문화로 행복한 국민 신한류로 이끄는 문화경제'에 두고 이를 위한 주요과제를 밝혔다.

먼저 콘텐츠 산업의 성장을 위해 총 1조 6천 850억 원을 투입할 예정이었다. 또한 새롭게 800억 원 규모의 모험투자펀드를 포함 신설해 가능성 있는 신규 콘텐츠에 투자할 계획이다. 이와 함께 한국영화아카데미, 게임인재원, 방송영상제작-유통 교육 등 분야별 현장 인재도 확대 양성한다는 계획도 포함하였다. 또한 게임법을 전면 개정하고 웹툰융합센터와 방송영상콘텐츠 제작 지원에 나서는 등 주요 산업의 경쟁력도 높인다는 계획이다. 이와 함께 실감콘텐츠 본격 육성을 위해 연구개발에 751억 원을 들이고 OTT의 글로벌 확산에 대응해 국내 콘텐츠와 유통망의 해외 진출을 지원하기로 했다.[62]

---

62 문화체육관광부(2020), 문화로 행복한 국민 신한류로 이끄는 문화경제

5. 방송·통신 융합 정책

1990년대 중반부터 국내에서도 방송 통신 융합에 대한 논의가 활발하게 전개되기 시작했다. 우리나라가 정부 차원에서 이 문제를 본격적으로 다루기 시작한 것은 1994년 공보처의 요청에 의해 구성된 '선진방송정책자문위원회'에서였다. 동 위원회 연구보고서를 발표하는 공청회에서 방송과 통신을 포괄하는 '총괄기구'를 설립하자는 주장이 제기되었으나 점진적, 이원적 접근 방안이 보다 현실적이고 타당하다는 의견이 다수 제기되어 이 안은 반영되지 않았다.[63]

이후 1996년 들어 정보통신부에서도 통신 방송 융합에 대한 정책토론회를 개최했는데, 통신과 방송 관련 규제기관의 일원화를 검토하고 방송위원회, 종합유선방송위원회, 정보통신윤리위원회 등의 심의 기능을 통합하여 제3의 독립기관에 부여한다는 안이 제시되었다.[64]

이어 1999년에 출범한 방송개혁위원회는 방송 통신 융합의 시대적 조류를 간파하고 이에 대비하는 통합방송법 제정과 통합 규제 기구 논의를 주요 정책 의제로 설정했다. 최종 보고서에서도 방송 통신 융합에 따른 방송 규제 체계의 재정립 필요성을 주장하면서, 방송위원회로 출범하되 방송과 통신의 융합에 적극적으로 대처하기 위해 향후 방송통신위원회로 전환할 필요성을 제기했다.[65] 1999년 행정자치부 경영진단위원회에서 방송통신위원회를 신설할 것과, 정보통신 관련 인허가 등 규제 업

---

63 공보처(1995. 7.), 〈선진방송 5개년 계획(안)〉

64 정보통신부(1996. 10. 22.), 통신 방송 융합에 대응한 정책방향, 미간행 정책토론회 자료집

65 방송개혁위원회(1999. 2.), 〈방송개혁의 방향과 과제〉, p.29

무를 이관할 것을 건의했다. 이후 2002년 당시 노무현 대통령 후보가 자신의 대선 공약 중 하나로 방송 통신 구조 개편 위원회를 설치하여 방송 통신 융합 정책 방안을 마련하고 기구 개편과 법 제도 정비를 추진하겠다고 밝힘으로써 참여정부하에서 본격적으로 다시 논의되기 시작했다.

이러한 기구 일원화 방안에 대해, 문화관광부나 정보통신부 등 유관 단체들은 원칙적으로 동의했다. 문화관광부는 규제와 지원을 분리하여 당시 문화부와 정보통신부의 규제 역무(주파수 관리 포함)를 통합 규제 기구로 이관하는 안을 제시한 바 있다.[66] 정보통신부 역시 개편 방안을 제시했다. 정부통신부 안의 특징은 통합의 범위에 따라 합의제 행정기관으로 할 것이냐, 독립규제위원회로 할 것이냐라는 점과 심의를 위한 민간위원회를 별도로 설치할 것인지 여부에 초점을 맞추었다.[67]

방송 통신 융합을 둘러싼 주요 쟁점은 통신 영역과 방송 영역의 주무 기관인 구 정통부와 구 방송위 간의 신규 융합 서비스의 도입과 규제 방안에 대한 의견 대립으로부터 비롯되었다. 먼저, 구 방송위는 2003년 7월 23일에 제출한 방송법 개정안을 통해서 새롭게 등장하고 있는 방송 통신 융합 경계 영역적 서비스(지상파 DMB, 위성 DMB, 데이터 방송)를 별정 방송의 개념을 도입하여 방송법 내에서 규제해야 한다고 주장했다. 반면, 이러한 구 방송위의 주장에 대해 구 정통부는 신규 융합 서비스에 대해 기존의 지상파 방송에 준하는 진입 규제, 소유 규제, 그리고 채널 구성과 운용에 관한 규제 등을 과도하게 적용하는 것은 신규 서비스

---

66 문화관광부(1999. 1.), 방송과 통신의 융합에 따른 정책 체계 관련 검토, 방송개혁위원회 접수문서

67 정부통신부 방송과(1999. 1. 11.), 방송통신 융합에 따른 규제기구 개편방안, 방송개혁위원회 접수문서

의 도입을 지연시키고 오히려 기존의 지상파 방송의 독과점적 지위를 확대하게 됨으로써 산업적으로나 이용자 혜택의 측면에서나 부정적인 결과를 낳게 될 것이라고 주장했다.

2004년 4월, 7차 방송법 개정을 둘러싼 논쟁은 그간의 방송 통신 융합 논의를 보다 구체적인 법규 정비와 연결시키는 계기가 되었다. 7차 방송법 개정에서는 방송과 통신의 경계 영역적 서비스의 등장으로 인한 융합 환경을 보다 효율적으로 대처하고 규제하고자 하는 정책 방안의 일환으로 이동멀티미디어방송(Digital Multimedia Broadcasting, DMB)과 데이터방송의 개념 조항을 방송의 정의에 신설함으로써 사업 도입을 위한 법적 근거를 마련했다. 비록 7차 방송법 개정에서 두 신규 서비스 모두 방송법 내에 편입되긴 했으나, 양방향 신규 서비스의 속성을 갖는 데이터 방송이 방송인지 통신인지에 대한 구 방송위와 구 정통부의 의견 대립을 감안하여, 데이터 방송에 대해 기존 PP와 동일한 방송법상의 지위를 부여함과 동시에 통신 서비스로써의 성격도 인정하여 전기통신사업법에 의한 부가통신사업 신고를 하도록 의무화한 것이다(이상우 외, 2007, p.138).

뒤이어 IPTV, 모바일 방송, 휴대 인터넷 등 방송 통신 경계 영역적 서비스들이 속속 등장하게 되면서 더 이상 방송과 통신의 개별법으로 구분되어 있는 현행 규제 체계와 법체계하에서는 이러한 신규 융합 서비스들의 수용이 불가능하다는 판단하에 방송 통신 융합에 대비하는 보다 실질적이고 구체적인 법 제도 정비를 위한 움직임이 활발해졌다. 이에, 2004년 12월 국무조정실 산하의 멀티미디어정책협의회와 구 정통부 및 구 방송위 공동의 통신방송정책협의회가 출범하여 방송 통신 융합에 대한 정책 방향을 본격적으로 논의하기 시작했다. 2005년 3월에는 국무

조정실을 중심으로 관련 부처 및 기관이 참여하는 통신방송구조개편전담반이 운영되기도 했다. 2006년에 들어서 방송 통신 융합 논의는 보다 활발해졌는데, 7월 28일 국무총리 소속의 방송통신융합추진위원회(이하 융추위)의 출범은 그 정점에 있다. 이후 융추위는 수차례의 회의를 거쳐 방송 통신 융합에 적절히 대처하기 위하여 가장 시급한 과제가 통합 규제 기구의 설치라는 것에 합의하고, '방송통신위원회설치를위한법률안'에 대해 논의했다. 정부는 이를 바탕으로 2007년 1월 11일 '방송통신위원회의설립및운영에관한법률안'을 국회에 제출했으며, 이 법률안 제출을 계기로 국회 차원에서 방송 통신 융합 환경에 능동적으로 대처하기 위해 관련 부처 및 기구 개편 방안과 IPTV 도입 관련 법률안의 효율적인 심사처리를 위한 방송통신특별위원회가 2007년 3월에 구성되어 본격적인 활동에 들어갔다.

입법 차원에서도 방송 통신 융합의 환경에 대비하여 신규 융합 서비스 도입을 위한 법률안 제출이 2005년부터 활발했다. 2005년 10월에는 유승희 의원이 제3의 특별법 형태인 '정보미디어사업법안'을 발의했으며, 같은 해 11월에는 김재홍 의원이 기존의 방송법 테두리 내에서 신규 융합 서비스를 포괄하는 방송법 개정안을 발의하기도 했다. 이어 2007년 6월과 7월에 네 차례의 IPTV 관련 특별법안(홍창선 의원 발의 '광대역통합정보통신망등이용방송사업법안', 서상기 의원 발의 '디지털미디어서비스법안', 이광철 의원 발의 '유· 무선멀티미디어방송사업법안')과 한 차례의 방송법 개정안 (손봉숙 의원 발의 '방송법일부개정법률안')이 발의되었다.

2003년 이후 실질적인 성과를 거두지 못하고, 대립되는 이슈들에 대해 무수한 논쟁만 되풀이했던 국내 방송 통신 융합 논의는 마침내 2007

년 12월 8일, IPTV 도입을 위한 '인터넷멀티미디어방송사업법안'이 국회 본회의를 통과함에 따라 한 단계 진전되는 양상을 보였다(이상우 외, 2007, Ibid., p.140)

1) 방송통신위원회의 출범

방통위의 출범에는 2008년 이명박 정부의 조직 개편 철학이 반영되었다. 그것은 첫째, 정부 조직을 줄이고 정부 부처 간의 중복 기능을 통합했고, 둘째, 지식 기반형, 기술 혁신형 경제로 탈바꿈하는 국가 전략을 추진하는 부서로 '지식경제부'를 설립했다. 이는 제조업과 정보 통신 산업의 융합을 통해 제조업의 경쟁력 제고를 추진하는 제조업 중심 전략에 따른 것이었다. 셋째, 방송 통신 융합을 위해 방송통신위원회를 설치했다. 방송통신위원회는 미국의 FCC와 같은 합의제 위원회 성격을 담았다. 위원회는 위원장 1인을 포함한 상임위원 5인으로 구성했다. 이에 따라 과거 정보통신부 업무를 방송통신위원회, 지식경제부, 행정안전부, 문화체육관광부 등으로 이관하는 업무 분장이 이루어졌다.

- 행정안전부: 정보보안을 포함한 개인 정보화 기능
- 지식경제부: 정보 통신 산업과 관련된 기술 개발, 정보 통신 진흥 기금 관리, 우정사업
- 문화체육관광부: 콘텐츠

방통위의 출범 취지와 목표는 방송과 통신의 융합 시대에 대응하는

조직 형태를 만든 것이었다. 또한 새로운 융합 서비스 등장 시, 소모적인 논란 없이 도입이 가능하도록 한다는 것이었다. 그 결과 방통위는 방송 통신 융합 분야에서 몇 가지 성과를 낼 수 있었다. 통신 방송 기업의 융합 영역 진출이 이루어졌다. KT가 글로벌 미디어 유통 기업으로 비전을 선포했고, CJ헬로비전은 MVNO(가상이동통신사업)로 진출하는 등 융합이 일어났다. 융합의 대표적 서비스인 IPTV를 출범시켜 국내 유료방송 시장에 경쟁을 활성화하고 시청자의 선택권을 확대하는 데 기여했다. IPTV가 짧은 기간 동안 상당한 가입자를 확보하게 된 것은 방통위의 IPTV 산업 활성화 지원 노력에 일부 기인한다. 방송 사업에 대한 각종 규제를 완화하고 여론 다양성 보장을 위한 방안 등이 마련되었다. 종합편성채널 및 보도 채널 진입 허용을 통해 유료 방송 시장의 구조 변화를 가져왔다.

이러한 긍정적 평가에도 불구하고, 방통위에 대한 부정적 평가도 적지 않다. 먼저 정치적인 영향에 노출되어, 규제 기구의 독립성이 크게 훼손되었다. 방통위 출범 취지는 방송 통신 융합을 주도하는 규제와 진흥의 역할을 하는 데 있었지만, '방송통신위원회=규제기구'라는 이미지가 고착되고, 정치적인 이슈 위주로 운영되어 ICT 생태계 진흥 업무를 주도할 수 있는 예산이나 조직 리더십이 약화되었다. 또한 ICT 환경 변화 대처에 미흡했다. 방통위 설립 이후 미디어법 개정, 종합편성채널 및 보도채널 선정 등 방송과 관련된 이슈에 중점을 두다보니 상대적으로 ICT 및 통신 분야에서 정책성과는 약했다. ICT 환경 변화는 방송 통신 융합을 넘어 빠르게 발전하는데, 방통위 거버넌스가 ICT 변화를 따라가지 못했다. 위원회 조직 문제, 위원 전문성 한계 등으로 변화하는 ICT 생태계를 다루기에 위원회 조직이 부적합하다는 비판이 대두되었다. ICT 중심 부처로서의 역할을 하지 못하기에, ICT 생태계의 글로벌 트렌드를 따라가기에 역부족이었다. 애플, 구글 등 글로벌 기업이 ICT 생태계를 주도하는 상황이 지속되면서, 국내 기업 전반의 경쟁력이 떨어졌다. ICT를 성장 동력으로 삼아 온 국가 경제 전반에 큰 타격을 주었다. 한국의 IT 국가 경쟁력 지수(EIU)는 2007년 3위에서 2011년 19위로 추락했다. 그동안 세계 최고 수준의 ICT 기반을 마련했지만, 콘텐츠, 소프트웨어, 창조 산업 등 한 단계 업그레이드 된 ICT 경쟁력이 취약했다. 그 결과 스마트 빅뱅 시대를 주도하지 못했다. 창조적 아이디어에 기반한 선도자로서 새로운 지식 기반 창조 경제 구축을 위한 체계를 갖추지 못한 것이다(김대호, 2012, p.9).

2) 방송·통신 융합법 제정과 한계점

2008년 3월 방통위는 출범 이후 시장 변화와 융합에 효율적으로 대처하기 위해, 흩어져 있는 방송과 통신 관련법들을 통합하여 단일법으로 제정하는 작업을 추진했다. 2008년, 국회 역시 '미디어특별위원회'를 구성하고 지상파 방송의 구조 개편 작업을 추진했다.

방통위는 출범하면서 바로 방송통신융합법(가칭)을 정부 입법으로 추진한 반면, 국가기간방송법은 의원 입법으로 추진되었다. 이 두 법은 국내 방송계의 지각 구조 변동을 가져올 매우 중요한 의미를 지닌다. 하지만 2008년도부터 추진되었던 방송통신융합법 제정 노력은 2004년도에 발의된 국가기간방송법과 시기적으로 차이가 있어 그렇겠지만, 국회의 방송 구조 개편 논의와 연계성을 지니고 있지 못한 채 별도로 논의가 진행되었다. 당·정 간 협의가 원만하게 이루어지지 못하는 이명박 정부에서 미디어 정책의 한 단면을 엿볼 수 있었다.

방송통신융합법 제정에서 지상파 방송에 대한 논의는 거의 이루어지지 않았다. 그 이유는 지상파 방송이 갖는 특수성을 고려해서였다. 다른 유료 방송 매체와는 달리, 지상파 방송은 방송 시장 획정에서 별도로 구분해서 다루는 것이 바람직하다는 판단이 작용했다. 지상파 방송의 경우에는 정치적인 쟁점이 될 가능성이 높아서 국회가 별도로 지상파 방송의 시장 구도를 논의하는 시점에 정부가 방송 시장 개편안을 만든다 하더라도, 국회가 만약 정부 입법안을 거부한다면 법안 자체의 통과 여부가 불투명해 질 수 있는 부담을 고려해서였다.

방통위는 15개에 달하는 방송 통신 관련법들을 통합 법제화하는 작업을 추진했다. 그 배경으로, 디지털 융합시대에 대응하기 위해 방통위가 출범했지만 규제 체계는 여전히 방송과 통신이 엄격히 구분되어 있는 상황에서, 방송 통신과 미디어를 모두 아우르는 '수평적 규제 체계' 도입 등을 내용으로 하는 방송 통신 통합법 마련이 필요하다고 보았다. 통합법 추진 기본 방향으로 방송과 통신은 규제 논리에 차이가 있기 때문에 단기간에 동일 규제 체계로 융합되기는 곤란하다고 보고, 단계를 나누어 전략적으로 접근하는 것이 바람직하다고 보았다. 이에 1단계로 2008년 하반기에 '방송통신기본법'을 제정하고, 2009년 상반기에 '방송통신사업법'을 제정하며, 2010년 상반기에는 제3단계로 사회적 합의를 거친 미디어 개혁 내용의 통합법 편입 및 별도 개별법의 통합 여부를 결정한다는 것이었다.

이러한 계획에 따라, 방통위는 2008년 8월 28일 방송과 통신이 융합되는 새로운 커뮤니케이션 환경에 대응하기 위해 기존 방송법, 전기통신

기본법, 정보화촉진기본법 등에 분산되어 있던 방송 통신의 기본적 사항들을 통합, 재구성한 '방송통신발전에관한기본법안'을 추진했으며 최종 입법은 2010년 9월에 이루어졌다.

기본법에는 향후 정책의 방향성과 이념이 담겨 있다. 기본법은 방송통신 발전을 위한 진흥법의 성격이 강하다. 기본법의 주요 내용은 방송과 통신의 정의, 방송 통신 발전을 위해 방송 통신 기본계획 수립, 경쟁상황 평가, 방송 통신 콘텐츠 진흥, 인력 양성, 방송 통신 발전기금, 방송 통신 기술 기준, 방송 통신 재난 관리 등이다.

기본법 제정과 관련해 공정거래위원회, 문화체육관광부와 같은 관련 부처들의 저항이 커서 부처 간 협의가 원만하게 이루어지지 않았다. 공정거래위원회는 기본법 중 방통위의 방송 통신에 대한 경쟁상황 평가 실시 및 경쟁 촉진 정책 수립과 관련하여, 시장의 경쟁질서 수립은 공정거래위원회 관할이므로 방송통신 시장의 경쟁정책도 공정위와 협의가 필요하다는 입장이었다. 콘텐츠 주무 부처인 문화부는 방송통신 콘텐츠 역시 자신들이 담당해야 한다는 입장이어서 조정이 쉽지 않았다.

방통위는 방송통신기본법과 방송통신사업법(가칭)을 분리하여 추진했다. 그 이유는 사업법의 경우 사업자들의 이해관계가 매우 첨예하게 얽혀 있어 충분한 시간을 가지고 제정하는 것이 바람직하다고 판단했기 때문이다. 2009년 국회 상정을 목표로, 방송통신사업법에서 다루어졌던 핵심 내용들은 방송통신의 정의, 목적 및 사업(서비스) 분류 체계를 우선적으로 정립하고, 정립된 분류 체계를 기반으로 다양한 규제 체계를 유기적으로 도출하는 노력을 기울여왔다.

방송통신사업법에서 다루어졌던 핵심 쟁점들은 소유제도, 겸영, 시장분석 및 경쟁 평가, 망 접근, 콘텐츠 액세스, 보편적 서비스, 시장 점유율 규제, 요금/이용약관 규제, 분쟁 조정, 결합 판매, 이용자, 시청자 개념, 이용자 보호 등이었다.

방송통신사업법의 기본 방향은 기존의 수직 규제 패러다임을 수평 규제의 패러다임으로 전환하는 것이었다. 그 결과, '동일 서비스, 동일 규제의 원칙'을 적용한다는 것이었다. 현재 존재하는 비대칭 규제가 논의의 쟁점이 되었다. 특히, 구조 규제나 행위 규제와 관련해서 공정 경쟁을 저해할 수 있는 비대칭 규제가 모두 검토의 대상이 되었다. 그러나 방송통신사업법은 수직적 규제 틀을 수평적 규제 틀로 바꾸고 사업자들의 시장 획정과 관련하여 장기간 논의했으나 최종적으로 입법화되지는 못했다. 결국 이명박 정권 시절 융합에 대비하기 위하여 출범한 방송통신위원회는 융합기본법만 입법화한 채, 사업법 제정은 물 건너 갔다. 박근혜 정권이 들어서고, 미래창조과학부가 설립되면서 방송 통신 진흥 업무를 가져가게 되었고, 방송통신위원회는 방송 통신 규제 업무를 담당하게 되었는데, 사실상 방송 통신 융합이라는 정책적 화두는 관심에서 점점 멀어져가게 되었다. 주무 부처가 미래부와 방통위로 분리된 상태에서 양 부처 간의 법 제정을 위한 협력을 기대하기 어려웠고, 어느 부처에서도 추진 하고자 하는 의지가 없었다.

방송통신융합법 추진 과정에서 사업자들의 입장에서도 중론을 모으기가 어려웠다. 수평적 규제 체계로 대표되는 통합법 제정에 대해서는 전 세계적인 흐름이라는 데 대부분 공감했으나 이를 지향해야 할지 혹은 매체별 개별법을 고수해 나가야 할지에 대해서는 다양한 의견이 존재했다. 지상파 방송과 케이블 TV 관련 종사자들은 다른 산업의 잣대를 일방적으로 방송에 적용했을 때, '공익성' 등 가치를 잃을 수도 있다는 점을 지적하며 조심스러운 입장이었다. 통합법으로 나아가기 전 과도기적 법으로써 방송법과 IPTV법을 통합해 나가는 방안도 제시됐다(권오상 외, 2008, p.101).

결국, 방통위는 통합법 추진 과정에서 이상과 같은 내·외적 한계로 인해, 2010년부터 방송통신 통합법 추진을 보류하고 통합방송법(방송법과 IPTV법 통합) 제정으로 방향을 선회하게 되었다. 통합방송법 제정 작업 역시 순탄치 않았다. 왜냐하면 박근혜 정부 출범으로 방통위가 지상파 방송을, 미래부가 IPTV를 포함한 유료 방송매체와 PP를 관장하게 되면서, 양 부처 간의 협의가 원만하게 이루어지지 않았기 때문이다. 이 결과, 통합 방송법 제정도 지체되어 2015년 7월 제정하는 것으로 미루어졌다. 그렇지만, 통합 방송법 제정은 2010년 후반에도 이루어지지 않아 2020년대로 넘어갔다.

6. 종합편성채널 정책

2005년 구 방송위원회는 PP제도개선위원회에서 지상파 방송사업자를 견제할 수 있는 대안으로 종합편성채널(이하, 종편)을 검토하기 시작했으나, 당시 사업성이 낮은 것으로 평가됨으로써 종합편성채널사업자 도입은 무산되었다.

2008년 방송통신위원회가 설립된 후, 케이블 방송의 지상파 의존도가 높아지는 것이 콘텐츠 진흥 차원에서 문제가 된다고 판단, 새로운 지상파 허가가 현실적으로 힘든 만큼 역으로 유료 방송 시장에 지상파에

견줄 만한 채널을 도입하는 쪽으로 정책을 선회했다. 2009년 7월 26일 방통위원장이 기자회견을 통해 8월 중 종편채널과 보도전문채널 도입에 대한 방안을 마련하겠다고 발표했다.

2009년 7월 28일 국가적 논란 속에 '방송법', '신문 등의 진흥에 관한 법률', '인터넷멀티미디어방송사업법' 등이 개정되었다. 이명박 정부의 미디어법 제정, 특히 그 중에서도 신문의 종합편성채널 허용은 보수 정권이 일반적으로 추진하는 미디어 정책이며 진보 정당들이 반대하는 미디어 정책이었다. 2009년 10월 29일 미디어법에 대한 헌법재판소의 합헌 결정으로 법적 효력이 발생되었다. 개정 미디어 관계법 중 크게 논란이 되었던 방송법 개정 내용은 이종 매체, 특히 신문과 방송의 교차 소유 허용과 대기업의 보도 시장 진입 허용이었다. 그동안 금지되었던 지상파 참여가 신문 기업은 물론 대기업이 10% 이내로 참여할 수 있도록 허용되었고, 종합편성채널 및 보도전문채널의 경우에도 대기업과 신문 기업의 지분 참여가 30%까지 확대되었다.

2010년 5월 18일 방통위는 종편 선정 로드맵을 발표했다. 2010년 9월 17일 방통위는 기본 심사 계획안을 의결하였고, 이어 11월 10일 세부 심사계획안 의결 및 사업자 공고를 했다.

2010년 12월 31일 방송통신위원회는 〈중앙일보〉, 〈조선일보〉, 〈동아일보〉, 〈매일경제〉 등 4개 일간지 컨소시엄을 종합편성채널사업자로 선정했다. 수많은 정치적 논란과 함께, 많은 미디어 전문가들이 국내 미디어 시장 상황을 고려할 때 적정한 종편 사업자의 수를 1~2개로 평가했으나 4개의 사업자가 선정되면서 국내 미디어 시장은 대변화를 예고했다. 4개의 종합편성채널사업자가 선정되면서 방송 시장의 레드오션(red ocean)화를 우려하는 목소리가 높았다. 종편은 2011년 12월 1일 방송을 시작했다.

신문사의 종편채널 진출에 대해 수많은 사회적 논란이 있었는데 찬성하는 이유를 정리해 보면, 다음과 같았다(권만우, 2010).

> ① 디지털 기술의 발달로 인한 미디어 융합 시대에 겸영을 금지하는 것은 맞지 않다.
> ② 겸영을 허용하지 않을 경우 오히려 지상파 독과점으로 인해 신문 시장이 위축되어 여론의 균형을 잃을 수 있다.
> ③ 미디어 산업의 경쟁력(특히 국제적)을 강화하기 위해서는 대자본이 필요하다.
> ④ 사전 영향 평가와 사후 규제 조치를 통해 충분히 공공성을 유지할 수 있다.

한편, 반대 이유는 다음과 같았다.

> ① 거대 자본에 방송이 예속될 가능성이 높다.
> ② 조·중·동과 같은 메이저 신문의 독과점 현상이 더욱 심해지면서 언론의 다양성이 침해된다.
> ③ 공공성을 가져야 할 언론의 기능을 경제적 논리로만 보아서는 안 된다.
> ④ 대기업과 신문 자본이 결탁할 경우 재벌에 대한 언론의 감시 기능을 위축시킬 수 있다.

이 외에도, 다음과 같은 부정적 견해도 있었다; 수신료의 수익 비중이 높지 않은 국내 방송 시장 환경에서 방송사업자의 수입은 광고 시장 규모에 절대적으로 영향을 받게 된다. 방송 사업자 수가 늘어난 만큼 광고 시장 규모가 동반 성장한다면 방송 시장에 참여한 사업자들도 예상했던 각자의 몫을 차지할 수 있을 것이다. 하지만 국내 광고 시장의 성장 추이를 살펴보면 광고 시장이 비약적으로 성장할 수 있는 가능성은 크지 않아 보인다(도준호, 2011, pp.40~45).

종편은 사업자 선정 과정에서도 정치적 결정이라는 비판과 함께 많은 잡음이 있었고, 원래 종편 도입의 주요한 취지 중 하나가 국제 경쟁력 강화였는데, 이러한 취지는 종편 사업자 허가 과정에서 많이 사라졌다. 정치적으로 결정하다 보니 국제 경쟁력 강화는 멀어지고, 사업자들 간의 과당 경쟁만 부추기는 결과를 초래했다.

특히 보도의 다양성은 종편채널의 도입과 관련하여 가장 많은 논란을 일으켰다. 종편채널이 개국하여 방송 뉴스의 다채널화가 이루어졌지만 종편채널에 대한 평가는 상반적이다. 보도에 있어 다양한 방식의 보도 프로그램이 편성되어 뉴스 시청 동기와 충족 요인을 다양화시켰다는 긍정적인 평가가 있으나 상업 저널리즘의 추구로 인해 편파적이고 선정적인 뉴스를 양산했다는 부정적 평가도 있다. 종편채널로 인해 방송 시장에서 제한적이지만 보도의 다양성이 증가한 것으로 나타났다(조은영·유세경, 2014, pp.433~508).

1) 종합편성채널에 대한 특혜 논란

전국 현직 기자 250명을 대상으로 2011년 12월 정부 언론 정책에 대해 조사한 결과, 새로운 언론 환경 변화에 대처하는 정부의 언론 정책에 대해 부정적인 평가를 내렸다(〈아시아투데이〉, 2011. 12. 5.). 응답자의 과반수인 55.6%(250명 중 139명)는 "못하는 편"이라고 했고, 35.2%는 "매우 못하고 있다"고 답했다. 무려 90.8%가 부정적으로 평가했다. 반면 긍정적인 응답은 9.2%에 불과했다. "잘하고 있다"는 응답은 1명(0.4%)에 불과했다.

가장 잘못한 언론 정책으로는 "종합편성채널 신규 사업자 허가"(41.2%)가 꼽혔고, "기사 보도 외압 논란"(26%), "언론사 언론기관 인사 논란"(20.8%), "KBS 수신료 인상"(5.6%) 순으로 나타났다. 종편 개국에 따른 긍정적인 면으로는 "다양한 볼거리와 알 권리 충족"이 40.7%를 차지했고, "다양한 여론 형성", "일자리 창출"이 각각 24.7%로 같게 나왔다. 종편 개국에 따른 부정적인 면으로는 "방송의 상업성 심화"(39.5%)에 이어 "보수 여론의 획일화"(28.1%), "중소 신문 및 방송사 몰락"(15.5%) 순으로 나타났다. 종편에 대한 각종 특혜는 최시중 위원장이 직접 나서 추진하면서 많은 비판을 받았다. 종편채널에 대한 특혜는 다음과 같았다.

〈표 5-13〉 종편 채널 각종 특혜

<table>
<tr><td colspan="2">의무 전송</td><td>케이블, 위성방송 전송 방송법 시행령에 명시
(지상파는 KBS 1과 EBS)</td></tr>
<tr><td rowspan="3">광고 특혜</td><td>중간 광고</td><td>허용(지상파는 불허)</td></tr>
<tr><td>광고 시간</td><td>프로그램 시간의 12% 가능(지상파는 10%)</td></tr>
<tr><td>공익 광고</td><td>월간 전체 방송 시간의 0.05%이상(지상파는 0.2% 이상)</td></tr>
</table>

광고 특혜	광고 품목	샘물광고 허용(지상파는 금지)
	광고 영업	직접 광고 영업 허용
국내 제작 프로그램 비율		분기별 전체 방송시간의 20~50%(지상파는 60~80%)
심의		지상파에 비해 느슨한 규제
서비스 권역		전국 단일방송(지상파는 지역별 방송 권역)
채널 번호		지상파 인접 낮은 채널 번호 배정
방송 발전 기금		유예(지역 민방 최초 방영 시작 시 5.6%)

4개의 사업자가 선정되면서 시장에 적지 않은 영향을 미치게 되었는데, 특히 광고 시장에 미친 파급 효과는 미리 예견된 것이었다. 글로벌 경제 위기와 기업 실적 부진 등으로 기업 환경이 어려운데도 불구하고, 광고 달라고 떼쓰는 종편에 기업들이 곤혹을 치른다는 비판이 쏟아졌다. 시청률대로라면 지상파 단가의 10%가 적정한데 70%나 요구한다는 것이다. 광고 액수 책정의 근거도 없이, 시청률 1%도 안 되는 방송들이 1년 광고료로 1000억 원 이상 책정한 것이 문제라는 것이다. 지상파의 평균 시청률은 약 6% 정도이고, 종편은 잘 나와야 1% 안팎인데, 시청률 감안 시 종편의 적정 광고 단가는 지상파의 10~20% 수준으로 보았다.

종편 혜택은 지상파보다 많이 받고 책임은 지상파보다 가볍게 부담하는 문제점들이 지적되었다. 첫째, 종편 콘텐츠를 의무적으로 방송하게 하는 것은 대표적인 특혜로 지적받았다. 종합유선방송사업자와 위성방송사업자가 의무적으로 전송해야 하는 방송은 KBS1, EBS, 공익, 종교, 지역채널 등이었다. 종편의 의무 재전송 조항이 시행령에 포함된 것은 2001년이다. 케이블 TV가 채널을 편성할 때 오락뿐만 아니라, 보도, 교양 등의 채널을 넣어 공익성과 다양성이 구현되도록 하라는 취지였다.

KBS 2, MBC, SBS는 무료 보편 서비스인 지상파 방송이지만 의무 재전송 대상이 아니기에 형평성 시비가 일었다.

둘째, 황금 주파수 대역 채널 배정도 문제가 되었다. 종편 사업자들은 전국 동일 채널을 요구하면서, 황금채널을 요구했다. 종편은 당초 원했던 황금채널(5, 8, 10, 12)을 받지는 못했으나 케이블 TV사업자들과 협상 끝에 14~20번의 낮은 채널을 받았다. 지상파와 인접한 채널일수록 시청률이 높고, 시청률 상승은 광고 수익 증대로 이어진다. 종편채널의 지상파 인접 채널 배정과 관련해서 최시중 방통위원장이 2010년 국감에서 "종편 채널이 70~80번대 채널에서 외톨이로 있으면 안 된다. 행정지도 차원에서 시청자 편익을 위해 효율적인 채널 관리가 가능하도록 할 것"이라고 밝혔다.

기존 채널 사업자들은 유료 방송 플랫폼 중 가장 가입자가 많은 케이블 아날로그 방송이지만 아날로그 채널은 겨우 70개에 불과하다면서 반발했다. 이 중에서 지상파와 홈쇼핑, 의무 전송 채널인 공익채널 사업자가 쓸 수 있는 번호는 10~20개에 불과한데, 100여 개 채널 사업자가 10개 남짓한 채널을 두고 경쟁해야 하는 처지에 종편까지 끼어들면서 기존 사업자 중 4개사가 추가로 밀려날 수밖에 없다는 것이다.

특히, 개별 PP들의 불만이 컸다. 종편은 콘텐츠의 품질을 아직 검증받지 않았는데도 낮은 채널을 배정받는다면서, 십수 년간 케이블 발전에 기여한 개별 채널 사업자가 밀려나는 게 당연한 것처럼 여겨지고 있는 현실에 불만을 제기했다. 박성호 개별PP발전연합회장은 "전문 콘텐츠 영역을 구축해 온 개별 채널 사업자들이 설 자리를 잃고 거대 채널만 생존한다면 채널 다양성이 무너질 것"이라고 비판했다.

셋째, 광고 직접 영업도 특혜다. 헌법재판소가 2008년 한국방송광고공사의 판매대행 독점에 대해 헌법불합치 결정을 내린 후 광고대행법안 표류로 광고 시장이 무법지대에 있자, 종편은 직접 판매를 요구했다. 개국 이후 초기 안착이 중요해지면서 종편은 판매 대행사를 통하지 않고 기업과의 직접 협상을 통해 광고를 수주하겠다는 것이었다. 방통위 최 위원장은 직접 나서서 종편의 자율 영업에 대해 지지 입장을 밝혔다(2011. 9. 22. 국회 답변). 미디어렙 정책에 대한 방통위의 입장도 제대로 정리되지 않은 상태에서 종편 편향적인 최 위원장의 언행은 미디어 업계로부터 방통위의 신뢰성을 크게 훼손하게 되는 결과를 초래하게 되었다.

언론, 시민사회 단체들은 종편의 직접 영업이 매체 광고 시장을 혼탁하게 만들 것이라며 우려했다. 종편이 비판적인 기사와 광고를 맞바꾸는 방식으로 영업하며 시장 질서를 해칠 것으로 예상되기 때문이었다. 신문, 잡지, 지역 민영방송, 종교 방송 등 중소 언론사는 종편의 등장으로 광고 매출이 급감해 경영에 적잖은 타격을 입을 것으로 전망되었다.

넷째, 종편은 지상파 방송과는 달리 편성 규제에서 지상파보다 자유롭다. 지상파는 분기별 전체 방송 시간의 60~80%에 국내 제작 프로그램을 편성해야 한다. 종편은 편성 비율이 20~50%에 그친다. 외주 제작 프로그램 편성 비율도 지상파는 4~40%이지만 종편은 관련 규정이 없다.

지상파는 전체 방송 시간의 0.2% 이상을 공익광고에 할애해야 한다. 반면 종편은 월간 전체 방송 시간의 0.05% 이상이다. 종편은 그만큼 상업 광고 방송 시간을 더 확보할 수 있게 된 것이다.

다섯째, 방송통신발전기본법을 보면 방송 사업자는 방송 광고 매출액의 6% 이내에서 방송발전기금 분담금을 내야 한다. 그러나 방통위는 종편의 발전기금 분담금 징수를 유예했다. 개국 초기 종편이 시장에 안착할 수 있도록 분담금 납부 의무를 덜어주겠다는 의도였다. 언론, 시민사회 단체는 발전기금 유예 조치가 방송 정책의 일관성을 저해하는 데다 방송으로서 이행해야 할 공적 책무를 종편에만 면제해주는 것이라면서 방통위를 비판했다.

2) 종합편성채널의 성장

종합편성채널 4개사의 시청률은 최초 시장 진입 이후 꾸준히 증가해 2013년 말에는 4개 채널 모두 월평균 시청률 1% 내외에 도달했고, 이후에도 지속적인 증가세를 유지해 왔다. MBN의 시청률은 최초 시장 진입 시점인 2011년 12월 기준 시청률 0.32%에서 2017년 12월에는 1.65%로 증가, 같은 기간 JTBC의 시청률은 0.40%에서 1.46%로 증가, 채널A의 시청률은 0.30%에서 1.19%로 증가, TV조선의 시청률은 0.25%에서 1.00%로 증가하였다.

2014년까지 종합편성 PP에는 종합편성 단일채널(JTBC, 채널A, MBN, TV조선)만 포함되어 있었으나, 2015년도부터 채널A PP, MBN PP, TV조선 PP는 복수채널을 운영하기 시작하였다.

종합편성 PP 4개사(계열 PP 제외)의 방송사업매출액 전체 규모는 2018년 기준 8,018억 원으로 전년 대비 10.3% 늘어나 전반적인 증가 추세를 유지(전년도 증가율 23.8%)했으나, 매출액 성장 속도는 다소 둔화한 상태이다.

종합편성 PP별 방송사업매출액 규모는 JTBC PP 3,478억 원으로 가장 크고, 이어서 TV조선 PP 1,537억 원, 채널A PP 1,526억 원, MBN PP

1,478억 원으로 각각 전년 대비 11.8%(JTBC PP), 8.4%(TV조선 PP), 9.4%(채널A PP), 9.5%(MBN PP) 증가한 것으로 나타났다.

〈그림 5-4〉 종합편성 PP 방송사업매출액 변동 추세

(단위: 억 원)

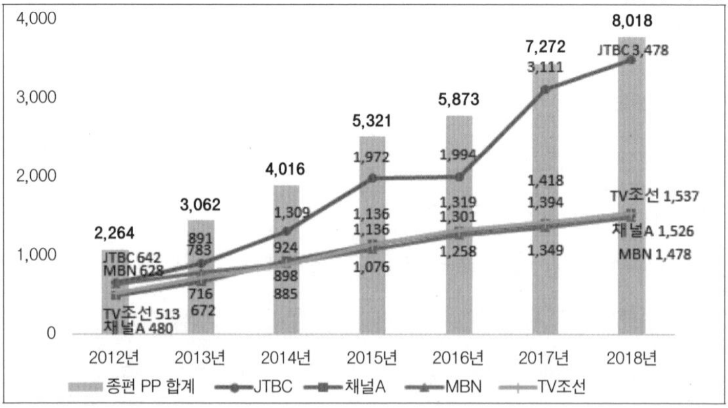

주: JTBC PP, TV조선 PP, 채널A PP, MBN PP는 계열 PP를 포함하지 않은 단일 PP

출처 : 방송통신위원회(2019), 〈2019 방송시장경쟁상황평가보고서〉, p.395

종합편성채널 4개의 시청률은 최초 시장 진입 이후 꾸준히 증가해왔다. 2013년 말에는 4개 채널 모두 월평균 시청률 1% 내외에 도달했고, 이후에도 지속적인 증가세를 유지하였다. MBN의 시청률은 최초 시장 진입 시점인 2011년 12월 기준 시청률 0.32%에서 2019년 12월에는 1.47%로 증가하였다. 같은 기간 JTBC의 시청률은 0.40%에서 1.14%, TV조선의 시청률은 0.25%에서 1.41%, 채널A의 시청률은 0.30%에서 1.02%로 각각 증가하였다.

〈그림 5-5〉 종합편성채널 시청률 추이

(단위: %)

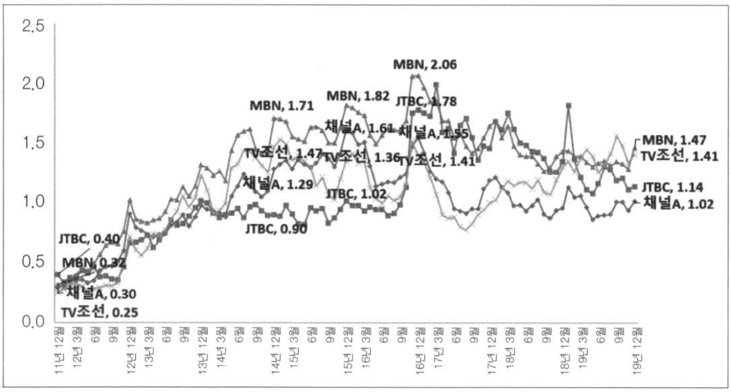

주: 유료방송채널의 시청률은 닐슨컴퍼니코리아에서 집계하는 전국 24시간 기준 가구시청률

자료: 닐슨컴퍼니코리아

출처 : 방송통신위원회(2019), 〈2019 방송시장경쟁상황평가보고서〉, p.397

〈그림 5-6〉 종합편성채널 및 주요 유료방송채널 시청률 추이

(단위: %)

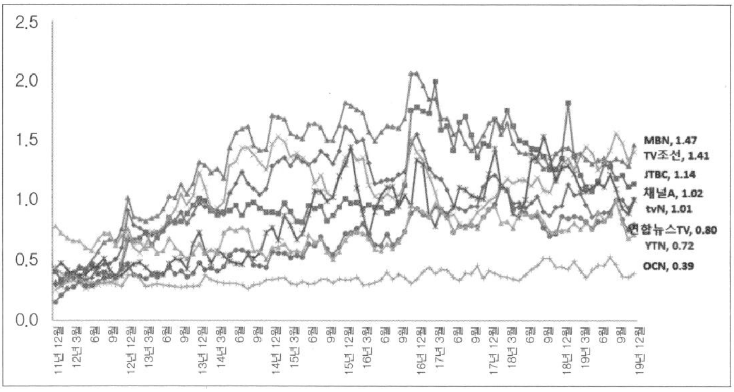

주: 1) 유료방송채널의 시청률은 닐슨컴퍼니코리아에서 집계하는 전국 24시간 기준 가구시청률

2) 종합편성채널을 제외한 유료방송채널 시청률 상위 4개 채널은 2018년 순의 기준

출처 : 방송통신위원회(2019), 〈2019 방송시장경쟁상황평가보고서〉, p.398

종합편성채널과 지상파방송채널 간 시청률 격차는 상당하나, 유료

방송채널 중에서는 종합편성채널 4개가 최상위 시청률을 기록하였다. MBN과 TV조선이 시청률 1위와 2위를 기록, JTBC와 채널A가 각각 3위와 4위를 기록해 종합편성채널 4개사가 유료방송채널 중에서 가장 높은 시청률을 올리고 있는 것으로 나타났다(2019년 12월 평균 가구 시청률 기준). 이어 tvN이 바로 뒤따르고 있으며 케이블TV 초기부터 방송을 시작했던 YTN은 후발 주자인 연합뉴스TV에도 밀려났다.

종편 채널 4사의 방송 매출 역시 매년 꾸준히 증가해 왔다. 방송 매출은 2014년 4,016억 원에서 2018년에는 약 두 배가량 증가한 8,018억 원으로 매출이 두배로 증가하는데 불과 4년밖에 걸리지 않았다. 영업 손익도 2017년에는 흑자로 돌아섰다. JTBC는 2017년부터 흑자로 전환되었으며, 나머지 종편 3사 모두 적자의 폭도 크게 감소하고 있다. 종편 채널들의 방송매출은 2017년 대비 746억 원(10.3%) 증가한 8,018억 원, 영업이익은 2017년 대비 143억 원(△96.5%) 감소한 5억 원으로 나타났다.

〈표 5-14〉 종편PP의 방송사업매출 및 영업손익 현황('14년~'18년)

(단위 : 억 원)

구분		14년	15년	16년	17년	18년
㈜매일방송	방송매출	898	1076	1258	1349	1478
	영업손익	-165	-67	83	133	-35
㈜제이티비씨	방송매출	1309	1972	1994	3111	3478
	영업손익	-861	-564	-534	99	129
㈜조선방송	방송매출	885	1136	1319	1418	1537
	영업손익	-122	45	77	-3	-10
㈜채널에이	방송매출	924	1136	1301	1394	1526
	영업손익	-138	-9	-17	-80	-78

계	방송매출	4016	5321	5873	7272	8018
	영업손익	-1286	-595	-392	148	5

출처 : 방송통신위원회(2019), <2018년도 방송사업자 재산상황 공표집>, p.36

방송통신위원회는 2019년 종편 PP 규제 합리화 방안을 발표하였다. 종편PP의 매출 및 시청률 증가 등 환경 변화를 고려하여 비대칭 규제를 개선하고 규제 합리성을 제고하겠다는 것이다. 주요 내용으로는 종편PP를 유료방송 의무송출 대상에서 제외하는 내용의 시행령 개정을 추진하겠다는 내용이다. 이를 위해 과기정통부에 협조를 구하겠다고 하였다. 이미 종편채널들은 유료방송채널들 가운데서 시청률이 아주 높은 채널들이기에 의무송출 대상에서 제외한다고 해도 큰 영향력을 미치지는 않을 것으로 예상된다.

아울러, 종편 PP에 대해 전체 방송시간의 35% 이내의 외주제작 편성 의무 적용 및 분담금 징수율을 합리적으로 개선하겠다고 대통령 업무 보고를 하였다.[68]

68 방송통신위원회(2019. 3. 8.), "방송통신위원회 2019년 주요업무 추진계획", p.12

7. 대외 개방 정책

세계무역기구(WTO)의 1995년 출범을 전후하여 자유무역협정(FTA: Free Trade Agreement)의 적용 범위도 크게 확대되어 대상 범위가 점차 넓어졌다. 미국은 1990년대 초반부터 우리나라의 방송 시청각 서비스 시장의 개방을 요구해 왔다. 우리나라는 WTO 서비스 협정(GATS)에서 영화 및 비디오 제작 및 배급 서비스 2개 분야에 대해서 양허하였으나, 케이블 TV 프로그램 공급업은 양허에서 제외한 바 있다(WTO, 1994, p.19; 외교통상부, 1999, p.67; 왕상한, 2002, p.29에서 재인용).

세계 교역 질서는 다자주의(multilateralism)에서 지역주의 또는 양자주의(regionalism or bilateralism)로 전환하였다(강하연, 2012, p.2). FTA는 WTO보다 높은 수준의 서비스 교역 자유화를 추구하고 있다. 2014년 중국과의 FTA가 타결되면서 우리나라의 FTA 상대국은 50개 국가로 늘어났다. 한중 FTA는 우리나라가 체결한 13번째 FTA이다. 50개 나라와 체결한 FTA 중에 EU와 아세안 등 개별국이 아닌 국가 연합체 단위로 맺은 FTA가 포함돼 있기 때문에 횟수로 따지면 13번째가 된다. 50개 국가의 GDP 총합은 전 세계 GDP의 73.2%에 달하였다. 이에 따라 우리나라는 칠레(85.1%)와 페루(78.0%)에 이어 세계 3위의 경제 영토를 보유한 국가로 올라섰다. 중국을 제외하면 세계 GDP의 61%였던 우리의 경제 영토가 한중 FTA 협상 타결을 통해 급속도로 확장된 셈이다. GDP가 9조 2400억 달러로, 세계 GDP의 12%를 차지하는 중국과의 FTA는 주요 거대 경제권을 모두 우리나라의 FTA 네트워크 안에 편입시켰다는 의미도 지닌다. 미국과 EU에 이어 중국까지 세계 3개 경제권을 우리나라의 경제 영토로 삼게 된 것이다. 미국, EU, 아세안 모두와 FTA 협상을 타결한 유일한 아시아 국가다. 2014년 우리나라의 전체 교역 중에서 FTA 체결국과의 교역 비중은 62.4%에 이르게 됐다.

우리나라와 칠레(2004) FTA 협정 발효를 시작으로, 싱가포르(2006), EFTA(2006, 유럽자유무역연합), ASEAN(2007), 인도(2010), EU(2011), 페루(2011), 콜롬비아(2013서명), 터키(2013), 호주(2013 타결 선언), 미국(2015), 중국(2014 타결 선언)과의 협정이 발효되었다. 인도네시아(2012 협상 개시), 베트남(2012 협상 개시), 한·중·일(2013 협상 개시), RCEP(2013 협상 개시, ASEAN 10개국과 한·중·일, 호주, 인도, 뉴질랜드 등 16개국의 역내 무역 자유화를 위한 협정으로 다자간 자유무역협정), 캐나다(2005 협상 개시), 뉴질랜드(2009 협상 개시), 일본(2003 협상 개시), 멕시코(2006 협상 개시), GCC(2008 협상 개시, 걸프협력회의)와도 협상이 이어졌다(강하연 외, 2013, pp.18~19).

미디어 산업에서 압도적 경쟁 우위를 가진 미국을 제외한 대부분 국가들은 방송을 포함한 문화 산업의 시장 개방에는 소극적이다. 대부분의 FTA에서는 방송 분야가 협상 의제에서 제외(한-EU, 한-인도 등)되거나, 기존 국내법 수준(한-칠레, 한-페루)으로 유지되었다. 미국과의 FTA에서는 방송쿼터 규제를 일부 완화하고 PP에 대한 외국인 의제 조항 적용 면제(즉 간접투자 100% 허용) 등 국내법 수준 이상으로 방송 시장을 개방했다. 대부분의 국가는 방송 프로그램의 쿼터제를 운영하고 있기 때문에 이를 우회하기 위하여 우리나라는 FTA 차원의 공동제작 협정 체결을 유도하는 방향으로 협상을 진행했다. 대부분 국가에서 우리 측의 공동제작 협정 제안을 문화협력 차원에서 수용(한-EU 및 한-인도 등)했다. 공동 제작한 방송프로그램은 상호 자국물로 인정됨으로써 쿼터 규제에서 벗어날 수 있다. 한편, 한-미 FTA에서는 공동제작 협정을 체결하지 않았다(강하연, 2012, op. cit., pp.12~13).

한-EU 협상에서 방송 분야는 EU 측 요청에 따라 FTA 협상 대상에서 제외됐으나, 시청각물 공동 제작 관련 문화 협력 의정서는 FTA에 포함되었다. 이에 따라 한-EU FTA 발효 시 EU 27개 회원국과 공동 제작된 방송 콘텐츠는 한국과 EU 역내에서 상호 국내물로 인정받게 되었다. 한-EU 공동제작물은 EU 27개 회원국의 국내물로 취급되어 해당 시장 진출에 매우 용이할 것으로 예상되나, 그동안 공동 제작물의 성과가 다큐멘터리 등 시장성이 그리 크지 않은 분야에서만 이루어졌다(강하연 외, 2013, op.cit., p.17).

1) 한미 FTA의 협상 내용과 법제 정비

2006년 6월 5일부터 워싱턴에서 시작된 한미 FTA 협상이 2007년 4월 2일 제2차 한미 FTA 고위급 협상에서 타결되었다.[69] 미국은 뛰어난 제작 및 배급 기술과 막대한 자본을 바탕으로 영화, 방송 분야를 중심으로 세계 시청각 서비스 시장의 40% 이상을 점유하고 있는 가운데 자유무역을 공격적으로 추진해 왔다. 한미 FTA에서 미디어 시장 개방의 핵심 요구 사항은 다음과 같았다.

- 외국 방송 재송신 채널의 우리말 더빙 및 국내 광고 허용

69 방송위원회(2007. 4. 23.), 〈한미 FTA 방송분야 협상 결과〉, 미간행 국회 보고 자료

- PP에 대한 외국인 지분 제한(직접투자 49%) 철폐
- 국내 제작 영화·애니메이션·대중음악 편성 쿼터 철폐
- 수입물 중 1개 국가 제작 프로그램 쿼터 철폐
- 방송 관련 규제 사항 전체 현행 유보 기재

특히, 국내에서는 융합 서비스를 방송이냐 혹은 통신이냐를 놓고 그 정의에 논란이 있었지만, 미국은 부가서비스임을 분명히 하고 개방을 요구했다. 협상 결과, 최종적으로 합의한 주요 내용은 다음과 같았다.

〈한미 FTA 합의 내용〉

- PP에 대한 외국인 투자 제한 관련, 외국 자본이 50%를 초과하거나 외국인이 최대주주인 국내 법인에 대한 외국인 의제 배제
  * 보도·종합편성·홈쇼핑 PP: 현행 유지
  * 적용 시점: 협정 발효일부터 3년 후
- 비지상파(PP 위성 SO) 부문 국제 제작 영화 애니메이션 편성 쿼터 완화
  * 국내 제작 영화(현행 25% → 20%)
  * 국내 제작 애니메이션(현행 35% → 30%)
- 수입 방송물에 대한 1개 국가 편성 쿼터 완화
  수입 영화, 애니메이션 및 대중음악(현행 60% → 80%)
- 방송 관련 규제 사항을 현행 유보와 미래 유보로 구분

정부는 한미 FTA의 전면 시행을 앞둔 2014년 7월 29일 PP에 대한

외국인 간접투자 제한을 완화하는 방송법 및 IPTV법 개정안을 의결했다. 개정 방송법과 IPTV법은 한미 FTA 조항에 따라 FTA 체결 상대국의 외국인(정부·단체 포함)이 100분의 50을 초과해 지분을 소유하고 있는 국내 법인은 PP 또는 IPTV 콘텐츠 사업자의 지분을 제한 없이 소유할 수 있도록 했다. 지금까지 외국 자본은 우리나라 PP의 49%를 넘을 수 없었다. 하지만 직접투자는 여전히 49% 제한을 유지하며, 종편·보도·홈쇼핑 등 승인 PP는 제외되었다.[70]

2) FTA의 국내 방송 시장 영향

(1) 한미 FTA의 영향

2015년 3월 15일, 지난 3년간 유예됐던 한미 FTA 협정이 발효되었다. 미디어 업계에서는 인기 있는 미국 콘텐츠와 직접 경쟁 환경이 조성돼 국내 콘텐츠 제작 경쟁력이 제고될 것이라는 기대감과 함께, 해외 거대 자본에 국내 방송 시장이 종속될 것이라는 우려를 나타냈다. 전체 외국물 중 90%를 미국에서 조달하는데, 이들이 국내에서 콘텐츠를 직접 방영할 수 있는 여건이 마련된다면 일반 PP의 콘텐츠 수급 비용 증가가 불가피하기 때문이었다. 미국 PP로 광고 재원이 이탈한다거나 유료 방송 수신료 배분이 늘어날 가능성도 간과할 수 없었다. 다만 폭스(FOX Channel)나 디스커버리(Discovery Channel), 디즈니(Disney Channel) 등 미국의 메이저 PP들이 이미 국내 시장에 들어와 있다는 점은 이 같은

70 미디어미래연구소 대한민국 유료 방송 50년사 편찬위원회편(2015), op.cit., p.305

우려를 다소 완화시켰다. PP 분야에 외국인 간접투자가 100%까지 허용되고, 국내물 편성 쿼터 일부가 완화됨으로써 중소 PP 또는 독립제작사 등이 영향을 받을 것으로 예상됐다.

개방 효과에 대해서는 찬반이 엇갈렸다. 한국케이블TV방송협회는 "대다수의 유명 미디어 기업이 국내 진출을 완료한 상황으로 FTA 발효가 급변을 야기하지는 않을 것"이라며 "아직까지 국내에서는 유료 방송 플랫폼의 영향력이 더 큰 것도 무시할 수 없다"라고 전망했다. 국내 유료 방송 시장 규모가 상대적으로 영세하다는 점도 FTA의 즉각적인 영향이 제한적일 것이란 시각을 뒷받침했다. 미국의 경우 PP의 주 수입원은 광고가 아닌 수신료인데, 국내는 대부분이 광고에 의존하고 있고 그마저도 점차 줄어들고 있는 상황이었다. 미국이 우리나라의 방송 시장 개방을 매력적으로 볼지도 의문이었다. 수익률이나 수익 규모 자체가 아주 높지는 않기 때문이었다. 호주나 유럽 일부 국가와는 달리 우리나라는 자국의 콘텐츠가 인기 있는 나라 중 하나이기에, 미국 자본이 국내 시장만을 겨냥해 직접적으로 들어올 가능성이 적다는 전망도 가능하였다.

한편, 수입 영화·애니메이션·대중음악 등의 편성 비율이 높아지면서 특정 국가 프로그램이 채널을 독식할 우려도 제기되었다. 특히 월트 디즈니·폭스채널·HBO·쇼타임(Show time) 등 다양한 콘텐츠로 무장한 미국 프로그램에 대한 의존도가 심화돼 국내 PP들은 드라마·예능·교양·다큐멘터리 등 분야를 막론하고 큰 타격을 입을 것으로 예상하였다. 이 같은 유료 방송 콘텐츠 시장의 전면 개방으로 지상파 방송 역시 1600만 가입 가구를 보유한 유료 방송 PP와의 경쟁뿐만 아니라 미국계 거대 PP와도 경쟁해야 하면서 국내 방송 콘텐츠 시장은 무한 경쟁 체제

로 돌입했다.[71]

FTA 시장 개방의 경제적 효과에 대한 추정 작업도 이어졌다. 추정 단체마다 차이가 있다. 대외경제정책연구원이 한미 FTA국회특위에 제출한 자료에 따르면, 쿼터 축소로 인한 영화, 애니메이션 콘텐츠의 쿼터 축소 비율은 각각 20%, 14.3%에 달할 것으로 보았다. 그리고 방송 쿼터 축소에 따른 영화, 애니메이션 산업 소득 감소 규모는 2008~2022년까지 연평균 약 36억 7000만 원(실질 가치 26억 9000만 원)으로 추정했다.[72] 방송영상산업진흥원은 방송 쿼터 축소에 따른 피해액 규모는 2005년 구매액 기준으로 영화 산업의 경우 약 21억 3000만 원, 방송 시간 기준으로 애니메이션의 피해액은 약 53억 원으로 예상했다. 1개국 쿼터의 축소로 영화는 미국, 애니메이션은 일본에 편중되어 있는 현실에서 더욱 문화적 다양성이 저해되고 불균형과 편중 현상이 심화될 수 있을 것으로 내다보았다(권호영 · 하윤금, 2007).

(2) 한중 FTA의 영향

2012년 기준 중국은 한국의 최대 수출 및 수입 국가이며 두 번째 큰 규모의 투자 대상 국가였다. 중국은 국가 안보 및 여론 형성에 영향을 미친다는 이유로 방송 분야에서 합작의무, 쿼터제도, 사전 검열, 외국인 지분 소유 한도(49%) 등 시장 진입을 제한했다. WTO 양허안은 비디오 유통, 음반 유통, 영화 상영 서비스 시장만 개방(매년 20건 이하), 외국 기업의 중국 기존 방송 시장 직접 진출은 현실적으로 쉽지 않았다(백

---

71 Ibid. p.306

72 대외경제정책연구원 외 10개 기관(2007. 4. 27.), 〈한미 FTA의 경제적 효과 분석〉, 한미 FTA 국회특위 제출 보고서

준봉 외, 2013, p.8).

한중 FTA는 2012년 5월 1차 회담을 시작으로 단계별 협상을 진행했으며, 2013년 6월 한중 정상회담을 계기로 본격화되어 2014년 11월 10일 APEC 각료회의에서 한중 정상회담을 통해 한중 FTA 협상 실질 타결 선언을 발표했다. 중국은 자국 문화 보호 및 정체성 훼손 등을 이유로 방송 분야를 협상 대상에서 제외했다. 그러나 2014년 9월 13차 협상에서 방송에 대한 개방 대신 방송 콘텐츠 공동제작협정 협상을 재추진하기로 합의했다. 2014년 11월 발표된 한중 FTA 합의안에서는 방송에 대해 공동제작협정의 추진 방향에 대한 합의를 발표했는데, 중국 측은 공동 제작 시 자국법에 따라 하고, TV 드라마, 애니메이션에 대해 공동제작협정에 협의 또는 고려하는 데 동의했다. 한국 FTA 방송 분야 합의안은 '공동 제작' 한 가지 이슈로 귀결됐다.

방송 분야 한중 합의안

제1항: 당사국은 당사국 간 TV 드라마, 다큐멘터리 및 애니메이션 공동 제작을 권고한다. 공동 제작은 당사국의 국내법 및 규정에 의거하여 진행되어야 한다.

제 2항: 당사국은 TV 드라마와 애니메이션에 관한 공동 제작 협정을 고려, 당사국의 국내법 및 규정에 따라 협상을 진행하는 데 동의한다.

주) 중국은 2004년 9월 21일 광전총국이 공표한 '중외 합작 제작 드라마 관리 규정'(광전총국령 제41호)에 따른다. 한국은 방송법을 따른다.

한중 양국은 공동 제작 시, 당사국 국내법을 따르고 TV 드라마, 애니메이션에 대한 공동제작협정을 마련하는 데 동의했다. 이때 중국 내 적용 규정은 '중외 합작 제작 드라마 관리 규정'이다. '중외 합작 제작 드라마 관리 규정'은 중외 합작 제작 드라마의 3개 형식을 규정한다(제5조).

① 연합 제작: 공동 투자, 주요 인력 공동 파견, 이익 및 위험의 공유

② 협력 제작

- 한국: 출자, 인력 제공, 중국 내 전부 또는 일부 촬영
- 중국: 용역, 장비, 기자재, 촬영 현장 제공·협조

③ 위탁 제작: 한국 출자, 중국 제작

하지만 중국이 규정하는 합작 3형식은 현행 한중 콘텐츠 거래 양상에 맞지 않아 편법 적용이 불가피할 것으로 예상되었다. 현재 중국은 자본, 한국은 기술을 보유하고 있다. 따라서 서로가 원하는 것은 중국 출자, 한국 제작으로 오히려 중국이 규정한 위탁 제작의 반대 상황이다. 복수의 중국 방송 관계자와 면담 결과, 중국 측은 저작권 소유 욕구가 강하고 이익을 공유하려는 생각이 전혀 없었다. 당시로써는 기술 이전을 포함한 제작 도급의 형식을 고집하고 있었다. 이 규정대로라면 이익을 공유하는 연합 제작이나 투입 요소의 방향이 바뀐 위탁 제작은 제외하고, 협력 제작의 형식을 빌려 편법적 사업을 할 것으로 전망되었다.

국내 제작물 인정에 대해서도 드라마는 빠져 있었다. 중국적 특성을 표현의 테마로 하는 합작 애니메이션은 중국 애니메이션으로 취급하여 방송이 가능하다(제18조). 하지만 합작 드라마에 대해서는 국내 제작물

인정 규정이 없었다. 공동 제작이 수입 제작물로 분류, 쿼터 적용을 받게 된다면, FTA나 공동 제작에 대한 유인은 없다고 보았다. 우리나라 입장에서는 불합리한 규정인데도 위반하면 중국 '라디오·TV 관리 조례' 규정에 따라 처벌되고, 범죄 인정 시 형사 처분까지 가능하다(제20조)(신용문, 2015, pp.10~34).

3) FTA 후속 정책

방송의 경우 한류라는 호재에도 불구하고, 효과적인 해외 시장 진출 확대로 이어지고 있지 않다. 우리나라 사업자의 원활한 해외 진출을 지원하기 위하여 FTA의 활용은 매우 중요하다. 해외 진출 애로 사항을 해소하는 데에 정부의 노력이 필요하다. 해당국의 방송 분야에의 시장 진입 제약 요소 및 비관세 장벽들을 조사하여 정부 차원에서 해소하는 등 투명하고 공정한 교역 환경 조성을 위한 노력이 필요하다(강하연 외, 2013, op.cit., p.23).

텔레비전, 영화 등은 많은 자본과 비용이 들기에 다른 나라의 제작 회사들과 공동으로 협력하여 제작하는 추세이다. 따라서 공동 제작물의 유통(국내제작 쿼터 인정 등), 보조금에 대한 접근 및 단기 체류 등에 대한 내국민 대우 부여가 필요하다(강하연 외, 2013, Ibid., p.24).

한미 FTA는 기본적으로 미국계 자본 및 기업이 국내 방송 시장으로의 직접 진입하는 데 반해, 한중 FTA는 직접 진입이 아니라 공동 제작을 통해 제작 부문에 진입 또는 자본이 유입된다는 점에서 차이가 있다. 즉, 한미 FTA는 1차적으로는 유료 방송 PP 시장에 영향을 미칠 수 있으나,

그 영향은 제한적일 수 있다는 분석이 있는 반면, 한중 FTA의 경우에는 영향이 지상파와 제작 시장, 나아가 유료 방송 PP 시장에 중장기에 걸쳐 미치게 되고, 단기적으로는 국내 방송사와 제작사의 중국 진출을 통해 중국이라는 거대 시장에서 새로운 사업 기회를 창출할 수 있으나, 반대로 국내 제작사와 제작 인력이 유출되면서 제작 공동화가 발생할 수 있다. 따라서 중장기적인 측면에서는 한중 FTA가 국내 방송 시장의 전반적인 경쟁력에 영향을 미칠 수 있는 요소가 있어, 한미 FTA보다 더 신중하게 대응 전략을 수립하고 접근할 필요성이 제기되었다(정두남 ·노창희, 2014).

제6부

시장 행위론

1. 유료방송 채널 운영
2. 유료방송 상품 및 가격
3. 방송·통신 결합 상품
4. 수신료 배분 계약 전략
5. 지상파 재전송
6. 경쟁 전략과 불공정 행위
7. 필수 설비 이용을 둘러싼 경쟁

제6부

시장 행위론

지금까지 케이블TV SO나 PP들의 경쟁 제한적 시장 구조가 각각 복점 혹은 완전 경쟁 체제로 전환되고 있음을 살펴보았다. 경쟁 구조로의 이행은 시장 행위에 있어서도 적지 않은 변화를 초래하게 된다.

복점 SO 간에 가입자 확보를 위한 상품 및 가격 경쟁, SO와 PP 간의 프로그램 사용료 계약을 둘러싼 논란, SO와 위성방송 간에 유료 가입자 확보를 위한 가격 경쟁과 지상파방송 재전송을 둔 갈등, 불공정 경쟁 행위, SO와 통신 사업자 간에 필수 설비를 둔 갈등 등이다. 이 장에서는 그동안 뜨거운 쟁점으로 부각되었던 이러한 주제들에 대해 중점적으로 살펴보기로 한다.

1. 유료방송 채널 운영

1) 유료방송의 채널 구성과 운영 특징

방송법에 의하면 케이블TV와 위성방송 사업자가 구성, 운영하는 채널의 다양성을 확보하도록 하여 사업자는 70개 이상의 채널을 구성, 운영해야 한다. 최대 최소 조건이 없어, 최대 70개 이상 제공하는 티어 하나라도 있으면 문제가 없는 것으로 해석되었다. 방송법 속에 케이블TV와 같은 다채널 매체의 특성을 반영하여 이러한 규정을 두었지만, 제정 당시부터 크게 의미가 없을 것으로 예상되었는데, 사문화되었다. 위성방송과 IPTV는 당연히 디지털 방송이기에 그 이상의 채널을 공급하고 있다. 아날로그 케이블TV는 최대 70개 이상의 채널들을 아날로그 시대 때부터 제공해 왔고, 디지털화되면서 당연히 70개 이상의 채널들을 공급하고 있다.

다만, 방송통신위원회가 제시한 방송 프로그램 분야를 모두 포함시켜 구성하도록 규정하고 있는데, 이는 다양한 다채널 서비스를 제공한다는 측면에서 의미가 있다. 채널 구성에서 유료방송 사업자들은 첫째, 여러 유형의 채널들이 포함되도록 편성해야 하며, 둘째, 특정 장르 및 내용에 치중하지 않고 다양한 장르의 내용의 프로그램이 제공되도록 편성할 것을 제도적으로 보장해 놓은 것이다.

상업적 특성이 강한 유료방송은 오락적인 채널만으로 채널을 구성하는 것이 아니라 공공채널, 의무전송 채널, 기본 서비스 채널, 유료서비스 채널, 접근채널, 지역채널을 포함해야 한다. 이중 공공채널, 기본 서비스 채널, 유료서비스 채널, 지상파 의무전송 채널, 홈쇼핑 채널, 종합편성 채널들은 채널 사업자가 공급하는 채널이다. 플랫폼 사업자는 지역채널 및 임대채널, 직접사용채널들을 관리하여 채널을 구성해야 한다.

채널 구성의 다양성을 구현하기 위해 특정 분야로의 편중성을 제도적으로 방지하고 있듯이, 다양한 채널이 상호 보완적 조화를 이루도록 하는 것이 다채널의 유료방송 채널 구성의 기본적 원칙이다. 유료방송의 채널 서비스는 기본 서비스(basic service)와 유료서비스(premium service)로 구분된다.

기본 서비스는 채널 사업자가 제공하는 채널을 비롯하여 지상파방송의 의무 전송 채널, 공공채널, 지역채널, 공공접근채널(PEG) 임대채널(leased channel)을 포함한다. 기본 서비스는 가입자들이 기본 시청료만 지불하면 추가 요금을 받지 않고 시청할 수 있으며 상업광고가 편성된다. 기본 서비스는 공익적 성격의 프로그램을 제공하는 채널과 상업적 채널로 구성된다. 상업적 채널은 편성 내용 유형에 따라 종합편성채널, 뉴스/정보, 종교, 어린이, 스포츠, 교육, 음악, 예술 문화, 영화/드라마, 취미/레저, 만화, 쇼핑 등을 포함한다.

채널 구성에서 의무적으로 제공되는 채널은 다음과 같다.

① 공공채널 : 공공성을 강조하는 채널로서 방송대학채널, 외국인을 위한 아리랑채널, KTV가 있다.

② 의무전송 채널 : 의무전송(must carry) 규정에 따라 지상파 방송 채널(KBS 1과 EBS 채널), 승인받은 종합편성채널, 홈쇼핑 채널

③ 지역 채널 : 지역채널은 케이블TV가 지역독점사업이므로 지

역 밀착화를 위한 정보 및 프로그램을 제공하는 채널이다.

유료서비스는 해당 프로그램 서비스를 시청하기 위해 일정액의 추가 요금을 부담해야 한다. HBO와 같은 영화 채널이나 성인 채널들이 대표적이다. 주로 영화, 성인물, 스포츠와 같이 인기 있고 경쟁력 있는 오락성 프로그램을 제공하며, 이용하는 채널마다 서비스 요금을 따로 지불해야 하고 상업적 광고는 배제된다. 따라서 제공되는 프로그램이 기본 서비스와는 차별된다. 예를 들어, 영화인 경우 보다 최신의 영화나 심의규정이 좀 더 완화된 내용을 제공받을 수 있다.

2) 채널 배치(channel positioning)

유료방송에서 제공되는 채널들은 채널 번호를 지정받아야 하므로 채널 구성에서 채널 배치는 중요하다. 낮은 채널 번호, 특히 지상파 인접 채널과 높은 채널 번호 사이에는 시청률에 영향을 미치고 결국 광고 매출이나 홈쇼핑 매출로 이어진다. 방송법상 플랫폼 사업자들은 소위 채널 편성권이라 하여 채널 지정 권한을 가지고 있다. 수많은 채널들이 제공되고 있어 시청자들은 채널 번호를 모두 기억하기가 쉽지 않다. 채널 선택에서 지핑 재핑(zipping zapping)이 이루어지는 이유이다. 디지털화로 인해 증대되는 채널 용량을 감안하면 채널 번호 배정은 더욱 중요하다.

홈쇼핑 채널이나 종편채널의 등장과 함께 채널 배치 논란이 일어났다. 홈쇼핑 채널들은 지상파 사이나 지상파 인접 채널에 배정되어 있다. 홈쇼핑 채널들이 낮은 번호의 채널을 배정받고 플랫폼 사업자에게 제공하는 홈쇼핑 채널 수수료로 인해 플랫폼 사업자들은 경영상의 도움을 받고 있다. 4개나 되는 종편채널을 승인하면서 방송통신위원회는 정책적으로 지상파 인접 채널을 배정함으로 인해, 기존 PP들은 심한 반발을 하였다. 이러한 정책은 앞서 살펴보았듯이 종편채널들이 조기에 안착하는 데 많은 도움을 주었다.

채널이 갈수록 세분화되고, 증가되는 상황을 고려하여 유사 장르별로 블록으로 채널 번호를 배정할 수 있다. 이는 채널 수가 아주 많거나 유사 장르의 채널들이 많을 경우, 시청자들이 선택을 용이하도록 채널 번호들을 인접 편성하여 블록 배치하는 것이다. 케이블TV의 경우, 홈쇼핑 채널들이 과다하게 편성되어 시청자들로부터 이미지가 좋지 않기에 홈쇼핑 채널들을 블록 편성하라는 요구에 대해 케이블TV 사업자들은 홈쇼핑 송출 수수료 수입이 감소할 것을 염려하여 크게 반발하여 시행에 옮기지는 못하고 있다.

3) 채널 묶음(tiering)

채널 묶음은 유료방송 채널 마케팅의 중요한 전략 중 하나이다. 채널 묶음이란 방송사업자가 인위적으로 채널을 여러 유형으로 묶어 이용자들에게 제공하는 것을 말한다. 유료방송 사업자 입장에서는 요금을 단계적으로 올려가는 전략이다. 사업자의 입장에서는 너무 많은 채널들을 제공하여 이용자들에게 상품을 설명하기가 어렵다. 여러 단계의 채널 묶음을 제공하여 가입자를 보다 많이 확보할 수 있다. 가장 저렴한 채널 묶음부터 가장 고급형 채널 묶음에 이르기까지 다양한 채널 묶음을 구성한다. 가입자들의 입장에서는 가격에 따라, 원하는 채널 상품 종류에 따라 자신들이 원하는 묶음을 선택할 수 있다. 자신들이 원하는 상품을 선택하기에 지불 만족도가 높아지게 된다. 가장 기본적인 채널묶음을 저렴하게 제공하여 가입비의 부담을 덜어줌으로써 가입자를 보다 많이 확보할 수 있다. 국내에서는 중계유선방송에 대응하기 위한 전략으로 저렴한 기본적인 채널 묶음을 제공함으로써 중계유선 가입자들을 종합유선방송으로 전환시키는 데 매우 효과적으로 활용되었다.

채널 묶음은 정확한 원칙이 있는 것이 아니라, 지역의 특성, 방송사업자의 편성 전략, 플랫폼 사업자와 채널사업자 간의 관계, 정부의 정책 등에 따라 차별화된다. 국내에서 제공되는 채널 묶음은 다음과 같다.

① 국민형 채널 묶음 : 최저 수준의 채널 묶음

② 보급형 채널 묶음 : 국민형 채널에 몇 개의 채널을 추가적으로 제공하는 상품

③ 선택형 채널 묶음 : 한 개 채널 또는 채널 묶음 단위로 가격을 결정하여 보급형 채널에 추가하여 비용 지불. 예를 들면, 교양형, 오락형, 교육형 채널 묶음

④ 기본형 채널 : 유료 채널을 제외한 모든 채널들을 수신할 수 있는 채널 묶음

⑤ 알라카트(a la carte) : 원하는 채널들을 선택하여 자신이 선택한 채널 가격을 합산하여 지불

이중 알라카트(a la carte) 방식은 시청자가 자신이 원하는 채널을 선택할 수 있고, 주문형 식단제처럼 자신이 선택한 채널에 대해서만 비

용을 지불하는 방식이다. 시청자 선택을 확대하기 위한 제도이기 때문에 FCC에서는 시청자 복지 증진을 위해 권장하고 있다. 국내에서는 2000년 전후로 티어링 제도가 도입되면서 소수의 회사가 이 제도를 도입하였으나, 수익성이 없고, 복잡한 과금체계 등의 문제로 인해 확산되지 않았다(이상식, 이연, 유승관, 김세은, 2008).

2. 유료방송 상품 및 가격

유료방송 상품은 기술적으로는 크게 아날로그 방송상품과 디지털 방송상품으로 구분될 수 있다. 아날로그 방송상품에는 아날로그 케이블TV가 있고, 디지털 방송상품에는 디지털 케이블TV, 위성방송, IPTV가 있다. 기존 아날로그 케이블TV를 대체 중인 8VSB 케이블TV는 기술적으로는 디지털 전송방식에 속할 수 있으나, 상품시장 획정 시 기술적 요인은 고려사항 중 하나일 뿐, 절대적인 기준이 되지는 못한다.

유료방송 상품의 제공 편익을 ① 화질, ② 실시간 다채널방송, ③ 다시보기(VOD), ④ 양방향 서비스의 4가지로 구분 가능하다. 아날로그 케이블TV는 가격이 저렴하다는 장점을 가지나 실시간 방송만 제공되고, 다시보기나 양방향 서비스는 제공되지 않는다. 또한 화질이나 채널 수 면에서도 디지털방송 상품에 비해 열세가 뚜렷하다. 8VSB 케이블TV는 양방향성이 없고, 채널 수에서도 20~100개 정도로 다소 적으나 HD급 화질 제공이 가능하다. 8VSB 케이블TV는 고화질 서비스 제공은 가능하나 초고화질 제공은 불가능하다. 상품 가격은 3,300~16,000원 수준이다. 유료방송의 4대 제공 편익 기준으로만 판단할 때, 아날로그 케이블TV에 비해 고급 서비스로 볼 수 있으나, 다른 디지털 서비스에 비해서는 저급 서비스로 간주가 가능하다.

〈표 6-1〉 유료방송서비스별 상품 특성 비교

구분	8VSB 케이블TV	디지털 케이블TV	위성	IPTV
화질	HD급	HD급, UHD급		
양방향서비스	불가능	가능	상품별 차이	가능
채널 수	20~100개 수준	100~270개 수준		
상품가격	3,300~16,000원	6,600~27,500원		

주: 상품가격은 8VSB 케이블TV는 무약정, 나머지 디지털 유료방송상품은 3년 약정 시 단품 가격(온라인 특가 제외), IPTV 상품 중 선택형 상품 제외, 케이블 상품 중 저소득층을 대상으로 판매하는 복지형 상품 제외

자료: 각 사업자 및 온라인 판매 홈페이지(2019년 12월)

출처 : 방송통신위원회, 〈2019년 방송시장 경쟁상황 평가 보고서〉, pp.232-233

위성방송은 고화질과 다양한 채널 라인업에서 강점이 있다. 반면, VOD는 서비스 제공에서 다소 제한적이며, 다양한 양방향 서비스 제공에 기술적 한계로 인한 상대적인 제약이 존재한다.

디지털 케이블TV와 IPTV는 제공 기능 면에서 매우 유사한 특성이 있다. 유사점은 초고화질(UHD) 방송, 실시간 다채널 방송, 다시보기, 양방향 서비스 등이 모두 제공된다는 점이다. 한편, 그 차이점으로는 서비스 개시 초기에는 제공 채널 현황, 채널 수, VOD 제공 등에서 두 서비스 간에 다소 차이가 있었으나 소비자들이 인식할 만한 차이가 거의 없다.

유료방송 상품시장의 유사성을 분석한 결과, 실시간 다채널 방송서비스 제공이라는 점에서 유사성이 있으나, 화질, 채널 수, VOD나 양방향 서비스 등 주요 상품속성에서 아날로그 케이블TV, 8VSB 케이블TV, 기

존 디지털 서비스 세 상품군 간에 유의미한 차별성이 존재한다.

3. 방송·통신 결합 상품

(1) 결합 상품의 판매 시작과 정책

유료방송의 경쟁이 심화되면서, 방송 상품에서 통신 상품이 추가적으로 더해졌다. 이러한 상품 구성의 변화는 이후 유료방송계뿐만 아니라 국내 방송 통신 시장에 큰 영향을 미치게 된다. 결합 상품은 가입자 확보에 매우 중요한 요인이 되었기에 보다 자세하게 살펴보기로 한다.

방송·통신 결합 상품 판매가 허용된 것은 2004년부터이다. 하나로텔레콤은 Triple Play Service라 하여, 초고속 인터넷, 인터넷 전화, 종합유선방송을 포함한 서비스를 2004년 8월부터 제공하기 시작하였다. 케이블TV사들 역시 2006년 전화 사업을 위해 허가를 받아, 케이블TV와 초고속인터넷 서비스, 전화 서비스(VoIP)를 결합하여 판매하였다.

2004년 이전까지 당연 위법(illegal per se)으로 전기통신사업법에 따라 지배적 사업자의 결합상품을 제한하였다.[73] 2004년 3월 전기통신사업법 개정으로 원칙적으로 결합판매는 사후 규제로 전환되었다. 사전 규

---

73 구 전기통신사업법 제36조의 3 제2항에 의한 금지행위의 유형과 기준 제22조의 2, 결합판매, 전기통신사업법 시행규칙 제19조의 2 제2항의 규정에 따라 정보통신부장관이 지정한 전기통신사업자는 지정한 전기통신역무를 결합판매해서는 안 됨.

제인 인가제 요금 규제 대상 상품의 결합 서비스의 허가와 관련된 명시적 조항이 갖추어지지 않았다.

방송 분야의 결합상품은 2004년 디지털 케이블의 요금과 관련하여 인터넷 상품과 결합하면서 결합과 할인의 개념이 도입되었다. 2010년 3월 7일, SO가 PP에게 지급하는 프로그램 사용료가 축소되지 않도록 방통위는 결합상품 가이드라인을 제정하였다. SO 결합상품에 대한 이 규제 방안에는 방송통신 할인율은 사업자 자율로 하되, 결합상품 판매 수익은 결합상품을 구성하는 개별상품의 약관요금(공정 가치) 비율대로 배분하여 회계 처리하도록 하였다(정인숙, 2010, p.92). 같은 해 7월에는 SKT가 가족 결합형 상품 중 IPTV를 무료로 이용할 수 있는 상품을 승인 요청하기에 이르렀다.

2006년 11월 24일 통신시장의 요금인가 대상사업자(KT, SKT)에 대한 결합 서비스 제공을 허용하는 방향으로 규제 정책이 전환되었다. 이에 따라 통신 시장에 지배력을 보유한 사업자들의 결합 서비스 제공에 따라 직접 경쟁과 이들 지배적 사업자와 경쟁하기 위한 후발 통신 사업자들의 결합 서비스 제공 증가에 따라 케이블TV SO 역시 직간접적인 영향을 받게 되었다.

구 정보통신부 결합 서비스 허용 방침의 주요 내용은 다음과 같다(한국케이블TV방송협회, 2007, pp.11~12).

① 정책 방향은 지배적 사업자의 요금 할인이 포함된 결합판매를 허용하되, 후발사의 동등 경쟁 여건 보장, 지배력 남용 등에 대한 보완 장치 마련, ② WiBro 등 신규 서비스와 비인가 역무 결합상품의 경우에는 상품 출시 후 경쟁 제한성이 발생하는 경우에만 규제, ③ 향후 시장 상황 추이에 따라 전기통신사업법 등을 개정하여 방송 등 비 통신 부문까

지 결합판매 제도에 포함하는 방안을 추진한다.

구체적인 정책 방안으로는 ① 사전 약관 심사 간소화하며, X% 이내 요금 할인 또는 유보 신고제 검토, ② 후발 사업자의 동등 경쟁 여건 보장을 위해 유사 상품 제공 가능성 심사, 제휴 및 위탁 판매 등 낮은 수준의 동등 접근 의무 부과 및 동등 접근 이행 계획서 제출, ③ 그리고 결합 판매 요금 적정성 심사를 하는데, 원가 절감분에 근거한 요금 할인을 허용한다는 내용을 담고 있다.

국내에서는 오래 전부터 이미 결합 상품 판매를 허용하면서, 후발 사업자의 동등 경쟁 여건 보장을 위해 유사 상품 제공 가능성을 심사하였다. 제휴 및 위탁 판매 등 낮은 수준의 동등 접근 의무를 부과하였다. 동등 접근 이행 계획서를 제출하도록 하는 등 공정 경쟁 여건 조성을 위한 구체적이고, 선진화된 정책 방안을 담고 있었다.

국내 방송·통신 결합 상품 판매는 2007년 정보통신부의 '통신규제 정책 로드맵' 발표를 기점으로 크게 성장하였다. 2007년부터 인가 대상 서비스, 즉 KT의 시내 전화 및 초고속인터넷, SKT의 이동전화 서비스에 대한 결합 판매 및 요금 할인이 허용되었고, 결합상품의 요금 적정성 심사 시 간소화 대상의 기준 할인율은 2007년 10%, 2008년 20%, 2009년 30%로 상향되면서 규제가 완화되었다.

2007년 '통신 규제 정책 로드맵'은 소위 유효 경쟁이 비대칭 규제로 대변되는 기존의 관리형 경쟁 정책에서 탈피하여 경쟁 촉진과 이용자 이익에 더 큰 강조점을 두겠다는 정책 의지가 반영된 것이었다. 이에 상응하여 결합 판매 규제 완화의 취지도 "시장 자율적 요금 인하와 소비자 욕구에 맞는 맞춤형 서비스 개발의 유도"로 제시되었다. 그런데 그 이후 결합상품 규제와 관련하여 논란이 된 것은 바로 요금 할인의 문제였다.

이용자 혜택의 측면을 강조하는 긍정적 시각과 요금 할인이 오히려 경쟁의 질서를 왜곡하므로 다시 규제를 강화해야 한다는 부정적 시각이 대립하게 되었다.

2008년 이명박 정부 들어 결합 상품 판매를 통한 사업자 간 경쟁은 심해졌지만, 정책적 논의는 그다지 활발하지 않았다. 방송 통신 융합에 대응하기 위해서, 수평적 규제 틀의 도입을 위한 융합법 제정이나 방송법과 인터넷멀티미디어방송법을 통합하여 비대칭 규제를 해소하는데 역점을 두었다. 아울러, 2012년 방송법 개정을 통해 금지행위 규정을 포함시키는데 심혈을 기울였다.

(2) 방송·통신 결합상품 가입자 급증

〈표 6-2〉 방송·통신 결합상품 가입자 및 점유율 현황

(단위: 건, %)

구분		2013년	2014년	2015년	2016년	2017년	2018년	17~18증감
KT	계약건수	3,476,364	3,873,965	4,204,899	4,476,370	4,754,054	4,965,558	211,504
	점유율	37.0%	35.7%	35.5%	35.4%	35.1%	35.0%	
SK계열	계약건수	1,787,411	2,319,619	2,780,250	3,084,678	3,321,727	3,498,737	177,010
	점유율	19.0%	21.4%	23.5%	24.4%	24.5%	24.7%	
LGU+	계약건수	1,524,857	1,918,822	2,298,110	2,550,749	2,890,076	3,248,016	357,940
	점유율	16.2%	17.7%	19.4%	20.2%	21.3%	22.9%	
3사 합계	계약건수	6,788,632	8,112,406	9,283,259	10,111,797	10,965,857	11,712,311	746,454
	점유율	72.3%	74.8%	78.3%	79.9%	81.0%	82.6%	
SO	계약건수	2,599,183	2,738,772	2,568,959	2,538,156	2,576,810	2,462,673	-114,137
	점유율	27.7%	25.2%	21.7%	20.1%	19.0%	17.4%	
전체	계약건수	9,387,815	10,851,178	11,852,218	12,649,953	13,542,667	14,174,984	632,317

출처 : 방송통신위원회(2019), 〈2019년 방송시장 경쟁상황 평가 보고서〉, p.305

방송·통신 결합상품의 결과, 가입자는 급증하였다. 전체 방송·통신 결합상품 가입자 수는 매년 증가하였다. 결합상품 가입자 수는 2012년 796만 명, 2013년 969만 명, 2014년 1,133만 명, 2015년 1,185만 명, 2016년 1,265만 명, 2018년 1,415만 명으로 해마다 크게 증가하였다. 유료방송 이용자 중 2012년 34.1%, 2013년 38.2%, 2014년 41.4%, 그리고 2015년 6월 42.3%가 결합상품을 이용하고 있으며 그 비중은 확대 추세를 보였다.[74]

2018년 기준, 방송·통신 결합상품의 사업자별 가입자 점유율은 KT 35%, SK군 24.7%, LGU+ 22.9%, 전체 SO 17.4%으로 나타났다. SK군과 LGU+ 점유율은 증가 추세이며, KT는 약간의 감소세를 보였으나, SO 점유율은 2012년 30.6%에서 2018년 17.4%로 매우 크게 감소 추세에 있다(〈그림 6-1〉참조).

〈그림 6-1〉 방송·통신 결합상품 점유율 추이

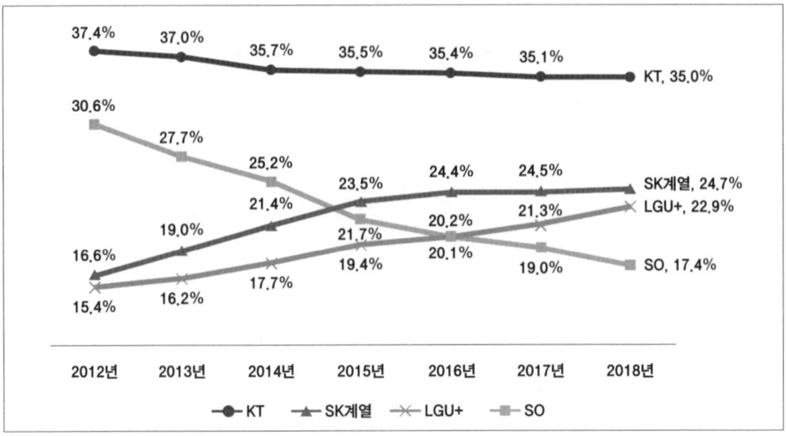

출처 : 방송통신위원회(2019), 〈2019년 방송시장 경쟁상황 평가 보고서〉, p.307

74 방송통신위원회(2015), <2015년 방송시장 경쟁상황 평가 보고서>

이동전화 서비스 제공에 어려움이 있는 SO는 방송 통신 시장 전반에서 점유율 감소세가 나타나, 이동 전화 포함 결합상품의 증가 추세가 지속될 경우, 유료방송 시장 및 초고속인터넷 시장에서 SO의 경쟁력 유지가 어려울 것으로 수년 전부터 예고되었던 것이 현실화된 것이다.[75]

(3) 결합 상품 가입자 증가와 케이블TV의 위기

국내 유료방송 시장이 안고 있는 핵심적인 문제점 중 하나가 '저가요금 기반 경쟁'으로 지적되었다. 이 결과, 서비스 고도화를 통한 질적 경쟁으로 개선되지 못하고, 오히려 방송·통신 결합상품으로 인해 방송상품이 미끼상품화되고, 저가요금 기반 경쟁이 심화되고 있다는 문제가 제기되면서 결합상품에 대한 규제 필요성 논의가 확산되었다. 즉, 방송·통신 결합상품을 구매 또는 가입하게 되면 방송상품을 부 상품화하여 이용요금을 거의 무료로 책정하는 양상이 발생하였다.

방송통신위원회의 조사에 따르면, 이용자들이 결합상품에 가입할 때 가장 중요하게 생각하는 요인은 전체 사용요금이 가장 저렴한 회사로 나타났다. 두 번째는 선물, 위약금 대납, 보조금 등의 가입 혜택이 좋은 회사였다. 결국, 요금이 저렴한 회사를 선택한다는 것인데, 방송 상품을 무료로 제공하면 가격 자체가 인하되는 효과를 가져오기에 시장에 영향을 미칠 수밖에 없는 것이다.

2010년 8월 SKT는 다채널 유료방송서비스인 IPTV를 무료로 제공

---

75 방송통신위원회(2019), <2019년 방송시장 경쟁상황 평가 보고서>, p.332

하는 가족 결합형 상품을 만들어 방통위에 승인 신청하였으며, KT 역시 결합 상품 '쿡 셋'에 대해 약관 신고를 하면서 유료방송인 스카이라이프를 2천원만 받겠다고 신청했다가 방통위의 행정지도로 6천원으로 수정하는 우여곡절이 있었다(정인숙, 2010, p.83).

〈그림 6-2〉 결합 상품 가입 이유

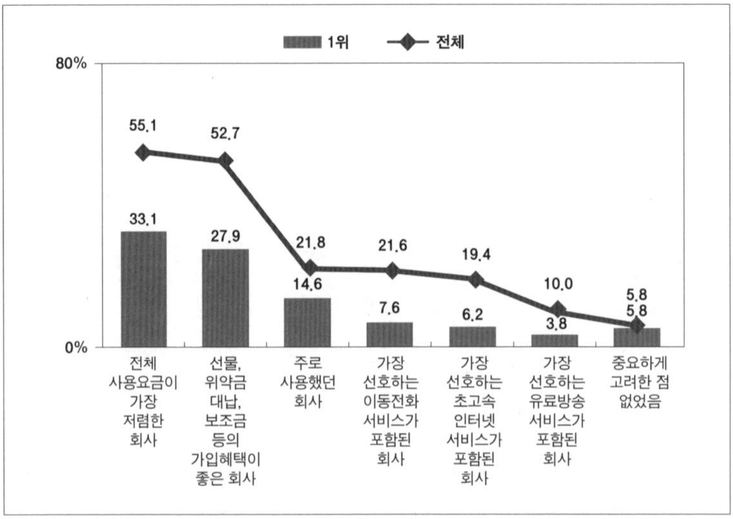

출처 : 방송통신위원회(2019), 〈2019년 방송시장 경쟁상황 평가 보고서〉, p.327

과도한 경품지급도 논란이 일었다. 통신사업자 경품의 주력이 되는 현금 경품은 초고속인터넷 경품제공 수준을 넘어선 30~50만 원 이상의 수준에서 지급하였다. 이는 소비자를 현혹시켜 서비스 품질이 아닌 경품 수준을 통해서만 서비스 선택을 유도하여 방송통신시장의 불공정 경쟁 환경을 조성하게 되었다. 특히, 통신사는 무선시장의 이익을 방송/인터넷 시장으로 전이시켜 과도한 현금 지급을 통해 가입자를 유치, 지배력을 확대하였다. 현금 지급능력이 없는 사업자의 경우 무리한 요금할인으로 경쟁할 수밖에 없는 환경으로 현금 경품 지급은 방송시장 저가화를 촉진시켜 유료방송시장 생태계를 파괴한다는 주장이 제기되었다.[76]

이러한 관행은 유료방송 시장에 대한 통신시장의 지배력 전이에 따른 경쟁 제한성은 물론 방송상품의 저가화에 의한 PP 시장 수익배분의 모수가 하락하여 PP 시장의 수익성 및 건전성이 악화되고, 궁극적으로는 콘텐츠 산업 활성화를 저해함으로써 유료방송 시장의 활성화가 이루어지지 못한다는 산업 정책적 문제가 대두되었다(미디어미래연구소, 2015, pp.316~317).

과도한 경품 지급 사례

한국정보통신진흥협회(KAIT)는 초고속인터넷 결합상품 파파라치 신고센터까지 운영하였으나 가입자만 신고할 수 있는 상황이어서, 일반인 모두 신고할 수 있도록 확대하고 보상금도 대폭 인상해야 한다는 요구가 대두되었다. 현금 경품 지급 금지를 위한 경품 제공 수준 고시를

76 한국케이블TV방송협회(2016), 모바일 결합상품 제도개선 관련 내부 자료

제정하자는 제안도 있었다.

초고속인터넷 결합상품 파파라치 신고센터

ㅇ **신고대상**
- 실제 사용목적으로 결합상품을 가입한 경우에 한함 : DPS, TPS

ㅇ **신고내용**
- 현금, 유가증권, 할인권, 무료제공 서비스, 요금할인, 기타 현물 등
- DPS : 22만원 / TPS : 25만원 초과 시

ㅇ **포상기준**
- 경품수준에 따라 최소 15만원 ~ 최대 50만원까지 지급

(4) 방송·통신 결합상품 후속 정책

미래부와 방통위는 결합상품 활성화를 위한 제도 개선을 추진하였다. 2015년 8월 6일 양 부처는 공동으로 '방송·통신 결합상품 제도개선(안)'을 확정, 발표했다. 제도 개선의 배경은 방송·통신 결합상품이 기술 융합 및 요금 할인 혜택으로 가입자 수가 크게 증가하고 있는 반면, 단품에 비해 위약금 산정, 약정 기간, 해지 절차 등이 복잡하고 정확한 정보 접근이 어려워 이용자 불만과 피해가 많아지고, 특정 상품을 공짜로 제공한다고 허위, 과장 광고하는 등 사업자 간 불공정 행위에 대한 우려가 커짐에 따라, 결합상품을 활성화하면서도 문제점을 최소화하기 위한 종합적인 노력이 필요하다는 판단하에 미래부와 방통위가 함께 추진하게 된 것이다.[77]

---

77 방송통신위원회, 미래창조과학부(2015. 8. 6.), 방송·통신 결합상품 제도개선(안) 주요내용

제도 개선 기본 방향은 이용자 후생 증대와 공정경쟁 촉진의 조화로 지속 가능한 발전을 위한 방송·통신 생태계 조성에 기여하기 위해, 요금 할인 등 다양한 편익을 저해하거나 이용자를 차별하는 행위를 방지하여 이용자 후생을 증대하고, 방송 공짜 등 시장 질서를 저해하거나 부당한 시장 지배력 전이를 방지하여 사업자 간 공정 경쟁 기반 조성을 강화하는 것이었다.

주요 내용은 소비자 후생 측면에서 결합 시장에서 나타날 수 있는 위약금, 약정 기간 등 가입, 해지 과정에서의 소비자 피해를 줄이면서 정확한 정보 제공을 통해 이용자가 합리적인 선택을 할 수 있는 기반을 만드는 데 중점을 두었다. 사업자 측면에서는 특정 상품을 무료, 저가화하여 허위, 과장 광고하거나, 특정 상품을 과도하게 차별적으로 요금 할인하는 등 불공정한 행위를 바로잡아 공정 경쟁을 촉진할 수 있는 방안을 담았다.

구체적으로 이용자 후생 증대를 위해서는 이용자에게 구성 상품별 할인 내용 및 기간, 다량, 결합 할인 등 요금 정보를 명확히 제공하기 위해 결합 상품 전용 이용 약관을 신설하고, 계약서, 청구서 등에도 명시하도록 하는 한편, 이를 불이행하는 행위를 금지 행위로 규제함으로써 정보 제공을 강화하였다. 공정 경쟁 촉진을 위해서는 가장 문제가 되는 공짜 마케팅을 막기 위해 특정 상품을 무료로 표시하거나 총 할인액을 일괄 할인, 청구하지 못하도록 이용 약관을 개선하는 한편, 전체 요금 할인 혜택이 줄지 않도록 하면서 특정 상품을 과도하게 차별적으로 요금 할인하는 행위를 금지 행위로 엄정 제재하기로 하였다. 또한 이동전화가 포함된 결합 상품을 동등하게 제공할 수 있도록 동등 결합 판매에 대한 금지 행위 유형을 제공 거절, 차별적인 대가와 조건으로 제공, 제공 중단, 제한 등으로 세분화, 구체화하여 지금보다 활성화될 여건을 마련하였다.

이 개선안은 이용자에 대한 정보 제공 강화, 허위, 과장 광고 가이드라인 마련 등 구체적인 방안들을 담고 있다는 점에서 결합 상품의 경쟁이 급속히 증대되는 환경에서 이용자들의 합리적 선택을 지원하고 보호하는데 크게 기여할 것으로 기대되었다. 그러나 결합 상품 규제론자들이 핵심적 이슈 중 하나로 제기하였던 이동통신 지배적 사업자의 결합 상품을 통한 지배력 전이 등 경쟁 제한성 문제는 여전히 논쟁의 대상으로 남아 있었다. 경쟁 제한성 문제를 근거로 결합 상품 요금 할인 규제의 강화를 기대한 이들이 많았지만, 이에 대한 정부의 판단은 여전히 유보적이라고 할 수 있기 때문이다. 이 개선안에는 결합의 구성 상품 간 과도한 요금 할인 격차를 방지하는 방안이 담겨지긴 했으나 결합 상품 자체의 요금 할인 규제와 관련된 내용은 포함되지 않았다. 대신 결합 상품 시장에 대한 경쟁 상황 평가를 실시하고 이를 관련 제도 개선에 향후 반영하겠다는 계획이 제시되었다(김성환, 2015, p.123).

2016년 1월 4일 미래부와 방통위는 방송·통신 결합 상품의 위약금 부담을 줄이고, 해지 절차를 간소화하는 등 방송·통신 결합 상품 관련 개선 방안을 다시 발표하였다. 이 개선 방안은 미래부와 방통위가 2015년에 발표하였던 '방송·통신 결합상품 관련개선(안)'에 대한 후속 조치로 추진된 것이다(미래창조과학부, 방송통신위원회, 2016). 개선안의 주요 내용은 다음과 같다.

첫째, 결합 상품의 위약금 부담이 대폭 줄어든다. 기존에는 가입 기간이 길어질수록 위약금(할인 반환금)이 증가하는 구조였기 때문에 소비자들이 위약금 부담이 컸었다. 그러나, 2017년부터는 결합 상품의 위약금을 가입 기간에 대한 기여분을 반영하는 방식으로 개편하여, 현재보다 위약금 증가분이 줄어들고, 일정 기간(3년 약정 기준 가입 후 2년)이 지난 시점부터는 위약금이 감소하게 된다.

둘째, 결합 상품 가입 조건을 3년 약정으로만 제한할 수 없게 된다. 1, 2년 약정으로도 가입이 가능한 결합 상품을 출시하도록 하여 소비자의 선택권을 확대하고, 사업자 전환도 쉽게 할 수 있게 하였다. 그동안 약정 기간의 장기화로 사업자 전환 장벽이 강화되어 소비자 후생과 사업자 간 경쟁에 악영향을 미치고 있었다. 이를 해소하기 위해 3년 약정 조건만 있는 결합 상품의 경우 1, 2년 약정상품도 의무적으로 출시하도록 하였다. 정부는 사업자들이 약정 기간 장기화 전략이 소비자들의 사업자 전환을 어렵게 하고, 사업자 간 경쟁을 저해함으로써 소비자 후생에 바람직하지 않는 결과를 초래하는지 면밀히 분석하여 필요한 경우 추가적인 조치를 할 계획이다.

셋째, 해지 절차를 간소화하고 해지 관련 안내를 강화하여 사업자들의 해지 방어 행위와 해지 누락으로 인한 소비자 피해를 방지하였다. 기존에는 소비자가 인터넷을 통해 해지 신청을 하더라도 위약금 등의 정보를 전화 상담을 통해서만 확인할 수 있었고, 이 때 전화상담원이 해지를 철회하도록 지속적으로 권유함에 따라 해지가 지연되는 문제가 있었다. 이러한 문제를 해결하기 위해 소비자가 전화 상담원 연결 없이 인터넷상에서 해지 신청을 완료할 수 있도록 하며, 과도한 해지 방어를 행위를 하지 못하도록 상담원의 업무 지침을 개선하는 등 사업자의 해지 지연 행위를 방지하도록 하였다.

넷째, 결합 상품을 둘러싼 사업자 간 공정 경쟁 환경도 한층 강화된다. 그동안에는 결합 판매시 특정 상품(초고속인터넷 등)에 총 결합 할인액을 일괄 할인, 청구한다고 이용약관에 명시하고, 이를 통해 사업자는 소비자로 하여금 특정 상품을 무료로 오인하게 하는 무료 마케팅을 지속해 왔다. 이로 인해 초고속인터넷, 유료방송 상품의 저가화가 가속화되어 소비자가 서비스의 가치를 낮게 인식하고, 특히 유료 방송 생태계에 악영향을 미칠 우려가 큰 상황이었다. 이러한 특정 상품 무료 마케팅을 방지하기 위해 결합 상품 총 할인액의 구성 상품별, 회선별 산정 방식을 이용약관에 정확히 반영하고, 이와 동일하게 청구서에도 반영하도록 하였다. 또한 결합 구성 상품 간 과도한 결합 할인율 격차를 방지하기 위해 사업자로 하여금 결합 할인율(액)의 산정 근거를 명확히 제시하도록 하였다.

마지막으로, 개별 상품의 이용 약관에 분산되어 있는 결합 상품에 대한 정보를 모아서 별도의 결합 상품 이용 약관을 신설함으로써 소비자가 결합 상품과 관련된 정보를 한눈에 확인할 수 있도록 하였다.

이상의 구 미래부와 방통위가 발표한 제도 개선 방안의 특징은 소비자의 방송·통신 결합 상품 이용 환경 개선에 초점이 맞추어져 있다. 사업자 간 공정 경쟁 환경을 조성한다는 취지도 담고 있지만, 사업자 간 과당 경쟁으로 발생하여 논란이 되고 있는 공정 경쟁 저해성을 규제할 수 있는 내용으로 동등 결합 판매에 대한 금지행위 유형을 세분화, 구체화하여 지금보다 활성화될 여건을 마련하였지만, 실제 개선안에는 결합 판매에 따른 시장 지배력 전이나 계열사 부당지원을 통한 불공정 행위 규제와 같은 내용들은 담고 있지 않은 점이 특징적이었다.

구 미래부는 2016년 10월 '유선방송 발전 방안'을 제시하였다. 방송·통신 융합 진전으로 서비스 결합 이용이 확산되는 상황에서 주요 구성 요소인 모바일을 보유하지 못한 사업자의 경쟁력 확보에 근본적 한계가 있고, 결합 상품에서 판매 촉진을 위해 방송을 과다 할인하여 부속 상품화하는 경향이 있어 방송 생태계 전반에 악영향을 미치고 있다고 진단하였다.[78]

구 미래부는 2016년 11월 곧 이어 제2차 공개 토론회에 유료방송 발전 방안을 제시하였다. 미래부는 방송 시장의 특수성, 통신 방송 융합 진전에 따른 사업자 간 불균형을 고려하여 보다 적극적인 정책 수단이 필요하다고 보았다. 미래부가 제시한 유료방송 발전 방안에는 공정경쟁 환경 조성에 역점을 두고 결합 상품 관련하여, (1) 동등 결합을 지원하기 위해, 동등결합 지침을 마련하고, 의무 사업자와의 협상을 지원하고, 비의무 사업자의 참여를 활성화한다. (2) 방송 상품의 과다 할인을 방지한다. 이를 위해, 주 상품 할인율(통신)≥부 상품 할인율(방송), 공정가치 할인율 방식 등을 적용한다. PP 보호 및 시장 지배력 전이를 방지한다. 과다 할인 여부는 방송 요금 승인 시 심사한다는 내용을 담고 있다.

결합 상품 관련하여 공정 경쟁 환경을 조성하기 위하여 공청회 주요 쟁점으로 다음과 같은 세 가지를 구 미래부는 제시하였다.

(1) 동등결합 제도 실효성 확보방안

① 동등결합의 원활한 실행을 위한 조건, 절차, 대가 등의 준거 틀이 되는 지침 필요

② 의무제공사업자 이외 사업자의 참여 필요(단순 제휴, 위탁 등 다양한 형태의 결합 필요)

78 미래부 유료방송 발전방안 연구반(2016. 10. 27.), 유료방송 발전을 위한 정책제언, 제1차 공개토론회 발표자료

(2) 과도한 할인율 격차 방지를 위한 요금 심사 강화

① 유료방송 요금 승인권에 근거하여 결합 할인의 적정성 등 요금 적정성 심사 필요 (e.g. 주상품≥부상품, 공정가치 할인율)

② 시청자 후생, 영업 자율성 측면에서 할인율 규제는 과도한 규제라는 의견도 존재

(3) 사후 규제 강화

① 과도한 경품 지급에 대해 정부의 지속적인 금지행위 위반 단속 강화 필요

② 현금 마케팅 등 과다 경품 마케팅을 제한하기 위한 가이드라인 제정 필요

vs. 마케팅 비용의 인위적 제한은 제2의 단통법이라는 논란 가능성도 제기

구 미래부의 동등 결합에 대한 정책안에 PP 보호 및 시장 지배력 전이를 방지에 대한 배려는 바람직하였다고 평가할 수 있겠다. 산업 진흥 차원에서 플랫폼 사업자의 동등 결합이 콘텐츠사업자에 미치는 후방 효과까지 고려해야 하는 것은 산업 진흥 부처인 미래부의 입장에서 매우 당연한 것이었다. 하지만, 이러한 정책 방안의 실효성에 대해 문제가 제기되었다.

방송·통신 결합상품을 통한 유료방송 이용이 증가 추세이고, 이동전화 포함 방송·통신 결합상품 이용자 증가세가 두드러지고 있고, 방송·통신 결합상품의 중요성이 커질수록 유료방송시장에서 SO 사업자의 상대적 경쟁력은 더욱 낮아질 가능성이 있었다. KISDI는 방송·통신 결합상품이 SO의 상대적 경쟁력 악화 원인이라고 평가하였다. 결합 상품

판매는 그 규모가 계속 성장하여 방송·통신 시장의 대부분을 차지하고 SO가 결합 상품 판매에서 차지하는 점유율은 계속 감소할 것이며, 방송·통신 시장 전체가 장기적으로 통신 3사 중심의 과점 체계화할 가능성이 예상되었다(김성환, 2015, Ibid., p.132).

4. 수신료 배분 계약 전략

수신료 배분(프로그램 사용료) 계약은 플랫폼 사업자들과 프로그램 제공 사업자들 간에 매우 중요하고도, 민감한 사안이다. 플랫폼 사업자들은 가입자들로부터 얻는 방송 수신료 수익 중에서 일부를 PP들에게 프로그램 사용료로 지불하며, 이러한 PP 프로그램 사용료의 배분 비율은 제도적·환경적 변화에 따라 함께 변화해 왔다.[79]

1995년 케이블TV 출범 당시 PP는 등록제가 아닌 허가제로 운영되었고 케이블 SO들은 허가된 PP를 모두 의무적으로 전송하도록 되어 있었다. 케이블TV가 도입된 첫 해인 1995년에는 18개의 PP가 존재했고, 케이블 SO와 이들 PP 간의 채널 공급과 프로그램 사용료에 관한 계약은 SO-PP간 단체협상을 통해 정해졌다. 당시 1만 5000원이었던 케이블 수

79 계약제에 보다 자세한 내용은 김달진(2002), 〈케이블TV 프로그램 공급 계약에 관한 실증적 연구 - 불완전 계약을 중심으로〉, 서강대학교 언론대학원 석사학위논문; 이상식(2003), “케이블TV방송 정책의 현황과 활성화 방안”, 2003 케이블TV 방송 및 광고 활성화 방안 세미나 발제논문, 한국광고주협회, 한국케이블TV방송협회 주최, pp.109-114; 이상식(2008), 〈한국케이블TV산업정책론〉, 나남, pp.203~222

신료 중 32.5%인 4,875원이 PP에게, 15%인 2,250원이 전송망 사업자인 NO에게 배분되었다. 이러한 기준으로 정해진 총 프로그램 사용료는 각 PP들에게 배분되었는데 80%는 균등하게, 나머지 20%는 방송 시간을 기준으로 배분되었다.

허가받은 PP의 수는 점차적으로 늘어났으며, 매년 SO-PP 간 단체 협상으로 결정된 프로그램 사용료 지급률은 1997~1998년 33.8%까지 상승했다가 2001년 19.1%까지 떨어졌다. PP 간 프로그램 사용료를 배분하는 기준도 조금씩 변화했는데, 1995년부터 2001년까지의 PP 간 프로그램 사용료 배분 기준을 살펴보면 균등 배분하는 비중은 80%에서 20%까지 줄어들고 시청률에 따라 배분되는 비중이 점차 늘어났다.

2001년 PP 등록제 실시 이후 계약에서 다소 변화가 있었다. 기본형의 경우 PP 협의회의 의견 75%, SO 협의회의 의견을 25% 반영한다는 가이드라인을 만들어 PP, SO 간 단체 계약을 통한 개별 계약을 추진했다. 티어링 상품과 관련해서는 개별 계약을 추진했다.

본격적으로 개별 계약이 이루어진 것은 정부가 개입하면서 비롯되었다. 공정거래위원회는 2001년 단체 계약이 불공정 거래라고 판단하고, 계약을 주도하던 SO와 PP 양 협의회는 더 이상 계약에 주도적이어서는 안 된다는 권고를 했다. 공정위는 단체 계약이 가격을 담합하여 소비자에게 피해를 줄 수 있으며 다른 사업자의 정당한 거래 행위를 방해할 수 있다고 평가하였던 것이다. 이에 따라 SO 협의회는 2002년도 계약은 개별 SO의 자율에 맡긴다는 내용을 사장단 회의에서 공식적으로 선언했다. 2009년 12월에 그리고 2011년 12월에는 업계 자율로 'PP 평가 및 프로그램 사용료 배분에 대한 가이드라인'을 마련하였다.

1) 수신료 배분 계약 쟁점

SO-PP 간 거래에서 SO, PP 사업자 간 힘의 불균형으로 인하여 PP 프로그램 사용료의 수신료 대비 지급 비율이 지나치게 낮아졌다는 문제 제기가 지속되었다. 2006년 방송위원회가 SO-PP 간 공정한 대가 산정을 정착시키기 위한 목적으로 2007년까지 지급률을 전체 20%, 아날로그 25%, 디지털 30%로 올릴 것을 권고했다. 그러나 이는 명확한 기준 및 강제 수단의 부재로 인해 실효성 있게 시행되지 못했다.

이후 방송통신위원회는 좀 더 실효성 있는 행정조치를 위해 SO 재허가 심사를 할 때 수신료 대비 PP 프로그램 사용료 지급률을 재허가 조건에 포함시키기로 했다. 2008년 11월 5개의 SO에 대한 재허가 심사에서 최초로 '수신료 25% 이상의 PP 프로그램 사용료 지급 및 매 반기별 PP 프로그램 사용료 지급현황 제출'을 허가 조건에 포함했다. 이러한 규제를 도입한 결과 SO들의 PP 프로그램 사용료 지급률은 현저하게 상승했다. 2009년의 프로그램 사용료 지급액은 2,857억 원으로 SO 전체의 방송 수신료 수익인 1조 1,315억 원의 25.2%를 차지했으며, 전체 99개의 SO들 중에서 6개 사업자를 제외한 모든 SO들이 재허가 요건인 25% 이상을 지급한 것으로 나타났다. 2009년 지급률이 25%에 못 미치는 6개 사업자들 중 재허가 요건을 부여받고도 기준에 미달한 1개 사업자는 시정 명령을 받았다. 2010년 12월까지 모든 SO 사업자들이 재허가 요건으로 프로그램 사용료 25% 이상 지급을 부여받았다. 또한 2010년에는 전체 95개 SO 사업자들의 방송 수신료 수익 1조 1,571억 원 중에서 26.0%인 3,009억 원이 PP들에게 프로그램 사용료로 지급되었으며, 모든 SO 사업자들이 25% 이상의 비율로 지급한 것으로 나타났다. 이처럼 지급

기준 규제의 도입 전후의 PP 프로그램 사용료 연도별 지급률은 2005년 12.6%였다가 방송위원회 권고 비율이 논의되기 시작한 2008년에 21.5%로 상승했고, 방통위 시절인 2010년에는 26.0%까지 증가했다(남윤미 · 유진아, 2011, pp.18~19).

각 SO마다 가입자들로부터 벌어들이는 총 수신료 수익의 25%를 PP 프로그램 사용료로 지급하도록 규제하기 시작한 지 약 2년 후인 2009년과 2010년의 실제 지급률은 25%를 약간 상회했다. 그러나 이러한 규제의 시행에도 불구하고 지급률에 대한 논란이 줄어들지 않았다. SO-PP 간 쟁점을 요약하면 다음과 같았다.

> ① 디지털 시청가구의 증가로 인하여 VOD 매출과 이에 따른 홈초이스 지급액이 매년 160%~220%로 급격히 증가하는데 이 비용이 일반 PP 채널 지급액(사용료) 25%에 포함된다.
> ② 시청자가 별도의 선택으로 시청하는 유료채널 지급액도 일반 PP 채널 지급액에 포함되어 있다.
> ③ 실제 일반 PP들에게 배분되는 지급액은 20% 수준에 불과하다.

이러한 쟁점에 대한 양 사업자들의 입장은 팽팽했다. SO는 기존 합의서의 내용에 지상파 재전송료(저작권료)도 25% 지급 비용에 포함시켜야 한다는 입장이었다. 한편, PP는 종편 PP 등장, 홈쇼핑 추가 승인, KBS 2TV 광고 유지 등으로 인해 일반 PP의 생존 환경은 악화되고 있고, '갑'과 '을' 간의 사업자 간 합의는 그 자체가 '을'에게 불리할 수밖에 없다는 점을 강조했다. 기존 합의서의 경우에도 합의 과정에서 '갑'인 SO

의 의견만이 반영되었다는 점을 PP들은 주장했다. 따라서 방통위에서 적극적으로 PP 활성화를 위해 정책 결정을 내려줄 것을 건의했다. 일반 PP 채널 매출액의 25%를 일반 PP 채널 사용료로 배분해 달라는 것이었다. 즉, 시청자가 개별적으로 선택하는 RVOD(FOD 포함), 유료 채널은 PP 사용료에서 제외시켜 달라는 것이 핵심 주장이었다(윤석민, 2010, p.65: pp.86~91).

2011년 12월 방통위는 PP프로그램 사용료 지급기준을 결정하였다. SO의 PP 프로그램 사용료 배분비율은 2008~2011년은 방송수신료 매출의 25%였다. 2012~2013 기간 동안 방송수신료 매출의 25~28%로 결정하였다. SO의 디지털 전환과 지급비율을 연동시켰다. 유료채널, 유료·무료 VOD를 포함하였다. 2013년 11월 13일, SO-PP 간 2014년·2015년 프로그램 사용료 지급 개선 합의가 이루어졌다. 2014년 PP프로그램 사용료는 2012년 일반채널 지급액의 4%를 인상하고, 2015년 PP프로그램 사용료는 2014년 일반채널 지급액의 4%를 인상한다는 내용이었다. 그리고, 유료채널, 유료·무료 VOD, 종편 PP는 포함하지 않기로 하였다.

2014년 유료방송사업자들의 기본 채널 프로그램 사용료 지급 비율은 34.1%로 나타났다. 기본 채널 프로그램 사용료에는 유료 VOD를 제외한 콘텐츠를 제공하는 PP 등에게 지급하는 비용이었다. 2017년 기준으로 기본채널 매출은 2조 3,780억 원 규모이고, 유료 VOD 매출은 8,205억 원 규모였다.[80]

2014년 기준, 프로그램 사용료로 SO는 36.0%, 위성은 38.1%, IPTV는 30.4%를 지불하였다. 매년 그 비율은 증가하였는데, 2015년 44.5%,

---

80 방송통신위원회(2019), <2018년 방송사업자 재산상황 공표집>, p.27

2016년 50.3%, 2017년 52.7%, 2018년 54.1%로 연 평균 10.7%로 증가하였다. IPTV의 경우에는 2014년 이후 감소하여 25% 수준을 유지하였다. 한편, 위성방송은 2016년 41.4%까지 올라갔다가, 2018년에는 31.5%로 떨어져 비율의 변화가 다른 유료방송사업자에 비해 큰 것으로 나타났다.

〈표 6-3〉 유료방송사업자의 PP 프로그램 사용료

(단위: 억 원)

구분		14년	15년	16년	17년	18년	'14~'18 CAGR
SO	기본채널수신료매출(A)	8,266	7,038	6,234	5,951	5,890	-8.1%
	기본채널프로그램사용료(B)	2,980	3,133	3,138	3,138	3,186	1.7%
	비율(B/A)	36.0%	44.5%	50.3%	52.7%	54.1%	10.7%
위성	기본채널수신료매출(A)	3,144	2,987	2,893	2,842	2,752	-3.3%
	기본채널프로그램사용료(B)	1,198	1,222	1,198	1,115	867	-7.8%
	비율(B/A)	38.1%	40.9%	41.4%	39.2%	31.5%	-4.6%
IPTV	기본채널수신료매출(A)	7,759	9,872	11,201	13,627	15,138	16.3%
	기본채널프로그램사용료(B)	2,360	2,556	3,068	3,242	3,868	12.3%
	비율(B/A)	30.4%	25.9%	27.4%	23.8%	25.6%	7.4%
합계	기본채널수신료매출(A)	19,169	19,897	20,328	22,420	23,780	5.5%
	기본채널프로그램사용료(B)	6,537	6,910	7,403	7,495	7,922	4.9%
	비율(B/A)	34.1%	34.7%	36.4%	33.4%	33.3%	-0.6%

출처 : 방송통신위원회(2019), 〈2018년도 방송사업자 재산상황 공표집〉, p.30

2) 계약 정책의 전개와 과제

2008년 8월 1일, 방통위 방송정책국은 '유료 방송 시장 공정거래 환경 조성을 위한 SO-PP 대표자 간담회' 자리에서 수신료 관련해서 정책을 발표했다.

- 방송법 제98조에 근거하여, PP에 대한 수신료 배분 기준, PP 선정 기준 등을 제출하도록 의무화
- 티어 상품 가입자별, 아날로그 디지털 상품별 수신료 배분 기준을 점검
- 케이블 TV사 판매 상품별 가입자 수 현황을 제출받아 위원회가 공시
- PP에게 지급하는 프로그램 사용료 개념 엄격히 적용
- PP 선정 기준으로 객관적인 시청률, 외부 전문기관 조사 결과, 콘텐츠 투자비율 등을 활용하도록 권장하고 플랫폼사업자의 지나친 재량이 개입될 가능성이 높은 기준 적용 지양 유도

방통위는 2009년 '콘텐츠 경쟁력 강화 대책'에서 플랫폼 사업자와 콘텐츠 제작사 간 불공정 거래 행위를 개선하기 위해 금지 행위로 입법화하겠다는 내용을 담았다.

공정위 역시 유료 방송 시장에서 불공정 거래행위를 규제하기 위해 2010년 '유료 방송 시장 모범거래기준(안)'을 제정했다. 이 기준(안) 제3장 프로그램 사용료 배분 기준 제8조(프로그램 사용료 배분의 투명성 제고)에서 SO는 프로그램 사용료 배분과 관련된 정보를 거래 관계에 있는 PP에게 분기별로 제공하도록 하였다. 이 정보에는 수신료 수익, 방송 상품별 가입자 현황, 이용약관상 방송 상품별 승인 가격, 결합상품 가입자 및 할인 내역, 단말기 가격 및 임대 수익 내역, 유료 상품 수익 내역, 프로그램 사용료 모수 등 프로그램 사용료 배분과 관련된 제반 정보를 포함하도록 했다. 프로그램 사용료 모수의 계산 방식은 프로그램 공급 계약서에 명시해야 하고 프로그램 사용료 배분은 계약 당사자 간 공정

한 계약에 의해 검증 가능한 방법으로 이루어져야 할 것을 규정하였다. 제9조(불공정거래행위의 방지)에서는 SO는 다음 예시하는 바와 같이 부당한 방법으로 프로그램 사용료의 모수를 축소하는 행위를 해서는 아니 된다고 명시했다.

- 정당한 이유 없이 결합상품 중 방송 상품의 가격을 과도하게 할인하는 방법으로 프로그램 사용료 모수를 축소하는 행위
- 프로그램 공급 계약서에 명시된 프로그램 사용료 모수의 계산 방식을 임의로 변경하여 운영하는 행위

그러나 2012년 방송법 개정으로 인해 방송 분야 불공정 행위를 규제하는 권한이 공정위에서 방통위로 넘어가게 되었다. 방통위는 2012년 1월 금지행위 규정 신설을 골자로 한 방송법 일부 개정안이 발효된 이후, 후속 조치로 가이드라인들을 마련했다.

2013년 1월 1일, 방통위는 케이블 TV, IPTV 등 유료 방송사들의 PP들에 대한 채널 제공과 프로그램 사용료 지급과 관련한 불공정 행위를 규제하기 위해, '유료 방송사업자의 채널 제공 및 프로그램 사용료 지급 관련 가이드라인'을 제정했다.

이 가이드라인은 불공정 행위 유형별 판단 기준을 비교적 자세하게 제시하고 있다. 정당한 사유 없는 프로그램 사용료 설정에 해당하는지 여부에 대한 판단은 무상이거나 송출 수수료 등 기초 비용도 충당하기 힘들 정도로 과도하게 저가로 책정되었는지 여부, 프로그램 사용료 결정이 한국케이블TV방송협회의 '케이블 TV 채널 편성을 위한 PP 평가 및 프로그램 사용료 배분에 대한 가이드라인' 등에 명백하게 반하여 이루어

졌는지 여부, 방통위의 프로그램 사용료 지급 관련 허가 조건 등의 준수 여부, 시청률, 프로그램 사용료 배부 평가 기준에 따른 평가 결과·장르 등을 고려할 때 타 PP와의 프로그램 사용료 차이가 현저한지 여부, 지급 방식, 지급 기간, 지급 보류 사유, 계약 기간, 프로그램 사용료 산정 범위와 방식 등을 종합적으로 고려하도록 했다.

이상으로써 수신료 배분 계약과 관련해서 방통위가 방송법 금지 행위 규정에 따라, 규제 권한을 갖고 '유료 방송사업자의 채널 제공 및 프로그램 사용료 지급 관련 가이드라인'에 따라 규제할 수 있도록 법 제도적 장치는 마련되었다. 하지만, 유료 채널과 홈초이스(VOD)에 지불한 비용을 PP 채널 사용료에 포함시켜야 할 것인지 여부는 SO-PP 간의 사적 계약으로 남게 되었다. 법제 정비에도 불구하고, 수신료 배분 문제는 여전히 해결하기 어려울 것으로 예상되었다.

유료방송 산업의 건전한 생태계 조성을 위한 유료방송발전위원회 산하 'PP-플랫폼사업자 공동협의체' 구성 및 운영하기로 하였다. PP프로그램사용료 지급 비율에 대한 정부의 지속적인 감독 강화가 필요하였다. 수신료 배분 과정에서 합리적이고 투명한 시스템 도입도 필요하였다. 구조적인 불공정거래가 나타날 수 있는 시장 특성을 고려, '플랫폼-PP' 간 공정거래 환경 구축이 필요하였다. 고품질 제작 및 한류 활성화를 위한 선순환 환경 조성이 필요하였다. PP 사업자 매출 구조를 보면 미국은 광고(4) vs. 사용료(6) 구조인데, 국내는 광고(7) vs. 사용료(3)로 향후 과제로 남게 되었다.

5. 지상파 재전송

지상파 재송신 문제는 정책적으로나 사업적으로 매우 중요한 사안이다. 새로운 플랫폼이 등장할 때마다 지상파방송의 재송신 문제를 두고 사업자 간 갈등이 일어났고, 구 방송위원회와 방송통신위원회는 정책 결정을 쉽게 내리지 못했다. 우리나라와 같이 프로그램이 부족하고, 지상파방송 프로그램의 영향력이 큰 경우, 새로운 플랫폼이 시장에 조기에 정착하기 위해 지상파방송의 재송신은 절대적이었다. 기존 플랫폼의 입장에서는 경쟁 플랫폼이 시장에 안착하는 것을 막기 위해 지상파 재송신을 적극 반대할 수밖에 없고, 새로운 플랫폼의 입장에서는 어떻게든지 재송신을 허용받기 위해 애쓰게 되는 것이 어찌 보면 당연하였다.

위성방송 출범 시 구 방송위원회는 2001년 11월 19일 위성방송의 MBC, SBS의 재송신은 승인하면서, 지상파방송의 당해 방송구역(수도권)을 벗어나는 재송신은 2년간 허용하지 아니한다고 밝혔다. 위성방송을 통한 재송신 방침은 지역방송 및 방송 노조로부터 거센 반발에 부딪혔다. 이에 위성방송사는 사업자의 신뢰 보호 침해, 시청자의 볼 권리 침해 등을 이유로 헌법소원과 행정 소송을 제기하였다.

위성 DMB는 KBS 1TV조차도 재송신하지 못하였다. 구 방송위원회는 지상파 재송신을 사업자 자율에 맡기기로 발표하였다. 2005년 지상파방송 4사의 사장과 노조, 전국언론노조가 위성 DMB의 지상파방송을 재송신하지 않기로 합의하였다. TU미디어사는 위성 DMB가 의무 재송신에서 제외된 유일한 매체라면서 재송신 허용을 위한 법 개정을 요구했지만 결국 무위로 돌아갔고, TU미디어사가 사업을 접는 데 한 요인으로 작용하였다.

IPTV는 비교적 지상파방송 재송신 허용 자체는 큰 문제가 되지 않았지만 적정한 가격을 두고 논란이 일었다. IPTV의 지상파방송 재송신은 결국 케이블TV 사업자들의 지상파 재송신과 형평성 시비를 불러일으켰다. 케이블TV와 경쟁관계에 있는 IPTV와 위성방송이 유료로 지상파 재송신을 계약함에 따라, 그동안 무료로 재송신을 해왔던 케이블TV의 재송신을 어떻게 이해해야 할 것인지에 대한 쟁점이 부각된 것이다. 케이블TV와 위성방송, IPTV를 동일 시장으로 획정하고 경쟁상황 평가를 하고 있는 상황에서, 케이블TV를 IPTV와 위성방송과 동일하게 지상파 재송신 대가를 지불하는 것이 옳은지, 차별화할 수 있는 매체의 특성을 지니고 있는 것인지가 논란이 될 수 있었다.

'유사 서비스, 유사 규제'라는 규제 원칙에도 불구하고, 케이블TV와 위성방송, IPTV에서 지상파 재송신 규정에 차이가 있었다. 아울러, 저작권 협상이란 상대적이기에 지상파방송사와 케이블TV, 위성방송, IPTV의 역사적인 관계 역시 차별적인 데서 오는 특성들이 협상에 어떻게 반영될 수 있을지가 관심사였다. 케이블TV의 경우, 다른 유료 플랫폼과는 달리 오랜 기간 동안 지상파방송 난시청 해소의 기여에 대해 어떻게 평가하느냐도 중요하였다.

1) 유료방송의 지상파 재송신 현황

케이블TV는 허가 받은 방송 구역 내 지상파 의무 재송신, 전국 매체인 위성방송의 경우, 2년간 유예 후 권역별 재송신, 위성 DMB는 지상파

의무 재송신 불허, 통신은 근거 규정 없음 등 매체별로 차별적인 재송신 정책이 시행되었다. 각 사안들을 하나씩 살펴보기로 한다.

〈표 6-4〉 지상파재송신 허용 실태

매체	방송				통 신
	케이블TV	위성방송	위성DMB	IPTV	
지상파 재송신 허용여부	- 허가된 방송 구역 내 지상파방송 의무재송신 - 자체 편성 비율이 50% 이상인 독립적인 지역 방송에 한해 조건부 승인 - 2008년 지상파방송사가 저작권료 요구	- KBS1, EBS 동시 재송신 - KBS2 제외 (2002년 4월 방송법 개정) - 권역별 재송신 허용	- 재송신 불가(KBS1 포함)	- KBS1, EBS 동시 재송신 - KBS2 제외	- June 서비스에 지상파 재송신 규제 없음

위성방송은 지상파 재송신으로 인해 경영 차원에서 적지 않은 부담을 안았다. 재송신 채널이 위성중계기의 50% 이상을 차지하고 있기 때문이었다. 재송신 지상파채널 수는 총 77개에 달하였다. 이 결과, 이원 권역 재송신을 위한 할당 위성중계기 수는 무려 8~9개에 달하였다. 위성방송은 무궁화 3호기 내 임차한 총 17개 위성중계기 중 50% 이상을 이원 권역재송신에 할당하였다.

더욱이, 전송대역폭 기준 HD급 1채널(7Mbps)은 SD급 1채널(3Mbps) 대비 2.3배로 HD 권역재송신에 대한 부담이 증대되었다. 위성방송의 전송 채널 수를 보면, 지상파채널 77개, PP 채널 99개이다. 이원 권역재송신에 따른 위성중계기 부족으로 PP 채널 입장에서는 HD급 송출뿐만 아니라, 기존 SD급 송출마저 축소해야 하는 상황에 이르렀다. 이러한 고비용 구조로 인해 위성방송 재정에 큰 부담으로 작용하였다.

이러한 문제를 해결하기 위한 방안으로, 스카이라이프사는 단기 방안으로 SD급 권역재송신 및 HD급 전국 재송신을 요구하였다. 디지털전환특별법상 아날로그 중단시점 또는 위성방송 HD가입자가 비율 측면에서 주류가 될 시점까지 SD급 재송신은 권역별로, HD급 재송신은 전국적으로 재송신하겠다는 것이다. 지역에서 HD 스카이라이프 수신 가입자 수가 적기 때문에, HD 전국 재송신의 결과, 지역방송이 받는 영향력은 미미할 것이라고 스카이라이프사는 보았다.

위성 DMB사에게도 지상파 재송신은 중요한 사안이었다. 위성 DMB의 경우, 사업 초기 채널 수 한계로 인한 의무재송신 적용 시 채널 운용 등 사업성에 악영향이 우려되어 규제 완화 차원에서 제외하였다. 위성 DMB의 경우 KBS1TV조차도 재송신되지 않았다. 2005년 4월, 구 방송위원회는 이 문제를 각 사업자 간 자율 계약에 맡기기로 발표하였다. 같은 해 5월, 지상파방송 4사의 사장과 노조, 전국언론노조가 위성 DMB의 지상파방송을 재송신하지 않기로 합의했다. 지상파DMB가 위성 DMB에 맞서 객관적으로 경쟁할 수 있는 조건을 갖출 때까지 위성 DMB에 지상파 4사 프로그램을 송출하지 않기로 결정하였다.[81] 같은 해 5월, 지역방송협회도 지상파 방송권역은 어떤 매체 어느 경우에도 존중되어야 한다고 주장하면서, 위성DMB에 지상과 재송신이 불가함을 주장하였다.[82] 이에 대해, 국회 문화관광위원회 정종복 의원은 위성DMB에 대한

81 이데일리(2005. 5. 13.), “방송4사, 위성DMB 지상파재송시 거부 합의”

82 지역방송협의회(2005. 5. 17.), “지상파 방송권역은 어떤 매체 어느 경우에도 존중되어야 합니다”

지상파 재송신 불허에 합의한 것은 공정거래법상 금지된 담합에 해당한다고 지적하였다.[83]

이에 대해 TU미디어사는 위성 DMB는 의무 재송신에서 제외된 유일한 매체로써 시청자들의 시청 요청이 지속적으로 제기되고 있으며, 기술 진보에 따른 채널 수 증가로 초기 규제 완화 취지가 소멸되었다고 주장하면서 지상파 재송신 허용을 위한 법 개정을 요구했지만 관철시키지 못했다.[84]

과거 SKT와 같은 통신 사업자들은 휴대 단말기를 통해 방송 서비스(June 서비스)를 제공하였다. 물론, 지상파방송뿐만 아니라 인기 있는 케이블TV 주요 채널들을 재송신하였다. 망만 통신망을 이용하고 있다는 점이 다를 뿐, 사용하고 있는 단말기에 있어서 차이가 없는데, 위성 DMB는 지상파방송 재송신이 불가능한 반면 통신사업자는 재송신이 가능한 비대칭적 규제가 이루어졌다. 방송과 통신 융합 서비스를 기간통신사업법에서 규제할 수 있는 근거가 없거니와, 방송법으로도 June과 같은 통신 사업을 규제할 수 있는 것이 불가능하기 때문에 이러한 비대칭규제가 현실적으로 발생하였던 것이다.

그동안 잠잠하였던 지상파방송사와 케이블TV사 간의 지상파 재송신을 둔 갈등은 2008년 7월 18일에 시작되었다. 지상파 3사가 케이블TV측에 재송신 중단을 요청한 것이다. 2009년 9월 8일에는 지상파 3사가 HCN서초를 대상으로 형사 소송을 제기하였고, CJHV 대상으로 민사가처분 소송을 제기하였다. 2009년 11월 23일에는 지상파 3사가 5대 MSO사를 대상으로 민사 본안 소송을 제기하였다. 2010년 9월 8일, 본

83 아이뉴스24(2005. 6. 13.), “지상파 위성 DMB재송신 불허는 담합”
84 TU미디어(2008. 9.), “위성 DMB 활성화를 위한 정책 건의 사항”, 국회 설명자료

안 1심 판결에서 지상파방송사가 일부 승소하였다. 지상파 저작권을 인정하되, 간접 강제를 불인정하였다.

법원 판결 이후, 2010년 10월 14일 방통위가 나서면서 제도 개선 전담반을 구성하여, 2011년 1월 27일까지 제도개선 관련 회의를 7차례에 걸쳐 운영하였다. 2011년 8월 이후, 방통위는 재송신 대가 산정을 위해 실무 협의체를 운영하였고, 재송신 관련 상호 비용 편익을 검토하였다. 지상파 측은 케이블 가입자 유치와 홈쇼핑 매출에 지상파 콘텐츠가 도움을 주었다고 주장하였고, 케이블TV 측은 지상파 콘텐츠의 홈쇼핑 매출 기여는 인정하지만, 지상파의 광고 수익 확대에 케이블TV가 기여하였다는 점을 주장하였다.

2011년 6월 2일 가처분 2심에서 지상파 무료 제공 금지 판결이 내려졌다. 2011년 10월 28일 서울고등법원은 결정문에서 신규 가입자에게 KBS2, MBC, SBS의 디지털 방송 신호 동시 재송신을 금지하고, 동시 재송신을 지속할 경우, 케이블TV사는 지상파 1사당 1일 5,000만 원을 지급하도록 하였다. 케이블TV사가 지상파에 비용을 지급하든지, 재송신을 중단하든지 선택이 불가피하게 되었다. 만약 송출 중단 불복 시에 매일 1억 5천만 원을 지급해야 하는 상황이 된 것이다. 전 SO로 확대될 경우, 1일 81억 원, 1년 2조 9,565억 원 상당 비용을 지급할 것으로 예상되었다. 방통위의 방송산업실태조사(2011)에 따르면, 2010년도 전국 종합유선방송국들의 연 방송 사업 수익이 1조 9,285억 원인 점을 감안한다면 약 1조 원이 저작권 침해에 따른 징벌적 비용에 해당하는 셈이다.

지상파방송사들이 그동안 유료방송사들에 의한 지상파 재송신료 협상에 많은 노력을 기울여 온 이유는 지상파방송사들의 광고 매출이 급격하게 감소하고 있기 때문이었다. 아울러, 유료방송 가입자 수가 증가하면서, 지상파 방송사들의 재송신료가 지속적으로 상향될 가능성이 높기 때문이었다.

〈그림 6-3〉 지상파방송사 광고 및 재송신 매출 비교

(단위 : 억 원)

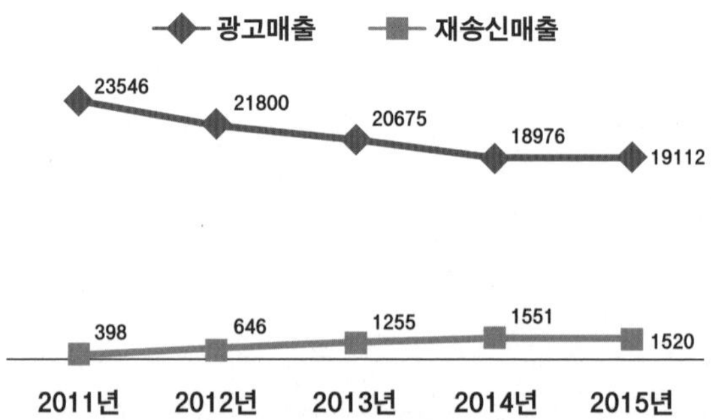

출처 : 방송통신위원회 〈당해년도 방송사업자 재산상황 공표집〉

2) 케이블TV의 지상파 재송신 쟁점

지상파 재송신 관련 지상파 방송사 및 케이블TV사들의 입장 차이는 방송협회와 케이블TV방송협회 간에 주고받은 공문에 잘 나타나 있다.

상반된 주장에서 핵심은 지상파방송이 보편적 서비스에 해당하는가라는 문제와 지상파 재송신이 지상파방송의 수신 확장 기능에 해당되는가라는 문제로 압축되었다. 이에 대해 좀 더 자세히 살펴보자.

〈표 6-5〉 방송협회-케이블TV방송협회 간 공문 내용

쟁점	방송협회 주장	케이블TV방송협회 주장
저작권 인정	지상파방송 저작권/저작인접권 보유 허락없는 지상파방송 재송신은 불법 행위	지상파 난시청 해소 및 보편적 방송서비스 제공으로 저작권 침해 부정
수신 확장 기능	SO가 전송망과 설비에 투자한 이유는 유료 다채널 방송이라는 수익사업을 위한 것이며 지상파방송의 재송신만을 위한 투자가 별도로 이루어진 바 없음	지상파방송 사업자가 원래 송신하고자 한 바로 그 시청자들에게 원래 송신하고자 한 방송 프로그램을 그대로 수신할 수 있도록 돕는 것 케이블의 재송신으로 지상파방송의 수신 확장과 광고수입 증대로 지상파방송 사업자의 사업 이익에도 부합
무료 보편적 서비스	지상파방송의 무료 보편성은 유료방송 사업자의 무임승차를 허용하라는 의미가 아님	케이블방송의 지상파 재송신은 시청자의 보편시청권 보장이란 공익에 필수적
공정 이용	위성방송, IPTV와 달리 케이블TV만 지상파 방송 무상이용은 공정경쟁 저해	저작물에 관한 공공이익 증대의 중요성 (저작권법 제23조 내지 제35조)
아날로그/디지털 구분	"디지털케이블방송 상품 가입자들이 불측의 피해를 입는 것을 방지"하기 위해 광고 및 마케팅 행위에 필요한 조치 우선 요청	지상파방송 재송신을 주요 고객 유인 수단으로 하여 디지털케이블TV에 대해 마케팅을 한 적이 없음

출처 : 윤성옥(2009), p.13

(1) 지상파 방송이 보편적 서비스에 해당하는지 여부

케이블TV의 지상파 재송신 당위성이 지상파방송의 보편적 서비스에 근거해 있다는 주장은 케이블TV 사업자 측은 물론 방송 관련 학자들로부터 나왔다. 지상파방송의 공적 책임이나 공공성을 보편적 서비스 개념과 혼용해서 사용하는 경우도 적지 않게 발견되었다. 방송의 공적 책임이나 공공성은 방송법의 목적(방송법 제1조)이고, 핵심 이념이다(방송법 제5조, 제6조). 한편, 방송의 보편적 서비스 개념을 정부 차원에서 공식적으로 사용한 기록은 구 방송위원회의 방송정책기획위원회(2001)에서였다. 이 위원회는 방송 정책의 구체적 지향 이념으로 통신의 '보편적 서비스' 개념을 방송에도 적용할 것을 밝혔다. 방송의 보편적 서비스 이념 구

현을 위해 사회 집단 간의 지식 격차, 정보 격차의 간극을 해소하는 데 역점을 두었다.[85]

보편적 서비스 개념은 통신 분야에서 사용되기 시작하여 일반적으로 방송 분야에서도 사용되고 있으나 통신 분야에서는 법적인 근거가 마련되어 있었다. 국내에서 보편적 서비스 개념이 법제화된 것은 1996년 제정된 정보화촉진기본법에서였다. 동법에서 정보 통신 기반에 대한 자유로운 접근과 활용(정보화촉진기본법 제3조 3항), 지역, 경제적 차별이 없는 균등한 조건의 보편적 역무 제공을 명문화하였다(정보화촉진기본법 제3조 4항). 그 후 1998년 9월 전기통신사업법 개정안이 통과됨으로써, 전기통신의 보편적 서비스 제도의 근거가 보다 구체적으로 마련되었다. 신설된 전기통신사업법 제2조 1항의 3호는 보편적 역무를 규정하고 있으며, 동법 제3조 2가 신설되어 기간통신사업자와 부가통신사업자 모두 보편적 역무 의무가 있음을 규정하고 있었다.

방송 분야에서는 그 법적인 근거가 불분명하였다. 보편적 서비스 개념은 2007년 1월 26일 방송법 개정을 통해 신설되었으며, 국민의 관심 행사를 일반 국민들이 시청할 수 있도록 보장하기 위해 보편적 시청권을 보장하고 있으나(방송법 제76조), 아직 방송법에서 제대로 정립되지 않았다.

(2) 지상파 방송의 수신 기능 확장에 해당되는지 여부[86]

케이블TV사들은 지상파 재송신을 수신 보조행위라고 주장하였다. 법원 판결을 중심으로 지상파 재송신이 지상파 방송의 수신 기능 확장

85 방송위원회(2001), 〈정책기획위원회 종합보고서〉, p.12

86 서울고법 2011.7.20. 선고 2010나97688 판결

에 해당되는지 여부를 검토해 보자. 지상파방송사들이 수신의 방법과 범위에 아무런 제한을 두지 아니하고 송신을 한 이상 그 수신이 누구에 의하여 어떠한 방법으로 이루어지더라도 지상파방송사들의 권리에 대한 침해가 되지 않는다. SO들이 시청자들의 수요에 응하여 그들을 대신해서 지상파 방송을 수신하여 전달하는 행위는 시청자들의 수신 행위와 다름없다. 즉, 지상파방송을 시청하기 위해서는 개별 안테나 또는 공동주택의 공시청 설비를 이용하는 방법이 있으나 난시청 지역을 비롯하여 수신이 여의치 않은 곳에서는 시청자들이 이에 갈음하여 유선방송을 통한 수신을 선택한 것으로써 수신 행위의 연장에 해당한다.

결국, 동시 재송신은 방송 권역 내 거주자라면 누구나 무료로 시청이 가능한 지상파방송에 대하여 보다 편리한 시청이 이루어질 수 있도록 가입자의 방송 수신을 보조하는 행위에 불과하기에, 수신자들의 수신이 지상파방송사들의 저작인접권을 침해하지 않는 것과 마찬가지로 그 보조 행위에 불과한 동시 재송신도 지상파방송사들의 저작인접권을 침해하지 않는다.

'방송'이라 함은 공중 송신 중 공중이 동시에 수신하게 할 목적으로 음·영상 또는 음과 영상 등을 송신하는 것(저작권법 제2조 제8호)을 말하므로, 방송 사업자라고 하더라도 송신이 아닌 수신행위에 대하여 자신의 권리 침해를 주장할 수 없다.

그래서 케이블TV사들의 동시 재송신이 수신의 영역에서 이루어진 '수신보조행위'로써 지상파방송사들의 저작인접권을 침해하지 않는 행위에 해당하려면, 동시 재송신이 수신자가 수신을 위하여 수신자 영역에서 할 수 있는 행위와 동일 또는 유사하거나, 이를 보조하는 데 그쳐 사실상 케이블TV사들 또한 수신자와 같이 공중 또는 그에 준하는 지위에서 동시 재송신을 한 것으로 볼 수 있어야 할 것이다.

따라서 동시 재송신이 지상파방송사들의 저작인접권 침해 행위에 해당하지 않으려면, 방송 사업자가 ① 의도한 권역에 ② 송출한 콘텐츠를 ③ 송출된 시간에 ④ 방송 신호에 대한 작위적인 변환 없이 그대로 케이블TV사들이 동시 재송신하여, 소비자인 수신자의 입장에서 방송 사업자인 지상파방송사들의 송출 신호를 그대로 받아 보는 것과 다름이 없으면서, ⑤ 방송 소비자인 수신자로 하여금 방송 사업자인 지상파방송사들의 방송을 직접 또는 공시청과 같은 보조도구를 이용하여서 수신할 때와 케이블TV사들의 서비스에 가입하여 수신할 때를 비교할 경우 그 채널의 선택방법이나 지불하는 비용 등에서 사회통념상 지상파 재송신이 수신행위를 '보조'한 것에 불과하다고 평가받을 수 있어야 할 것이다.

법원은 이러한 기준을 바탕으로 동시 재송신을 '수신보조행위'로 평가할 수 있는지에 대해 다음과 같이 살펴보고 있다.

케이블TV사들은 지상파방송사들이 송출한 방송 신호 중 헤더(Header) 신호에서 지상파방송사들이 부가한 채널 식별 번호 부분을 배제하고 케이블TV사들이 배정한 채널 식별 번호를 부가하고 있는 사실은 당사자 사이에 다툼이 없고, 이에 대하여 케이블TV사들은 '프로그램 및 시스템정보(PSIP)'의 형식으로 처리되는 지상파방송사들의 채널정보와 '서비스정보(SI)'의 형식으로 처리되는 케이블TV사들의 채널정보 중 후자가 우선한다는 위 기술 기준에 따르고 있을 뿐이라고 주장함으로 보건대, 위 기술 기준 제26조 제3항(케이블TV사들은 제33조 제3항이라고 주장하나, 제26조 제3항의 착오로 보인다)에는 '서비스 정보(SI)와 프로그램 및 시스템정보(PSIP)가 동시에 제공되는 경우에는 서비스정보가 우선한다'고 기재되어 있는데, 지상파방송사들은 다채널 방송이 아니어서 두 신호를 동시에 제공하는 것이 아니라 '프로그램 및 시스템정보'만을 송출하고 있으므로 케이블TV사들은 위 기술 기준에 따른 선택의 여지가 없음에도 임의로 자신들의 '서비스 정보'를 제공하고 있음을 알 수 있고, 이 경우 수신자들은 지상파방송사들이 제공한 채널정보(예: 11-1)가 아닌 케이블TV사들이 재송신하면서 변경하여 제공하는 채널정보(예: 11)만을 수신하게 되므로 그 차이를 부정할 수 없다.

나아가 케이블TV사들은 지상파방송사들이 송출한 방송 신호 중에서 청각장애인을 위한 자막방송 신호와 시각장애인을 위한 화면해설방송 신호를 배제한 채 재송신하고 있는 사실은 당사자들 사이에 다툼이 없는데, 이에 대하여 케이블TV사들은 셋톱박스에서 위 신호까지 구현하는 기능이 없어서 불가피한 것일 뿐 이는 신호변환의 문제가 아닌 설비의 문제일 뿐이라고 주장하나, 통상 셋톱박스는 케이블TV사들이 가입자인 수신자에게 제공하고 있으므로 케이블TV사들의 기술 지배영역에서의 셋톱박스에 관한 기능미비가 지상파방송사들의 송출 신호와 케이블TV사들의 재송신 신호의 차이를 정당화할 사정으로 볼 수는 없고, 수신자의 입장에서 볼 때도 지상파방송사들의 이 사건 방송이 케이블TV사들의 동시 재송신 과정에서 그 차이가 발생한 것으로 평가함이 상당하다.

마지막으로, 그 밖의 사정을 통해 수신자의 입장에서 볼 때 동시 재송신을 수신의 영역에 포섭할 수 있는지 여부에 관하여 보자. 종합유선방송 가입자의 상당수는 종합유선방송이 제공하는 채널의 시청보다 지상파방송을 깨끗한 화질로 시청하고자 종합유선방송에 가입하고 있는 사실,[87] 케이블TV사들은 가입자에게 방송을 포함한 각종 채널을 제공하

87 방송통신위원회가 2007년 7월경 종합유선방송 가입자를 상대로 실시한 조사에서 응답자 중

는 대가로 유선방송 상품 종류에 따라 월 4,000원부터 33,000원 사이에서 책정된 이용료를 지급받고 있는 사실, 그런데 케이블TV사들은 지상파방송사들의 방송 등을 포함한 지상파방송만의 재송신을 위한 상품을 따로 제공하여 수신자들로 하여금 이를 선택할 기회를 제공하고 있지는 아니한 사실, 방송을 수신하기 위한 설비는 케이블TV사들이 독립적으로 관리하고 있고, 가입자는 케이블TV사들이 제공하는 채널과 서비스에 대한 이용 여부만을 소극적으로 결정할 수 있을 뿐 적극적으로 수신설비의 설치 및 관리 방법 등을 결정할 수는 없는 사실, 따라서 수신자들은 가입형태에 따라 공시청 시설을 이용하여 지상파방송을 시청할 때와 비교하여 더 많은 경제적인 부담을 하고 있는 사실, 한편 케이블TV사들은 지상파방송 채널 사이에 상대적으로 수익성이 좋은 홈쇼핑 채널을 배치하여 그 시청률을 높임으로써 상당한 경제적 이익을 얻고 있는 사실을 인정할 수 있다.

상당수의 수신자들은 수신을 도와주는 주체로서 케이블TV사들을 선택하였다기보다는 지상파방송사들이 제공하는 지상파방송을 시청하고자 별다른 선택의 여지가 없이 지상파방송 외에도 다수 구성된 채널이 포함된 상품의 구매를 통해 지상파방송을 시청하여 왔고, 케이블TV사들이 수신자들에게 공시청 시설을 이용한 경우와 동일 또는 유사한 수준의 부담으로 지상파방송을 수신할 기회를 제공하였다고 보기 어려우며, 지상파 동시 재송신이 케이블TV사들의 영리창출에 기여하고 있는 정도가 동시 재송신을 수신자들의 수신을 보조하는 것을 넘는다고 평가할 정도임을 알 수 있으므로, 케이블TV사들의 동시 재송신이 지상파방송사들의

53.5%가 지상파방송 난시청을 해소하기 위하여 종합유선방송에 가입하였다고 하였다.

저작인접권을 침해하지 않는다고 평가할 정도로 사회통념상 단순히 수신의 영역에 머무르면서 가입자인 수신자의 수신을 보조하는 행위에 불과하다고 볼 수 없다고 서울고등법원은 판시하였다.

2011년 판결 이후, 지상파방송사는 가입자당 280원을 대가로 받고 있으며, 매년 대가 인상을 요구해왔으며 2016년 들어 가입자당 470원 요구하였다. MSO 사업자의 재송신료 지급 규모는 2011년 72억에서 2015년 459억으로 4년간 6.4배나 인상되었다.

그 이후 서울, 청주, 제주 등에서 손해배상 청구 소송 및 전송선로 이용료 소송 등 24건(피고 사업자 수 기준 56건)의 민·형사 소송 진행 중이거나, 지상파 재송신료에 대한 판결이 이어졌다. 울산지법('15.9.3), 서울지법('16.1.13, '16.4.2), 청주지법('16.2.18) 등은 지상파 사업자의 '재송신 손해배상 청구 소송'에서 280원은 통상 이용료가 아니며, 170~190원이 적정하다고 판결하였다. 서울중앙지법('16.4.12)이 채택한 재송신료 감정액은 150원~170원으로 판결났다. 울산지법('15.9.3)은 JCN울산방송이 지상파(UBC, SBS, 울산MBC, KBS)를 상대로 제기한 '전송선로망이용료' 청구 소송에서 "지상파 방송사가 SO의 재송신을 통해 부당이득을 취했다는 점을 인정"하였다. 참고로, 미국의 경우, FCC는 지상파 방송사가 연합하여 MVPD와 동일 금액으로 재송신 협상하는 것을 금지하는 법안을 2014년 3월 31일 공표하였다.

CPS 협상의 경우 지상파와 유료방송사 등 이해관계자 간 갈등이 깊어지면서 방송신호 공급 중단 사태까지 치달은 바 있다. 실제로 지난 2016년 KT스카이라이프와 지상파 분쟁 시 지상파 3사가 방송신호 공급 중단을 통보해 방송통신위원회가 방송유지명령을 부과한 바 있다. 방통위는 이같은 사례가 또 다시 반복되는 것을 방지하기 위해 2018년 11월

14일 방송분쟁조정 제도를 개선하는 방송법 일부개정안을 의결하기도 했다. 방송의 유지 재개 명령이 내려진 방송분쟁에 대해서는 당사자의 신청 없이도 방송분쟁조정위원회가 직권으로 조정절차를 개시할 수 있는 근거 규정이다. 2016년 KT스카이라이프 건도 당사자가 분쟁조정을 신청하지 않아 방통위가 조정절차를 진행하지 못했다.[88]

지상파와 유료방송의 분쟁으로 방송이 끊겨도 제대로 개입하지 못한 방송통신위원회가 직권조정 권한 확보를 다시 추진하였다. 방송통신위원회는 2018년 11월 방통위가 직권으로 분쟁을 조정하도록 하는 방송법 개정안을 마련하기로 했다. 개정법안에 따르면 방통위는 시청권의 중대한 침해가 예상되고, 방송의 유지·재개 명령이 내려진 분쟁일 경우 방통위 분쟁조정위원회 직권으로 조정 절차를 개시할 수 있다.[89]

방통위가 분쟁 조정 기능을 강화하는 이유는 지상파와 유료방송 플랫폼의 채널 대가를 둘러싼 갈등이 반복되는 상황에 제대로 개입하지 못했기 때문이다. 지상파는 유료방송 플랫폼에 채널을 내보내는 대가인 재송신수수료(CPS) 인상을 요구하면서 유료방송 플랫폼 진영과 마찰을 빚었다. 방통위가 가진 법적 권한은 방송이 중단될 위기가 벌어지면 방송을 30일 동안 더 틀게 하는 '방송유지 재개명령'뿐이다.

방통위가 직권조정 권한 확보에 나선 건 두 번째다. 2015년 방통위가 방송유지 재개 명령권·직권조정·재정 권한을 갖는 방송법 개정안 마련을 추진했으나 국회는 '방송유지 재개명령권'만 통과시켰다. 당시 지상파 관계자들이 법안소위에 출석해 사업자 간 자율성을 침해하는 조치라

88 쿠키뉴스(2019. 2. 8.), "지상파 재송신료 협상 본격 돌입…입장차 팽팽, 인상 요구 vs 공정 협상"

89 미디어 오늘(2018. 11. 14.), "방통위, 지상파 반발 속 '분쟁 직권조정' 권한 추진"

고 반발한 점이 영향을 미쳤다. 지상파는 협상력이 우월한 상황에서 정부의 개입을 꺼렸다.

방통위는 사업자 의견수렴 결과를 공개했는데 사업자 간 이해관계가 첨예하게 대립했다. 지상파 사업자들과 한국방송협회는 "이미 재송신 시장이 안정화돼 재송신 중단 가능성이 매우 낮고, 중단 방지를 위한 제도적 장치가 충분히 갖춰졌다"며 "자율협의로 결정돼야 할 콘텐츠 거래 가격에 대한 정부의 과도한 개입"이라고 비판했다.

반면 유료방송사업자들의 견해는 달랐다. 한국IPTV방송협회는 "자율협상에만 맡겨두면 방송중단 사태가 올 수도 있어 정부의 정책적 개입이 바람직하다"며 "재송신 분쟁의 궁극적 해결 위해 재정 제도(방통위가 법원 판결과 같은 권한을 갖도록 하는 제도) 도입이 필요하다"고 밝혔다. 한국케이블TV방송협회는 "지상파의 횡포를 막을 수 있는 최소한의 보호책"이라며 "재송신 대가 적정산정 기준 마련 등 개선조치가 수반될 필요가 있다"는 입장이었다.

2019년 들어서도, 지상파와 유료방송 업계의 가입자당 재송신료(CPS) 협상에 난항을 겪었다. CPS 인상을 요구하는 지상파와 공정한 협상 환경이 마련돼야 한다는 유료방송 업계가 맞선다. 지상파는 600~800원 수준의 CPS를 요구하였다. 유료방송 업계가 지불하는 CPS는 400원으로, 최대 100% 인상을 원하고 있는 셈이다(쿠키뉴스, 2019. 2. 8.).

3년 동안 CPS는 지속적으로 인상되어 왔다. 2016년 360원을 시작으로 2017년 380원, 2018년 400원까지 올랐다. 유료방송 업계는 지상파 3사(KBS, MBC, SBS)에 각각 CPS를 지불하기 때문에 가입자당 1,200원(400원X3)을 내고 있다는 뜻이다. IPTV의 경우 지난 2016년 5월 지상파와의 협상을 통해 같은 해 360원, 2017년 380원, 2018년 400원까지 CPS를 인상하는 데 합의했다.

지상파 측은 경영상의 어려움을 들어 CPS 인상을 추진하였다. 콘텐츠 제작비용 증가 역시 지상파에서 언급하는 인상 근거다. 실제로 매년 지상파 매출은 감소하는 추세다. 특히 MBC의 경우 2017년 매출액이 9,216억 원으로 전년 대비 18.4% 하락했다.

반면 유료방송 업계는 지상파와 동등한 입장에서 협상할 수 없다는 점을 내세우고 있다. 채널 번호 변경, 지상파 배제 등 유료방송 업계에서 제시할 만한 카드를 활용할 수 없기 때문이다. 아울러 CPS 산정 기준이 명확하지 않음을 지적하며, 적정한 대가 산정 협의체가 필요하다는 입장을 표명했다. 유료방송 업계 역시 넷플릭스, 유튜브 등의 공세와 가입자 감소세로 재정악화가 계속되는 부분도 CPS 인상을 반대하는 이유 중 하나다. 종합편성채널, tvN 등 다양한 채널이 경쟁력을 갖추면서 지상파의 영향력이 떨어졌다고 지적하기도 하였다. 오히려 유료방송 업계가 지상파 시청자를 늘렸다는 주장도 나왔다.

방송통신위원회는 업계 갈등으로 인한 지상파 송출 중단 사태를 예방하기 위해 사업자 간 갈등에 대한 직권조정 개입 기한을 없애는 방송법 개정안을 의결했다. 그러나 방통위 측은 직권조정 개입 과정에서 시장가격 제시는 없을 것이라고 선을 그었다. 이는 지상파와 유료방송 업계의 협상에 개입하지 않겠다는 뜻이다.

양측의 입장차가 분명한 가운데 부산고등법원은 2018년 8월 16일 지역민영방송사인 울산방송(UBC)과 SBS가 케이블TV방송사 JCN울산중앙방송을 상대로 제기한 '재송신 손해배상 청구 소송' 건에서 재송신료 산정대상에는 8VSB 가입자를 제외한 디지털 가입자만 해당한다고 판결했고, 2019년 1월 17일 대법원은 이를 최종 확정했다. 재판부는 8VSB 가입자가 정부 복지 정책의 수혜자인 점과 아날로그와 같은 수준의 이용료를 지불한다는 점 등을 근거로 디지털 가입자로 포함 될 수 없다고 판결했다. 대법원은 CPS 산정대상에 8VSB 가입자는 포함되지 않고, 디지털HD 가입자만 해당된다고 밝혔다. 8VSB는 아날로그 케이블TV 방송 가입자의 디지털 복지 향상을 위해 도입된 것으로 아날로그와 같은 수준의 이용료와 양방향·VOD 서비스 이용이 불가하다는 것이 특징이다.

그동안 아날로그 방송과 SD가입자는 CPS 산정대상에서 면제됐다. 이후 지상파 매출이 줄면서 8VSB 가입자를 아날로그 방송이 아닌 디지털HD 가입자로 보고, 이들에게 CPS를 받아야 한다는 목소리가 나왔다. 그러나 이를 대법원에서 반대하면서 8VSB 가입자가 CPS 산정대상에서 제외된 것이다. 유료방송 업계에서는 협상이 지지부진하자, 지상파 채널을 제외한 패키지 상품을 제공하는 대안도 나왔다.

3) 지상파 방송 직접 수신 환경 개선 위한 제도

지상파 재송신 논쟁에서 뜨거운 쟁점 중의 하나가 케이블TV에 의한 난시청 해소에 기여한 부분에 대한 평가이다. 방통위가 방송매체이용형태조사결과에서 발표한 지상파방송의 직접수신비율은 7.9%에 불과하다. 난시청 해소 의무도 국가 기간 방송인 KBS에만 제한적 형태로 부과하고,

MBC나 SBS 등의 의무 부여는 없다.[90] 지상파 재송신 관련 법원 판결에서는 케이블TV사들의 난시청 해소 기여 부분에 대해서 크게 고려되지 않았다. 시청자 단체들로 이루어진 디지털전환감시시청자연대는 직접 수신 환경 구축 없는 지상파방송의 재전송료에 대해 반대하였다. 시청자 단체는 무료 방송 인프라를 제대로 구축하고 직접 수신율을 높이든가, 아니면 유료방송을 통한 무료 재전송을 구현하여 시청자들의 접근권을 확대해주는 것이 바람직하다고 주장하였다(강혜란, 2012, p.10).

지상파 직접 수신 현황을 좀 더 자세히 살펴보면, 주택유형별 디지털 지상파 방송 직접 수신 가능 범위는 약 26.22%에 불과하였다. 2008년 방송통신위원회 수신환경실태조사보고서에 따르면, 아파트 46.1%, 연립주택, 오피스텔 8.2%, 단독주택 12.6% 수준이었다. 약 74%의 가구는 지상파방송 직접 수신 어려움, 사실상 난시청 가구로 추정되었다. 표에서 보듯이, 디지털 방송 시범 지역 직접수신율은 3.25%에 불과했다.

〈표 6-6〉 시범지역 방송수신별 세대수

구 분	울진군	강진군	단양군
세대수	23,267	18,401	13,669
유료방송 가입세대수	22,243(95.6%)	17,830(96.9%)	13,463(98.5%)
직접수신세대	1,024(4.4%)	571(3.1%)	206(1.5%)

출처 : 방송통신위원회 디지털전환시범사업추진단 보고 자료

2015년 들어와서도 크게 개선되지 않았는데, 국회 미래창조과학방송통신위원회 최원식 새정치민주연합 의원은 국정감사에서 "지상파 TV 직

90 전자신문(2013. 3. 18), "명확한 재전송 원칙, 제도부터 만들어라"

접수신율이 6.7%에 불과한 데다 라디오와 DMB 수신환경도 좋지 않다"고 말했다. 최 의원은 "UHD TV 도입을 계기로 직접수신율을 높일 수 있는 방안의 하나로 컴퓨터나 스마트폰처럼 전원을 켜는 순간 전파를 바로 수신할 수 있도록 TV 수신기에 내장형 안테나 설치를 의무화 방안"을 주문했다(심지혜, 2015).

그의 주장에 따르면, 지상파TV 이용률은 92%에 달하지만 대다수 시청자들은 시청료 2,500원을 내고서 다시 5,000원 이상의 케이블TV나 1만 원 이상의 IPTV 이용요금을 추가로 부담하고 있어 보편적 서비스 기능을 상실해 가고 있다는 것이다.

영국 38.5%, 유럽 24%, 미국 28.5%, 일본 52.7%(이상 2009년 기준) 등 주요 선진국은 한국보다 3.6배에서 7.9배의 높은 수신율을 기록하고 있다. 선진국의 경우 직접수신율이 상승 추세에 있는 반면 우리나라는 급격히 하락하고 있다.

〈그림 6-4〉 지상파 방송 직접 수신율 추이

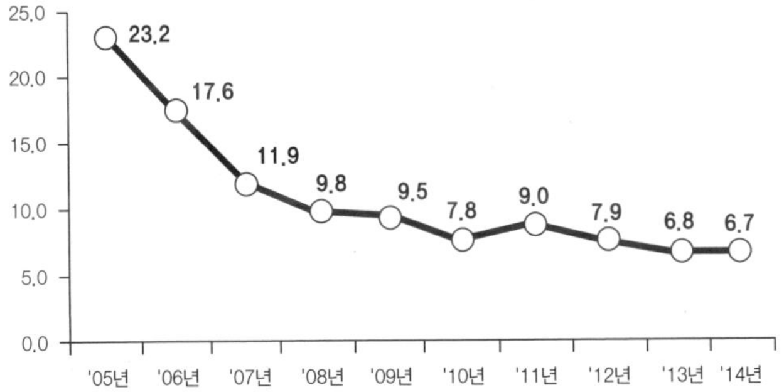

출처 : 뉴데일리경제(2015)

6. 경쟁 전략과 불공정 행위

1) 경쟁 심화로 인해 불공정 행위의 증가

1999년 종합유선방송법 개정과 2000년 통합 방송법 제정으로 인해, 케이블TV를 포함한 방송 산업에 대한 진입 및 소유 규제 완화가 이루어지고, 프로그램 공급 계약이 개별 계약제로 전환되자, 케이블TV 사업자의 수가 비약적으로 증가하였고, 사업자 간 거래 관계가 복잡하게 되었다. 유료방송의 도입과 방송의 디지털화 등으로 인해, 방송 산업은 가치 사슬에 따른 분화가 일어나고, 공정 경쟁과 관련된 이슈가 가치 사슬의 단계별로 발생하기 시작하였다(김도연, 2003, p.9).

다양한 플랫폼들이 출현하면서 경쟁이 심해지자, 사활이 달린 경쟁 기업에 대한 대응 전략은 불공정 행위로 이어지고 있다. 사업자 간 분규는 규제 기관의 규제 대상이 되거나, 법률적인 문제로 비화하였다.

방송사업자에 대한 제재는 1980년 이후부터 이루어졌지만, 대부분의 심결 사례들이 1995년 케이블TV가 도입된 이후에 이루어졌으며, 특히 2000년 이후에 많이 발생한 것으로 나타났다.

2) 불공정 경쟁 규제

국내 방송 시장에서 일반 경쟁 규제를 주도해 왔던 공정거래위원회와 방송·통신 전문 규제기관으로 출범한 방송통신위원회 간에 역할 배분을 두고 치열한 논쟁을 벌였다(공정거래위원회, 2009; 방송통신위원회, 2009; 방송통신위원회, 2010). 방송 시장에서 경쟁이 점차 심화되면서, 규제 기구 간 명확한 역할 배분의 필요성이 더욱 커졌다.

2012년 1월 15일 발효된 방송법 개정을 통해 이러한 문제는 일단락 되었다. 방송법 제85조의 2 제1항은 사업자 간의 공정한 경쟁 또는 시청자의 이익을 저해하거나 저해할 우려가 있는 특정 유형의 행위를 금지하고 있다. 방송법상 금지 행위 규제의 도입은 세 가지 측면에서 의의가 있다. 첫째, 방송 시장에서 발생하는 행위에 대해 사업법적인 사후 규제 체계를 확립했다. 둘째, 방통위와 공정위 간에 그동안 서로 불공정 행위 규제 관할권을 갖고자 하는 논쟁을 종식시켰다. 마지막으로, 통신이나 IPTV의 경우 방통위가 각각 전기통신사업법이나 인터넷멀티미디어방송사업법으로 금지 행위를 규제해 왔으나, 방송의 경우 공정위가 독점규제및공정거래에관한법으로 규제해 온 비대칭 규제를 해결했다.

4) 금지행위 규정이 방송 시장에 미칠 영향

방송법 제85조의 2(금지행위) 규정들이 방송 시장에 어떤 영향을 미칠 것인지를 살펴보기로 한다. 각 규정과 관련하여, 공정거래위원회 심결례나 방송통신위원회 분쟁조정 사례들을 중심으로 금지행위 관련 사례들을 분석함으로써 향후 방송 시장에 미칠 영향들을 살펴보자.

1) 제 1호 채널 프로그램 제공, 필수설비 접근

방송법 제85조의 2 제1항 제1호에 따른 금지행위는 다음 각 호의 어느 하나에 해당하는 행위로 규정하고 있다.

> 1. 채널의 제공을 정당한 사유 없이 거부·중단·제한하는 행위
>   가. 채널의 제공을 위한 협의 또는 계약의 체결을 정당한 사유 없이 거부하거나 채널의 제공을 정당한 사유 없이 거부 또는 중단하는 행위
>   나. 채널을 제공하면서 채널의 제공과 관련하여 정당한 사유 없이 현저히 불리한 거래조건을 제시하여 그 수량 또는 내용을 제한하는 행위
> 2. 방송프로그램의 제공을 정당한 사유 없이 거부·중단·제한하는 행위
>   가. 방송프로그램의 제공을 위한 협의 또는 계약의 체결을 정당한 사유 없이 거부하거나 방송프로그램의 제공을 정당한 사유 없이 거부 또는 중단하는 행위
>   나. 방송프로그램을 제공하면서 방송프로그램의 제공과 관련하여 정당한 사유 없이 현저히 불리한 거래조건을 제시하여 그 수량 또는 내용을 제한하는 행위
> 3. 필수적인 설비에 대한 접근을 정당한 사유 없이 거부·중단·제한하는 행위
>   가. 자신이 보유하고 있는 전송설비, 선로설비 또는 유선방송설비로써 다른 방송사업자 등이 그 서비스 제공에 필수적인 설비(이하 "필수설비"라 한다)의 사용 또는 접근을 요청했을 때 정당한 사유 없이 협의 또는 계약의 체결을 거부하거나 필수설비에 대한 접근을 정당한 사유 없이 거부 또는 중단하는 행위
>   나. 다른 방송 사업자 등이 계약 등에 따라 정당하게 사용하고 있는 필수설비를 정당한 사유 없이 차단하거나 사용을 제한하는 행위
>   다. 필수설비를 사용하고 있는 다른 방송사업자 등에게 필수설비와 관련하여 정당한 사유 없이 현저히 불리한 거래조건을 제시하여 필수설비에 대한 접근을 제한하는 행위
> 4. 다른 방송사업자 등의 채널 사용에 관한 권리를 제한하는 등 채널 편성을 정당한 사유 없이 변경하는 행위

제1호에서 채널 프로그램 제공, 필수설비 접근은 원래 분리되는 것이 특성을 고려할 때 당연하지만 입법 논의 과정에서 합쳐졌다. 특히 채널 프로그램을 거부·중단·제한하는 행위에 대한 규제는 현실적으로 6개 금지행위 중에서 적지 않은 영향을 미칠 것으로 예상된다. 공정위, 방통위, 법원 등 유관 기관에서 관련 사례가 가장 빈번하게 발생하고 있기 때문이다.

(1) 채널·프로그램의 제공을 거부·중단·제한하는 행위

① 계약 체결 시 채널 및 프로그램 공급을 거부·거절

정당한 이유 없이 방송 플랫폼 사업자가 PP에 대한 채널공급의 거래를 거절하는 경우이며, 공정거래법상 거래 거절에 해당된다. 대표적인 예로, 씨앰비한강케이블(주), 런칭비 미제공을 이유로 거래거절을 한 경우(공정거래위원회, 2006. 3. 28. 시정명령); 경북케이블티브이방송외, 신규 프로그램 공급계약을 체결하면서, 거래상 지위를 이용하여 런칭비 명목으로 광고를 수주하는 등의 방법으로 거래 상대방에게 불이익을 주는 행위가 발생하였다(공정거래위원회, 2006. 3. 28. 시정명령). 이외, 합리적인 선정 절차 없이 임의적으로 채널제공 여부를 결정하는 사례도 해당된다.

방송 플랫폼 사업자가 PP에게 지나치게 높은 가격(채널사용료)을 제시함으로써 사실상 채널 제공을 거절하는 경우도, 방송법상 경쟁 사업자 배제에 해당할 수 있다. 한편, PP가 방송 플랫폼 사업자에게 프로그램의 공급을 부당하게 거절하는 경우도 규제 대상이 된다. 예를 들면, 온미디어, CJ 계열 PP 스카이라이프 공급 중단(2003); CJ계열 PP, 스카이라이프 공급 중단(2005); tvN(CJ계열), 스카이라이프 공급 중단한 사례를 대표적으로 들 수 있다(방송통신위원회, 조정 불성립, 2007. 1. 18.).

② 계약 체결 후 이행을 하지 않거나 현재 제공 중인 채널 및 프로그램 공급을 중단

이러한 사례가 지금까지 다수 발생하였는데, 향후 규제받는 사례가 더욱 빈번하게 생길 것으로 예상된다. (주)티브로드부산방송이 계약기간 중 프로그램 송출을 중단한 사례가 있는데, 이 경우도 규제 대상이 된다

(공정거래위원회 2006. 4. 17. 시정명령). (주)티브로드서해방송은 채널 편성 대가로 런칭비(199백만 원)를 부담시키고, 계약기간 중 일방적으로 채널 편성을 변경한 경우가 있었는데, 역시 규제 대상이 된다(공정거래위원회, 2006. 4. 13. 시정명령, 과징금). 이외 (주)티브로드동남방송 등 6개 SO가 계약 기간 중 일방적으로 채널 편성을 변경하였고, 계약기간 중 프로그램 송출을 중단하여 공정위로부터 제재를 받은 적이 있다(공정거래위원회, 2006. 4. 13. 시정명령).

위성방송사업자가 PP에게 위성중계기 사용료 부담을 조건으로 채널 공급을 중단한 사례도 규제 대상이 된다. 스카이라이프가 CJ미디어가 위성중계기 사용료를 부담하지 않자 채널공급을 중단한 적이 있었다.

(2) 필수적인 설비에 대한 접근을 거부·중단·제한하는 행위

방송의 필수설비에 대한 정의를 명확하게 내리는 것은 어렵지만, 판단 기준으로 필수성, 독점성, 복제 및 대체불가능성 등의 요소로 판단하게 될 것이다. 하지만, 방송 필수 설비에 대한 정의를 하위 규정에서 명확하게 하는 후속 작업이 이루어질 것이다. 거부·중단·제한하는 행위를 각각 살펴보기로 하자.

① 거부

다른 방송사업자가 그 서비스 제공에 필수적인 전기통신설비의 사용 또는 접근을 요청하였을 때 정당한 사유 없이 협의 또는 계약의 체결을 거부하거나 체결 계약 등을 이행하지 않는 행위이다. 과거 예를 들어 보면, YTN이 방송 3사에 대폭적인 임대료 인상 요구(2000년 5월)하자, 방송 3사가 공정거래위원회에 YTN의 가격남용행위를 신고하였다

(2000. 10. 9.). 공정거래위원회의 분쟁 조정에 실패, 방송위원회로 관련 업무 이첩하였다(2000. 12. 18.). 방송위원회가 조정안을 제시하여, YTN과 KBS(2001. 3. 7.), MBC와 SBS(2001. 3.) 모두 이를 수락함으로써 서울타워 임대료 분쟁이 타결된 사례가 있다.

② 중단·제한

다른 방송사업자가 계약 등에 의하여 정당하게 사용하고 있는 전기통신설비를 정당한 사유 없이 차단하거나 사용을 제한하는 행위이다. 정당한 사유 없이 전기통신설비를 이용하고 있는 다른 방송사업자가 이용하는 것과 차별적인 가격이나 이용조건을 제시하여 전기통신설비의 사용 또는 접근을 제한하는 행위도 해당된다. 필수설비 접근허용의 의무주체를 방송사업자로 한정하고 있어 규제 효과가 의문이다. 이는 방송시장의 문제점에 대한 구체적 분석 없이 IPTV법상 동일 규정을 그대로 방송법에 옮겨오면서 생긴 문제로 판단하고 있다(공정거래위원회 의견, 2009. 9. 25.).

일례를 들면, 김포 부천지역에서 신축 아파트를 대상으로 CATV 선로가 아닌 MA 선로에 케이블 신호를 물려 70여 개 채널을 무료로 송출함으로써 주민들이 SO를 통해서만 방송을 시청할 수 있게끔 하여 가입을 유도한 다음, 이후에 선로를 복구시켜 놓은 편법 영업행위를 한 바 있다. 이 경우 SO들이 지상파의 MA 선로 사용에 제한을 가한 행위로 볼 수 있다.

SO 사업자의 공동주택 공시청 설비 독점은 후발사업자인 위성사업자에 대한 역차별(SMATV의 사용 제한)을 초래했을 뿐만 아니라, 아파트와의 단체계약으로 이어져 유료방송시장의 저가 수신료 경쟁을 고착화하고 시청자의 매체 선택권도 제한하는 결과를 초래하였다.

그러나 본 조항과 관련하여 수범자의 범위가 문제시될 수 있다. 방송사업자 등의 서비스 제공에 필수적인 전송, 선로설비 또는 유선방송설비 등을 보유한 사업자가 방송사업자가 아닌 경우, 1호 금지행위의 적용을 받는 수범자는 방송사업자 등이므로 규제의 공백이 생길 가능성도 배제할 수 없다. 방송통신 융합 환경에서 전기통신설비가 동시에 방송설비가 될 수 있는 상황이므로, 그러한 설비를 보유한 사업자를 전송망 사업자의 범위에 포섭하거나 수범자의 범위를 확대할 필요성이 있다.

서비스 제공에 필수적인 설비라고 할 경우, 방송사업자 등의 서비스 제공에 필수적인 설비가 어떠한 설비인지에 대한 범위를 한정시키는 정의 규정 등을 하위 법규에 두어야 할 것이다.

(3) 채널편성 변경

방통위 시청자불만처리나 공정거래위원회 심결 사례에서 채널 편성 변경 사례는 다수 발생하고 있다. 정당한 사유 없이 방송채널사용사업자의 채널사용권을 축소하는 행위가 해당된다. 예를 들면, 주)한국케이블 수원방송 등 8개 사업자가 계약기간중 일방적으로 채널편성을 변경하였는데, 전일을 반일 편성하였다.(공정거래위원회 2006. 4. 13, 시정명령)

채널을 임의로 변경하는 것도 해당된다. 이와 관련된 공정거래위원회의 심결예는 다수 발견된다. 예를 들면, 시장 지배적 지위 남용 행위로, (주)티브로드수원방송 등 11개 사업자가 (주)우리홈쇼핑의 프로그램 송출을 중단하고 송출 채널을 일방적으로 변경(공정거래위원회, 2007. 3. 19. 시정명령), (주)티브로드강서방송 등 18개 사업자가 시장 지배적 지위를 이용하여 소비자와의 단체계약을 일방적으로 중지, 묶음채널상품의 일방적인 편성 변경(공정거래위원회, 2007. 10. 8. 시정명령, 과징금), (주)에이치씨엔충북방송이 묶음채널상품의 일방적 변경(공정거래위원회, 2008. 3. 17. 시정명령) 등이 있다.

2) 제2호 적정한 수익 배분

PP와 SO 사이에서 불공정 행위로 가장 빈번하게 발생하고 있고, 특히 영세 PP들이 가장 어려움을 겪고 있는 사례들이다. 방송법 제 85조의 2의 제1항 제2호의 금지행위는 다음 각목의 어느 하나에 해당하는 경우로 규정하고 있다.

1. 다른 방송사업자등에게 적정한 수익배분을 거부 또는 지연하는 행위
   가. 적정한 수익배분을 위한 계약 및 체결된 수익배분 계약의 이행을 거부 또는 지연하는 행위
   나. 이면계약 등을 통해 현저히 불리한 수익배분 조건의 수용을 강요하는 행위
2. 다른 방송사업자 등에게 적정한 수익배분을 제한하는 행위
   가. 계약조건 또는 수익산정 범위와 방식 등을 부당하게 설정, 변경함으로써 적정한 수익배분을 제한하는 행위
   나. 다른 경제상의 이익을 요구하거나 손해를 감수하도록 하여 사실상의 수익배분이 현저히 즐어들게 하는 행위

방송 시장에서 다른 경제상의 이익을 요구하거나 손해를 감수하도록 하여 사실상의 수익배분이 현저히 즐어들게 하는 행위가 다수 발생하였다. 대표적인 불공정 거래행위 사건들을 보면, 2006년 3월 공정위는 경북케이블티브이방송, 대구중앙케이블티브이북부방송, 대구중앙케이블티

브이수성방송, 대구중앙케이브티브이동부방송, 한국케이블티브이서남방송, 씨엠비서광주방송, 수성케이블방송, 동구케이블방송, 대구중앙에 대해 다음과 같은 시정명령과 공표명령을 내렸다. 이상 회사들은 거래상 지위를 이용하여 거래 상대방인 방송채널사용사업자에게 자신의 방송장비인 변조기(Modulator) 구입비용을 부담하게 하는 행위를 다시 하여서는 아니 된다. 방송채널사용사업자와 신규 프로그램 공급 계약을 체결하면서 거래상 지위를 이용하여 거래 상대방으로부터 신규채널 '런칭비' 명목으로 광고를 수주하는 등의 방법으로 거래 상대방에게 불이익을 주는 행위를 다시 하여서는 아니 된다(공정거래위원회, 2006. 3. 28. 소회의).

이와 유사한 사례로, 2006년 4월 11일 티브로드 서해방송과 티브로드 지에스디방송에 대해 시정명령과 공표 명령을 내렸다. 내용인즉은 방송채널사용사업자와 프로그램 공급 계약을 체결하는 과정에서 거래상 지위를 이용하여 채널 편성 대가로 '런칭비' 등 명목 여하를 불문하고 금전을 수령함으로써 거래 상대방에게 불이익을 주는 행위를 다시 하여서는 아니 된다고 심결하였다. 아울러 두 회사는 자신에게 프로그램 공급하는 방송채널사용사업자에 대해 거래상 지위를 이용하여 당초 약정한 프로그램 사용료 중 일부를 환급하도록 하여 거래 상대방에게 불이익을 주는 행위를 다시 하여서는 아니 된다고 시정명령을 내렸다(공정거래위원회, 2006. 4. 11. 소회의)

적정한 수익배분을 위한 계약 및 체결된 수익배분 계약의 이행을 거부 또는 지연하는 행위도 나타났다. 2007년 7월, 공정위는 한국케이블티브이중앙방송에 대해, 협력업체에 대하여 거래상 지위를 남용하여 계약서에 규정된 수수료 단가 등을 일방적으로 조정하여 불이익을 제공하거나 계약기간 중에 타 업체와의 통합을 요구하는 등의 경영을 간섭하는 행위를 다시 하여서는 아니된다고 시정명령을 내린 바 있다(공정거래위원회, 2006. 7. 26. 소회의).

2002년 12월 공정위는 씨앤앰케뮤니케이션사에 대해 거래상 지위를 남용하여 거래 상대방인 PP의 가격 협상력을 제한하는 최혜조건 조항을 설정함으로써 불이익을 제공하는 행위를 다시 하여서는 아니 된다고 시정명령과 공표 명령을 내렸다(공정거래위원회, 2002. 12. 30. 소회의)

7. 필수 설비 이용을 둘러싼 경쟁 : IPTV와 VoIP 경쟁

케이블TV 사업자의 방송서비스 제공을 위해서는 전송망 구축이 필요하며 대부분의 사업자가 전송망 구축을 위해 한국전력의 필수설비(전주, 관로)나 한국통신의 통신관로 등의 설비를 이용하여 가입자 서비스를 제공하였다. 이에, 케이블TV 출범 초기부터 지금까지 필수설비 사용을 두고 갈등이 지속적으로 발생하였다. 케이블TV 사업자들이 초고속 인터넷 사업이나 인터넷 전화 사업에 진출하면서, 통신사업자들은 경쟁 사업자에 대한 전략적 대응을 위해 필수 설비 사용을 제한하기 시작하였다.

케이블TV 사업자에게 전주와 관로는 서비스 제공을 위한 필수 설비이다. 전주는 전봇대를 말하는데, 전화나 방송, 인터넷 네트워크가 가입자의 집 안으로 들어가는 전송로이다. 통신 관로 역시 케이블이 땅 속으로 매설될 때 사용된다. 그러나 이러한 필수 설비는 부설과 유지에 막

대한 비용이 소요되므로 케이블TV 사업자들이 설치하기에는 힘들다. 이로 인해 필수 설비를 소유한 한국전력이나 한국통신은 경쟁자인 케이블TV 사업자들의 사용에 제한을 가하거나, 임대료를 크게 인상하는 방법으로 경쟁력을 약화시키려고 하였다. 이로 인해 필수 설비를 두고, 양 사업자 간에 분쟁이 발생할 수밖에 없었다. 케이블TV의 방송 및 초고속인터넷, 인터넷 전화 서비스를 위해서는 한전의 전주나 KT의 통신 관로의 이용이 절대적으로 필요하지만, 이를 임대하고 있는 KT는 초고속인터넷 시장에서 경쟁을 이유로 케이블TV 사업자들의 필수 설비 사용을 근본적으로 차단하거나, 임대료를 인상하는 방법을 통해 경쟁 사업자를 견제하였다. 1996년 한국전력의 전주 사용을 둘러싸고, 한국전력 대 중계유선방송사와의 법정 소송이 있었다.[91]

2006년 들어와서 케이블TV 사업자들과 통신사업자들 간의 IPTV나 VoIP 사업을 두고, 필수 설비의 사용을 둘러싸고 논쟁이 격화되었다. 특히, 케이블TV 사업자들이 초고속인터넷 사업에 역점을 두고, 신규로 전화 사업에 진출하면서 통신사업자들은 경쟁 사업자에 대한 전략적 대응을 위해 필수 설비 사용을 제한하기 시작한 것이다.

케이블TV 업계는 디지털방송 및 융합 서비스 시장에 대비하여 자체망 구축 및 업그레이드에 대한 투자를 확대하고 있으며, 당시 이미 전국적으로 홈패스율 93% 이상의 전송망을 구축한 상황이었다.

---

91 이에 대한 법원 판결들은 다음을 참고할 것.
한국전력 대 남부유선방송사, 서울지방법원 남부지원, 1998, 97카합6808
한국전력 대 구미유선방송사, 대구지방법원, 1998, 97가합12185
한국전력 대 성남망, 수원지방법원 성남지원, 1998, 97가단9665
한국전력 대 구미유선방송사, 대구고등법원, 1998, 98나3185
한국전력 대 구미유선방송사, 대법원, 1999, 98다60798

그렇지만 케이블TV의 방송 및 초고속 인터넷 서비스나 전화 서비스를 위해서는 한전이나 KT의 전주나 관로의 이용이 절대적으로 필요하였으나, KT는 초고속인터넷 시장에서의 경쟁을 이유로 SO의 KT 전주, 관로 사용을 근본적으로 차단하는 방향으로 임대 업무를 진행하였다. 한전의 경우, 도시 미관 훼손과 전력 공급의 안전을 이유로 공가 기준 초과분에 대한 무조건적인 정비 및 과다한 위약 요금을 부과하고 있어 향후 전송망 운영 및 서비스 유지에 대한 불안정 요소로 작용하였다.[92]

국가에서는 케이블TV 방송사업자의 안정적 서비스 제공을 위한 필수 기반 시설인 전주 및 관로 등에 대해서 SO의 신규 설치 허가에 소극적이어서 SO는 이미 설치된 KT나 한전의 전주, 관로를 이용하지 않고는 가입자에게 방송 및 부가 서비스를 제공할 수 있는 방법이 없었다.

KT는 2004년 8월 자사 선로설비를 이용하는 50여 개에 대해 임대료를 최소 500%에서 1,000%까지 인상한다고 통보하였다. 예를 들어, 강원도의 한 케이블방송사의 경우 연간 9,400만 원 지불하던 것의 10배 가까이 되는 8억 7,000만 원의 임대료를, 부산 지역 케이블의 경우도 1억 500만 원의 14배 이상 인상된 14억 9,000만 원 지불을 요구한 바 있다(한국케이블TV방송협회, 2004, p.3). SO가 100만 본 이상 사용 중인 한전의 전주 임대료(현행 900원/월(본))에 대하여 1,460원으로 인상을 요구하였다.

기존의 이용요금은 전주 1본당 요금을 부과하였으나, 일부 통신사업자의 전주 요금 현실화 요구에 따라 통신케이블의 조수에 비례하여 요

---

92 한국케이블TV방송협회(2006. 8.), "케이블TV 디지털 활성화를 위한 대정부 건의서", pp.27~29

금을 부과하는 방식으로 개편하였다. 2008년 3월 25일 이후 케이블TV 수신료는 정부(재경부)의 물가 집중 관리 대상 52개 품목에 포함되어 규제를 받았다. 초고속인터넷과 시내전화 요금은 물가 집중 관리 대상이 아니다. 서비스 원가에 해당되는 전송망 유지에 소요되는 비용 상승에 따른 부담이 가중되고 있으나, 수신료 인상은 불가하였다.

2017년 기준, 변경된 이용요금 제도 도입으로 케이블TV 사업자는 전주 1본당 포설한 통신케이블 1조당 753원의 이용요금을 납부하였다.

주요 이슈로 등장하는 것은 서비스 제공 지역에 따라, 수익성의 차이가 발생한다는 점이다. 수도권(서울·경기) 지역과 농어촌 지역의 인구밀도(노령인구 비율이 높음), 사업구역 등에 따라, 수익성의 차이가 발생하였다. 농어촌 지역의 경우, 인구밀도는 낮은 반면 사업구역은 광활하여 수익성이 낮았다. 넓은 사업구역으로 수도권 대비 상대적으로 많은 전주 이용이 불가피하였다. 전주 이용량 증가에 따라 이용요금 동반 상승이 불가피하였다. 전송망을 구성하여 서비스를 제공한다 하더라도, 실제 서비스 이용 가능한 세대 수는 소수에 불과하였다. 공동주택이 밀집되어 있는 수도권 지역과의 가장 큰 차이가 있는 것이다. 상대적으로 수도권 지역을 서비스 중인 통신사업자나 케이블TV 사업자에 비해 지역을 사업권역으로 하는 개별 SO의 전주 이용요금 부담이 큰 상황이었다.

방송법 제79조는 종합유선방송사업자의 기간통신사업자의 전기통신설비 이용에 대한 일반적 사항만을 규정하고 있어 케이블TV방송 및 초고속인터넷 서비스 등을 제공하기 위해서는 통신사업자의 전주 및 관로(백본망 포함) 등 필수 기반 시설에 대해 케이블TV 방송사업자의 이용과 접근권 보장이 미흡하였다.

전기통신사업법의 경우에도 종합유선방송 사업자 등의 기간통신사업자에 대한 전송, 선로설비에 대한 제공에 관한 사항만을 규정하고 있다. 방송통신위원회는 요금 규제정책의 수립은 물론, 필수 설비 이용과 관련된 법규들을 정비할 필요성이 대두하였다.

제7부

시장 성과론

1. 경제적 성과
2. 사회·문화적 성과
3. 유료방송 기술 발전

제7부

시장 성과론

1. 경제적 성과

1) 가입자 확산

(1) 가입자 개념 정의

유료방송 가입자 개념은 다양한 차원에서 정의될 수 있다. 사용 목적에 따라 가구 수의 차이가 적지 않게 난다. 다양한 가입자 개념은 시장과 정부의 정책을 이해하는 데 유용하다. 유료 가입자, 컨버터 설치 가입자, 복수가입자, 총 시청 가입자로 크게 구분할 수 있다. 그리고 유료 가입자는 다시 기본형 티어 가입자와 여타 티어 가입자, VOD 가입자로 나누어진다. 가입자 개념을 어떻게 정의하느냐에 따라 가입자 규모가 달라짐은 물론이고 산업적 의미도 차이가 있다. 유료 가입자는 SO의 수익에 영향을 미치고, 총 시청 가입자는 광고 시장이나 홈쇼핑 시장을 분석할 때 주요한 자료가 된다.

2) 가입자 증가 현황

(1) 유료방송 초기 가입자

종합유선방송 출범 이후 1998년까지만 해도 종합유선방송 가입자의 수적 증가는 기대 이하로 저조하였다. 방송 가입자가 급격하게 증가한 요인은 두 가지를 들 수 있는데, 하나는 티어링 제도의 도입이고, 또 다른 하는 중계유선의 종합유선방송으로의 전환이다. 이 두 가지 제도는 종합유선방송 가입자 증가에 상승 효과를 나타내어 종합유선방송이 자리를 잡는 데 큰 도움을 주었다.

종합유선방송 가입자가 본격적으로 증가하기 시작한 것은 티어링 제도가 도입된 1999년 이후이다. 그 이후 기본형 가입자 수는 크게 증가하지 않은 반면, 티어 가입자 수는 매년 기하급수적으로 증가하였다. 〈표 7-1〉에서 보듯이, 티어 도입 첫해인 1999년 티어 가입 가구 수가 916,176가구이던 것이 2004년에는 9,384,086가구로 불과 5년 사이에 약 10배가량 폭발적으로 증가하였다.

종합유선방송 가입자 증가에 영향을 미친 또 다른 정책은 중계유선방송의 전환 승인이었다. 두 차례에 걸친 전환 승인의 결과, 중계유선 사업자의 23%에 해당하는 181개 사업자가 종합유선방송으로 전환하였다. 사업자들이 전환하면서 중계유선 가입자 역시 종합유선방송 가입자로 자연스럽게 전환하게 되었다. 중계유선의 종합유선방송 전환 승인 바로 전 2001년 종합유선방송 가구 수는 3,275,240가구였다. 1차 전환 승인이 끝난 후, 2001년 종합유선방송 가구 수는 5,844,118가구로 불과 9개월 사이에 256만 가구나 증가하였다.

〈표 7-1〉 초기 유료 매체 보급 현황

		1995	1996	1997	1998	1999	2000	2001	2002	2003	2004	2005	2006
대상 가구수		13765000	13765000	14502079	14913543	15173729	15442700	15720668	16080111	16489115	16987703	17655548	18022619
전체 케이블TV		5274305	6788160	8861224	8007866	8479379	9991986	10906173	11434000	12503566	12903107	11652924	12379641
		38.3%	49.3%	61.1%	53.7%	55.9%	64.7%	69.4%	71.1%	75.8%	76.0%	66.0%	68.7%
종합유선방송		556305	1536160	2529782	1002866	1955889	3086267	5844118	6911514	9401606	11724055	11133775	12083052
		4.0%	11.2%	17.4%	6.7%	12.9%	20.0%	37.2%	43.0%	57.0%	69.0%	63.1%	67.0%
기본형		206886	502874	825075	829403	878622	932526	905376	1270310	874554	1957691	1188863	852924
		1.5%	3.7%	5.7%	5.6%	5.8%	6.0%	5.8%	7.9%	5.3%	11.5%	6.7%	4.7%
티어						916176	1955319	4708642	5344107	8091978	9384086	9661163	11014389
		0.0%	0.0%	0.0%	0.0%	6.0%	12.7%	30.0%	33.2%	49.1%	55.2%	54.7%	61.1%
중계유선방송		4718000	5252000	6331442	7005000	6523490	6905719	5062055	4502000	2322846	1179052	519149	296589
		34.3%	38.2%	43.7%	47.0%	43.0%	44.7%	32.2%	28.0%	14.1%	6.9%	2.9%	1.6%
위성방송								176387	301594	779114	1297214	1825538	1902920
		0.0%	0.0%	0.0%	0.0%	0.0%	0.0%	1.1%	1.9%	4.7%	7.6%	10.3%	10.6%
유료매체		5274305	6788160	8861224	8007866	8479379	9991986	11082560	11735594	13282680	14200321	13478462	14282561
		38.3%	49.3%	61.1%	53.7%	55.9%	64.7%	70.5%	73.0%	80.6%	83.6%	76.3%	79.2%

출처 : 당해연도 방송위원회 방송산업실태조사보고서

종합유선방송 가입자의 급증에 대한 평가는 명암이 엇갈린다. 절대 가입자 수가 증가함으로 외형적으로 케이블TV가 단기간에 성장했다는 긍정적인 평가가 가능하다. 하지만, 부정적인 측면은 유료 가구가 PP에게 수신료를 배분하지 않는 가구를 중심으로 확대되었다는 점이다. PP에게 수신료를 제대로 배분하는 유료 기본형 가구는 1997년 이후 거의 증가하지 않고 있다. 1997년 825,075가구였던 것이, 2003년 874,554가구, 2006년 기준으로 852,924가구로 거의 제자리에 머물러 있었다.

전환 승인 정책이 가시적 시장 성과는 달성했지만, 중계유선 방송 가입자가 단순하게 종합유선방송으로 전환된 것에 불과하였다. 가입자 측면에서 볼 때, 종합유선방송 초기 가입자 원형이 그대로 유지되면서 거의 정체되었다. 종합유선방송이 중계유선을 외형적으로 흡수했지만, 실질적으로는 종합유선방송이 중계 유선화되었다는 평가도 있었다.

수신료 배분 비율이 낮은 가입자 중심으로 시장이 발전해 온 이러한 특성은 현금 흐름이 집중되는 SO에게는 의미 있었지만, 수신료를 제대로 배분받지 못하는 다수 PP들이 이후 겪었던 경영상 어려움으로 이어졌다.

(2) 디지털 무한 경쟁 시기의 유료방송 가입자

2006년 기준으로, 유료매체(케이블TV와 위성방송) 보급률은 79.2%에 달하였다. 2006년 기준으로, 케이블TV 총가입자는 12,379,641가구, 대상 가구 수 대비 68.7%의 높은 가입률을 보이고 있다. 그 가운데 종합유선방송이 12,083,052가구로 67.0%를 차지하고 있고, 중계유선방송은 가입자가 크게 감소하여 296,589(전체 가구 수 대비 1.6%)가구로 이제 시장에서 거의 사라진 매체가 되었다. 종합유선방송 가입자는 IMF 외환 위기 시기를 제외하고 꾸준히 성장해 왔으나, 한편 2002년 3월에 본방송을 시작한 위성방송은 사업 첫해 말에 53만 가입자를 확보하고, 본방송 1년만인 2003년에는 60만 가입자를 확보하여 비교적 순조로운 출발을 보였다. 2004년에는 가구 점유율이 7.6%(1,297,214가구)를 차지하였다. 그렇지만, 지상파 방송의 재송신이 난항을 겪으면서 가입자가 급격하게 증가할 수 있는 호기를 놓쳐버렸고 기대만큼 빠른 성장을 보이지 못했다.

〈표 7-2〉 유료방송 가입자 변화 현황 (1995~2018)

	1995	1996	1997	1998	1999	2000	2001	2002	2003	2004	2005	2006
총 유료방송	5274305	6788160	8861224	8007866	8479379	9991986	11082560	11715108	12503566	14200321	13478462	14282552
총 케이블 TV	5274305	6788160	8861224	8007866	8479379	9991986	10906173	11434000	12503566	12903107	11652924	12379641
종합 유선방송	556305	1536160	2529782	1002866	1955889	3086267	5844118	6911514	9401606	11724055	11133775	12083052
중계 유선방송	4718000	5252000	6331442	7005000	6523490	6905719	5062055	4502000	2322846	1179052	519149	296580
위성방송							176387	301594	779114	1297214	1825538	1902920
IPTV												

	2007	2008	2009	2010	2011	2012	2013	2014	2015	2016	2017	2018
총 유료방송	16886067	17568178	19342050	20652083	21835026	23242306	25498662	27466349	28266499	30032592	31669229	32779097
총 케이블 TV	14533965	15013227	15229961	15038895	14957857	14921837	14842784	14708848	13816370	13959868	14098156	13859169
종합 유선방송	14533965	15013227	15053855	14858247	14777993	14798725	14737884	14611459	13732042	13886673	14036693	13804449
중계 유선방송	200220	216573	176106	180648	179864	123112	104900	97389	84328	73195	61463	54720
위성방송	2151882	2338378	2414021	2504374	2659761	2904507	3064630	3091604	3091938	3183501	3245577	3263067
IPTV			1698068	3108814	4217408	5415962	7591248	9665897	11358191	12889223	14325496	15656861

출처 : 당해연도 방송위원회 방송산업실태조사보고서

2010년 이후 유료방송 가입 가구 비율이 90% 선에서 정체를 보이면서, 유료방송 시장은 포화 상태에 달하였다. 2013년 기준 유료방송가입자 총규모는 2,540만 명으로 전년도에 비해 8.9% 증가하였다. 2009년 IPTV 진입 이래 지속적인 증가세를 유지하고 있으며, 증가폭도 전년(8.1%)에 비해 다소 높아졌다. 매체별 비중을 보면 SO 가입자가 여전히 가장 많은 58.0%를 차지하고 있으며, IPTV가 34.3%, 위성이 16.5%, OTS가 8.8%를 기록하였다. SO 가입자 비중은 지속적으로 감소해서 60% 이하를 기록한 반면, IPTV는 2009년 시장 진입 이래 처음으로 30% 비중을 돌파하였고 성장세도 유료방송 매체 중에서 가장 현저하게 나타났다. IPTV가 케이블로부터 이탈하는 가입자들을 빠르게 흡수하면서 성장하였다.

2016년 유료방송 가입자가 세대 수를 넘어섰다. IPTV 가입자는 크게 늘고 SO 및 위성 가입자 감소는 크지 않아, 다회선 가구, 신규 1인 가구, 영업장 증가로 판단된다. 위성방송 가입자의 변동 폭은 크지 않은데 비해, OTS 가입자 비중은 점차 증가하였다.

〈그림 7-1〉 유료방송 가입자(1995~2018)

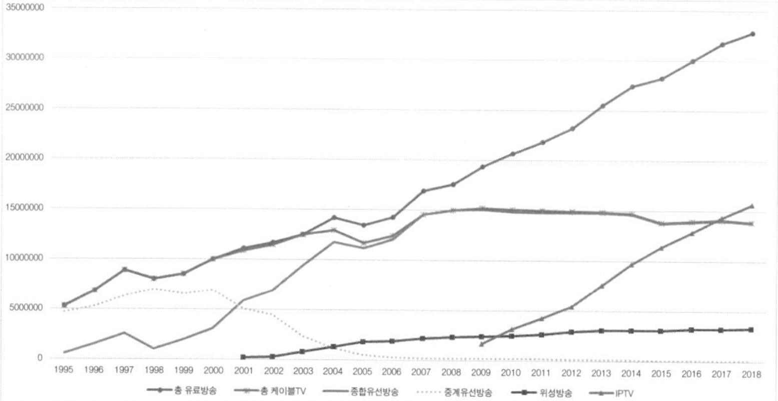

2017년 기준 유료방송가입자 수(단자 수 기준)는 전년 대비 5.5% 증가한 3,161만을 기록하며 증가 추세가 지속되었다. 2017년 IPTV 전체 가입자 수는 1,433만(2016년 1,289만)으로 케이블TV SO 가입자 수를 추월하였으며, 전체 가입자 중 비중은 전년 대비 2.3% 증가한 45.3%를 기록하였다. 2017년부터 IPTV 가입자 수가 SO 가입자 수를 앞선 이후 전체 유료방송 시장에서 IPTV와 SO 간 가입자 수 격차는 2019년 6월 말 기준 약 268만 명으로 확대된 것으로 나타났다.[93]

2019년 상반기 기준, 유료방송 가입자 수는 33,034,309명로 집계되어 2018년 하반기 대비 54만 명이 증가하였다. 시장 포화 상태에서도 매년 지속적으로 증가하고 있다. 2019년 하반기 조사에 따르면, IPTV 시장점유율이 50.10%로 집계됐다. IPTV가 유료방송 시장점유율 50%를 상회한 것은 유료방송 역사상 처음이다. 같은 기간 케이블TV는 41.55%에서 40.35%로, 위성방송은 9.87%에서 9.56%로 줄었다. 2019년 12월 말 기준 IPTV와 케이블TV 간 가입자 격차는 상반기보다 더 증가하여 약 365만명으로 추산됐다.[94]

〈표 7-3〉 최근 4년간 SO와 IPTV 가입자 수

(단위 : 단말장치·단자)

구분	'16.6월	'16.12월	'17.6월	'17.11월	'18.6월	'18.12월	'19.6월
SO	13,848,657	13,886,670	13,968,178	14,097,123	13,940,289	13,804,449	13,671,046
IPTV	12,196,432	12,889,408	13,632,000	14,220,281	15,015,907	15,656,861	16,351,182

93 과학기술정보통신부(2019. 12. 13.), "2019년 상반기 유료방송 가입자 수 및 시장점유율" 보도자료

94 과학기술정보통신부(2020. 5. 12.), "2019년 하반기 유료방송 가입자 수 및 시장점유율" 보도자료

차이 (SO-IPTV)	1,652,225	997,262	336,178	-123,158	-1,075,618	-1,852,412	-2,680,136

출처 : 과학기술정보통신부(2019. 12. 13.)

〈그림 7-2〉 케이블TV 가입자 현황

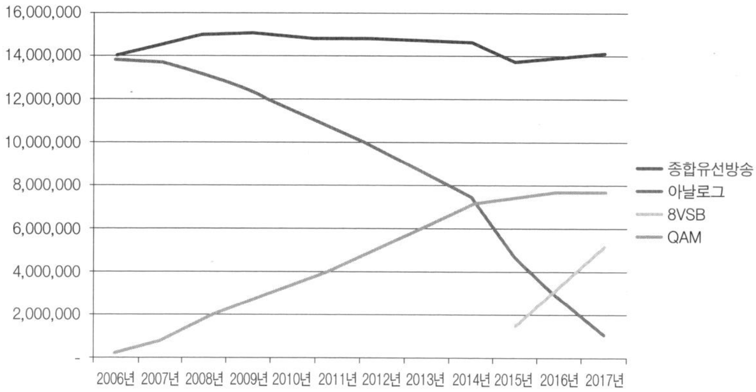

2017년 아날로그 케이블TV 가입자 수는 111만(2015년 468만, 2016년 280만)으로 빠르게 감소하고 있는 반면, 8VSB 케이블TV 가입자 수는 전년 대비 53.8% 증가한 518만(2015년 156만, 2016년 336만)으로 급증하였다.

〈표 7-4〉 주요 유료방송사별 가입자 수 추이

(단위: 천 단자)

구분	2009	2010	2011	2012	2013	2014	2015	2016	2017	2018
티브로드	3,426	3,234	3,137	3,139	3,336	3,303	3,239	3,231	3,169	3,109
CJ헬로	2,952	3,002	3,405	3,322	3,948	4,155	3,823	3,922	4,103	4,070
딜라이브	2,728	2,639	2,697	2,449	2,459	2,378	1,964	2,008	2,059	2,012
HCN	1,351	1,338	1,312	1,423	1,400	1,360	1,348	1,338	1,333	1,360
CMB	1,287	1,286	1,346	1,350	1,508	1,496	1,506	1,536	1,547	1,562
MSO 합계	11,744	11,499	11,898	11,683	12,651	12,692	11,881	12,034	12,211	12,113
개별SO	3,398	3,360	2,880	3,116	2,087	1,919	1,851	1,852	1,826	1,692
SO 합계	15,142	14,859	14,778	14,799	14,738	14,611	13,732	13,887	14,037	13,804

KT 계열	3,466	4,178	5,059	6,024	6,906	7,770	8,344	9,078	9,690	10,217
KT	1,009	1,540	2,304	3,121	3,839	4,679	5,252	5,895	6,445	6,954
KT스카이라이프	2,457	2,639	2,755	2,904	3,067	3,091	3,092	3,184	3,246	3,263
(OTS)	-	375	1,012	1,773	2,226	2,338	2,321	2,024	1,818	1,657
SKB	403	735	883	1,445	2,081	2,819	3,474	3,955	4,358	4,718
LGU+	330	610	860	1,053	1,675	2,168	2,632	3,040	3,523	3,985
IPTV 합계	1,741	2,885	4,047	5,619	7,595	9,666	11,358	12,889	14,352	15,657
합계	19,341	20,382	21,580	23,321	25,400	27,368	28,182	29,959	31,608	32,724
LGU+&CJ헬로	3,282	3,612	4,265	4,375	5,623	6,323	6,455	6,962	7,626	8,055
SKB&티브로드	3,829	3,969	4,020	4,584	5,417	6,122	6,713	7,186	7,527	7,827

주: 1) 티브로드는 큐릭스 계열, CJ헬로는 온미디어 계열, 딜라이브는 GS 계열 SO 가입자 수를 포함
2) KT계열은 'KT+위성', IPTV는 'KT+SKB+LGU+', 합계는 'SO합계+KT계열+SKB+LGU+'로 계산
3) 2015년 이전 OTS 가입자는 위성과 KT에 0.5명씩 배분

출처 : 방송통신위원회(2019), 〈2019 방송시장경쟁상황평가보고서〉, p.132

2019년 상반기 기준, 유료방송 가입자 수는 33,034,309명 중, 사업자별로 살펴보면 ① KT 7,081,177명(점유율 21.44%), ② SK브로드밴드 4,855,775명(14.70%), ③ LG유플러스 4,110,187명(12.44%), ④ CJ헬로 4,055,865명(12.28%), ⑤ KT스카이라이프 3,261,285명(9.87%) 순으로 집계되었다. IPTV 3사의 가입자 수 및 점유율은 꾸준히 증가하여, 2015년 하반기 가입자 수 조사·검증을 시행한 이후, 2019년 상반기 기준 IPTV 3사가 처음으로 1~3위를 차지한 것으로 나타났다. KT와 KT스카이라이프를 합산한 가입자 수는 지난 2018년 하반기(1,010만명) 대비 24만 명이 증가한 1,034만 명으로, 유료방송 시장에서 31.31%(시장점유율 0.24% 증가)의 시장점유율을 차지했다. 2016년 KT 계열의 가입자는 908만 명으로 2009년 이후 가입자 수 1위를 계속 유지하고 있으며, 2위는 SKB가 기존의 CJ헬로를 추월해서 2위로 부상한 가운데, 1위와 2위 사업자의 점유율 격차는 더 커졌다.

(3) 유료방송의 초고속 인터넷 가입자

OECD나 ITU와 같은 국제 기구들의 발표에 따르면, 우리나라의 초고속인터넷 보급률은 세계 최고 수준을 유지하고 있다. 초고속인터넷은 지식 기반 사회의 기반 구조이자, 유료방송 확산을 위한 중요한 인프라이다. 특히 IPTV의 빠른 확산에 결정적인 영향을 미쳤다.

1998년 초고속인터넷 서비스가 개시된 이래 우리나라 초고속인터넷 시장은 급격히 성장하여 2002년까지 연평균 92.9%라는 높은 증가율을 보였다. 2004년에는 시장 포화 상태에 도달하였다. 초고속인터넷 서비스는 xDSL(ADSL, VDSL), 케이블모뎀, B-WLL, 아파트 LAN, 무선 LAN, 위성 등 다양한 기술 방식에 의해 제공되고 있으며 전력선 통신, 휴대 인터넷 등 신기술 개발도 지속적으로 이루어졌다. 케이블TV망에 의한 초고속인터넷이 먼저 제공되기 시작하였으나, 하나로텔레콤과 KT의 시장 진입 이후 ADSL 방식의 서비스가 2004년 기준 61.7%를 차지하였다. 이어, 케이블TV 모뎀이 초고속인터넷 시장의 약 30%를 차지하였다.

이렇게 통신회사들의 시장점유율이 높은 것은 성공적인 마케팅 전략 때문인데, 하나로텔레콤의 경우 집단 주거지역을 중점적으로 공략했으며, 한국통신의 경우에는 기존 전화 가입자를 대상으로 마케팅을 강화하여 가입자를 확보하였기 때문이다. 위성방송의 경우, 2004년부터 초고속인터넷 서비스를 제공하였지만, 점유율이 매우 미약하여 케이블TV와 비교할 때 양방향 매체로써의 한계를 보였다.

〈표 7-5〉 망별 초고속 인터넷 가입자 증가 추세

	1999	2000	2001	2002	2003	2004
DSL	156,138	2,559,115	4,452,589	5,664,415	6,379,781	6,692,524

케이블모뎀	182,726	1,354,970	2,708,644	3,553,830	3,222,375	3,247,854
위성						3,533
아파트 랜						902,046
기타			1,662,784	1,181,352	775,357	
전체	338,864	3,914,085	8,824,017	10,399,597	10,377,513	10,845,957

출처 : 지식경제부 IT 통계 정보 센터(2005)

2008년까지 연평균 5.8%의 낮은 성장률을 예상하였다. 그렇지만, 예상을 뒤집고 그동안 국내 인터넷 확산과 관련하여 큰 변화가 일어났다. 2005년 들어서면서, 아파트 거주자를 대상으로 서비스 속도가 최대 100Mbps에 육박하는 '아파트 랜' 서비스가 급속하게 보급된 것이다(삼성경제연구소, 2005).[95]

2004년 100만 가입자 돌파 이래 꾸준한 보급 증가로 초고속 인터넷 가입자 중 100메가 광랜(Mpbs) 사용자의 비중이 2008년 3월 기준으로 30%에 육박했다. 가입자 수로는 440만여 명으로 추정되었다. 이는 전체 초고속인터넷 가입자 1,485만여 명의 29.6%에 해당한다. 초고속인터넷 시장에 100메가 바람이 불기 시작한 것은 2005년 LG파워콤이 '엑스피드'를 출시하면서부터다. 이 회사는 광케이블 인터넷망을 뜻하는 '광랜'이라는 말을 유행시키며 업체 간 속도 경쟁을 촉발했다. LG파워콤의 '엑스피드'는 100만 명, KT와 하나로텔레콤의 100메가 가입자는 각각 190만 명과 120만 명에 이르렀다. 케이블TV 사업들은 30만 가구를 확보하였다. 한편, 저속 인터넷인 xDSL 가입자는 크게 줄었다. 2005년 656만 명이던

---

95 아파트 랜은 광랜으로도 불리며, 아파트 단지까지는 광케이블로 연결하고 각 가정까지 LAN(근거리통신망)으로 연결하는 초고속 인터넷 서비스를 말한다. 기존 ADSL, VDSL 보다 2~20배 빠른 100Mbps 속도의 인터넷 서비스를 상대적으로 저렴한 가격에 제공하였다.

것이 2007년 460만 명으로 줄었다. 2006년부터 동영상 사용자 제작 콘텐츠(UCC)가 사이버 세상의 주류로 떠오르게 된 데에는 빠른 인터넷 속도가 큰 몫을 했다. 이러한 광랜의 보급률 급증으로 인해 IPTV 상용화가 당겨지게 되었다.[96]

100메가 아파트 랜 보급 확산을 통해 ADSL에서 VDSL로 진화한 뒤 한동안 정체되어 있던 초고속 인터넷 시장이 새로운 활력을 찾기 시작하였다. 그동안 저속의 ADSL 등은 광랜, FTTH, 50Mbps급 이상의 VDSL 등에 의해 빠르게 대체되었다. 이 같은 통신 사업자들의 망 업그레이드에 따른 급속한 가입자 확산에 비해, 2006년 이후 광동축혼합망(HFC)은 주춤하였다. 케이블TV 역시 100메가 시대에 접어들면서 통신 사업자들과 경쟁하면서 많은 어려움을 겪었다.

종합유선방송 사업자가 보유한 초고속인터넷 가입자(IP기준) 수는 2013년 311만 1천, 2014년 305만 8천, 2015년 304만 7천, 2016년 308만 8천, 2017년 12월 307만 5천, 2018년 312만 4천 가구로 큰 변화가 없다.[97] 통신사들의 양질의 망 성능과 강력한 영업 활동에도 불구하고, 종합유선방송 사업자들이 선방한 결과로 평가된다. 그동안 통신사업자들은 IPTV와 함께 이동통신, 유선전화, 초고속인터넷망 또는 OTS, DCS 서비스 등의 다양한 결합상품으로 영업활동을 전개해 왔다. 향후 상대적으로 SO는 통신사업자들과 같은 다양한 형태의 TPS(Triple Play Service), QPS(Quadrable Play Service) 결합상품을 제공할 수 없는 한계로 자연 도태할 수밖에 없는 시장 환경에 직면해 있다.

---

96 동아일보(2008. 4. 1.), "광란의 속도 100메가 광랜, 440만을 쐈다"
97 당해 연도 방송산업실태조사보고서 참조

〈표 7-6〉 종합유선방송 MSO별 초고속 인터넷 가입자 현황(IP 기준)

(2018년 12월 기준)

MSO	사업자 수	초고속 인터넷 결합상품	초고속 인터넷 단독상품	소 계
티브로드	23	553,443	349,409	902,852
씨제이헬로	24	710,526	98,617	809,143
딜라이브	16	375,202	134,621	509,823
현대에이치씨엔	9	252,410	28,883	281,293
씨엠비	11	162,574	37,992	200,566
개별 SO	9	362,100	58,003	420,103
계	92	2,416,255	707,525	3,123,780

출처 : 방송통신위원회(2019), 〈2019 방송산업실태조사 보고서〉, p.150

2) 유료방송 시장의 규모

(1) 전체 방송 사업자 매출

1997년 국내 전체 방송사업자 방송 매출이 약 3조 2,600억 규모이었던 것이 IMF 경제 위기의 영향으로 1998년 약 2조 9,000억 원으로 감소하였다가, 1999년 약 3조 5,900억 원으로 회복하기 시작하여 2000년도 들어와서 크게 신장하여, 약 5조를 상회하였다. 당시 지상파방송의 광고 수입이 크게 증가한 이유도 있지만, 방송채널사용사업 가운데 홈쇼핑의 상품 판매 수입이 약 5천억 원 정도 증가한 데 기인하였다.[98]

2009년도 전체 방송사업 매출은 8조 8,563억 원을 기록하였다. IPTV가 본격적으로 성장하기 시작하면서 2014년에는 14조 7,700억 원

98 방송위원회(2001), <2001년 방송산업실태조사보고서>, p.13

으로 크게 증가하였다. 이후 매년 지속적으로 매출 규모는 성장하여, 2018년도에는 17조 3,039억 원을 기록하였다. 2017년에 비해 7,937억 원(4.8%) 증가하였다. 전체 방송시장은 2009년 이후 10년간 평균 7.7% 성장하였다. 이 중 IPTV, 위성, PP는 각각 23.3%, 5.2%, 8.4% 성장한 반면 지상파는 1.7%로 상대적으로 낮은 성장을 기록하였다. 지상파, IPTV, PP 및 CP의 방송사업 매출은 증가한 반면 위성, 지상파DMB 및 SO는 감소하였다.

〈그림 7-3〉 매체별 방송사업매출('09년~'18년) 및 변화 추이

(단위: 억 원, %)

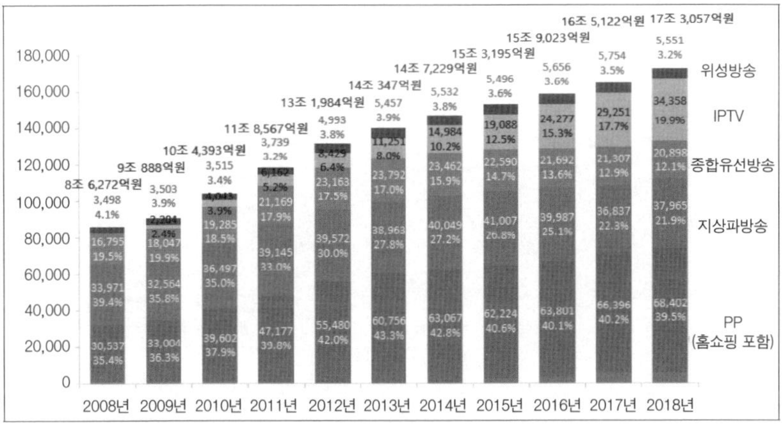

주: 1) PP는 홈쇼핑 PP, 일반(TV, 라디오) PP 및 데이터 PP 전체의 합
2) 기타는 지상파DMB, 위성DMB, 중계유선방송, CP의 합

출처 : 방송통신위원회(2019), 〈2019년도 방송시장경쟁상황평가보고서〉, p.107

시장점유율을 보면, 2009년 이후 홈쇼핑 PP('09년 21.6%→'18년 22.8%), 일반 PP(15.7%→16.7%)의 방송 매출 점유율은 증가하였다. 같은 기간 동안 SO(20.4%→12.1%) 및 지상파(36.8%→21.9%)의 점유율은 크게 감소하였으며, IPTV('14년 10.1%→'18년 19.9%)의 점유율은 크

게 증가하였다. 유료방송과 관련하여 중요한 변화는 케이블TV와 IPTV의 매출액이 2016년을 기점으로 역전되었다는 점이다. 이는 2017년부터 IPTV가입자 수가 SO 가입자 수를 앞서게 된 점과 매우 연관되어 있다. 가입자 규모가 결국 매출에 영향을 미치게 된 것이다. 그 이후 전체 유료방송 시장에서 IPTV와 SO 간 가입자 수 격차는 2019년 6월 말 기준 약 268만 명으로 확대되고 있는 추세를 감안할 때 매출 점유율에도 보다 더 영향을 미칠 것으로 보인다.

〈그림 7-4〉 매체별 방송사업매출 변동 추이('09년~'18년)

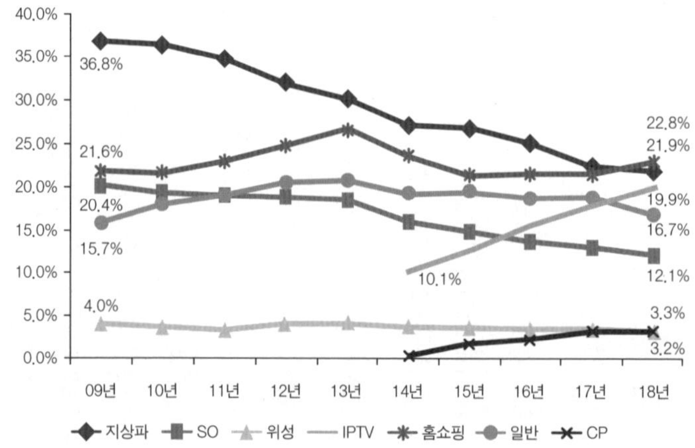

출처 : 방송통신위원회(2018), 〈2018년도 방송사업자 재산상황 공표집〉, p.5

전체 방송사업매출액에서 지상파 계열 방송사업자(지상파방송+지상파 계열 PP)가 차지하는 비중은 지속적인 감소 추세를 유지하고 있다. 계열 PP를 제외한 지상파방송 사업자의 방송사업매출액 점유율은 2008년 39.4%에서 2018년 21.9%로 감소한 것으로 나타났다. 계열 PP를 포함한 지상파 계열 방송사업자의 방송사업매출 점유율은 2008년 44.1%에서

2017년 25.2%로 감소하였다. 비지상파 계열 PP(홈쇼핑, 라디오, VOD, 데이터 PP 포함)의 점유율은 같은 기간 30.7%에서 36.3%로 증가했으나, 2013년 이후로는 점유율 수준이 전반적인 감소세를 보이고 있다.

〈그림 7-5〉 사업자군별 방송사업매출액 비중 추이

(단위: %)

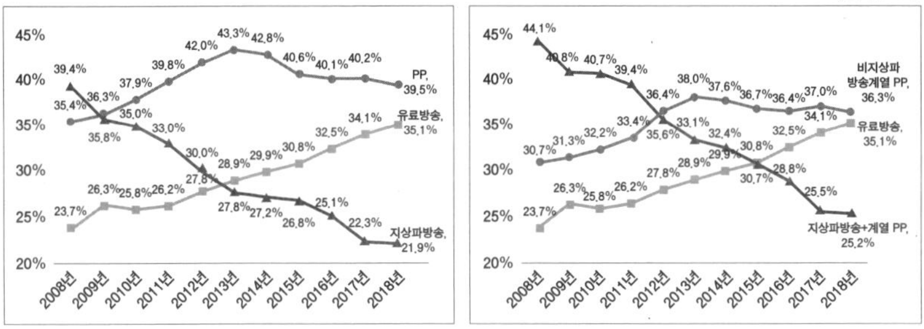

주: 1) PP는 홈쇼핑 PP, TV, PP, 라디오 PP, VOD PP 및 데이터 PP 전체의 합
2) 유료방송은 종합유선방송, 중계유선방송, 일반위성방송, IPTV의 합
3) 그림에는 표시되어있지 않으나 기타는 지상파DMB와 위성DMB의 합
4) 수치로는 표시되어 있지 않으나 2015년부터 CP 포함

출처 : 방송통신위원회(2019), 〈2019년도 방송시장경쟁상황평가보고서〉, p.108

전체 방송사업자의 영업이익(방송사업 이외의 사업 포함)은 2017년 대비 1조 56억 원(26.3%) 감소한 2조 8,243억 원이었다. 2017년 대비 지상파(1,870억 원), SO(380억 원), 위성(110억 원), IPTV(442억 원), PP(3,151억 원), CP(4,099억 원) 및 지상파DMB(5억 원)의 모든 방송사업자 군의 영업이익이 감소한 것으로 나타났다.

〈표 7-7〉 매체별 영업손익 현황('09년~'18년)

(단위: 억 원)

구분	09년	10년	11년	12년	13년	14년	15년	16년	17년	18년	'17년 대비 '18년	
											증감액	증감률
지상파	17	827	1,292	262	60	-807	888	410	-368	-2,237	-1,870	적자지속

SO	4,343	4,361	5,640	6,278	4,961	4,535	4,056	3,006	3,486	3,105	-380	-10.9%
위성	322	373	403	674	993	779	978	781	743	633	-110	-14.8%
IPTV	-	-	-	-	-	-683	15,379	18,971	19,237	18,795	-442	-2.3%
PP	7,625	7,599	6,612	5,222	6,846	6,922	6,880	6,671	9,520	6,369	-3,151	-33.1%
홈쇼핑	3,641	4,928	5,221	6,448	7,675	7,199	5,111	5,858	7,005	6,675	-330	-4.7%
일반	3,984	2,671	1,391	-1,226	-829	-277	1,769	813	2,515	-306	-2,820	적자전환
CP	-	-	-	-	-	315	592	514	5,664	1,565	-4,099	-72.4%
지상파DMB	-134	-80	-9	-19	-33	-40	-17	-9	17	12	-5	-28.6%
위성DMB	83	601	526	173	-	-	-	-	-	-	-	-
계	12,255	13,681	14,464	12,590	12,826	11,021	29,116	30,344	38,298	28,243	-10,056	-26.3%

출처 : 방송통신위원회(2019), 〈2018년도 방송사업자 재산상황 공표집〉, p.6

〈표 7-8〉 PP 방송사업매출 및 영업이익률 추이

(단위 : 억 원)

구성	09년	10년	11년	12년	13년	14년	15년	16년	17년	18년
영업이익률	7%	8%	6%	6%	4%	6%	6%	6%	8%	5%
영업손익	7625	7599	6612	7196	5222	6922	6880	6671	9520	6369
방송매출	33004	39602	47177	55480	60756	63067	62224	63801	66396	68402

출처 : 방송통신위원회(2019), 〈2018년도 방송사업자 재산상황 공표집〉, p.33

2018년도 PP의 방송매출은 10년 전인 2009년에 비해 크게 증가하였다. 2009년 3조 3,004억 원에서 2018년에는 6조 8,402억 원으로 약 두 배로 늘어났다. 2017년 대비 2,006억 원(3.0%) 증가하였다. 외형적인 매출 규모는 크게 신장하였지만, 영업이익은 10년 전에 비해 크게 증가하지는 않았다. 영업이익율도 2009년 7%에서 지난 10여 년 동안 큰 변동이 없이 6~8%대를 유지하였는데, 2018년은 5%로 감소하였다. 2018년도 영업이익은 전년 대비 3,151억 원(△33.1%) 감소한 6,369억 원이었다. 홈쇼핑 PP를 제외한 일반 PP의 2018년도 방송매출은 2017년 대비 2,171억 원(△7.0%) 감소한 2조 8,888억 원이며 영업이익은 2,820억 원 감소

하여 적자 전환하였다.

(2) 홈쇼핑 송출 수수료 매출

방송사업 매출액 중 홈쇼핑 송출 수수료 매출액이 차지하는 비중은 매우 높다. 특히 SO에게 있어서 홈쇼핑 송출 수수료는 존립에 영향을 미칠 정도로 높은 비중을 차지하였다. SO 방송사업 매출액 중 홈쇼핑 송출 수수료 매출액이 차지하는 비중은 2009년 21%에서 2018년 36%로 크게 증가하였다. 위성방송('09년 5%→'18년 31%), IPTV('14년 12%→'18년 21%)의 경우에 모두 크게 증가하였다. 유료방송사의 매출액 중 홈쇼핑 송출 수수료 매출 점유율이 점차 높아지고 있다.

홈쇼핑 채널이 SO에 지급하는 유료방송 가입자 1인당 홈쇼핑 송출수수료 규모는 5만 5,200원(2016년 기준)으로 전년 대비 1.7% 감소하였다. 전체 SO의 가입자당 홈쇼핑 송출 수수료 매출액 규모는 2007년부터 2016년까지 연평균 11.6% 성장했으나 성장세가 둔화(2014년 2.8% → 2015년 7.6% → 2016년 -1.7%)되었다. 2016년 기준 MSO별 가입자당 홈쇼핑 송출 수수료는 티브로드가 6만 1,600원, CJ헬로가 5만 5,500원, 딜라이브가 6만 8,400원, HCN이 6만 700원, CMB가 3만 7,800원 수준이다.

〈표 7-9〉 유료방송사의 방송매출 대비 홈쇼핑송출수수료매출 현황('09년~'18년)

(단위 : 억 원)

구분		09년	10년	11년	12년	13년	14년	15년	16년	17년	18년
SO 소계	방송매출(A)	18047	19285	21170	23163	22473	23462	22590	21692	21307	20898
	홈쇼핑매출(B)	3854	4375	5550	7089	6710	7629	7714	7671	7561	7571
	비율(A/B)	21%	23%	26%	31%	30%	33%	34%	35%	36%	36%
	영업손익	4343	4361	5640	6278	4961	4535	4056	3006	3486	3105

위성	방송매출(A)	3503	3515	4240	4993	3739	5532	5496	5656	5754	5551
	홈쇼핑매출(B)	162	191	301	641	824	1000	1229	1522	1642	1741
	비율(A/B)	5%	5%	7%	13%	22%	18%	22%	27%	29%	31%
	영업손익	322	373	403	674	993	779	978	781	743	633
IP TV 소계	방송매출(A)	-	-	-	-	-	14872	19088	24277	29251	34358
	홈쇼핑매출(B)	-	-	-	-	-	1754	2404	3368	4890	7127
	비율(A/B)	-	-	-	-	-	12%	13%	14%	17%	21%
	영업손익	-	-	-	-	-	-683	15739	18971	19237	18795
합계	방송매출(A)	21551	22800	25410	28156	26212	43867	47174	51625	56312	60808
	홈쇼핑매출(B)	4016	4566	5851	7731	7534	10383	11347	12561	14093	16439
	비율(A/B)	19%	20%	23%	28%	29%	24%	24%	24%	25%	27%
	영업손익	4665	4734	6043	6952	5954	4631	20773	22758	23465	22534

출처 : 방송통신위원회(2019), 〈2018년도 방송사업자 재산상황 공표집〉, pp.31~32

(3) 가입자당 매출(ARPU)

영업이익률만으로 시장성과를 판단하는 것은 한계가 있다. 수익성의 경우 가입자당 매출(ARPU)을 살펴보는 것이 의미가 있다. 가입자당 매출(ARPU) 분석은 세 가지 차원에서 이루어진다. 방송사업매출 기준, 가입자매출 기준,[99] 수신료매출 기준[100]으로 나눌 수 있다.

방송사업매출 기준 ARPU는 방송사업매출을 가입자 수로 나눈 것이다. 국내 유료방송시장의 전체 방송사업매출 기준 월간 ARPU는 2018년

99 가입자 매출 기준 ARPU는 방송사업매출에서 홈쇼핑 송출 수수료 등을 제외한 가입자 매출을 가입자 수로 나누어 계산한다.

100 가입자 매출에서 설치비와 기기임대 매출을 제외한 방송수신료 매출을 가입자 수로 나누어 방송수신료매출 기준 ARPU를 구한다.

평균 15,754원으로 전년 대비 3.3% 증가하며 증가 추세를 유지하고 있다. 서비스별로는 SO가 12,510원(2017년 12,718원)으로 하락세를 지속하고 있는 데 반해, IPTV는 19,099원(2017년 17,914원)을 기록하며 증가 추세가 지속되고 있다.

SO는 상대적으로 가격 수준이 낮은 아날로그 및 8VSB 케이블TV 상품이 포함되어 있어 ARPU에서 IPTV와의 격차가 크게 나타난다.

사업자별로는 SKB가 2만 406원으로 가장 높은 가운데, LGU+ 1만 9,892원, KT 17,769원 순으로 KT가 IPTV사업자 중 가입자 규모는 가장 크나 ARPU는 가장 낮은 수준을 기록하였다. KT는 가입자 중 복수 가입자(호텔, 병원 등)의 비중이 다른 IPTV 사업자에 비해 높아 ARPU가 상대적으로 낮은 것으로 추정된다.

SO 중에서는 서울 지역 가입자가 많은 딜라이브가 15,222원으로 가장 높았으나 전년 대비 585원 하락했으며, MSO가 12,726원으로 개별 SO 11,020원보다 높은 수준이다. 모든 IPTV 사업자의 ARPU가 전년 대비 증가한 반면, SO의 경우에는 CMB를 제외한 모든 MSO 사업자는 전년 대비 ARPU가 감소하였다.

〈표 7 - 10〉 주요 유료방송사별 월간 ARPU 현황(전체 상품 기준)

구분	방송사업매출 기준		
	2016	2017	2018
티브로드	14,042	13,718	13,618
CJ헬로	13,718	13,358	12,999
딜라이브	16,697	15,807	15,222
HCN	13,291	13,022	12,778
CMB	7,003	6,707	6,892
MSO 합계	13,398	12,982	12,726

개별SO	11,103	10,979	11,020
SO 합계	13,090	12,718	12,510
스카이라이프	15,021	14,915	14,214
KT	15,506	16,440	17,769
KT계열	15,332	15,918	16,607
SKB	17,778	19,280	20,406
LGU+	17,578	18,953	19,892
IPTV 합계	16,687	17,914	19,099
비SO 합계	16,345	17,341	18,228
총합계	14,799	15,244	15,754

출처 : 방송통신위원회, 〈당해년도 방송시장 경쟁상황 평가 보고서〉

2018년 8VSB 케이블TV의 가입자매출 기준 ARPU(MSO 기준)는 3,268원으로 전년(3,563원) 대비 8.3% 감소했으며 디지털 케이블TV(QAM) ARPU의 1/3 수준이다. 딜라이브를 제외한 모든 MSO 사업자의 8VSB 케이블TV ARPU는 전년 대비 감소하였는데, 2017년 당시 상대적으로 ARPU가 낮았던 아날로그 케이블TV 가입자의 전환에 따른 것으로 추정된다.

국제적으로 ARPU 비교를 해보면, 국내 유료방송서비스 가격 수준은 매우 낮다.[101] Ovum(2019)의 자료에 따르면 2018년 기준 OECD 주요국가의 유료방송 전체 월 평균 ARPU는 26.5달러로 집계되었다. Ovum(2019)에서는 한국의 경우 2018년 유료방송 월 평균 ARPU를 평균보다 매우 낮은 7.1달러로 추정하였다.

101 요금을 국제적으로 주요국 ARPU를 비교해 보면, 유료방송시장에서 실제 가입자가 유료방송 시청의 대가로 지불하는 금액은 대체로 약관 승인 가격과는 상이하기 때문에 국제적인 요금 수준을 정확히 비교하기는 무리가 있다.

〈표 7 - 11〉 유료방송 서비스별 수신료매출 기준 ARPU

(단위: 원)

구분	2017					2018				
	아날로그	8VSB	디지털	VOD	디지털-VOD	아날로그	8VSB	디지털	VOD	디지털-VOD
티브로드	880	3,681	7,015	2,168	4,847	610	3,203	7,193	2,120	5,073
CJ헬로	2,068	4,694	5,679	1,702	3,977		3,528	5,571	1,635	3,936
딜라이브	3,906	1,736	6,294	1,607	4,686		2,699	6,008	1,611	4,397
HCN	4,088	5,001	5,060	1,473	3,586	4,078	4,467	5,128	1,361	3,767
CMB		3,061	4,313	396	3,917		2,961	4,279	437	3,842
MSO 전체	2,421	3,521	6,049	1,741	4,309	2,835	3,237	5,988	1,694	4,294
KT스카이라이프			8,381					8,034		
KT			11,782	3,832	7,950			12,132	3,643	8,488
SKB			12,467	3,451	9,015			12,734	3,582	9,152
LGU+			12,635	3,413	9,222			12,558	3,797	8,761
IPTV 전체			12,197	3,615	8,583			12,421	3,663	8,758

출처 : 방송통신위원회(2019), 〈2019년 방송시장 경쟁상황 평가 보고서〉, p.282

국내 유료방송사업자의 방송사업 매출 기준 ARPU는 15,754원, 가입자 매출 기준 ARPU는 10,532원, 수신료 매출 기준 ARPU는 8,669원으로 OECD 국가와 비교하면 매우 낮은 수준임을 알 수 있다.

국내 유료방송 ARPU가 낮은 근본적인 원인은 RO와 SO가 가격을 낮춰 경쟁하면서 유료방송의 낮은 ARPU 현상이 역사적으로 발생하였고, 위성방송과 케이블TV 경쟁 그리고 유료방송 시장에서 결합상품 판매이후 과당 경쟁으로 ARPU 개선은 크게 이루어지지 않고 있는 것이 결정적이다.

〈표 7-12〉 주요 OECD 국가의 유료방송 ARPU 비교(월간)

(단위: 달러)

국가	2011년	2012년	2013년	2014년	2015년	2016년	2017년	2018년
Australia	56.4	54.7	53.0	51.3	49.9	49.3	48.0	47.7
US	65.3	68.1	71.3	73.9	75.6	76.2	76.0	76.1
Israel	50.8	51.8	51.2	51.3	51.0	50.6	47.5	47.0
New Zealand	41.1	41.8	43.9	44.7	45.7	46.6	47.7	49.2
UK	41.1	41.7	42.3	41.2	40.4	40.3	40.5	40.6
Canada	48.9	49.2	50.5	51.4	52.0	51.8	51.6	51.5
Ireland	40.2	40.8	41.1	41.7	41.7	41.9	42.1	42.3
Greece	25.5	24.0	20.2	18.4	17.4	16.6	15.9	15.8
Spain	31.5	32.9	32.6	29.8	28.3	28.5	28.9	29.8
Chile	20.9	21.7	23.0	23.3	23.5	24.2	25.0	25.5
Italy	31.1	36.3	38.7	39.4	39.2	39.1	39.1	39.3
Portugal	29.0	29.1	29.3	29.5	29.6	29.7	29.8	29.8
Denmark	30.4	31.1	30.8	31.7	32.1	32.8	33.2	33.4
Mexico	11.4	11.0	11.0	11.0	11.1	11.5	11.4	12.2
Sweden	17.6	17.5	17.3	17.5	18.4	18.8	18.7	18.8
Belgium	21.0	21.5	21.8	22.1	22.7	23.4	24.2	24.7
Czech Rep.	18.3	17.5	17.2	17.2	17.2	17.2	17.3	17.4
Japan	13.9	14.0	15.2	15.3	18.9	20.4	20.4	20.5
Finland	18.7	18.8	18.7	18.6	18.5	18.5	18.5	18.4
Switzerland	27.3	28.7	30.1	31.1	31.8	32.5	32.7	33.2
Germany	17.1	18.1	19.0	19.9	20.6	21.6	22.4	22.8
Austria	20.4	20.4	20.5	20.8	21.1	21.4	21.8	22.2
Netherlands	18.7	19.9	19.7	20.0	20.7	21.3	21.8	22.1
Slovenia	15.1	15.6	15.8	15.8	15.8	15.7	16.4	16.4
Poland	15.4	15.4	15.5	15.7	15.7	15.9	16.6	17.0
Slovakia	11.2	11.8	12.4	13.2	13.8	14.7	15.3	15.8
Turkey	5.3	5.5	5.7	6.0	6.5	6.9	7.1	7.3
Hungary	9.7	9.7	9.8	9.9	10.2	10.5	10.8	11.0
전체 평균*	24.4	25.0	25.3	25.5	25.8	26.0	26.2	26.5

주: 1) 전체평균은 도표에 포함된 국가의 평균치가 아니라, OECD 36개국 중 아이슬란드, 룩셈부르크, 라이트비아 2개국을 제외한 34개국의 평균치를 의미하며, Ovum(Informa)에서는 한국의 경우 2018년 ARPU를 7.1달러로 집계한 바 있음
2) Ovum(2019)에서 2017년 포함 이전 수치도 수정하였으며 위의 표에는 최근 수정된 수치를 반영하였음. 이에 따라, 이전 방송시장 경쟁상황 평가 보고서 내 수치와는 일치하지 않을 수 있음
자료: Ovum(2019), “Pay-TV & FTA Forecasts to 2024”
출처 : 방송통신위원회(2019), 〈2019년 방송시장 경쟁상황 평가 보고서〉, p.284

3) 유료방송의 광고 시장

유료방송은 지상파TV에 비해 비교적 자유로운 편성이 가능하고, 전문화된 채널 특성을 보인다. 이에 따라 유료방송은 다양한 채널이 존재하며, 각각 채널은 특정 시청자를 대상으로 특화된 프로그램을 제공한다. 유료방송의 광고는 특정 시청자에게 소구할 수 있다는 점에서 가장 큰 장점을 가진다. 또한 방송 광고 구성에서도 지상파TV에 비해 비교적 자유롭다. 유료방송에서는 방영시간의 조정이 자유롭기 때문에, 장시간의 방송광고로 제품에 대한 자세한 설명과 정보를 제공할 수 있다. 이를 인포머셜(informercial) 광고라고 한다. 수분 짜리 광고도 가능하기에 독자적인 스토리 구성이 가능하다.

이와 더불어, 유료방송은 지상파TV에서 금지하는 중간광고가 가능하고, 광고에 대한 법적 규제가 지상파TV에 비해 약한 편이어서 연속 광고나 변형 광고와 같은 다양한 형태의 광고 편성이 가능하다. 또한 유료방송의 광고는 저렴하고, 프로그램 기획이나 협찬 등도 지상파TV에 비해 상대적으로 용이하기 때문에 신제품을 테스트하고, 광고 효과를 측정하며, 다양한 광고 기획을 시행하기에 적합하다.

이러한 장점에도 불구하고, 유료방송의 광고는 지상파TV에 비해서

광고 효과가 제한적이다. 유료방송은 지상파TV와 달리 시청률의 한계가 있어서, 대다수 시청자에게 한 번의 광고로 광고 메시지를 전달하려는 경우에는 적합하지 않다. 이러한 측면에서 유료방송에서 유효한 광고효과를 거두기 위해서는 다수의 유료방송 채널에서 광고를 집행해야 한다.

방송광고 중에서 가장 일반적인 형태가 프로그램 광고이다. 방송법(방송법 제73조 2항)에 따르면, 지상파TV의 프로그램 광고의 경우, 프로그램 방영시간의 1/10 이내에서만 광고가 허용된다. 이에 따라 한 시간짜리 프로그램의 경우에는 보통 방송광고가 15초 내외임을 감안할 때, 약 24편 정도의 광고가 프로그램 전후로 방송될 수 있다. 이에 반해 케이블TV의 프로그램 광고는 1/6 이내까지 광고가 허용되어, 한 시간짜리 프로그램의 경우에는 대략 10분 내외의 광고시간을 확보할 수 있다. 다만, 케이블TV는 PP와 SO가 광고 시간을 분할하여 사용하게 된다. SO에게 할당되는 광고를 큐톤광고(Cue-Tone)라고 한다. 방송법이 정한 광고 방송시간을 기준으로 광고시간의 80%는 PP가, 20%는 SO가 사용하도록 하고 있다.

전체 방송 광고 시장에서 지상파의 비중은 감소('09년 68.2% →'18년 40.3%)하고 있으나, PP의 비중은 증가('09년 27.3%→'18년 50.1%) 추세이다. PP의 비중이 증가한 이유는 종편('11년 2.0%→'18년 13.9%) PP의 광고 시장 내 점유율이 모두 증가하였기 때문이다.

〈표 7-13〉 매채별 광고매출 증감 현황('09년~'18년)

(단위 : 억 원)

구분	09년	10년	11년	12년	13년	14년	15년	16년	17년	18년
지상파	19182	22162	23754	21701	20675	18976	19112	16228	14121	13007
KBS	5203	5887	5987	6236	5793	5223	5025	4207	3666	3328

MBC	4496	5249	5977	4933	4790	4460	4651	3931	2926	2736
SBS	4143	5067	5280	4981	4738	4408	4366	3729	3729	3590
EBS	263	301	320	353	400	399	409	370	355	313
지역MBC	2820	3151	3345	2712	2406	2188	2413	2029	1555	1319
지역민방	1623	1787	2024	1844	1801	1612	1553	1332	1308	1198
기타	635	720	820	743	747	685	696	629	582	523
SO	1065	1112	1144	1099	1220	1417	1392	1354	1375	1407
위성	113	156	122	145	174	212	240	280	480	511
IPTV	-	-	-	-	-	147	436	846	994	1161
PP	7694	9862	12215	12675	12636	12257	13520	13488	14669	16167
종편	-	-	716	1710	2355	2229	2863	2880	4004	4481
지상파PP	2665	3322	4353	3394	3424	3425	3496	3187	2914	3061
CJ	2232	3009	3562	3555	3153	2868	3184	3471	3367	1948
기타	2797	3531	3584	4016	3704	3735	3878	3949	4385	6676
CP	-	-	-	-	-	-	-	-	-	1
지상파 DMB	51	77	89	75	58	37	35	28	23	21
위성DMB	33	45	18	1	-	-	-	-	-	-
계	55015	33414	37342	35796	34764	33046	34736	32335	31663	32275

출처 : 방송통신위원회(2019), 〈2018년도 방송사업자 재산상황 공표집〉, p.10

〈그림 7-5〉 매체별 광고시장 점유율 변화 추이('09~'18년)

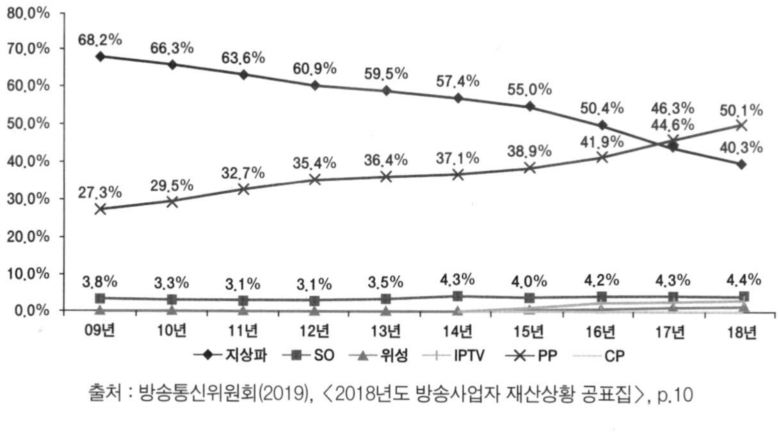

출처 : 방송통신위원회(2019), 〈2018년도 방송사업자 재산상황 공표집〉, p.10

매체별 사업자당 평균 광고 매출 현황을 살펴보면, 지상파방송과 PP의 변화가 두드러지게 나타난다. 지상파방송의 비율은 2009년 이후 지속적으로 감소하였다. 2009년 68.2%에서 2018년 40.3%로 크게 감소하였다. 한편, PP는 2009년 27.3%에서 2018년 50.1%로 크게 증가하여 좋은 대비를 보인다. 지상파방송과 PP는 2017년을 기점으로 역전되었다. 지상파방송은 광고시장에서 종주 방송의 자리를 유료방송인 PP에게 넘겨준 것이다.

4) 유료방송 이용자 만족도

〈그림 7-6〉 유료방송서비스별 만족도

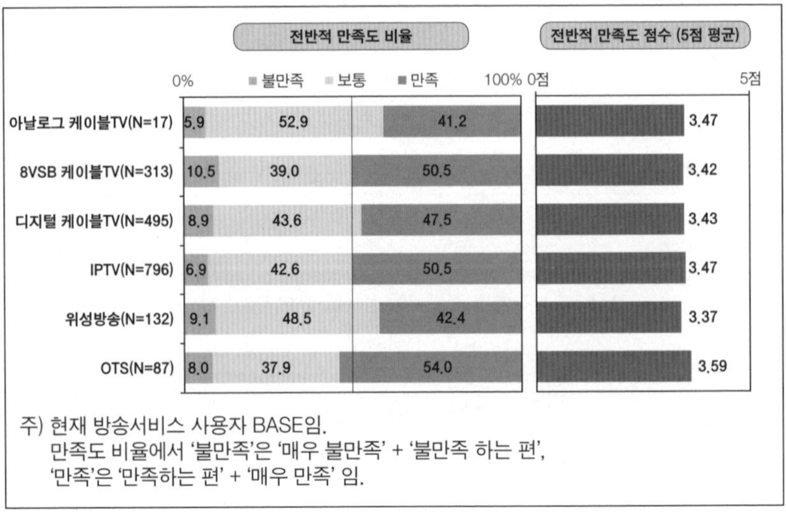

주) 현재 방송서비스 사용자 BASE임.
만족도 비율에서 '불만족'은 '매우 불만족' + '불만족 하는 편',
'만족'은 '만족하는 편' + '매우 만족' 임.

출처 : 정보통신정책연구원(2018)

유료방송서비스에 대한 만족도는 꾸준히 상승해 왔고, 전반적으로 양호한 편으로 나타났다. 대부분의 서비스에서 사용 중인 서비스에 대해 불만족 비율은 10% 미만 수준으로 나타났다. 8VSB 케이블TV는 불만족 비율이 10.5%로 가장 높게 나타난 반면, 만족 비율 또한 50.5%로 IPTV와 함께 가장 높은 수치를 기록하였다.

2019년 유료방송 서비스에 대한 이용자의 전반적 만족도는 5점 만점으로 만족도를 환산했을 때 대체로 3.41~3.63점으로 3점 중반대 수준(보통)으로 서비스별 차이는 크지 않았다. 위성이 3.37로 가장 낮은 수치를 기록하고, OTS가 3.59로 가장 높은 수치를 기록했으며, 8VSB, 디지털 케이블TV, IPTV 모두 3.42~3.47 수준을 보였다.

디지털 케이블TV와 IPTV의 이용자 만족도를 비교해 보면, 가격에서는 디지털 케이블TV가 높았고, VOD, 고객서비스 등에서는 IPTV에 대한 만족도가 상대적으로 높은 것으로 보인다. 이용요금 수준에 대한 만족도는 8VSB 케이블TV가 가장 높게 나타났으며, 그 외 모든 항목에서는 OTS가 가장 높은 만족도를 나타냈다.

〈표 7-14〉 유료방송서비스에 대한 이용자 만족도(2019년)

구분	8VSB 케이블	디지털 케이블	IPTV	위성방송	OTS
이용요금	3.34	3.21	3.05	3.21	3.32
방송채널 다양성	3.30	3.43	3.42	3.33	3.49
특정 프로그램 시청 가능성	3.19	3.40	3.38	3.33	3.52
방송서비스 품질(화질/음질)	3.51	3.56	3.63	3.43	3.62
VOD 서비스 다양성 및 품질	-	3.38	3.41	3.35	3.54
고객서비스	3.27	3.37	3.43	3.27	3.48
전반적 만족도	3.42	3.43	3.47	3.37	3.59
전반적 만족도(2018년)	3.45	3.58	3.52	3.41	3.63

주: 1) 아날로그 케이블과 위성방송은 VOD 만족도 대신 방송서비스의 다양성(패키지 다양성)으로 대체
2) 5점 척도(1=매우 불만족, 2=불만족, 3=보통, 4=만족, 5=매우 만족)
자료: 〈2018년도 방송시장 경쟁상황 평가〉 및 정보통신정책연구원 설문조사
출처 : 방송통신위원회(2019), 〈2019년도 방송시장 경쟁상황 평가〉, p.286

2014년과 2019년을 비교했을 때 만족도 최저점과 최고점이 다 높아진 점은 긍정적으로 평가되며, 유료방송시장의 성장을 주도하고 있는 IPTV의 만족도 점수가 상대적으로 낮은 것이 두드러진다.

2014년 유료방송 서비스에 대한 이용자의 전반적 만족도는 5점 만점 기준으로 3.07~3.44점 정도를 기록하였다. 아날로그 케이블TV가 3.07점으로 가장 낮았다. 디지털 서비스 중에서는 디지털 케이블TV가 3.31점, IPTV가 3.38점, OTS가 3.42점 등 전반적 만족도에서 비슷했고, 위성방송이 3.44로 가장 높은 결과를 보이고 있다. 아날로그 케이블TV는 이용요금이 저렴하다는 점에서 만족도가 높으며, IPTV는 방송 서비스 품질에서 상대적으로 만족도가 높았고, 위성방송은 요금 수준(2.89)을 제외하고 전반적으로 높은 점수를 보였다.

〈표 7-15〉 유료방송서비스에 대한 이용자 만족도(2014년)

구분	아날로그 케이블	디지털 케이블	IPTV	위성방송	OTS
이용요금	3.21	3.12	3.06	2.89	3.06
방송채널 다양성	3.03	3.34	3.34	3.60	3.45
특정 프로그램 시청 가능성	2.99	3.38	3.43	3.48	3.47
방송서비스 품질(화질/음질)	2.91	3.51	3.62	3.60	3.58
서비스다양성/VOD 서비스*	2.98	3.26	3.36	3.50	3.40
고객서비스	2.95	3.19	3.32	3.24	3.33
전반적 만족도	3.07	3.31	3.38	3.44	3.42
전반적 만족도(2013년)	3.18	3.31	3.37	3.41	3.34

주: 1) 아날로그 케이블과 위성방송은 VOD 만족도 대신 방송서비스의 다양성(패키지 다양성)으로 대체
2) 5점 척도(1=매우 불만족, 2=불만족, 3=보통, 4=만족, 5=매우 만족)
출처: 방송통신위원회(2013), 정보통신정책연구원 설문조사

5) 지상파 채널과 유료방송 채널의 시청률 경쟁

케이블TV가 도입됨으로 인해 매체 간 경쟁이 발생하면서, 기존 독과점적 지위에 있던 지상파방송의 시청 점유율에도 변화가 일어났다. 지상파채널과 비지상파 유료 방송 채널들의 시청 시간을 비교해 보면 지상파 채널의 시청 시간은 지속적으로 감소하고 있는 데 반해, 비지상파 유료 방송 채널들의 시청 시간은 매년 증가하고 있는 경향이 나타난다. 지상파방송과 유료방송 간의 경쟁에서 유료방송의 경쟁력이 점차 증가해 왔다.

〈그림 7-7〉 지상파TV 시청률 대비 케이블TV 시청률

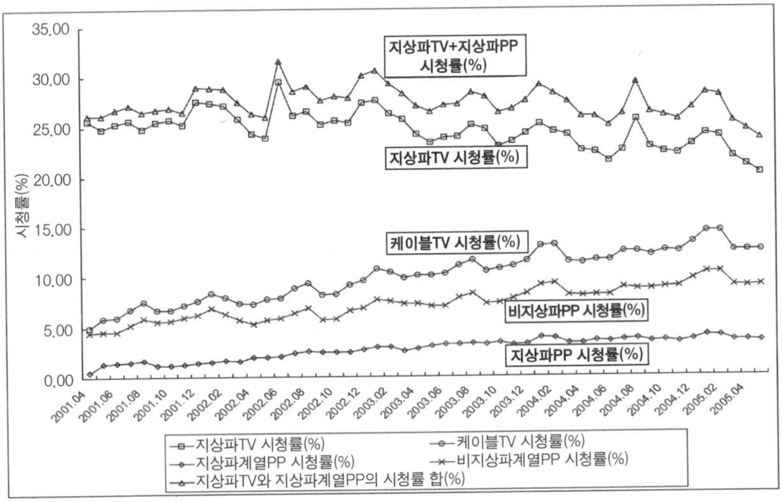

출처 : 권호영, 오정호(2005)

2001년부터 2005년까지 우리나라 케이블TV의 시청률은 5.0%에서 12.5%로 두 배 이상 증가했는데, 이 증가폭 중 60%는 비지상파 계열 PP

가 기여하였고, 나머지 40%는 지상파 계열 PP의 몫이다. 따라서 케이블TV는 새로운 채널의 등장으로 인하여 성장한 부분과 동시에 지상파TV 프로그램의 2차 창구의 역할을 하면서 성장하였다고 볼 수 있다. 실제로 비지상파 계열 PP가 편성하는 국산 프로그램의 대부분은 지상파TV가 제작하거나 저작권을 가지고 있는 프로그램이다. 이렇게 비지상파 계열 PP가 편성하는 지상파TV 프로그램을 감안하면 케이블TV에서 지상파TV의 영향력은 더욱 증대하였다(권호영, 오정호, 2005, pp.25~26).

그러나 2000년 중반 들어서 케이블TV PP들이 새로운 제작과 실험적 포맷을 시도하면서, 시청률 확대 및 질적인 성장을 하였다. 종편 출범과 스마트 미디어 확산으로 인한 콘텐츠의 증가, 한류 활성화 등 미디어 기업들에게 기회가 확대되면서, 케이블TV의 CJ E&M과 같은 주요 기업들이 제작 분야의 성장세를 이어가게 된다. 이에, 그동안 지상파 방송에 비해 저평가를 받았던 케이블 드라마(케드)가 로맨틱 코미디와 수사물 등으로 새로운 전성기를 구가하게 되었다. 파격적 소재와 장르를 넘나드는 케드가 성공하였다. 로맨틱 코미디물인 tvN '로맨스가 필요해'는 일본 TBS에 수출되었고, 역시 tvN의 '꽃미남 라면가게'는 케이블 드라마 중 역대 최고가로 일본에 판매되었다. OCN '뱀파이어 검사(최고 시청률 4.0%)'와 '신의 퀴즈', '텐' 등이 마니아층을 형성하며 열렬한 지지를 받았다.

2006년 이후 2018년까지 지상파방송채널의 비중이 크게 감소하고, 유료방송채널의 비중의 증가 추세가 지속되는 경향이 나타났다. 2014년과 2015년 사이에는 지상파 방송채널과 유료방송 채널 시청시간이 역전되었다. 2018년 지상파방송채널의 시청시간 비중은 32.8%, 유료방송채널의 시청시간 비중은 67.2%를 기록했다(방송통신위원회, 2019, p.165).

지상파 채널의 시청시간은 줄어드는 반면, 유료방송채널의 시청시간이 늘어나는 것은 유료방송 채널이 경쟁력을 가지고 있음을 의미하는데 이는 제작비 투자의 결과이다. 지상파와 유료방송채널의 제작비 총규모는 전반적으로 꾸준히 증가하는 추세를 보이고 있으며 특히 유료방송 PP의 제작비가 지상파채널 제작비보다 빠르게 증가하였다. 2011년 최초로 유료방송채널 제작비 비중이 지상파 TV 방송프로그램 제작비 비중을 초과하였다. 2013년에는 유료방송채널 제작비 비중은 59.4%, 지상파 TV 채널 제작비 비중은 40.6%에 불과하다. 2012년 종합편성채널의 운영이 본격화되면서부터 유료방송 채널 제작비 비중이 지상파 방송을 능가하면서, 유료방송 채널의 시청 시간이 크게 늘어난 점도 그 이유로 들 수 있다.

<그림 7-8> 지상파방송채널 vs. 유료방송채널 시청시간(2006~2018)

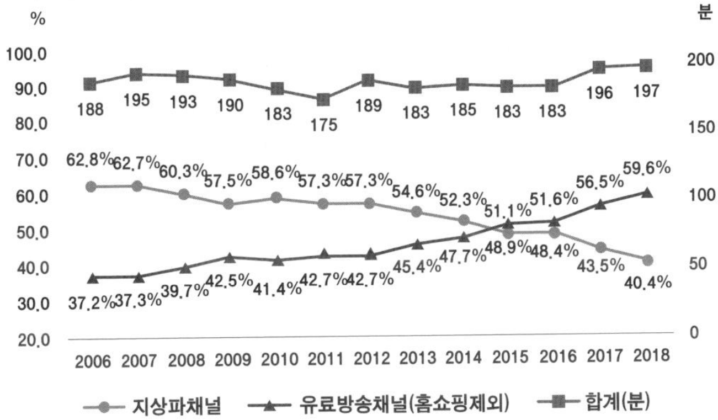

자료: 닐슨컴퍼니코리아

출처 : 방송통신위원회(2019), <2019년도 방송시장 경쟁상황 평가>, p.166

이 결과, 유료방송채널의 시청률이 점점 증가하고 있다. CJ 계열의 경우, 2018년도 제작비가 예외적으로 감소하였으나 그 이전에는 지속적으로 제작비를 증가시켜왔다. 2010년 케이블 방송으로는 이례적으로 10%대 시청률을 돌파한 '슈퍼스타K'는 출연진들을 스타 반열에 올리며 오디션, 서바이벌 프로그램의 인기몰이를 하였다. 케이블TV 채널 Mnet 오디션프로그램 '슈퍼스타K2'가 케이블 사상 처음으로 10% 시청률을 돌파해 화제를 모았다. 2010년 9월 3일 방송된 7회에서 10.1%의 시청률을 기록한 '슈퍼스타K2'는 같은 해 10월 22일 마지막 방송이 18.1%까지 치솟았다.[102] 당시만 해도 잘해야 2~3%대 시청률에 머물렀던 케이블TV 프로그램에서 '슈퍼스타K2'가 작성한 기록은 케이블TV 출범 15년 만의 최고 기록이자, 지상파 위주였던 미디어 시장의 지각 변동을 의미하는 중요한 사건이었다.

〈표 7-15〉 매체별 프로그램 제작비 현황

(단위: 억 원)

구분	14년	15년	16년	17년	18년		'17년 대비 '18년		'14~'18 CAGR
						점유율	증감액	증감률	
지상파	**28,639**	**28,559**	**28,252**	**26,410**	**28,296**	**59.1%**	**1,885**	**7.1%**	**-0.3%**
- KBS	10,270	10,534	10,043	9,379	10,245	21.4%	866	9.2%	-0.1%
- MBC	6,150	5,921	5,908	5,097	5,934	12.4%	837	16.4%	-0.9%
- SBS	5,232	5,309	5,628	5,233	5,183	10.8%	-50	-1.0%	-0.2%
- 기타	6,986	6,795	6,672	6,702	6,934	14.5%	232	3.5%	-0.2%
SO	**861**	**705**	**972**	**778**	**803**	**1.7%**	**25**	**3.2%**	**-1.7%**
위성	**19**	**8**	**0**	**0**	**0**	**0.0%**	**0**	**-8.6%**	**-61.6%**
PP	**13,151**	**14,398**	**15,465**	**16,734**	**18,299**	**38.2%**	**1,565**	**9.4%**	**8.6%**
- 종합편성	3,974	4,378	4,821	5,287	5,991	12.5%	703	13.3%	10.8%
- KBS계열	500	561	385	465	523	1.1%	58	12.5%	1.1%
- MBC계열	206	246	239	230	235	0.5%	5	2.1%	3.3%

102 이영실(2019. 12. 13.), [반쪽짜리 시청률①] 지상파 vs 비지상파, 무너진 경계 , 시사위크

- SBS계열	1,063	1,132	1,133	1,021	1,117	2.3%	96	9.4%	1.2%
- CJ계열	2,782	2,875	3,417	3,801	1,864	3.9%	-1,937	-51.0%	-9.5%
- 기타	4,625	5,206	5,471	5,929	8,569	17.9%	2,640	44.5%	16.7%
CP	**145**	**85**	**70**	**735**	**437**	**0.9%**	**-298**	**-40.5%**	**72.9%**
지상파DMB	**76**	**70**	**59**	**55**	**61**	**0.1%**	**7**	**12.0%**	**-5.2%**
계	**42,890**	**43,825**	**44,819**	**44,713**	**47,896**	**100.0%**	**3,184**	**7.1%**	**2.8%**

출처 : 방송통신위원회(2019), 〈2018년도 방송사업자 재산상황 공표집〉, p.13

오디션 프로그램 열기는 지상파로도 이어져 MBC '위대한 탄생', KBS '탑 밴드', SBS 'K팝 스타', '기적의 오디션' 등이 화제가 되었다. 실제로 가수 외에도 아나운서, 요리사, 모델, 연기자 선발 등 차별화되고 독특한 포맷을 무기로 시청자들의 관심을 모았다.

tvN의 드라마 '응답하라 1997', '응답하라 1994'에 이어, 2015년 방영된 '응답하라 1988(응팔)'이 케이블방송 역사를 다시 썼다는 평가를 받았다. 케이블방송이 도입된 이래 최고 시청률 19.6%을 기록하였다. 기존 기록은 엠넷 '슈퍼스타K2'가 2010년 기록한 18.1%, 종합 편성 채널이 등장하면서 지상파 드라마도 10%의 벽을 넘기 어려운 시기라는 것을 감안할 때 대단한 성적을 나타냈다. 출생의 비밀과 복수, 패륜 같은 막장 요소는 이 드라마에는 없었다. 응팔이 일으킨 복고 열풍은 현대사회에서 찾아보기 힘들어진 가족과 이웃 간 정을 조망하면서, 전 세대를 아우르는 인기를 누렸다.

이후 2011년 종합편성채널이 출범하고, 케이블TV 채널과 함께 성장세를 보이면서, 지상파방송과 비지상파방송의 경계가 완전히 무너졌다. 비지상파 방송에서 10%가 넘는 프로그램을 쉽게 찾을 수 있고, 20%가 넘는 드라마도 나왔다. 반면 한때 '드라마 왕국'으로 군림했던 지상파방송은 10%만 넘어도 '평타 이상'이라는 평가를 받았다.

2019년 초 종영한 작품부터 그 이후 방송되고 있는 지상파 3사 드라마 중 가장 높은 시청률을 기록한 작품은 23.8%의 KBS 2TV 수목 드라마 '동백꽃 필 무렵'이다. 반면 비지상파 방송은 JTBC 금토드라마 'SKY 캐슬'(2018년~2019년)이 23.8%로 가장 높은 시청률을 보였다. 단순히 숫자만 비교하자면, 지상파방송과 비지상파 방송이 같다.

〈표 7-16〉 유료방송 채널 최고 시청률

(단위: %)

연도	프로그램(최고시청률, 채널)
2009	슈퍼스타K(6.47, Mnet)
2010	슈퍼스타K(15.06, Mnet)
2011	슈퍼스타K(10.45, Mnet), 현장토크쇼 택시(4.46, tvN)
2012	슈퍼스타K4(7.20, Mnet), 무자식상팔자(5.54, JTBC), 응답하라1997(4.45, tvN), 더보이스오브코리아THEBATTLE(3.66, Mnet), 노란복수초(3.43, tvN), 더보이스오브코리아BLINDAUDITION(3.18, Mnet), 아내의자격(3.14, JTBC)
2013	응답하라1994(9.81, tvN), 배낭여행프로젝트제2탄꽃보다누나(8.64,tvN), 무자식상팔자(8.63, JTBC), 배낭여행프로젝트제1탄꽃보다할배(5.88, tvN), 히든싱어2(5.54, JTBC), 유자식상팔자(4.92, JTBC), 슈퍼스타K5(4.55, Mnet), 궁중잔혹사꽃들의전쟁(4.41, JTBC), 고수의비법황금알(4.29, MBN), 속풀이쇼동치미(4.06, MBN)
2014	히든싱어2왕중왕전(7.50, JTBC), 삼시세끼(7.37, tvN), 미생(6.93, tvN), 배낭여행프로젝트제2탄꽃보다누나(6.58, tvN), 배낭여행프로젝트꽃보다할배(6.38, tvN), 히든싱어3(6.34, JTBC), 속풀이쇼동치미(5.32, MBN), 고수의비법황금알(5.11, MBN), 아궁이(5.10, MBN), 리얼다큐(숨)(5.08, MBN)
2015	응답하라1988(13.48, tvN), 삼시세끼어촌편(11.48, tvN), 삼시세끼어촌편2(11.22,tvN), 삼시세끼정선편(10.26, tvN), 배낭여행프로젝트꽃보다할배IN그리스(8.18, tvN), 냉장고를부탁해(6.63, JTBC), 오나의귀신님(6.40, tvN), 두번째스무살(6.15, tvN), 집밥백선생(6.12, tvN), 히든싱어4(6.11, JTBC)
2016	응답하라1998(16.46, tvN), 쓸쓸하고찬란하신도깨비(11.70, tvN), 시그널(11.14, tvN), 삼시세끼어촌편3(10.59, tvN), 배낭여행프로젝트꽃보다청춘AFRICA(10.57, tvN), 삼시세끼고창편(10.40, tvN), JTBC뉴스룸(9.90, JTBC), 또오해영(8.47, tvN), 배낭여행프로젝트꽃보다청춘ICELAND(8.10%, tvN), 썰전(7.79%, JTBC)
2017	쓸쓸하고찬란하신도깨비(18.06, tvN), 사장님마음대로윤식당(12.24, tvN), JTBC뉴스룸(10.45, JTBC), 품위있는그녀(10.37, JTBC), 잭슨패밀리리턴즈삼시세끼바다목장편(9.29, tvN), 효리네민박(9.12, JTBC), 힘쎈여자도봉순(8.28, JTBC), 썰전(7.32, JTBC), 어쩌다어른(7.27, tvN), 사장이더많이먹는강식당(6.95, tvN)

2018	미스터션샤인(16.25, tvN), 가라치코2호점윤식당(14.14, tvN), 백일의낭군님(12.28, tvN), SKY캐슬(10.41, JTBC), 슬기로운감빵생활(9.97, tvN), 효리네민박2(9.33, JTBC), 남자친구(8.97, tvN), 꽃보다할배리턴즈(8.33, tvN), JTBC뉴스룸(8.10, JTBC), 알함브라궁전의추억(8.08, tvN)
2019	SKY캐슬(21.07, JTBC), 내일은미스트롯(15.39, TV CHOSUN), 호텔델루나(10.81, tvN), 스페인하숙ALBERGUE(10.28, tvN), 왕이된남자(9.34, tvN), 눈이부시게(8.69, JTBC), 알함브라궁전의추억(8.59, tvN), 아는형님(8.25, JTBC), 사랑의불시착(8.12, tvN), 우아한가(7.63, MBN)

주: 1) 2012년까지는 최대 시청률 3% 이상 사례, 2012년 이후로는 시청률 상위 10개 사례만 수록
2) 시청률 추출 기준: National, 24시간, 광고 포함
3) 재방송 또는 타채널 프로그램 재방송은 제외, 스포츠 중계 프로그램 제외, 특집 프로그램 제외
자료: 닐슨컴퍼니코리아
출처 : 방송통신위원회(2019), 〈2019년도 방송시장 경쟁상황 평가〉, p.166

〈그림 7-9〉 최고 시청률과 최저 시청률 기록한 지상파·비지상파 드라마

지상파 3사(KBS·SBS·MBC) - 닐슨코리아 전국기준
비지상파(JTBC·tvN) - 닐슨코리아 전국 유료 가구 기준

출처 : 시사위크(2019)

최저 시청률에 있어서도 큰 차이를 보이지 않는다. 지상파 드라마는 MBC 수목드라마 '봄이 오나 봄'이 1.5%, KBS 2TV 월화드라마 '너의 노래를 들려줘'가 2.2%, SBS 수목드라마 '절대그이'가 1.5%에 머물렀다. 비지상파 드라마는 tvN 수목드라마 '악마가 너의 이름을 부를 때'가 0.9%

에 그쳤고, JTBC 금토드라마 '멜로가 체질'이 1.0%로 최저 시청률을 기록했다.

〈그림 7-10〉 10%대 시청률을 기록한 지상파·비지상파 드라마

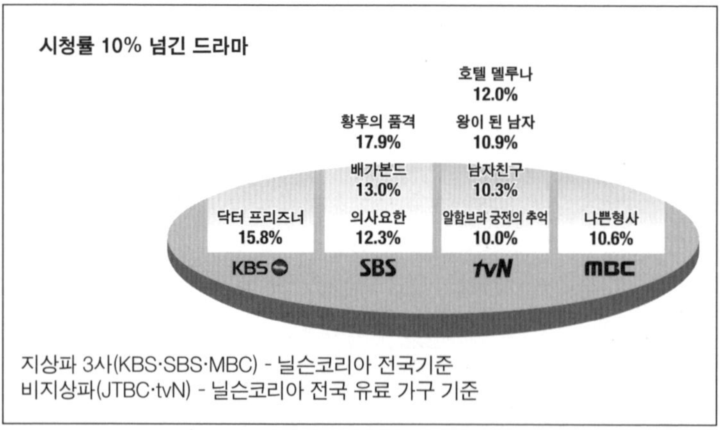

출처 : 시사위크(2019)

소위 '중박' 이상을 터트린 드라마의 성적도 비슷하였다. MBC는 '나쁜형사'(2018년~2019년)가 10.6%를 기록한 데 이어 '특별근로감독관 조장풍'(8.7%), '봄밤'(9.5%), '검범남녀 시즌2'(9.9%)가 10%에 근접한 시청률을 보였다.

KBS 2TV는 '왜그래 풍상씨'가 22.7%, '닥터 프리즈너'가 15.8%를 기록하며 뜨거운 반응을 얻었고, 그 밖에 '동네변호사 조들호2:죄와 벌'(9.3%), '국민 여러분'(8.4%), '단 하나의 사랑'(9.4%), '조선로코-녹두전'(8.3%)이 무난한 성적표를 받았다.

SBS는 '열혈사제'(22%)와 '황후의 품격'(2018년~2019년, 17.9%)로 대박을 쳤고, '복수가 돌아왔다'(2018년~2019년, 8.1%), '해치'(8.4%),

'녹두꽃'(8.1%), '의사요한'(12.3%), '배가본드'(13%), 'VIP'(13.2%) 등이 겨우 지상파방송의 체면을 유지하게 했다.

tvN은 '남자친구'(2018년~2019년, 10.3%), '알함브라 궁전의 추억'(2018년~2019년, 10%), '왕이 된 남자'(10.9%), '호텔 델루나'(12%) 등이 10%가 넘는 시청률을 기록하며 시청자 공략에 성공했다. JTBC는 '눈이 부시게'가 9.7%로 10%에 육박하는 시청률을 보였다.

뉴스 시사 분야에서 유료방송 채널들의 평가도 매년 좋아지기 시작했다. 2015년 국내 지상파와 종편, 보도채널, 종합 일간지, 인터넷 신문 등 17개 미디어 가운데, 가장 신뢰받고 유용한 미디어로 JTBC, 가장 공정한 미디어로 YTN이 선정됐다. 종편은 탄생한지 불과 몇 년 안 되었음에도 불구하고 기존 언론사들을 제치고 1위를 차지하였다. JTBC는 신뢰성과 유용성 부분에서 각각 정상에 올랐다. 신뢰성 2위는 한겨레, 그 뒤로 YTN, SBS, KBS, 중앙일보 순이었다. JTBC는 뉴스 및 정보의 정확성, 신인도, 전문성 등에서 높은 평가를 받았다. YTN은 8년 연속 공정성 부문 1위를 차지했다. 2위는 JTBC가 뒤를 이었으며, SBS, 한국일보, 경향신문 등 순이었다. 지상파 3사는 매년 순위가 하락했다. 가장 영향력 있는 미디어에는 8년째 KBS가 부동의 1위였고, 조선일보와 TV조선이 2위를 차지했다(미디어미래연구소, 2015).

문화체육관광부 여론집중도조사위원회가 실시한 매체별 영향력 조사에서 TV 방송 부문의 뉴스, 시사 정보 이용 점유율은 KBS(1TV, 2TV 합산)가 29.9%로 가장 높았고, MBC가 11.2%로 2위를 기록했다. TV조선은 10.6%로 3위, SBS와 채널A가 각각 10.5%로 공동 4위로 나타났다. 다음으로 YTN(7.8%), 연합뉴스TV(7.0%), MBN(6.9%), JTBC(5.1%) 순이었다. 지상파TV 방송사들의 이용 점유율은 계속 감소하는 한편, 종합편성채널과 보도 전문 채널의 이용 점유율은 크게 성장했다(문화체육관광부, 2016).

〈그림 7-11〉 유료방송과 지상파방송의 프로그램 직접 제작비 비중 변화 추이

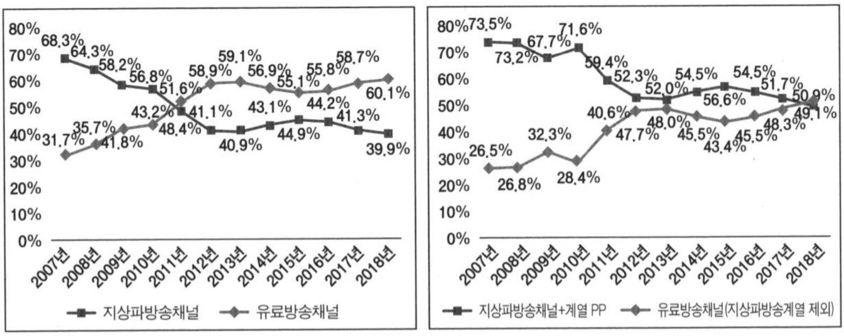

출처 : 방송통신위원회(2019), 〈2019년도 방송시장경쟁상황평가보고서〉, p.115

이렇게 시청률이 높게 나오면서, 프로그램 전후광고의 경우 tvN 등 일부 인기 유료방송채널광고의 최고 단가가 지속적으로 상승하여 지상파방송 3사와의 격차가 줄어들고 있다. tvN 전후광고의 최고단가는 1,800만원으로 지상파방송 3사 최고단가(KBS2 1,620만원)을 추월하였다(방송통신위원회, 2019, p.164).

6) VOD 시청

(1) 증가하는 VOD 이용

정보통신정책연구원의 조사 결과에 따르면, TV 방송 프로그램을 주문형 비디오(VOD)로 시청하는 이용자 비율이 2011년 5.2%에서 2016년 25%로 증가, 우리 국민 4명 가운데 1명꼴로 본방송이 아닌 VOD로 방

송 프로그램을 시청하는 것으로 나타났다.[103]

연령대별 이용률을 살펴보면, 10대 23.0%, 20대 30.1%, 30대 27.6%, 40대 15.6%, 50대 8.7%, 60대 6.2%로 나타나, 젊은 층의 이용률이 높게 나타났다.[104] 유료방송 서비스별로 살펴보면, IPTV 가입자 24.0%, 디지털 케이블TV 가입자 12.7%, 위성 가입자 4.8%로 나타나 IPTV 가입자의 VOD 이용률이 가장 높았다.[105]

2019년 방송매체 이용행태 조사에 따르면, 지난 1주일간 VOD 이용률은 SO(QAM 방식) 가입자(14.8%)에 비해 IPTV 가입자(24.0%)가 높게 나타났다. 유료방송 플랫폼 중에서 IPTV가 VOD 시청을 가장 중요한 마케팅 전략으로 삼고 있다. VOD 서비스는 주로 유료방송에서 시청하는 경우가 대부분(82.9%)으로 나타나, OTT에서 시청하는 비율(17.1%)은 낮은 편이다. VOD 시청 시 주로 이용하는 스크린은 TV가 54.5%, PC가 24.8%, 모바일 기기가 20.7% 순으로 나타났다. VOD 서비스에 대한 전반적 만족도가 비교적 높은 편이고, 유료방송 사업자의 VOD 매출액이 크게 증가하였다.[106]

유료방송사업자의 VOD 매출액은 지속적으로 증가하는 가운데 증가율은 둔화하고 있는 추세이나, 2018년에는 전년보다 높은 증가율을 기록하며 전년 대비 8.5% 증가한 8,151억 원을 기록하였다. 전년 대비 증가율은 2015년 24.4%, 2016년 10.6%, 2017년 6.4%, 2018년 8.5%로 나타났다.

---

103 방송통신위원회(2018), <2018년도 방송시장 경쟁상황 평가>, p.295
104 방송통신위원회(2017), <2017년 방송매체 이용행태 조사>, p.120
105 방송통신위원회(2018), op. cit. p.295
106 방송통신위원회(2019), <2019년도 방송시장 경쟁상황 평가>, p.299

〈그림 7-12〉 유료방송사업자들의 VOD 매출 추이

(단위: 억 원)

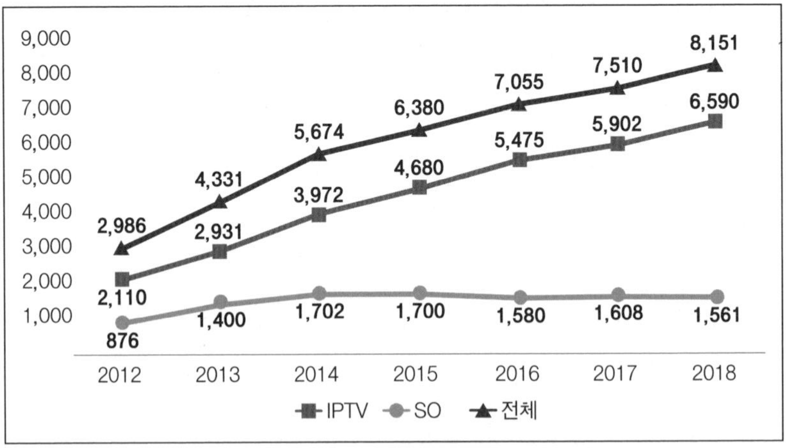

출처 : 방송통신위원회(2019), 〈2019년도 방송시장 경쟁상황 평가〉, p.295.

2018년 기준으로 전체 유료방송 수신료 매출에서 VOD 매출이 차지하는 비중은 24.4% 정도였다. IPTV가 성장을 주도하고 있는데, 2018년 IPTV의 VOD 매출은 전년 대비 11.7% 증가한 6,590억 원을 기록한 반면, SO의 VOD 매출은 전년 대비 2.9% 감소한 1,561억 원으로 나타났다. 전체 VOD 수신료 매출 중 IPTV 3사의 비중은 증가 추세가 지속되어 왔다. 2015년 73.4%, 2016년 77.6%, 2017년 78.6%, 2018년 80.9% 수준을 유지하고 있다.

VOD 시청이 확산되면서, 실시간 채널 시청 시간 사이의 대체는 아직까지 크지 않아 보인다. VOD 시청 이후 전반적인 실시간 방송 시청시간이 감소했다는 응답자는 유료 VOD 이용자의 17.6%, 무료 VOD 이용자

의 16.1% 정도로 조사되었다.[107]

향후 유료방송 서비스 선택 시 VOD 콘텐츠의 품질 및 요금이 중요한 고려 요소 중 하나로 작용할 수 있기 때문에 유료방송 플랫폼 간 경쟁에 상당한 영향을 미칠 가능성이 존재한다.[108]

(2) VOD 규제 정책

특정 매체에 기반하여 규제 대상을 구분하고 있는 현행 방송법과 통신법의 이원적 체계하에서 법적인 개념이 명확하지 않은 채, VOD 서비스는 매체별로 일관성 없이 각기 서로 다른 진입 절차와 규제를 받고 있다(〈표 7-17〉 참조).

디지털 케이블TV는 VOD 서비스 제공을 위해 관련 사업자들이 연합하여 홈초이스를 설립하고, 방송법상 방송채널사용사업자(PP)로 운영 중이다. 홈초이스의 VOD 서비스에 대해서는 일반 PP에 대한 방송법상의 규제가 동일하게 적용된다.

IPTV의 VOD 서비스는 전기통신사업법상의 부가통신사업자로 신고 절차를 거쳐 운영 중이다. IPTV가 제공하는 VOD 서비스에 대해서는 전기통신사업법상 부가통신사업자에 대한 규제가 적용된다. 방송법에 IPTV를 포섭하고자 하는 법 제정 시도가 지속적으로 이루어져 온 점을 고려한다면, IPTV의 VOD 서비스만을 전기통신사업법으로 규율하는 것은 일관성이 결여된 것이다.

디지털위성방송의 경우, 별도의 법인 설립을 통한 등록 절차 없이

107 방송통신위원회(2017), <2017년도 방송시장 경쟁상황 평가>, p.284
108 Ibid., p.287

도 방송법상 허가 사업자로서 준 주문형(near Video on demand) 및 PPV(Pay per view) 서비스를 제공하고 있다. 방송법상 VOD 서비스 제공을 위해 특별한 법적 진입 절차가 없기 때문에 자체적인 사업으로 서비스를 제공하고 있다. 동일한 디지털 유료방송시장의 상품으로 획정되어 경쟁이 이루어지고 있음에도 불구하고,[109] 매체별로 진입 규제에 있어 비대칭 규제가 이루어지고 있는 실정이다.

편성규제, 광고규제, 요금규제 등에 대해서도 VOD 서비스를 규제하는 별도의 규정은 존재하지 않는다. 내용 규제는 매체별로 상이한 규제를 적용받고 있다. 케이블TV와 위성방송의 VOD 서비스는 '방송심의에 관한 규정'을 적용받는다. IPTV의 VOD에 대한 별도의 심의 규정은 부재하다. 통신 서비스 사업자의 VOD는 '정보통신에 관한 심의규정'에 따른다(황준호, 김남두, 박병선, 2013, p.17). 진입 규제의 비대칭 규제뿐만 아니라, 행위 규제에 있어서도 매체별로 비대칭 규제가 이루어지고 있는 것이다.

〈표 7-17〉 국내 VOD 규제 현황

매체	법적 근거	사업자 지위	규제
디지털케이블TV	방송법	방송채널사용사업자	등록
IPTV	전기통신사업법	부가통신사업자	신고
디지털위성방송	방송법	위성방송사업자	법적 진입 절차 없음

그동안 정부에서 행정적으로 추진한 내용이라고는 구 미래창조과학부가 2014년 개정된 고시를 통해서 그동안 부가통신사업자로 신고하도

109 방송통신위원회(2019), <2019 방송시장 경쟁상황 평가>, p.241

록 규정되어 있는 OTT 비디오 제공 사업자들에게 가입자와 매출액 등 시장의 현황을 파악할 수 있는 최소한 통계 정보를 보고하도록 의무화 한 것이 전부이다. 2014년부터 실시되는 스마트미디어 실태조사(정보통신산업협회, KAIT에서 시행)를 통해서 조사 작업에 착수하였다(곽동균 외, 2014, p.55).

(3) VOD의 입법화 논의

VOD에 대한 입법화 논의는 수차례 있었지만 실제 입법화되지 못했다. 처음으로 이루어진 입법화 시도는 2013년 들어와서이다. 국회는 당시 빠른 속도로 성장하고 있는 스마트 미디어 산업에 관한 법적 근거를 마련하기 위하여 '인터넷 멀티미디어 방송사업법 일부개정 법률안'을 발의하였다.[110] 이 법률안 제안 이유를 살펴보면, 새롭게 등장한 스마트 미디어가 현행 방송사업자들과 동일한 방송 서비스를 제공하고 있는데도 불구하고 관련 법상 법적 근거가 마련되어 있지 않아 시장 공정 경쟁, 소비자 보호 및 산업 진흥의 측면에서 다양한 문제가 발생하고 있다고 지적하였다. IPTV와 비슷한 사업자 지위를 득하게 함으로써, IPTV에 준하는 규제 수위를 적용하였다.

이듬해인 2014년 미래창조과학부와 방통위 등은 인터넷 동영상 서비스를 '범용 인터넷망을 통해 제공되는 동영상 서비스로서 현행 방송법 및 인터넷 멀티미디어방송사업법상 방송에 해당되지 않는 것'으로 정의를 시도하였다.[111] 미래부와 방통위는 당시 제도 여건을 분석하기를, 제도의

110 '인터넷 멀티미디어 방송사업법 일부개정법률안'(남경필의원 대표발의), 2013. 12. 4. 의안번호 8288

111 미래창조과학부, 방송통신위원회, 문화체육관광부, 중소기업청, "스마트미디어 산업 육성계

불확실성과 규제 중심으로 인해 기업들은 혁신적인 서비스 시장 진입을 주저하고 있기에 미디어 기업 등의 적극적인 서비스 시도를 촉진하기 위한 제도 기반을 마련하는 것이 필요하다고 보았다. 스마트 미디어 성장 동력 강화를 위해 자율적인 진흥 위주의 제도화(네거티브, 최소, 자율 규제) 및 규제 개선을 추진하는 것이 바람직하다고 보았다. 기업과 개인의 창의성과 상상력이 서비스로 구현되도록 제도의 불확실성 해소 및 산업 진흥에 걸림돌이 되는 규제 장벽을 제거한다는 것이다.[112]

미래부와 방통위는 제도화의 방향으로 다음을 제시하였다. (1) 인터넷 동영상 서비스는 현행대로 전기통신사업법 내에서 부가통신역무로 관리하되 시장 상황을 모니터링한다. 시청 점유율 규제의 타당성 제고를 위해 방송 채널에 대한 방송채널별 통합 시청률 조사를 실시한다. 방송 프로그램에 대한 기존의 TV 시청률에 PC, 모바일 기기에서의 시청률, VOD 시청률을 합산한다. (2) 장기적으로 이러한 다양한 기술들 간의 경쟁과 자유로운 콘텐츠 유통을 촉진할 수 있는 수평적 규제 체계로 전환을 검토한다. 이용률이 급증하는 유료방송 VOD는 방통위가 수행하는 '방송시장 경쟁상황평가' 조사 대상에 2014년부터 추가하였다.[113]

획"(2015-2020), 2014.12.5., p.31

112 Ibid., p.7

113 Ibid., pp.31~32

2. 사회·문화적 성과

방송법은 방송의 공정성과 공공성, 공익성, 다양성, 지역성을 보장하기 위해 채널 구성과 운용을 규율하고 있다. 그 목적은 방송의 공적인 역할을 담보하기 위함이다. 지상파방송에는 공정성, 공공성, 공익성, 다양성, 지역성과 같은 방송 이념을 강조하지만, 유료방송에도 동일하게 방송 이념을 강조하고 있다. 그러한 방송 이념은 채널 편성 의무로 구현된다.

1) 공익성

(1) 공공채널

종합유선방송사업자 및 위성방송사업자는 국가가 공공의 목적으로 이용할 수 있는 채널(공공채널), 종교의 선교 목적을 지닌 채널(종교채널) 및 장애인의 복지를 위한 채널(장애인복지채널)을 두어야 한다(방송법 제 70조 제3항).

종합유성방송사업자 및 일반위성방송사업자는 과학기술정보통신부장관이 인정하는 공공채널과 종교의 선교 목적을 지닌 채널(종교채널)을 텔레비전방송 채널로 각각 3개 이상 두어야 하며, 방송통신위원회가 인정하는 장애인의 복지를 위한 채널을 텔레비전 채널로 1개 이상 두어야 한다. 종교채널을 두는 경우에는 특정 종교를 위한 종교채널만을 두지 않도록 함으로써 종교의 다원성을 유지하도록 하고 있다(시행령 제

54조)

정부가 지정한 공공채널은 KTV(한국정책방송), OUN(방송대학TV), NATV(국회방송) 등 3개이다. KTV(한국정책방송)는 문화체육관광부 산하 한국정책방송원에서 운영하며 정부의 주요 정책 관련 각종 영상물의 제작, 송출, 배포 등 정책의 홍보기능을 수행한다. OUN(방송대학TV)은 한국방송통신대학교가 운용하는 것으로 국민 일반에 대한 고등교육 기회를 확대하고 사회 재교육 실현을 목표로 하고 있다. NATV(국회방송)는 국회사무처가 운영하는 것으로 국회의 의정활동 등 국민의 알 권리를 충족시키고, 민주적 여론 형성에 이바지함을 목표로 하고 있다.

〈표 7-18〉 공공채널 지정 현황

채널명	한국정책방송 (KTV)	방송대학TV (OUN)	국회방송 (NATV)
법인명	한국정책방송원	한국방송통신대학교	국회사무처
운영목표	정부 주요 정책 관련 각종 영상물의 제작, 송출, 배포 업무를 통한 국내외 홍보기능 수행	국민 일반에 대한 고등교육 기회 확대 및 사회 재교육 실현	의정활동 등 국민의 알 권리 충족 및 민주적 여론 형성에 이바지
지정일	1993. 5. 29.	1995. 8. 7.	2003. 12. 9.

아리랑TV의 경우 1996. 11. 공공채널 지정 → 2005. 11. 지정 철회

(2) 공익채널

종합유선방송사업자 및 일반위성방송사업자는 당해 방송 분야의 공익성 및 사회적 필요성을 고려하여 방송통신위원회가 고시한 방송 분야에 속하는 공익채널을 운용하여야 한다(방송법 제70조 제8항)

방송통신위원회가 고시한 공익채널을 1개 이상 운용하여야 한다. 공익채널 선정의 유효 기간은 1년이다. 종합유선방송의 법정 운용채널이

2004년부터 기존의 40개에서 70개로 늘어나면서, 유료방송의 공익성 강화를 위해 공익성 채널 제도를 도입하기로 결정하였다. 이에 따라 2005년에 처음으로 공익채널을 선정하여 2006년도부터 송출하도록 의무화되었다. 그리고 2007년 방송법(제70조 제8항)에 공익채널의 법적 근거가 신설됨으로써 제도가 완비되기에 이르렀다.

공익 채널은 2007년도에는 ①한국문화(영어) ②시청자 참여 ③수능교육 ④장애인 시청 지원 ⑤교육 ⑥환경·과학 ⑦순수예술 ⑧사회적 소수대변 등 8개 분야를 고시했다. 2009년도에는 ①시청자 참여·사회적 소수이익 대변 ②저출산·고령화 사회 대응 ③문화·예술 진흥 ④과학·기술 진흥 ⑤공교육 보완 ⑥사회교육지원 등 6개 분야 12개 채널을 선정하였다. 2010년부터는 ①사회복지 ②과학·문화 진흥 ③교육지원 등 3개 분야 9개 채널을 지정하였다.

2009년부터는 공익성 분야별로 2개 사업자를 선정함으로써 플랫폼 사업자는 공익채널로 선정된 분야별 2개 중 1개 채널만 송출하면 되기 때문에 공익채널로 선정된 사업자끼리도 송출 경쟁을 하게 되었으며, 2009년부터는 분야별로 3개 채널이 선정되었기 때문에 송출 경쟁은 더욱 치열해졌다.

2010년에 들어 공익 채널 지정이 3개 분야로 줄어든 것은 새로 도입되는 종합편성채널이 SO, 위성 등 플랫폼 사업자가 의무적으로 송출해야 하는 의무전송채널이기 때문에 사업자의 부담을 덜어주기 위한 조치인 것으로 보인다.

2010년에는 복지TV, 법률방송, 육아방송, 실버TV, 예당아트, 아리랑TV, 사이언스TV, EBS플러스1, EBS플러스2, JCBN, JEI English TV등 12개 채널이 선정되었다. 2010년에는 복지TV, 법률방송, 육아방송, 아리랑TV, 사이언스TV, 극동Art TV, EBS English, EBS플러스1, EBS플러스2 등 3개 분야 9개 채널이 선정되었다. 2013년에는 Work TV, 육아방송, 법률TV, 아리랑TV, 예술TV Arte, 사이언스TV, EBS English, EBS플러스1, EBS플러스2 등 분야별 3개씩 9개 채널이 선정되었다.

2014년에는 사회복지 분야에는 Work TV, 육아방송, yesTV(소상공인방송)가, 과학·문화진흥 분야에는 아리랑TV, 예술TV Arte, 사이언스TV가, 교육지원 분야에는 EBS English, EBS플러스1 수능전문, EBS플러스2 중학/직업이 선정되었다(김재철, 2014, op.cit., pp.472~476).

(3) 종교채널

종교채널로는 기독교 6개, 불교 2개, 천주교, 증산도, 원불교, 유교 각 1개 채널이 등록되어 있다. 기독교 PP로는 ㈜기독교텔레비전에서 CTS를, ㈜기독교복음방송에서 GOOD TV를, (재)씨비에스에서 CBS TV를, (재)온누리선교재단에서 CGN TV를, ㈜만민티비에서 GCN을, ㈜씨채널방송에서 C채널을 각각 운영하고 있다. 불교 PP로는 불교텔레비전(주)에서 불교TV를, (재)불교방송에서는 불교방송 채널을 각각 운영 중이다. 천주교에서는 (재)평화방송이 평화방송TV를, 증산도에서는 상생방송(주)에서 STB상생방송을, 원불교에서는 (재)원음방송이 원불교TV를, 유교에서는 ㈜성균관유교방송에서 유교방송 채널을 운영 중에 있다. 종합유선방송사업자 및 일반위성방송사업자는 텔레비전 채널로 이 중 3개 이상을 편성하여야 한다.

(4) 장애인복지채널

장애인복지채널의 의무편성은 2012. 1. 17. 방송법 개성을 통해 의무화되었다. 방송통신위원회는 방송법 시행령 개정을 통해 종합유선방송사업자 및 위성방송사업자에 한해 텔레비전 방송 채널로 1개 이상을 운용하도록 했다. ㈜희망복지방송의 '복지TV'가 2012년 송출 대상으로 선정되어 2013년부터 송출되었다.

2) 지역성 : 지역채널과 직접사용채널

케이블TV는 프랜차이즈(franchise)라고 불리는 지역 독점 사업권을 부여받았다. 케이블TV는 지역밀착형 매체이다. 전국적인 사업권을 가지는 IPTV나 위성방송과는 다른 차이점이다. 일정 지역에서의 독점적인 운영권을 획득함에 따라 서비스 지역에 대한 관리와 의무가 주어지고, 이는 지역 채널의 운영으로 나타난다. 방송법에 근거하여 종합유선방송국은 지역 채널을 운영하고 있으며, 지역 채널을 통해 제한적 범위 내에서 지역의 정보를 제공하는 보도 기능을 수행하고 있다.

위성방송은 지역채널이 없는 대신 직접사용채널을 운영하도록 하고 있다. 하지만, 대기업이 운영하고 있는 IPTV의 경우, 대기업이 여론에 미칠 영향력을 우려하여 직접사용채널 운영조차 허용하지 않고 있다. 케이블TV, 위성방송, IPTV는 동일한 시장으로 획정된 유료방송 매체이지만, 이러한 비대칭 규제를 적용하고 있어 '동일 서비스, 동일 규제' 원칙을 적용해야 한다는 주장이 제기되었다.

방송법에 따라 종합유선방송사업자는 지역채널 운영의 의무를 지닌다. 방송법 제70조(채널 구성과 운용) 4항에 종합유선방송사업자(SO)는 대통령령이 정하는 바에 의하여 지역정보 및 방송프로그램 안내와 공지

사항 등을 제작·편성 및 송신하는 지역채널을 운용하도록 규정하고 있다.

종합유선방송사업자는 지역채널 운영계획서를 방송위원회와 특별시장, 광역시장 또는 도지사에게 제출해야 한다.[114] 지역채널을 통해 송신할 수 있는 방송프로그램의 범위는 시청자가 자체 제작한 프로그램, 지역생활정보 방송프로그램, 지방자치단체의 시책홍보를 위한 프로그램 등이다.[115]

지역 채널에서 방송할수 있는 프로그램은 단순 사건, 사고 보고나 지방자치단체의 홍보 프로그램만으로 제한하였다. 지역보도의 보도, 특정 사안에 대한 해설과 논편을 금지하였다. 이 조항은 정부 조직 개편 시('13.3월) 유료방송 업무의 미래부 이관과 관련하여 방송의 공정성, 공공성, 공익성 담보를 위해 여야 원내 대표 합의에 따라 신설 되었다.[116] 해설과 논평의 금지는 언론의 자유를 침해한다는 논란이 있었다. 과도하게 언론의 자유를 침해하기에 지역 채널의 보도 기능을 제대로 발휘할 수 있도록 허용하는 것이 필요하다는 것이다. 하지만, 종합유선방송국의 지역 채널 운영의 인력이나 예산이 열악하기에 저널리즘 기능을 수행하지 못하고 있다는 우려가 있다.

케이블 TV SO로 하여금 지역 채널을 운영하게 한 입법 취지는 지역정보와 생활밀착형 프로그램의 제공을 통해 궁극적으로 지역민의 여론형성을 촉진하려는 것이다. 지역채널을 통해 제한적 범위 내에서 지역의

114 방송법 시행령 제55조 2항

115 방송법 시행령 제55조 3항

116 미래창조과학부(2016.12.27), <유료방송 발전방안 - 플랫폼(케이블, IPTV, 위성)을 중심으로>, 정보통신 전략위원회 의결(의안번호 제2호), p.62.

정보를 제공하는 보도기능을 수행하고 있다. 케이블TV SO는 방송법 제70조의 규정을 구체화한 방송법 시행령 제55조(지역채널의 운용)와 방송통신위원회시행규칙 제20호 제24조(지역채널의 운용)에 근거하여 케이블TV SO는 지역채널을 통해 기존의 방송매체와는 달리 소지역 중심의 생활정보를 제공하고 있다.

방송법 제70조(채널 구성과 운용) 4항의 규정에 근거하여 방송법 시행령 제55조(지역채널의 운용)에서는 구체적인 지역채널의 운영방안을 제시하고 있다. 우선 케이블TV SO 사업자는 법 제70조 제4항의 규정에 따라 1개의 텔레비전 방송 채널을 지역채널로 운용하도록 규정하고 있다. 그리고 케이블TV SO 사업자가 지역채널을 운용하고자 할 때는 지역채널 운용계획서를 방송통신위원회와 특별시장·광역시장 또는 도지사에게 각각 제출하고, 지역채널 운용계획서에 따라 지역채널을 운용하도록 규정하고 있다. 지역채널 운용계획을 변경하고자 하는 경우에도 똑같은 절차를 밟도록 규정하고 있다. 그리고 지역채널을 통하여 송신할 수 있는 방송프로그램의 범위를 규정하고 있다.

방송통신위원회 시행규칙의 규정

방송법 시행령 제55조에 규정하고 있는 생활정보 프로그램의 범위에 대해 방송통신위원회는 규칙으로 정하여 구체화하고 있다. 방송통신위원회는 시행규칙 제20호를 통해 케이블TV SO 보도기능의 생활정보 프로그램이 무엇인지 제시하고 있다. 이 규정에서 제시하고 있는 생활정보의 범위는 SO 서비스 권역의 지역보도 프로그램 및 주민 생활정보프로그램, 그리고 SO 서비스 권역이 속한 광역자치단체 내의 보도프로그램 및 생활정보

프로그램 중 지역주민의 공동 관심사항으로 지역사회 발전과 지역주민의 편의를 도모하기 위한 생활정보 프로그램으로 제한하고 있다.

(1) SO 지역채널의 보도기능[117]

① SO 지역채널 보도기능 수행 특징

케이블TV SO의 보도 프로그램은 개별 SO와 MSO 간에 차이가 존재하였다. 개별 SO의 경우 MSO에 비해 서비스 권역이 좁고, 인력 및 장비 등이 적기 때문에 보도프로그램의 제작환경도 좋은 편이 아니다. 이러한 차원에서 SO의 보도프로그램 수행 특성을 정리하면 다음의 네 가지로 정리할 수 있다.

첫째, SO 지역채널에서 보도프로그램의 편성비율은 10% 내외로 나타났다. SO는 지역채널을 통해 대부분이 보도프로그램을 편성하고 있었다. 그러나 보도프로그램은 많은 비중을 차지하고 있지 않았다.

둘째, 개별SO와 MSO는 보도프로그램의 제작유형이 다르다. 개별 SO는 해당 서비스 권역을 대상으로 하여 서비스를 제공하고, 독자적으로 보도프로그램을 제작하여 편성하고 있었다. MSO의 경우 독자적인 보도제작 프로그램을 제작하여 방송하고 있으나 공동제작 및 교환 편성을 실시하고 있었다. 그리고 광역지역 보도프로그램의 경우 특정지역에서 제작물을 제작하여 공동으로 방송하고 있었다.

셋째, 광역지역 간 경계 지역에서는 광역 간 보도프로그램을 제작하

---

117 한진만, 이상식, 주정민, 홍성구(2011), <SO 지역채널의 보도기능 역할과 위상정립 방안 연구>, 한국케이블TV방송협회에서 수행한 연구 내용들을 중심으로 정리하였음.

여 방송하고 있었다. 방송법 시행령에서는 생활정보 프로그램의 경우 해당 광역지역에 관한 프로그램을 제작하여 방송하도록 하고 있으나 두 개의 광역 간 프로그램을 제작하여 방송하고 있었다. 대표적으로 수도권인 경기 지역 일부 SO의 경우, 서울광역시의 보도프로그램을 제공하는 사례가 있었다. 이는 서울과 경기가 하나의 생활문화권에 속하고, 이 지역의 거주자들이 필요한 정보도 수도권 정보이기 때문이다.

넷째, 방송구역을 구분할 수 없는 보도가 이뤄지고 있었다. 일부 SO에서는 '방송구역을 특정할 수 없는' 보도 아이템을 제공하고 있었다. SO 해당구역 또는 광역권역의 생활정보를 제공해야 함에도 불구하고, 일부 SO의 경우 전국적인 보도주제를 다루고 있는 경우도 있었다.

② SO 보도기능의 편성 제작 역량

SO는 자체적인 보도역량을 고려하여 프로그램을 제작하고 있다. 개별 SO의 경우, 대부분 자체적인 보도 역량이 부족하기 때문에 해당 지역에 관한 뉴스 중심으로 보도물을 편성하며, 광역 뉴스물의 경우 제휴 등을 통해 외부에서 수급하였다. 이에 비해 MSO의 경우, 일정 정도의 취재진을 확보하여 해당 지역과 광역의 뉴스를 동시에 제공하거나 혹은 광역 중심의 뉴스물을 편성하였다.

지역채널의 운영은 케이블TV가 가지는 지역밀착형 매체의 특징이 가장 잘 반영된 제도임에도 불구하고, SO들의 미온적 참여와 인력 및 예산상의 한계로 인해 부진했다. 케이블TV의 지역성 구현에 대해 그렇게 높은 평가를 받지 못했다(최영묵, 시상훈, 2006, p.25).

지역채널의 시청률이 낮고, 수익이 정체됨에 따라 제주방송 등 일부를 제외하고는 지역채널에 대한 투자가 감소하고 형식적으로 운영하였다. 지난 3년간 MSO 지역채널의 평균시청률은 0.19%, 시청점유율은 0.57%로 나타났다. 2015년 기준 MSO별 1개 SO지역채널 평균 투자액이 10.1억원으로, 3년간 지속적으로 감소하였다. 티브로드 12.9억원, CJHV 13.0억원, 딜라이브 6.4억원, 씨엠비 4.5억원, 현대HCN 9.3억원이었다.

본방 및 방송구역 내 프로그램 비율이 낮아 지역채널에 대한 시청자의 지속적 관심, 선호를 유도하지 못하고 지역정보 제공에 한계를 보였다. MSO 평균 본방송 비율이 최근 3년간 지속적으로 20% 미만에 불과하였다. 방송구역내 프로그램 비율이 40.2%로 방송구역이 속한 광역자치단치 내 프로그램 비율이 더 높았다.[118]

③ 지역 SO 보도기능에 대한 평가[119]

SO의 보도기능에 대해서는 지역 지상파 방송의 보도기능을 보완하고, 지역 여론을 활성화함으로써 지역민주주의 발전에 기여한다는 긍정적 측면이 있다. 그러나 동시에 지역뉴스의 질 저하와 객관성과 공정성의 훼손, 그리고 보도기능을 통한 SO의 권력화에 대한 우려도 존재하였다.

가. 긍정적 평가

SO 지역채널의 보도기능에 대한 긍정적 평가는 세 가지로 정리할 수 있다.

첫째는 지역방송의 보도 기능을 보완하고 있었다. 지역방송의 경우 편성시간 제약으로 지역 뉴스를 충분히 전달하지 못하나 SO의 경우

118 미래창조과학부(2016.12.27), op.cit, p.62.
119 한진만, 이상식, 주정민, 홍성구(2011), Ibid., pp. 70~71

자유로운 편성을 통해 지역 뉴스를 제공하고 있었다. 지역방송은 대부분 뉴스 프로그램을 하루 2~3회(아침뉴스, 저녁뉴스, 그리고 종합뉴스), 10~20분 내외로 방송하고 있으나 지역 SO의 경우 하루 4~6회 정도까지 반복 방송(재방송 포함)하고 있었다. 이러한 현실에서 지역채널 SO는 지역방송이 관할 및 담당하지 못하는 소지역의 뉴스 및 생활정보를 제공하여 지역의 정보소통 및 여론 활성화에 기여하고 있었다. 지역방송의 경우, 광역중심의 전국보도를 지향하고 있으나 케이블TV의 경우 광역뉴스와 함께 시·군·구의 소지역 중심의 보도를 지향하고 있다는 점이 이를 입증한다.

SO들은 다양한 지역 밀착형 서비스를 제공하였다. CMB 대전방송과 광주방송은 지역 연고의 프로야구 및 프로축구팀 전 경기를 중계하는 서비스를 제공하였다. 아울러 지역의 광역 또는 기초의회의 시 및 구정 질의를 생중계하여 지역민들이 자치단체와 지역 의원들의 활동을 감시하고, 견제하는 기능을 수행하였다. KCTV 제주방송과 같은 종합유선방송의 경우, 해당 지역 관광 안내 프로그램 제공, 그리고 관광객을 대상으로 외국어 방송서비스를 제공하는 등 다른 방송 매체 등이 수행할 수 없는 역할을 수행하였다.

2017년 강원도 강릉 일원의 산불 발생 시에도 CJ강원방송이 일주일 동안 산불의 이동 경로 등을 실시간으로 방송하여 지역 밀착형 재난방송의 역할을 수행하였다. 이는 24시간 자유로운 편성이 가능한 지역 채널을 운용하기 때문에 가능하였다(주정민, 2018, p.94)

둘째는 지역 여론 다양성 제고 및 민주주의 발전에 기여하고 있었다. 지역채널 보도기능은 전국방송과 지역 지상파 방송과 다른 정보 제공원의 역할을 함으로써 지역민이 선택할 수 있는 매체가 늘어나 여론의 다양성 증가에 기여하고 있었다. SO 지역채널에서 전달하는 보도 프로그램은 기존의 방송에서 제공하지 못하는 정치 정보의 제공을 통하여 지역의 민주주의 신장에 기여하고 있었다. 실제로 지역 정치인이나 지역 행정에 대한 정보를 제공하고, 지역의회의 활동을 보도함으로써 풀뿌리 민주주의 발전에 기여하고 있었다.

셋째는 선거방송을 통한 지역민주주의 발전에 기여하고 있었다. SO 지역채널은 그동안 지방선거와 국회의원 선거에서 해당 지역에서 선거방송을 활발하게 전개하고 있었다. SO 지역채널은 2004년부터는 공직선거및선거부정방지법에 의해 선거방송을 실시하면서 자체적으로 보도준칙을 마련하고,[120] 선거방송기획단을 조직하여 체계적인 선거방송을 실시하였다. 해당 방송권역에서 지역방송이 편성의 제약, 시간의 제약으로 제공하지 못하는 후보자 토론 등의 프로그램을 제공함으로써 지역민에게 선거정보를 제공하였다.

SO는 각종 지방 선거(기초 및 광역의원, 기초단체장 및 광역단체장) 및 국회의원 선거 등에서 지상파방송 등이 편성 시간의 제한 등으로 제공하지 못하는 선거 정보의 제공 등을 통해 지역 민주주의 발전에 기여하였다. SO들은 2004년부터 공직선거법에 의해 법적으로 선거 방송의 권한을 부여받고, 자체적으로 선거 방송 기획단을 조직하여 선거 방송을 실시하였다. 방송을 통해 시·군·구의 선거 방송을 실시함으로써 저비용 선거와 지역민의 정치 참여 등 정치 민주화에 기여하였다. 특히 지방선거와 국회의원 선거에서 지상파 지역 방송이 편성과 시간의 제약으로 광역단체장 및 특정 국회의원만을 대상으로 하여 제한된 횟수의 정보를 제

120 보도준칙 내용은 ① 공정보도 우선 준수, ② 책임 있는 정책 보도, ③ 공중의제 중심 보도, ④ 지역주의 철저 배제로 구성

공하는 한계를 뛰어넘어, 기초단체장 및 광역 및 기초의회 의원 후보들에 대한 경력 방송, 후보자 연설 방송, 토론 방송 등을 실시하였다.

2014년 치러진 지방선거에서 기초의원은 2898명을 뽑았고, 선거구는 1034개로 다수였으며, 종합유선방송은 이러한 다수의 선거구와 후보자에 대한 정보를 제공함으로써 지방자치라는 풀뿌리 민주주의 실현에 기여하였다(주정민, 2018, Ibid., pp.94~95).

나. 부정적 평가

SO 지역채널의 보도기능에 대해 부정적 평가도 존재한다. 부정적 평가는 세 가지로 정리할 수 있다. 첫째로 보도기능 능력 부족으로 보도의 질 저하에 대해 우려하였다. SO는 전문보도 인력이 부족하기 때문에 보도인력에 대한 충분한 교육이 이뤄지지 않을 경우 보도내용의 질이 저하되고 있다는 것이다. 보도내용이 심층적이거나 분석적이지 못하고 표피적으로 흐를 가능성이 있으며, 자체적으로 취재하기보다는 지방자치단체가 발표하는 보도물에 의존함으로써 자치단체의 홍보로 그칠 가능성이 있다는 것이다.

둘째는 뉴스의 객관성과 공정성에 대한 우려이다. SO의 열악한 뉴스 제작 역량으로 인해 뉴스의 객관성과 공정성에 대한 우려도 있었다. 특히 규모의 영세성 때문에 취재진들이 충분히 교육을 받지 못하여 보도의 전문성이 부족하고, 특정 사안에 대해 편협한 시각으로 보도함으로써 오히려 지역 발전을 저해할 수 있다는 의견도 있었다.

셋째는 보도기능을 활용한 방송사의 권력화 우려도 있었다. SO의 보도기능에 대한 또 다른 우려는 보도의 영향력을 이용하여 SO 자체가 권력기관화될 수 있다는 점이다. 우리나라에서 보도권은 단순히 뉴스의 보도에서 그치지 않고 막대한 사회적 영향력을 발휘하는 힘으로 작용한다는 현실을 고려할 때, SO가 공정하고 객관적인 보도에 치중하지 않고 보도권을 남용하게 되면 하나의 권력기관이 될 수 있다는 것이다.

(2) 통신사업자의 케이블TV 인수와 지역성

2010년대 중반 통신사업자들이 케이블TV를 인수하는 과정에서 케이블TV의 지역성에 대해 논란이 되었다. 케이블TV 업계는 인수 합병의 결과, 지역성이 크게 약화될 것을 우려하였다. 지역성에 대한 보장 없는 M&A를 우려하는 목소리가 M&A 반대 명분이 되었다. IPTV는 전국 사업자이기에 지역성에 관심이 없을 뿐만 아니라, 지역 프로그램 제작에 대한 경험이나 전문성이 결여되었기 때문이다.

2015년 통신사업자 1위 SK텔레콤과 케이블TV 업계 1위 사업자 CJ헬로비전 인수 합병 공식 발표는 유료방송 분야에서 지역성 문제를 촉발시키는 신호탄이 됐다.

합병 반대 측은 SK텔레콤의 인수합병으로 지역성을 상실할 것이라는 점에서 반대했다. 특정 플랫폼 사업자의 시장 지배력이 증가하면 SO가 수행하던 지역사업권, 지역채널 운영 등의 지역성 의무가 훼손될 수 있다는 것이다.

한편, 찬성 측은 케이블TV 산업의 체질 개선을 지향하고, 지역 채널이 유명무실화된 점을 고려해 지역채널 운영의 대안을 고민해야 한다고 맞서며 대립된 의견을 내놓았다.

2019년 LGU+와 CJ헬로와의 합병에서도 지역성은 중요한 이슈였다. LGU+가 합병 대신 지분 인수를 택한 것은 정부의 승인을 쉽게 받으려는 우회적 방식으로 최대주주만 바뀌었기에, 케이블TV의 지역채널이 당분간 유지될 가능성이 있지만 궁극적 합병을 대비해 '지역성 보장'을 승인 조건으로 달아야 한다는 지적이 나왔다. 이러한 상황에서 성기현 종합유선방송협의회(SO) 회장은 "지역성 보장은 방송철학을 구현하는 데 중요하다. 지역방송 사업권을 어떻게 보호하고 활성화할지 투명한 메시지로 전해져야 한다"고 밝혔다.[121]

2008년 이명박 정부가 들어서고 방송과 통신의 융합 논의가 시작되면서 방송철학은 산업성을 활성화하는 방향으로 선회하였고, 이후 지속적으로 케이블TV의 지역성 이념은 약화되었다.

3) 다양성

(1) 다양성 개념

다양하다는 것은 기본적으로 그 수가 많음을 전제하고 있으며, 수가 많다는 것은 모든 기준(내용, 형식, 종류, 품질 등)에서 그 수가 많음을 의미한다. 이러한 기준은 단순히 공급의 측면에서뿐만 아니라, 이용의 측면에서도 적용될 수 있다.

미디어 다양성이란 "선택 가능한 미디어(단말, 플랫폼, 채널, 프로그램)의 수가 많고, 특정 미디어에 대한 이용이 집중되어 있지 않은 상태"로 정의할 수 있다(방송통신위원회, 2016, p.21). 미디어 다양성은 "시민들이 다양한 정보 소스/목소리에 접근할 수 있도록 하는, 즉 하나의 지배적인 의견 형성력의 영향으로부터 벗어나서 의견을 형성할 수 있도록 하는 모든 조치"를 의미한다(정보통신정책연구원, 2016, pp.27~28).

---

121 한겨레(2019. 2. 20.), "케이블 삼키는 통신자본…방송 공익성·지역성 이상없나"

미디어 다양성이 중요한 이유는 민주주의의 기반이 다원주의이고 이를 위해 미디어는 다양해야 한다는 사상과 의견의 다양성을 담보할 수만 있다면 미디어의 수는 많으면 많을수록 좋다거나, 민주주의의 기반이 다원주의이고 이를 위해 미디어는 다양해야 한다는 주장들에 근거한다(정보통신정책연구원, 2014, p.4).

다양성 개념은 나폴리(Napol:, 2001)가 잘 정리하고 있는데, 그는 다양성을 세 가지 차원으로 구분하였다. 소스 다양성(source diversity), 콘텐츠 다양성(content diversity), 노출 다양성(exposure diversity or access diversity). 소스 다양성은 전통적으로 프로그램이나 편성의 다양성, 미디어 소유구조의 다양성, 미디어채널 인력의 다양성 등의 세 가지 하부개념을 포함하고 있으며, 시장에 의해 결정되는 경향이 있다. 내용 다양성은 장르 다양성과 인구 다양성, 의견/사상의 다양성으로 구성되며, 이것 역시 시장에 의해 결정되는 경향이 강하다. 노출 다양성은 무료로 중요한 콘텐츠에 접근이 가능한가와 다양한 미디어 시스템을 이용할 수 있는가를 의미하며, 시장과 정책에 의해 동시에 결정된다. 이 세 가지 차원의 다양성은 상호 연관되어 있는데 논리적으로 그 연관성의 방향은 소스 다양성 -〉 내용 다양성 -〉 노출 다양성 순으로 나타난다.

맥퀘일(Mcquail, 1992)은 소스로부터 송신된 다양성(diversity of content as sent)과 수신된 다양성(diversity of content as received)으로 구별하고 있다. 이러한 개념은 나폴리(2001)의 노출의 다양성과 유사하다. 엔트만과 와일드만(Entman & Wildman, 1992)은 수평적 다양성과 수직적 다양성의 개념을 제시했다. 이 두 개념은 내용 다양성에서 나온 것으로 수직적 다양성은 개별 채널이 전체적인 스케줄을 통해서 제공하는 프로그램 종류로써 채널 내 프로그램의 다양성을 의미한다. 수평적 다양성은 측정 대상 매체가 특정 시간대에 제공하는 전체 채널 내에서의 다양성을 의미하는데, 대상 매체의 전체 채널이 제공하는 프로그램 다양성을 의미한다.

(2) 다양성을 위한 정책

방송법은 미디어 다양성에 대해 정확하게 개념을 정의하고 있지 않지만, 미디어 다양성 정책의 중요성은 다음과 같다.

첫째, 민주적 토의에 활용될 수 있는 소스를 넓게 제공하는 정치적 다양성이 필요하다. 미디어에서 재현되는 정치적 의견이나 관점이 넓어야 민주주의에 유익하다. 미디어에 한 목소리만 존재하고 선동의 힘을 가지고 있다면 민주주의는 위협받을 것이다.

둘째, 각 그룹이 자신들의 문화와 가치를 미디어 콘텐츠에서 표현할 수 있다는 가능성 때문인데, 이는 사회문화적 다양성을 의미한다. 사회 내의 다양한 문화가 미디어 내에서 반영되어야 한다.

결국 사회구성원은 현 사회에 존재하는 다양한 관점을 필요로 한다. 자신의 관점이 적절하게 반영된 관점이 필요한 것이다.

이러한 다양성의 중요성 때문에 방송법에서는 다양성 확보를 위한 규제를 하고 있는데, 크게 구조 규제와 행위 규제로 구분할수 있다. 구조 규제는 기업의 설립과 관련되며, 행위 규제는 상품의 생산량, 가격, 품질, 거래 조건 등과 관련된다(정보통신정책연구원, 2014, pp.6-7).

① 구조 규제

미디어가 가지는 의견 형성력의 집중을 제한하기 위한 소유 규제는 미디어 다양성 정책이 가장 대표적이다. 특정인의 방송사업자 지분 보유 및 방송사 간, 방송사-신문사 간 교차소유 등을 제한하는 것 등이 포함된다. 방송법 제8조는 대기업, 일간신문 등의 방송사업자 지분 보유, 방송사업자 간 겸영 및 방송사업자의 시장점유율, 매출액 비중 등을 제한하는 소유·겸영 규제를 두고 있다.

또한, 일간신문의 방송사업 겸영에 따른 여론 독과점 방지 및 다양성 보장을 위해 특정 방송사업자의 시청 점유율을 제한하는 것도 포함된다. 방송법 제69조의 2는 일간신문 법인이 방송 사업을 겸영하는 경우, 일간신문의 구독률을 TV 시청 점유율로 환산하여 해당 채널의 시청 점유율에 합산, 허가·승인 등의 심사 반영(제재조치: 방송사업 소유제한 및 방송시간 일부 양도 등)하는 시청 점유율 규제를 규정하고 있다.

② 행위 규제

방송 행위 규제와 관련해서, 채널 구성 규제, 프로그램 편성 규제, 프로그램 내용 심의 규제 등을 들 수 있다. 먼저, 특정 방송 분야의 편중 방지 및 다양성 구현을 위해 방송사업 유형별로 채널의 구성·운용을 제한하는 채널 구성 규제(방송법 제70조)의 경우, 전체 채널 수를 70개 이상으로 하고 KBS1·EBS·종편·보도·공익·공공·종교·장애인 채널을 반드시 포함하도록 하고 있다.

다음으로, 방송 프로그램의 편성 다양성을 보장하기 위해 주제(정치·경제·사회·문화 등), 유형(보도·교양 및 오락), 제작주체(국내·외주) 등의 편중을 제한하는 프로그램 편성 규제(방송법 제69조, 제71조, 제72조)를 두고 있다. 이외에도, 종합편성사업자는 정치·경제·사회·문화 각 분야를 균형 있게 표현하고, 보도·교양 및 오락 프로그램 상호 간에 조화를 이루도록 편성하고 있으며, 전문편성사업자는 주된 방송분야 및 부편성 비율을 준수하도록 하고 있다. 구체적으로는 국내제작 프로그램

의무편성, 영화·애니메이션·대중음악 의무편성(신규제작 비율 포함), 1개 국가 프로그램 편중 금지, 외주제작 프로그램 의무편성, 특수관계자 외주제작 프로그램 초과편성 금지, 외주제작 프로그램의 주시청 시간대 편성 등에 대해 규정하고 있다.

마지막으로, 프로그램 내용의 품질을 보장하고, 다양한 의견이 반영될 수 있도록 프로그램의 내용에 대한 심의를 실시하는 심의 규제(방송법 제32조~제33조)를 하고 있다. 구체적으로는, 방송의 공정성과 공공성 심의, 민주적 기본질서의 유지, 양성평등, 장애인 등 방송소외계층의 권익 증진 등을 심의하도록 하고 있다.

(3) 미디어 다양성 조사 결과

2000년대 중반까지 학계에서 소스의 다양성, 내용의 다양성, 노출의 다양성에 대해 연구가 간헐적으로 이루어졌다. 그렇지만, 미디어 다양성 개념 및 측정 방법 등에 대한 구체적인 내용이 규정되어 있지 않았다. 이로 인해, 미디어 다양성의 개념을 명확히 하고 다양성 증진 관련 정책의 수립과 시행의 필요성이 지속적으로 제기되었다.

이에 따라, 방송의 여론 다양성을 보장하기 위해 방송법에 의거 2009년에 방송통신위원회 소관 위원회로 출범한 미디어다양성위원회의 논의를 통해 2014년부터 정책연구과제(KISDI 수행)로 미디어 다양성 측정 지표(안) 개발이 추진되었다. 이에 근거하여 2016년부터 본격적으로 미디어 다양성에 대해 실증적인 조사가 이루어지기 시작하였다.[122]

---

122 방송통신위원회, 한국방송광고진흥공사(2016), <2016년 미디어다양성 조사 연구>, 정보통신정책연구원

① 2000년대 중반까지 소스의 다양성, 내용의 다양성, 노출의 다양성

가. 소스의 다양성

PP가 1995년 28개로 시작해서 등록제가 도입되기 이전 시점인 2000년에 37개에 불과했다. 그렇지만, 등록제가 도입되고 난 이후 2001년 114개의 신규 PP가 등장하여 총 121개로 급증하였다. PP 등록제 이후 외형적으로 실제 방송되는 채널의 수가 늘어났다는 사실은 소스의 다양성이 어느 정도 확대되었다고 볼 수 있을 것이다. 하지만 반드시 소유권과 관련한 다양성 부분은 채널 수가 늘어난 만큼 소유주의 수가 늘어나지 않는다는 점, 즉 MPP의 등장으로 인해 채널 수가 확대되는 것만큼 소유주의 수가 확대되었다고 볼 수는 없다(이상식 2003; 황상재, 정연주, 2005, p.219).

2015년 방송법 개정으로 인터넷 멀티미디어 방송사업자는 재산상황을 방송통신위원회에 제출하도록 하였다. 이에 IPTV에 콘텐츠를 제공하는 CP들이 정식으로 통계에 포함되기 시작하였다. 에스비에스콘텐츠허브를 포함하여 25개의 CP가 별도로 존재하였다. 2017년 CP 수는 44개로 크게 늘어났다. 2018년 기준, 총 172개의 PP가 존재하고 있으며 이중 승인 PP는 18개, 등록 PP는 153개이다. 그리고 IPTV에 콘텐츠를 제공하는 CP는 42개가 존재한다. 그동안 이러한 채널 수의 증가는 소스의 다양성도 증가했다는 점을 시사한다.

나. 내용의 다양성

내용의 다양성은 프로그램(포맷) 다양성, 인구학적 다양성, 사상의 다양성을 의미하는 의견 다양성으로 나누어진다. 내용의 다양성은 인종적, 민족적, 성별적 다양성의 측면에서 볼 수 있다. 사상의 다양성은 내용의 다양성 가운데 정의하기가 가장 어려운 부분이다. 사회적, 정치적, 문화적 시각의 다양성을 의미한다.

내용의 다양성은 채널의 장르가 어떻게 증가하고 있는지를 중심으로 설명할 수 있다. 단순히 장르의 증감뿐만 아니라, 각 장르별로 채널의 수에는 어떠한 변화가 일어났는지를 통해 장르 내의 채널 다양성을 알아보고, 인기 장르 위주의 쏠림 현상이나 공익 채널 등의 증감에 대해서 살펴보자.

시청 점유율이 높은 20대 주요 PP들의 장르 변화를 살펴보면 표와 같다. 등록제 이후 가장 두드러진 변화는 특정 장르를 중심으로 채널들의 시청 점유율이 집중되고 있다는 점이다. 특히, 영화 채널이나 드라마, 스포츠 채널, 오락 채널이 많이 시장에 출현하였음에도 불구하고, 시청 점유율이 높은 채널은 영화, 드라마, 스포츠, 오락 채널로 나타났다. 채널이 많이 늘어났다고 해서, 장르의 다양성이 비례하여 증가하지 않는다는 점도 엿볼 수 있다. 오히려 장르의 다양성은 감소하였다. 등록제 이전에는 12, 13개 장르에서 등록제 이후에는 11개 장르로 줄어든 것으로 나타났다. 여성, 공공, 종교 장르 채널들은 20위권에서 밀려났다. 교양 채널도 등록제 이전에는 2개였던 것이 등록제 이후 1개의 채널만 남았다. 오락성이 높은 채널들에 의해, 점차 공공성이 높은 채널들이 도태되고 있음을 시사하고 있다.

1995년 케이블TV 개국 이후부터 장르별 채널 변화의 특징을 살펴보자. 전체적인 비율 면에서 오락 장르의 전체적인 채널 수가 급증하였음을 알 수 있다. 비오락 장르의 경우, 정보 장르에서 크게 늘어나 1997년 7.1%에서 2002년 22%, 2005년에는 22.5%로 증가하였다(김성태, 김선미, 2007, pp.108~109).

〈표 7-19〉 시청 점유율 20대 주요 PP들의 장르 분석

	2000년	2001년	2002년	2003년
영화	3	3	4	4
드라마	1	1	1	3
스포츠	2	2	2	3
보도 (보도, 경제뉴스, 증권)	2	2	2	1
만화(어린이만화)	1	1	1	1
음악	2	1	1	1
홈쇼핑	2	2	2	1
오락 (게임, 바둑, 코미디)	1	2	4	4
여성(패션, 요리)	2	1	-	-
어린이	1	1	1	1
교육	-	1	1	1
교양	2	1	1	1
공공	1	-	-	-
종교	-	1	-	-
장르 수	12	13	11	11

이런 채널 집중화 현상은 두 가지 측면에서 설명할 수 있다. 영화와 오락 등과 같은 시청률이 높고 프로그램 구매가 비교적 용이한 장르에 많은 채널들이 진입하고 있다. 교육, 정보와 같은 장르의 경우에는 비교적 낮은 비용으로 프로그램의 수급 혹은 제작이 가능하여 매우 적은 비용으로 채널을 운영할 수 있기 때문에 시장 진입이 용이하다는 점이 작용한 것으로 해석할 수 있다(손창용, 여현철, 2007, p.334).

〈표 7-20〉 장르별 채널 비율 변화

장르			1997년	2002년	2005년	비고
비오락 장르	교양/다큐		7.1	3.8	4.7	교양, 다큐멘터리, 환경
	교육		17.9	9.3	9.9	교육, 수능교육, 어린이, 직업, 자격증, 영어, 유아, 육아, 화훼정보 및 교육
	문화		3.6	3.8	3.1	식문화, 일본문화, 중국문화, 한국문화, 패션/뷰티, 미술, 문화예술
	보도		7.1	1.1	1.0	경제보도, 종합보도
	정보	일반	3.6	8.8	4.7	시민 악세스, 공공채널, 국방정보 및 홍보, 법률, 의회, 이벤트, 인터넷, 건설, 정보오락, 지방자치, 창업/취업
		경제	0.0	2.7	4.7	디지털 비즈니스, 비즈니스 정보, 증권
		생활	3.6	7.7	8.9	생활여가, 식문화 및 생활정보, 요리/건강, 여성, 부동산 정보, 방송프로그램가이드, 자동차
		의료	0.0	2.7	4.2	건강의료, 한방
		소계	7.2	22.0	22.5	
	종교		10.7	3.8	3.1	기독교, 불교, 천주교, 증산도
	대상		0.0	2.2	1.6	노인, 노인생활문화, 농어민, 실향민, 이산가족
	소계		53.6	46.2	46.1	
오락 장르	드라마		3.6	4.9	4.2	
	스포츠		3.6	4.4	5.2	
	영화	영화	7.1	16.5	20.4	무협영화, 아시아 영화, 영화&애니메이션, 영화 연예 정보, 인디 영화
		만화	3.6	1.6	1.6	만화, 애니메이션
		소계	10.7	18.1	22.0	
	오락		14.3	18.1	14.7	연예정보, 가족문화, 공연, 오락, 코미디, 버라이어티쇼
	음악		7.1	5.5	5.2	
	홈쇼핑		7.1	2.7	2.6	

오락 장르	소계	46.4	53.8	53.9	
합계		100.0	100.0	100.0	

출처 : 김성태, 김선미(2007, p.109)를 보완

다. 노출의 다양성

노출의 다양성은 수용자 입장에서 수신된 내용의 다양성을 의미한다. 노출의 다양성은 수용자가 미디어 소비에 있어 얼마나 많은 다른 정보원에 노출되는지, 다양한 정치적, 사회적 시각에 노출되는지, 다양한 프로그램 유형과 포맷들에 노출되는지 정도를 의미한다. 초기 다양성 연구들은 대체로 내용의 다양성에 관심을 기울여 왔다(황상재, 정영주, 2005, p.206).

노출의 다양성을 이해하는 데 채널 레퍼토리 개념은 유용하다. 채널 레퍼토리란 '개인이나 세대가 규칙적으로 시청하는 채널 묶음'을 의미한다(Heeter, C., 1985, p.133). Nielsen사에 따르면, 시청 가능한 채널이 증가해도 반드시 그에 비례하여 시청하는 채널 수가 증가하지는 않는 것으로 나타났다. 케이블TV의 채널이 20개 이상 되는 상황에서 실제로 시청자가 시청한 채널 수는 세대 평균 8.1개였다(Nielsen, AC., 1982, p.10).

윤석민(1996)은 국내 시청자들의 평균 채널 레퍼토리 수는 12.1개 정도라고 주장하였다(윤석민, 1996, pp.5~38). 최양수, 장성아(1998)의 연구에서는 34~41개 가용채널 수 상황에서 레퍼토리는 12.4개로 나타났다(최양수, 장성아, 1998, pp.323~353). 이상식과 김관규(2001)는 총 50개 채널로 증가한 상황에서 채널 레퍼토리 수의 분포를 살펴본 결과, 80%의 응답자가 10개 이상의 채널을 규칙적으로 시청하고 있는 것으로 나

타났다. 지상파방송을 포함해서 평균 14.8개 레퍼토리가 형성되어 있었다. 그 가운데, 케이블TV 채널의 레퍼토리 수는 평균 9.4개를 차지하고 있었다(이상식, 김관규, 2001, p.283). 채널 수가 약 15개 정도 증가하면서, 레퍼토리 채널은 약 2개 정도 증가한 셈이다.

장르에 따른 시청자의 시청률 분포를 통해서 노출의 다양성에 대해 살펴보자. 〈표 7-21〉은 시청자들이 주로 시청하는 상위 20개 채널의 장르별 분포를 나타내고 있다. 2005년 6월, 상위 20위 내 프로그래밍이 전체 프로그래밍 시청 점유율의 약 78%를 차지하고 있다. 2005년 6월 기준으로, SO가 송출하는 채널 수가 107개임을 감안하면 상위 20위의 시청 점유율은 상당히 높은 것이다.

시청 점유율이 높은 장르는 드라마, 영화, 만화, 스포츠, 교육, 오락, 음악 채널 등이었다. 이는 소비자의 선호 분포를 잘 보여준다. 드라마, 영화, 스포츠 장르의 채널들이 상위 20위 중 12개를 차지하여 60%를 점유하였다.

시청 점유율이 가장 높은 장르는 드라마였다. 드라마가 가장 선호되는 장르라는 것은 지상파에서도 여실히 나타났다. 영화에서는 5개 채널이 상위 20위 프로그램에 포함되어 25%를 차지하였다. 2005년도 등록된 영화 채널만 30여 개가 되어 경쟁이 매우 치열하였다.

2009년에 방송통신위원회 소관 위원회로 출범한 미디어다양성위원회의 논의를 통해 2014년부터 미디어 다양성 측정 지표(안)에 근거하여 2016년부터 본격적으로 미디어 다양성에 대해 실증적인 조사가 이루어지기 시작하였다. 미디어의 계위를 단말, 플랫폼, 채널로 구분하여 프로그램의 다양성을 조사하였다. 다양성의 측정은 HHI(허쉬만-허핀달 지수) 등을 이용한 집중도로 판단하였다. 그렇지만, 조사 체계가 완전히 갖추어지지 않음으로 인해 조사 항목들이 매년 수정됨으로 말미암아 시계열적인 다양성의 변화를 설명하기에는 한계가 있다.

〈표 7-21〉 장르별 시청률 분포(상위 20개 채널)

채널 장르	채널명	시청점유율(%)	채널별 평균 시청률(%)	채널 수
드라마	MBC드라마넷	23.1	0.61	4
	SBS드라마플러스			
	KBSSKY DRAMA			
	MIN			
영화	OCN	18.3	0.39	5
	SUPERACTION			
	HOME CGV			
	MBC MOVIES			
	XTM			
만화	Tooninverse	11.2	1.19	1
스포츠	MBC ESPN	7.9	0.28	3
	SBS 스포츠채널			
	KBSSKY SPORTS			
어린이/교육	JEI 재능방송	4.8	0.26	2
	어린이TV			
게임/퀴즈	ongamenet	4.6	0.24	2
	Qwiny			
보도/뉴스	YTN	3.7	0.39	1
연예/오락	코미디TV	2.8	0.30	1
음악	Mnet	1.7	0.18	1
합계		78.1	0.43	20

주 : 2005년 1.1-11.9일까지의 평균 시청율임

출처 : TNS 2005년 상반기 시청율 자료, 이상우, 이인찬(2005, p.107)에서 재인용

② 2016년 이후 미디어 다양성 조사 결과

2016년도 미디어 다양성 조사 결과는 다음과 같다. 다소 복잡하지만 체계적으로 구분하여 조사를 시행하였다. 미디어는 플랫폼, 채널, 프로그램으로 구분하였고, 각각 공급과 이용 측면에서 조사하였다. 다양성을 구조적 차원과 내용적 차원에서 조사하였다. 구조적 차원은 소유 주체와 형식을 구분하여 조사하였다. 내용적 차원에서는 정치적 영역과 사회문화적 영역으로 구분하였다.

〈표 7-22〉 2016년 미디어 다양성 조사 항목

미디어 \ 다양성		구조적 차원		내용적 차원	
		소유 주체	형식	정치적 영역	사회문화적 영역
플랫폼 (6개)	공급 이용	독립적인 플랫폼	티어의 채널 구성	-	지역 플랫폼
채널 (8개)	공급 이용	독립적인 채널	테마 채널	시사/보도 채널	공공/공익/복지 채널
프로그램 (8개)	공급 이용	독립적인 프로그램	장르 프로그램	-	프로그램 내 등장인물

출처 : 방송통신위원회, 한국방송광고진흥공사(2016, p.4)

가. 독립적인 플랫폼

공급 측면

총 94개 플랫폼 중 가장 많은 플랫폼을 가지고 있는 사업자는 CJ헬로비전(23개, 24.5%)이며, 티브로드(22개, 23.4%), C&M(17개, 18.1%)의 순이었다. 상위 3개 사업자의 비중은 66.0% 수준이었다. 전체 플랫폼의 집중도는 1677.2로 집중되어 있는 상태였다. 전년 대비 약간 상승한 것으로 나타났다.

<표 7-23> 독립적인 플랫폼의 개수 비율

소유주체	개수	비율(%)	HHI
CJ헬로비전	23	24.5%	598.7
티브로드	22	23.4%	547.8
C&M*	17	18.1%	327.1
CMB	10	10.6%	113.2
현대HCN	8	8.5%	72.4
KT	2	2.1%	4.5
SK브로드밴드	1	1.1%	1.1
LG유플러스	1	1.1%	1.1
한국케이블티브이푸른방송	1	1.1%	1.1
남인천방송	1	1.1%	1.1
한국케이블티브이광주방송	1	1.1%	1.1
JCN울산중앙방송	1	1.1%	1.1
아름방송네트워크	1	1.1%	1.1
씨씨에스충북방송	1	1.1%	1.1
금강방송	1	1.1%	1.1
하나방송	1	1.1%	1.1
서경방송	1	1.1%	1.1
한국케이블티브이제주방송	1	1.1%	1.1
총계	94	100.00	1677.2

자료: 2016년 방송산업 실태조사 보고서. 2015년 12월 기준으로 작성됨
* '16년 4월. 딜라이브로 사명 변경
출처 : 방송통신위원회, 한국방송광고진흥공사(2016, p.49)

이용 측면(디지털 가입자 기준)

전체 가입자(23,504,047가구) 중 가장 많은 가입자를 가지고 있는 사업자는 KT(8,344,309, 35.5%), Sk브로드밴드(3,474,236, 14.8%), LG유플러스(2,631,584, 11.2%)의 순이었다. 상위 3개 사업자의 비중은 61.5%

수준이었다. 전체 플랫폼의 집중도는 1887.1로 집중되어 있는 상태였다. SO 기준으로, 디지털 가입자 기준 HHI는 1906.7로 매우 집중되어 있는 상태였다. 여전히 CJ헬로비전이 가장 많은 가입자(28.2%)를 가지고 있었다.

나. 테마 채널

공급측면

19개 분류 기준 집중도는 647.5로 집중되어 있지 않은 상태이며, 드라마 채널의 비율이 가장 높았다(20개, 8.7%). 상위 3개 테마의 비율은 25.1%에 불과하였다. 4개 분류 기준 집중도는 3894.4로 매우 집중되어 있는 상태였으며, 오락 채널의 비율이 가장 높았다(56.3%).

〈표 7-24〉 테마 채널의 개수 비율

테마 분류		개수	비율(%)	HHI
종합편성	01.종합편성	18	7.8%	60.7
	소계	18	7.8%	60.7
교양	02.교육	16	6.9%	48.0
	03.종교	12	5.2%	27.0
	04.다큐멘터리	6	2.6%	6.7
	소계	34	14.7%	216.6
오락	05.애니메이션	14	6.1%	36.7
	06.스포츠	19	8.2%	67.7
	07.영화	18	7.8%	60.7
	08.드라마	20	8.7%	75.0
	09.예능	19	8.2%	67.7
	10.음악	7	3.0%	9.2
	11.레저	13	5.6%	31.7

오락	12.리빙뷰티음식	14	6.1%	36.7
	13.기타오락	7	3.0%	9.2
	소계	130	56.3%	3167.1
정보	14.상품정보	7	3.0%	9.2
	15.보도전문	2	0.9%	0.7
	16.공공정보	4	1.7%	3.0
	17.경제정보	16	6.9%	48.0
	18.건강정보	3	1.3%	1.7
	19.기타정보	16	6.9%	48.0
	소계	49	21.2%	450.0
19개 분류 합계		231	100.0%	647.5
4개 분류 합계		231	100.0%	3894.4

출처 : 방송통신위원회, 한국방송광고진흥공사(2016, p.77)

이용측면

19개로 테마를 분류하여, 시청 비율 기준 집중도 HHI를 조사한 결과 6275.6로 매우 집중되어 있는 상태였다. 여전히 종합편성 채널의 시청 비율이 압도적으로 높았음(48.24, 78.9%)에도 불구하고, 전년보다 전체적으로 집중의 정도가 감소한 것으로 나타났다. 종합편성 채널의 시청 비율이 워낙 높아, 4개로 테마를 분류하여, 시청 비율을 기준으로 해서 집중도를 조사해도, 집중도는 크게 차이가 나지 않았다. HHI는 6483.7로 매우 집중되어 있는 상태였다.

〈표 7-25〉 테마 채널의 시청 비율

테마 분류		연 평균 시청률 합	비율(%)	HHI
종합편성	01.종합편성	48.2	78.9%	6229.2
	소계	48.2	77.1%	6229.2

교양	02.교육	0.8	1.4%	1.8
	03.종교	0.2	0.3%	0.1
	04.다큐멘터리	0.3	0.4%	0.2
	소계	1.3	2.1%	4.6
오락	05.애니메이션	0.7	1.1%	1.2
	06.스포츠	1.5	2.4%	5.7
	07.영화	1.2	2.0%	3.9
	08.드라마	2.6	4.2%	17.4
	09.예능	1.7	2.7%	7.6
	10.음악	0.3	0.5%	0.2
	11.레저	0.2	0.4%	0.1
	12.리빙뷰티음식	0.3	0.5%	0.2
	13.기타오락	1.1	1.7%	3.0
	소계	9.4	15.4%	237.5
정보	14.상품정보	0.5	0.8%	0.7
	15.보도전문	1.2	2.0%	3.9
	16.공공정보	0.1	0.1%	0.0
	17.경제정보	0.2	0.4%	0.2
	18.건강정보	0.0	0.0%	0.0
	19.기타정보	0.1	0.1%	0.0
	소계	2.1	3.5%	12.4
19개 분류 합계		61.1	100%	6275.6
4개 분류 합계		61.1	100%	6483.7

출처 : 방송통신위원회, 한국방송광고진흥공사(2016, p.79)

2018년도에 수행된 미디어 다양성 조사 결과를 살펴보면 다음과 같다. 예전 조사와 달리, 플랫폼(채널구성)과 채널(소유주체, 공급 분야) 영역의 조사 항목을 삭제하고, 프로그램의 형식(포맷/장르)과 내용의 다양성을 위주로 분석이 이루어졌다.

〈표 7-26〉 미디어 다양성 조사 항목

프로그램		공급(Source)	이용(Exposure)
형식	포맷/장르	포맷/장르의 다양성	포맷별 시청 다양성
내용	드라마	• (등장인물) 사회문화적 특성(성, 연령, 직업 등)에 따른 재현 다양성	시청자 인식조사
	메인뉴스*	• (정보원) 사회문화적 특성(성, 연령, 직업 등)	
	시사보도**	• (패널) 사회문화적 특성(성, 연령, 직업 등)	-

출처 : 방송통신위원회, 한국방송광고진흥공사(2018, p.4)

지상파 3사와 종편 PP 4사 채널을 대상으로, 2018년 1월부터 9월까지 편성된 프로그램의 포맷/장르 집중도(HHI)를 살펴본 결과, 종편 PP의 집중도(1791.7)가 지상파(1537.9)보다 높은 것으로 나타났으며, 이러한 경향은 전년과 유사하였다.

드라마나 뉴스에 등장하는 인물들이 성별, 연령, 직업 등의 사회 현실을 있는 그대로 반영하지 못하고 있는 것으로 나타났다. 성별과 관련하여, 남성의 비율이 드라마(59.6%), 뉴스(74.4%)에서 모두 현실(49.9%)보다 높았으며, 현실과의 차이는 드라마보다 뉴스에서 큰 것으로 나타났다. 연령과 관련하여, 드라마는 30~49세(50.9% vs 현실 30.8%), 15~29세(26.0% vs 현실 18.7%)가, 뉴스는 50~69세(55.7% vs 현실 27.7%)가 현실보다 많이 등장하고 있었다. 직업과 관련하여, 드라마와 뉴스 모두 전체 등장 인물 중 전문가/관리자의 비율이 현실보다 높았으며, 비경제활동인구/장치기계조작/기능종사자 등의 비율은 현실보다 낮은 것으로 나타났다.[123]

123 방송통신위원회, 한국방송광고진흥공사(2018), <2018년 미디어다양성 조사 연구>, 정보통신정책연구원, pp.8~11

〈표 7-27〉 전체 채널의 프로그램 편성 장르 및 집중도 비교

장르	'18년			'17년 하반기		
	개수	비율(%)	HHI	개수	비율(%)	HHI
뉴스	1760	25.0%	624.1	850	20.6%	425.2
정보버라이어티	1691	24.0%	576.1	965	23.4%	548.1
예능버라이어티	736	10.4%	109.1	448	10.9%	118.1
드라마	714	10.1%	102.7	512	12.4%	154.3
다큐멘터리	696	9.9%	97.6	525	12.7%	162.2
토론/대담/토크쇼	459	6.5%	42.4	288	7.00%	48.8
애니메이션	223	3.2%	10	115	2.80%	7.8
음악쇼	201	2.9%	8.1	118	2.90%	8.2
어린이교육/버라이어티	103	1.5%	2.1	31	0.80%	0.6
영화	91	1.3%	1.7	85	2.10%	4.3
시사매거진	79	1.1%	1.3	41	1.00%	1
스포츠중계	75	1.1%	1.1	43	1.00%	1
강의/강좌	45	0.6%	0.4	26	0.60%	0.4
퀴즈/게임	35	0.5%	0.2	16	0.40%	0.2
코미디	11	0.2%	0	5	0.10%	0
기타	126	1.8%	3.2	54	1.30%	1.7
합계	7045	100.0%	1580.4	4122	100.0%	1481.9

출처 : 방송통신위원회, 한국방송광고진흥공사(2018, p.6)

3. 유료방송 기술 발전

1) 유료방송 네트워크의 진화

유료방송 산업에서 네트워크는 플랫폼 사업자들이 콘텐츠를 가입자에게 전달하기 위해 필요한 전송 수단이다. 방송 플랫폼 사업자들은 중개와 편성의 역할을 수행하지만 이를 전송하기 위한 수단이 없다면 가입자에게 해당 콘텐츠 및 서비스를 제공할 수 없다. 때문에 플랫폼 사업자들에게 전송 수단으로써 네트워크는 매우 중요한 의미를 가진다. 네트워크는 기술 중립적이다. 네트워크는 콘텐츠와 서비스의 전송 수단일 뿐 그 자체로는 아무런 역할을 수행하지 않는다. 콘텐츠와 서비스를 기획, 제작하거나 편성하지 않기 때문에 그 자체로는 매우 중립적인 역할을 수행하게 되는 것이다.

유료방송 시장에서 케이블TV 사업자나 IPTV 사업자는 유선망이나 무선망을 사용하고 있으며, 위성방송은 위성체를 전송 수단으로 활용하고 있다. 케이블TV 네트워크는 HFC(Hybrid Fiber and Coaxial, 광동축 혼합망)을 기반으로 디지털 방송과 인터넷 전화, 초고속인터넷 서비스를 제공하고 있다. HFC는 방송에 최적화된 네트워크로 광전송로와 동축(구리선) 분배망이 혼합 구성된 망으로 가입자들에게 비디오 방송 서비스를 제공하기 위한 유선 방송망이다. 디지털 방송뿐만 아니라, 초고속인터넷과 같은 데이터 전송, 다양한 방송과 통신의 융합형 서비스를 제공하기 위해 광대역 통합망으로 진화하고 있다.

HFC망은 HD 방송 채널 증가 및 UHD 방송 도입, 1Gbps 인터넷 보급 확대 및 10Gbps 인터넷 도입 등 향후 고품질 광대역 서비스 제공을 위한 네트워크 수용량에 한계가 있다. 네트워크 기술은 전통적인 HFC망 구조를 유지하면서 기가급 광대역 네트워크로 고도화하는 기술로 발전하고 있다.

IPTV 네트워크는 실시간 채널과 양방향 서비스에 기초한 서비스 제공에 중점을 둔 1세대 IPTV(IPTV 1.0) 시대는 끝나가고, 개인 맞춤형 서비스에 중점을 두어 이동 단말로 HD급 영상 시청과 개방형 서비스 제공이 가능한 IPTV 2.0 시대로 진입하고 있다. 이어 3D, UHD 방송 등 실감형, 초고화질 서비스를 지원할 수 있는 IPTV 3.0 단계로의 진입을 목표로 하고 있다.

IPTV 1.0 단계는 기본적으로 유선 네트워크 기반에서 고정형 단말을 중심으로 서비스를 제공한다. IPTV 2.0은 기존 IPTV의 시청 장소와 단말 유형, 제한된 콘텐츠 접속 등의 제약 사항을 극복해서 언제 어디서나 어느 단말을 이용하든지 자유롭게 최적의 품질을 지닌 서비스가 가능한 유무선 통합 TV 서비스를 제공한다. IPTV 3.0에서는 실감 콘텐츠를 전송하기 위해 10G급 기술이 적용된 FTTH 기반의 기가급 가입자 망으로 고도화가 필요하다. 이동하면서 동영상을 감상하려는 가입자가 폭발적으로 증가하면서 모바일 IPTV 네트워크에 대한 관심도 증가하고 있다(김희경, 2015, p.26).

전송 수단을 갖추기 위해서는 시간과 비용이 매우 많이 필요하다. 모든 플랫폼 사업자들이 자가 망을 갖추기 어렵다. 때문에 정부 주도적으로 한전과 한국통신을 통해 네트워크를 케이블에 임대하는 형식으로 사업이 진행되었다. 그러나 수익성이 문제로 대두되어, 케이블TV 도입 초기 플랫폼 사업과 망사업의 겸업을 금지하는 삼분할 정책은 폐지되었다.

이 결과, 자가 망을 갖춘 케이블TV SO가 증가하였다.

위성방송 네트워크는 위성의 유형에 따라 방송 위성을 이용하는 DBS(Direct Broadcasting Satellite, 직접위성방송)와 통신위성을 이용하는 SCN(Space Cable Network)으로 구분할 수 있다. 수신 측면에서는 분배망을 통한 집단 수신 형태(SMATV)와 개인이 설치한 안테나를 통한 개인 수신 형태로 분류한다.

2) 유료방송의 디지털 전환 정책

국내 지상파 방송이 디지털 방송 서비스를 가장 앞서 2001년 11월부터 제공했고, 위성방송은 2002년 3월부터, 케이블TV는 2003년부터 시작함으로써 각각 1년의 시차를 두고 거의 비슷한 시기에 추진되었다. 지상파 방송은 아날로그 방송을 2012년 12월 종료함으로써 본격적인 디지털 시대를 열었다.

선진국들은 각국마다 처해진 매체 환경 속에서 매체마다 차별적으로 디지털화를 추진하고 있다. 미국은 위성방송이 1994년, 케이블TV가 1997년, 지상파방송이 1998년 디지털화를 추진했다. 영국은 1998년에 지상파방송, 케이블TV, 위성방송의 디지털 방송을 동시에 시작했다. 일본은 위성방송은 1997년, 지상파방송은 2003년 시작되었다. 프랑스는 위성방송이 1996년, 케이블TV가 1998년, 지상파방송이 2002년에 추진되었다(Forrester, C., 2000).

외국과 우리나라의 추진 현황을 비교할 때, 위성방송의 디지털화는 약 5년 정도 늦었는데, 방송법 제정이 지연됨으로써 위성방송 사업 자체가 늦어진 데 기인한다. 지상파방송의 경우에는 선진국들과 비교할 때, 거의 비슷한 시기에 시작했다. 다만 케이블TV의 디지털화는 상대적으로 뒤처졌다. 특히 PP들의 디지털화에 비하면, SO들의 디지털 추진은 뒤늦게 시작되었다.

국회는 디지털 방송 활성화를 위해 2008년 2월 26일 '지상파 텔레비전 방송의 디지털 전환과 디지털 방송의 활성화에 관한 특별법'(약칭 디지털 전환 특별법)을 제정했다. 이미 7년여 전인 2001년 연말부터 지상파 디지털 TV 본방송이 개시되고, 2006년 7월부터 전국적인 방송이 이루어진 상황에서도 뚜렷한 법적 근거 없이 아날로그 방송과 함께 디지털 방송이 동시에 이루어지고 있었다. 그동안 국내 지상파TV의 디지털 전환은 하나의 중요한 정책 과제로 준비되고 추진된 것이지, 어떤 법적 근거에 의해 이루어져 온 것은 아니었다(강상현, 2008). 이 법의 특징은 지상파 텔레비전의 디지털 전환에 초점을 맞추었다.

(1) 유료 방송 디지털 전환 현황과 문제

2002년 9월 19일, 구 정보통신부는 아날로그 케이블TV 방송의 디지털 전환에 필요한 기술 방식을 미국 케이블방송연구소의 개방형 국제 표준인 '오픈 케이블(Open Cable)' 방식으로 확정했다. 정부의 당초 목표는 2002년 연내에 방송을 시작하는 것이었다. 이에 발맞춰 국내 기업들 역시 세계 최초로 오픈 케이블 방식의 셋톱박스를 개발하는 등 디지털 유선방송 상용화에 박차를 가했다.

국내 케이블TV 업계는 DMC(Digital Media Center, 이하 DMC)를 통해 디지털 전환을 추진했다. DMC는 케이블TV와 디지털 전환을 위해 디지털 설비에 대한 막대한 투자와 최신 기술 도입의 필요성에 따라 SO

헤드엔드(Headend)의 공동 운영을 통한 디지털 전환 비용 절감과 부가 서비스의 규모화를 통한 효율성을 높이기 위해 추진되었다.[124] DMC는 권역별로 슈퍼 헤드엔드를 구축하여 개별 SO로 하여금 공동 활용하게 함으로써 단위 SO의 디지털 투자 비용을 절감하고 전국적인 디지털망을 구축하여, 나아가 다양한 부가 서비스의 규모화를 통해 신규 수익 모델을 창출할 수 있도록 하기 위함이었다.

2000년 6월 서울 지역의 MSO들이 디지털 추진 계획을 수립했고, 2001년 8월에 24개 SO들의 디지털화를 담당할 별도의 법인인 자본금 450억 원 규모의 '한국케이블TV디지털미디어센터(KDMC)'를 설립했다.[125] 초기 DMC는 전국 SO 연합 형태의 단일 컨소시엄을 구성하여 추진하는 것으로 검토되었으나, 구성 단계에서 SO 간 디지털 서비스 도입에 대한 입장 차이와 지분 배분 문제, 사업 추진 방식 등에 대한 이견으로 2001년 8월 SO 주도의 KDMC 설립 시 24개 SO만 참여했다(손창용·여현철, 2003, p.161).

KDMC는 전국망을 지향하여 SO 가입을 확대시켜 2006년 전국 23개의 SO들이 주주로 참여했다. 한편, SKT로부터 총 800억 원의 투자를 유치하였으며, 하나로통신과 DMC 사업을 통합하는 계약을 체결하는 등 통신 사업자와의 협력 관계를 활발하게 구축했다. KDMC와는 별도로 MSO들은 독자적으로 DMC를 구축하여, 2006년 MSO를 중심으로 총 7개 DMC 사업 주체들이 개별적으로 구축했다.

2005년 2월 1일, MSO인 CJ케이블넷 양천방송이 오픈 케이블 방식의

124 방송위원회(2005. 12.), 〈케이블 TV 10년〉

125 방송위원회(2002), 〈케이블·라디오방송의 디지털 전환 및 데이터방송에 관한 종합계획〉, pp.130~131

디지털 케이블 방송 상용 서비스 '헬로우디(HELLO D)'를 개시했다. '헬로우디'는 기존 아날로그 방송과 달리 고화질·고음질·다채널의 다양한 부가 서비스를 구축했다. 비디오 채널 100여 개와 오디오 전문 채널 30개에 더해 VOD, 10개의 독립형 데이터 방송과 2개의 연동형 데이터 방송 서비스다. 특히 CJ케이블넷은 양방향 방송은 물론 연동형 데이터 방송을 실현함으로써 전 세계 오픈 케이블 방송 업계의 관심을 불러일으켰다.[126]

지상파의 디지털 전환은 방송사 자체 수입 조달을 원칙으로 했으나, 필요한 경우 관계 부처에서 정책적인 지원 방안을 검토하여 시행했다. 특히 막대한 투자비용이 소요되는 점을 감안하여 관세 감면, 정보화촉진기금의 융자지원, 방송 발전 기금 등을 지원했다. 정부는 지상파방송의 디지털 전환을 위해 전폭적으로 지원한 것과는 달리, 유료 방송은 상업 방송이기 때문에 디지털 전환은 사업자 주도로 진행해야 한다는 원칙을 수립했다. 다만, 필요시 장기 저리로 융자하는 지원책은 마련할 수 있다는 입장이었다.[127]

따라서 유료 방송의 디지털 전환은 사업자가 자체적으로 추진해 왔다. 2002년 디지털 위성방송이 개국하고 2005년 디지털 케이블TV 방송이 출범했지만, 2012년까지만 해도 케이블TV는 1000만 명의 아날로그 가입자가 남아 있었다. 당초 정부는 2012년 말까지 아날로그 케이블 가입자의 디지털 전환율 목표치를 61%로 설정했지만, 2011년 9월 기준 디지털 케이블 가입자 전환율은 27%에 그치는 등 최초 예상보다 저조했다.

---

126 대한민국 유료 방송 50년사 편찬위원회(2015), op.cit. p.233
127 Ibid., p.230

유선방송사업자 간 저가 출혈 경쟁과 광고 시장 침체로 수익 구조가 악화되고 있는 상황에서 디지털 전송 시스템 구축 등을 위한 재원 확대가 어려웠다. 2012년 12월 31일로 지상파 아날로그 방송이 막을 내렸지만 취약 계층의 경우 지상파 난시청 지역 등의 이유로 유료 방송을 선택해야 하는 경우가 많아 이들에 대한 지원 없이는 본격적인 디지털 방송 시대의 개막은 요원했다.

이에 방송통신위원회는 2012년 10월 19일 '유료 방송 디지털 전환 활성화 정책'을 발표했다. 다양한 요금 상품과 서비스가 출시될 수 있도록 유료 방송 사업자 간 경쟁을 활성화시키고, 저소득층 전용 디지털 TV 구매 방안 마련, 디지털 셋톱박스 없이 디지털 TV만으로 디지털 케이블 방송 시청이 가능한 클리어쾀(Clear QAM) 도입, 디지털 방송 신호의 아날로그 전환 재송신 법제화 등을 중점 추진 내용으로 담고 있다.[128] 방송통신위원회는 디지털 유료 방송이 아날로그 상품보다 요금이 비싸 저소득층이 디지털 전환에 어려움을 겪을 수 있다고 보고 가격이 시중가의 절반가량인 저소득층 전용 보급형 디지털 TV와 디지털 방송 요금제 출시를 유도하기로 했다. 또 아날로그 TV로 아날로그 유료 방송을 계속 이용하려는 가입자의 시청권을 보호하기 위해 3~5년간 지상파 디지털 방송을 아날로그나 SD 신호로 변환해 재송신하도록 하는 제도도 새롭게 마련했다.

디지털 전환의 일반적 의미는 유료 방송 사업자가 디지털 셋톱박스로 다양한 고화질 채널과 함께 양방향 서비스를 제공하는 것이다. 그런 점에서 '유료 방송 디지털 전환 활성화 정책'의 또 하나 주요 내용은 바

---

128 방송통신위원회(2012. 10.), 유료 방송 디지털 전환 활성화 정책 방향

로 클리어쾀(Clear QAM) 도입이다. 클리어쾀은 디지털 셋톱박스 없이 디지털 TV만으로 디지털 케이블 방송 시청이 가능하다. 클리어쾀은 비용이 저렴하고 디지털 TV로 디지털 케이블 방송을 볼 수 있는 장점이 있다. 하지만 디지털 방송의 장점인 VOD나 데이터 방송 등 양방향 서비스 이용이 불가능하다는 점에서 위성방송과 IPTV 업계가 클리어쾀 도입에 반대하고 나섰다. 유료 방송 디지털 전환의 당초 목표에 부합하지 않는다는 뜻에서였다.

이에 방송통신위원회가 클리어쾀 상품의 채널 수를 최소화해 저가 상품으로만 한정하는 방안을 마련했고, 케이블TV를 중심으로 클리어쾀은 점차 확대됐다. 그러나 유료 방송 시장의 저가화를 고착화시킬 수 있다는 점에서 클리어쾀을 둘러싼 논란은 한동안 계속됐다.

구 미래창조과학부에 따르면, 2014년 7월 말 기준 전국 유료 방송 가입자 1,483만 가구 중 45.9%인 681만 가구에 대해 디지털 전환이 완료됐다. '유료 방송 디지털 전환 활성화 정책'이 발표된 2012년 34.9%에서 1년 6개월여 사이 11.0% 증가한 데 그친 것이다. 특히 케이블TV 업계의 디지털 방송 전환이 더뎌 IPTV, 위성방송 등 다른 유료 방송 플랫폼들과의 경쟁에서도 불리한 위치에 놓여 있다.

2014년 3월 구 미래창조과학부는 SO의 8VSB(8레벨 측파연구대) 전송 방식을 허용한다고 발표했다. 8VSB를 도입하면 디지털 TV를 보유한 아날로그 방송 가입자는 별도 셋톱박스를 설치하거나 추가 비용 부담 없이 디지털 방송을 시청할 수 있었다. 그러나 8VSB 방식은 아날로그 가입자가 HD 화질의 우수성을 경험할 수 있다는 점에서 디지털 전환에는 도움이 되지만, VOD 등 양방향 서비스가 불가능해 향후 추가 전환에 따른 이중 투자의 부담을 안고 있었다. 실제로 SO 가운데 디지털 전환율이 11.1%에 불과한 CMB가 가장 적극적으로 8VSB 전송 보급에 나선 반면, 디지털 전환율이 상대적으로 높은 수도권 지역의 CJ헬로비전, 티브로드, 씨앤앰 등은 8VSB 도입에 주저하였다.

<표 7-28> 유료방송 가입자 디지털 전환 현황

(단위: 계약이 체결된 단말장치·단자)

구 분	2015년 12월 말		2018년 12월 말	
	가입자 수	비율(%)	가입자 수	비율(%)
유료방송 계(A+B+C+D)	28,266,499	100.0	32,779,097	100.0
유선방송 (A+B)	13,816,370	48.9	13,859,169	42.3
종합유선방송 (A)[2]	13,732,042	48.6	13,804,449	42.1
아날로그	4,678,124	16.6	266,866	0.8
8VSB[3]	1,557,765	5.5	5,858,212	17.9
QAM[4]	7,496,153	26.5	7,679,371	23.4
중계유선방송 (B)	84,328	0.3	54,720	0.2
위성방송 (C)[5]	3,091,938	10.9	3,263,067	10.0
IPTV (D)[6]	11,358,191	40.2	15,656,860	47.8

주1) 8VSB(8레벨 잔류측파대, 8-level vestigial sideband)는 디지털 지상파방송에 이용되는 전송방식으로써 기존의 아날로그 케이블방송 가입자가 8VSB로 변경할 경우 별도의 디지털 셋톱박스 없이 고화질 디지털 방송 시청이 가능(양방향 서비스 이용불가). 2015년부터 아날로그와 분리하여 조사

주2) QAM(직교 진폭 변조, Quadrature Amplitude Modulation)은 디지털 케이블방송에 이용되는 전송방식으로써 셋톱박스를 통하여 방송 및 양방향 통신 등의 기능을 제공

출처 : 방송통신위원회(2017) <2016년 방송산업실태조사보고서>; 방송통신위원회(2018) <2017년 방송산업실태조사보고서>; 방송통신위원회(2019) <2018년 방송산업실태조사보고서>

종합유선방송 가입자 수는 2015년부터 전송방식 기준으로 아날로그, 8VSB, QAM 가입자로 구분하기 시작하였다. QAM의 경우 2015년 7,496,153가구(26.5%), 2016년 7,722,410가구(25.7%)가 가입하였다. 2017년에는 7,748,723가구(24.5%)가 가입하여 소폭 증가하였다. 2018

년에는 7,679,371가구(23.4%)로 약간 감소하였다. 한편, 8VSB의 경우, 2015년도 1,557,765가구(유료방송에서 차지하고 있는 비율이 5.5%에서 1년 만에 3,364,300가구(11.2%)로 크게 증가하였다. 2017년에는 5,176,498가구(16.3%)로 크게 증가한 것으로 나타났다. 2018년에는 5,858,212가구(17.9%)로 소폭 증가하였다.

디지털 전환의 주요 특징은 8VSB 가입자가 차지하는 비중은 2018년 말 기준 17.9%로 증가하면서 아날로그 가입자들의 8VSB로의 대체가 뚜렷해지고 있다. SO들은 채널 수나 화질 등에서 뒤지나 가격이 저렴한 기존의 아날로그 서비스를 8VSB 서비스로 대체해 나가기 위한 전환 작업을 가속화하면서 8VSB 가입자 규모가 단기간에 급증하였다. 이 결과 2018년 말 기준으로 전체 유료방송시장에서 아날로그 가입자가 차지하는 비중이 0.8%로 떨어져 거의 대부분 유료방송도 디지털 전환이 이루어졌음을 알 수 있다.

(2) 유료방송 디지털 전환 정책 평가

디지털 전환과 관련해서 가장 결정적인 문제는 디지털 전환 특별법이 지상파방송만을 위한 반쪽짜리 법이었다는 점이다. 처음부터 지상파방송과 유료 방송의 디지털 전환을 위한 종합 계획이 수립되었어야 했다. 지상파방송의 직접 수신 가구 비율이 매우 낮은 국내 현실을 고려할 때, 유료 방송의 디지털 전환은 유료 방송사가 알아서 해야 한다는 관점을 지속적으로 유지했다는 점이 한계로 나타났다. 방통위는 유료 방송의 디지털 전환 정책을 직접 지원 정책으로 접근했기 때문이다. 이러한 정부 정책에 대한 비판이 일면서 아날로그 방송 시점을 불과 약 3개월 앞두고 2015년 방통위와 국회에서 유료 방송의 디지털 전환 특별법을 제정하는 움직임을 보이기 시작했으나 결국 입법화되지 못했다. 만약 지상파방송처럼 좀 더 일찍 유료 방송 디지털 전환 계획을 수립했더라면, 저소득층 전용 보급형 '반값' 디지털 TV 보급과 같은 정책을 도입함으로써 조기에 디지털 전환을 추진할 수 있었을 것이라는 아쉬움이 남는다.

3) 지상파방송의 멀티캐스팅(Multicasting) 추진과 케이블TV 업계 반발

멀티캐스팅(Multi Mode Service, 이하 MMS)란 다채널 방송으로 디지털 영상 압축 기술을 활용, 기존 1개 채널만을 제공했던 주파수 대역을 분할해 여러 채널의 방송 서비스가 가능하도록 한 것이다. MMS는 한 개의 주파수 대역에서 하나의 HD급 채널 이외에 SD급 채널과 오디오 채널, 데이터 방송 채널을 추가로 제공하는 디지털 다채널 서비스를 의미하는 것으로 해외에서는 주로 멀티캐스팅(Multicasting)이라고 불린다.

지상파 방송의 MMS 도입과 관련한 가장 큰 우려 중의 하나는 디지털 지상파 방송 다채널화의 파급 효과다. MMS를 통해 생겨나는 추가 채널이 HD TV의 부가 서비스를 넘어서 전문 편성 채널로 활용될 경우 다채널 유료 방송 사업자와 경쟁 관계가 형성되어 가입자 이탈로 인한 유료 방송의 수익성 악화가 우려될 것이라는 예상에서 케이블TV 업계는 심하게 반발하였다.

국내에서 멀티캐스팅 도입을 둔 논란은 2000년으로 거슬러 올라간다. 구 방송위는 2000년 12월 '지상파 TV의 디지털 전환을 위한 종합계획'에서 멀티캐스팅의 기본 정책 방향을 제시했다. 지상파 디지털은 HD TV를 지향하며 HD TV 이외의 여유 대역은 부가 서비스로 활용하되 부가 서비스 응용 방안은 구 방송위와 구 정통부가 협의해 별도 제정하기로 했다.

구 방송위는 2006년 5월 지상파 방송사는 월드컵 기간 한시적으로 서울 및 수도권 지역에서 DTV 멀티 캐스팅 시험방송을 허가해 달라는 요청에 대해 서울 및 수도권 지역에서 시범 실시를 허용했다. 구 방송위는 디지털 방송에 대한 특수가 예상되는 2006년 독일 월드컵 기간 중 디지털 방송에 대한 홍보, 디지털 방송 활성화를 기대했다. 그렇지만, 시범방송 실시 후 시청자들은 TV 화질이 현저히 저하되었다며 MMS 시험방송 중단을 요구했다. 불만의 주요 내용은 전송률 저하에 따른 주 채널 HD 프로그램 화질 열화, 화면 멈춤, 특정 채널 선택 불가 등 디지털 TV와 셋톱박스의 수신 불량 및 오동작 등이었다. 이에 구 방송위는 같은 해 6월 15일 MMS 시험방송의 허용 내용을 변경했다. 시험방송 기간과 시간을 단축하였고, 주시청 시간대는 금지했다. 시험 방송 채널도 원래 HD급 주채널과 SD급 부채널 등 다양한 형태를 허용하였던 것을 HD급 주채널과 SD급 부채널 1개로 한정했다.

한국방송협회는 2006년 6월 15일 구 방송위의 MMS 시험 방송의 축소는 디지털 방송 활성화에 역행하는 처사라고 강하게 반발하면서 MMS 화질 비교 시연회를 개최하였다(한국방송협회, 2006). KBS는 지상파 DTV 수신환경 실태 조사 결과를 발표하면서, 수신 환경 개선을 위해 다섯 가지 정책적 제안을 했다.[129]

129 김용환(2006. 6. 21.), 지상파 DTV 수신환경 실태(수도권 조사 연구를 바탕으로), 조사 연구 보고 및 개선방향, 한국방송기술인연합회 주최 세미나 발제문

① DTV 전환 특별법 제정

② 공동주택의 공시청 선로 분리 배선 구간 변경

③ 공동주택의 사용 전 검사제도 개선

④ DTV 난시청 관련 규정 제정

⑤ 공시청 설비 개선 지원

2006년 9월, 한국케이블TV방송협회는 지상파 방송사들의 MMS 추진을 다음과 같이 강력하게 반발했다.[130]

- 지상파 MMS는 기존 1개 채널 HD 방송 주파수 대역(19MHz)을 여러 개로 나누어, 한 단계 낮은 수준의 HD와 SD 방송 등을 다채널로 전송하는 방식을 말하는 것임. 이는 기존 지상파 방송사에게 추가채널을 허용하는 것이므로 지상파 방송사를 신규로 허가해 주는 것과 같은 것임. 이는 반드시 국민적 합의를 통해 정책이 결정되어야 하는 사안임.
- 정부가 당초 국내 지상파 디지털 방송을 HD 고화질의 미국 ATSC(Advanced Television System Committee) 방식으로 확정한 것은 시청자 복지 증진과 대미 수상기 수출을 염두에 둔 것이었음. 당시 단점으로 제기되었던 HD 방송의 이동 수신 제한 문제는 지상파 DMB가 허가됨으로써 해결한 바 있음.
- 케이블TV 업계에서도 정부의 지상파 디지털 방송 로드맵에

130 한국케이블TV방송협회 SO협의회(2006. 9.), 방송·통신융합 관련 케이블 TV업계 의견

맞추어 오는 2010년까지 모든 가입 세대(1400~1600만 세대)를 HD 중심으로 디지털 전환하는 계획을 지난 6월 발표하고 추진하고 있음.

- MMS는 정부의 'Only HD TV' 지상파 디지털 정책과 배치되는 관계로 정부(방송위, 산자부, 정통부 등) 정책을 수정해야 하는 문제가 발생하는 것뿐만 아니라, 유료 방송 시장은 존립 기반이 붕괴되는 심각한 상황에 직면할 것임. 지상파 콘텐츠에 의존하고 있는 PP들의 콘텐츠 유통 창구가 축소되어 PP의 존립이 위협받게 될 것임. 또한 PP의 광고 시장이 지상파 MMS에 의해 심각하게 잠식당하게 될 것임.

한동안 MMS에 대한 논의가 주춤했다가, 2010년 12월, KBS가 주도적으로 K-view 서비스를 추진했다. K-view는 KBS 1TV, KBS 2TV, KBS드라마, KBS스포츠, KBS조이, KBS월드와 24시간 뉴스 전문 채널 그리고 EBS 4개 채널과 MBC, SBS 등을 묶어 시청자가 무료로 디지털 TV를 볼 수 있게 한다는 전략이었다(송종길, 2015. p.125). K-view 서비스는 HD 고화질 서비스를 유지하면서 SD급 다채널 및 오디오 서비스를 추가하는 것이었다. 하지만 정부의 실행 의지나 사업자 간 협조가 원활하지 못해 지지부진했다.

지상파 MMS 도입에 대한 찬반론이 대립하는 가운데 2013년 12월 미래부·방통위·문화부가 공동으로 발표한 '방송 산업 발전 종합 계획'에 "시청자 복지 증진 및 사교육비 절감"을 위해 무료 지상파 MMS 도입 시행안을 담았다.[131] 이후 방통위는 2014년 2월 대통령 업무 보고에 MMS를 언급했다. 같은 해 8월 제3기 방통위 비전 및 7대 정책에 지상파 MMS 추진이 포함되면서 찬반 논쟁이 재점화되었다. 종편 채널에 진입해 있는 신문사들이 광고총량제 허용과 함께 MMS 도입은 '지상파 특혜'라는 비판을 거세게 제기했다(윤성옥, 2014).

방통위는 2015년 1월 대통령 주요 업무 보고에서 초·중등 교육 콘텐츠 중심으로 EBS MMS 시범 서비스를 시행하고 서비스 결과를 토대로 MMS 확대 방안을 검토하기로 했다. 이 결과, EBS가 MMS 시대를 열었다. EBS는 2015년 2월 11일 본격적인 시범 서비스에 들어갔다. EBS 2에서는 다채널 방송의 공적 취지에 맞게 공익 광고를 제외한 상업 광고는 내보내지 않았다.

MMS 시범방송 후 의무 재송신 갈등이 발생했다. 케이블 TV SO들이 EBS 2 채널인 10-2번을 임의로 차단하면서 갈등이 촉발됐다. 케이블 TV 업계는 EBS 2가 의무 재송신 채널이 아니기 때문에 전송할 이유가 없다는 입장을 밝혔다. 즉각 한국방송협회는 케이블 SO에 의한 EBS 다채널 방송의 재송신 중단을 철회하라는 성명서를 발표했다.[132]

4) DCS(Dish Convergence Solution)를 둘러싼 케이블TV와 위성방송의 갈등

2012년 7월 출시한 DCS(Dish Convergence Solution, 이하 DCS)

131 미래창조과학부·방송통신위원회·문화체육관광부(2013. 12.), 〈방송산업발전 종합계획〉

132 한국방송협회 성명서(2015. 2. 12.), 케이블SO는 EBS 다채널방송의 재송신 중단을 철회하라

는 KT스카이라이프 위성방송과 KT의 올레TV를 결합한 '올레TV스카이라프' 상품의 일종으로 위성과 IP망을 함께 이용해 방송을 전송하는 방식이다. DCS는 KT스카이라이프의 위성방송 신호를 KT 국사에서 받아 IP 신호로 가정까지 송출하는 기술이다. 방송통신위원회는 2012년 10월 DCS를 위법이라 결론내고 영업 중단을 명했다. 이후 방송통신위원회는 방송법내 '이종 역무 허가' 조항을 추가함으로써 DCS를 허용하기로 결정하였다. 케이블TV 업계는 유료방송 간 시장점유율 규제가 형평성을 확보하지 못한 상태에서 DCS가 허용된다면 불공정한 상황이 벌어진다고 반발하였다. 시장점유율 제한이 있는 IPTV 사업자인 KT가 제한이 없는 위성방송을 통해 가입자를 무제한으로 늘린다면 공정경쟁이 아니라는 것이 케이블TV의 주장이었다. OTS와 DCS가 IPTV 사업자인 KT의 상품임에도 점유율 규제를 받지 않는 위성방송과 VOD로 구성돼 3분의 1 가입자 제한으로부터 자유로울 수 있다는 우려 때문이다.

방송 규제부처의 이러한 정책과는 달리, 미래창조과학부는 2015년 11월 DCS(Dish Convergence Solution) 서비스를 임시 허가하였다. '정보통신 진흥 및 융합 활성화 등에 관한 특별법(ICT 특별법)'에 근거해서였다. 2015년 12월 방송법 개정을 통해 기술 결합 서비스 법적 근거도 마련하였다.

미래부는 유효기간을 1년으로 하고 이용자보호 및 공정경쟁을 위한 조건을 부과하였다. 서비스 종료 시 대비 이용자 보호, 망 이용대가 산정 근거 검증 등을 위해 DCS 서비스 전에 이용약관 신고 및 이용요금을 승인받도록 명시하였다. DCS 서비스 지역은 접시 안테나 설치가 불가능하거나 위성방송 신호 수신이 안되는 물리적 위성방송 음영 지역으로 제한하였다. DCS가 위성방송의 보조적 전송방식인 만큼 IPTV와 유사한 전송 방식으로 인해 사업자 구분이 모호해지는 점을 방지하고, 유료방송 합산 규제에 따라 KT·KT스카이라이프의 합산 점유율이 법정 상한선(33.3%)에 근접하는 점을 고려하였다.

유효기간이 종료되는 2016년 10월 미래부는 위성방송과 인터넷멀티미디어방송(IPTV) 전송 방식을 결합한 '접시 없는 위성방송' 서비스를 본격적으로 승인하였다.[133] DCS는 2015년 11월, ICT특별법에 따라 1년간 임시로 허가된 바 있고, 이후 방송법 개정으로 규제가 완화되어 유료방송 매체별 전송 방식 결합이 가능해졌다. 이에 따라 ㈜KT스카이라이프는 도심 음영 지역, 단방향 서비스 등 위성방송 한계를 해소하기 위한 목적으로 기술 결합 서비스를 신청하였다. 미래부는 관련 전문가로 심사위원회를 구성하여 심사한 결과, DCS를 공정경쟁 및 시청자 보호 조건하에 승인하는 것으로 결정하였다.[134]

임시허가('15. 11월) 당시 부과되었던 음영 지역 제한 조건은 기술 결합 제도 도입 취지에 비추어 보아 더 이상 불필요하다고 판단하여 조건으로 부과하지 않았으며, 그 결과 위성방송 신호를 직접 수신하지 못하는 지역의 거주자뿐만 아니라 서비스 가입을 원하는 누구나 DCS 상품을 이용할 수 있게 되었다.

이러한 승인을 통해 위성방송 수신 음영이 개선되고, 위성방송 가입자도 VoD 등 양방향서비스를 다양한 방법으로 이용할 수 있게 되며 상품 선택권이 넓어져 시청자의 편익이 증대되고 사업자 간 경쟁도 촉진될 것으로 기대되었다.

---

133 미래부 보도자료(2016. 10. 10.), 규제혁신으로 정식 도입되는 첫 '융합형 방송 서비스' 등장 - KT스카이라이프 '접시 없는 위성방송(DCS)' 승인

134 공정·합리적인 망 이용계약 체결, 시청자 피해보상 강화 및 유통망 교육 실시

DCS 승인은 방송법 규제 개선으로 도입된 기술 결합 서비스 승인 제도의 첫 번째 사례이다. 그간 미래부는 케이블 / 위성 / IPTV 매체별로 특정한 전송방식에 기반하여 구분되어 있는 칸막이식 방송 허가 체계를 해외 주요국 유료 방송 제도와 같이 기술 중립적으로 재편해 가는 정책을 추진해 왔으며, 이의 일환으로 '유료방송기술규제재편방안'('15. 12.)을 발표한 바 있다.[135]

〈그림 7-13〉 DCS 서비스 개념도

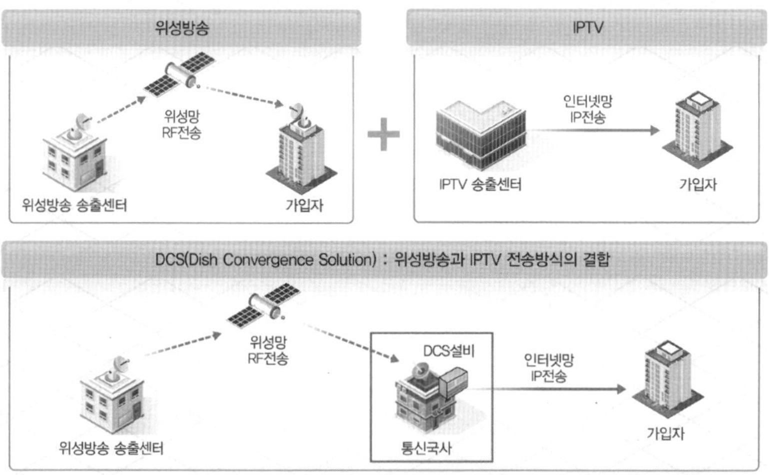

* DCS(Dish Convergence Solution) - 위성방송국이 전송한 위성방송 신호를 통신국사에서 수신하여 IPTV 신호로 변환, 인터넷망을 통해 가입자에게 방송서비스를 제공하는 방식

이 기술 규제 재편 방안에 따라, 완전한 법 체계 재편에 앞선 중간

135 EU 및 회원국(프랑스, 독일 등), 일본 등 주요 선진국은 유료방송사업자를 전송방식별로 구분하지 않고 단일허가를 부여. 미국은 통신사업자가 우리나라의 유료방송에 해당하는 방송서비스(IPTV)를 할 경우 케이블TV 면허를 취득하도록 하여, 별도의 IPTV 허가체계를 운영하고 있지 않음.

단계로써, 유료방송사업자가 다른 허가권을 가진 사업자에게만 허용되었던 전송 기술을 융합적으로 사용할 수 있도록 허용하는 기술 결합 서비스 승인 제도를 신설하였다('16. 6. 방송법 개정).

이에 따라 케이블, 위성, IPTV 각 유료방송 사업자는 타 허가권에만 허용되었던 전송방식을 효율적으로 혼합하여, 기존 사업 특성·시청자 이용행태·전송망 효율성 등을 고려한 새로운 최적의 전송 방식을 추가하여 이용할 수 있게 되었다. 다만 이 제도는 각 전송방식의 '혼합'이 필요하므로, 혼합 이용이 아닌 100% 전환(위성신호 혼합 없는 IPTV 제공, 케이블의 All-IP 전환 등)은 승인 대상이 되지 않는 한계가 있다.

방송을 중심으로 ALL-IP 기반의 다양한 융복합 부가서비스 제공을 추진하고 있는 해외 주요국의 유료방송사업자들은 이미 수년 전부터 '인터넷 기업'이라는 모토를 내걸고 과감한 R&D와 투자를 통해, 전통적인 전송 방식에서 벗어나 적극적인 전송 기술 혁신을 도모해오고 있다.

반면, 우리나라에서는 기술 방식으로 허가권이 구분되어 있는 오래된 규제 체계가 남아 있어 전송 방식에 구애 받지 않는 기술 기반의 경쟁을 촉진하는 데 한계가 있었다. 이번 도입된 기술 결합 서비스 제도는 이러한 문제점을 해결하기 위한 첫 단계이며, 향후 보다 근본적인 제도 개편을 통해 칸막이 규제로 사업 영역을 보호받기보다는 기술 경쟁과 서비스 경쟁으로 성장해 갈 수 있는 시장 환경을 조성해 나갈 계획이다.

이러한 승인은 또한 정보통신진흥및융합활성화등에관한특별법(ICT 특별법)에 따라 임시허가된 서비스를 개별법 개정을 통해 정식 도입한 최초 사례라는 점에서도 의미가 있다. 임시 허가제는 관련 법령상 기준이 없거나 맞지 않는 신규 ICT 융합 서비스를 신속하게 도입할 수 있도록 지원하는 제도로, 구 미래부는 2015년 11월 DCS를 1년간 임시 허가한 후 속도감 있게 법률 개정을 마무리하고 관련 승인 절차를 진행하여, 임시허가만료('16. 11.) 이전에 정식으로 승인하였다.

5) 케이블TV의 All-IP 전환과 서비스 융합

(1) CJ헬로비전의 '케이블 융합 솔루션(Cable Convergence Solution) 허용

위성방송의 IPTV와의 결합은 케이블TV의 전송방식에도 영향을 미치게 된다. 케이블TV 역시 IPTV 융합을 도모하게 된 것이다. 구 미래부는 케이블TV와 IPTV의 전송방식을 결합한 ㈜CJ헬로비전의 '케이블 융합 솔루션(Cable Convergence Solution, 이하 CCS)'을 2016년 12월 26일자로 승인한다고 밝혔다.[136]

CCS는 기존 케이블TV의 방송신호를 케이블방식(RF)으로 송신하는 대신, IPTV와 같이 자사의 인터넷망을 통해 인터넷프로토콜(IP) 전송방식으로 송신하는 새로운 융합형 전송방식으로써, 케이블TV의 All-IP 전환과 서비스 융합의 첫 걸음이다.

2016년 10월 승인된 KT스카이라이프의 '접시 없는 위성방송'(위성+IPTV) 서비스에 이어 두 번째로 승인된 기술결합서비스이자, 케이블TV가 IPTV 전송방식을 접목하는 첫 번째 사례이다. 지상파·케이블·위성·IPTV 간 전송방식을 혼합 사용하여 제공하는 서비스로, 2016년 6월 방송법 개정으로 신설하였다(방송법 제9조의 3) 2016년 10월 말, CJ헬로

136 미래부(2016. 12. 26.) 보도자료, "융합 혁신으로 케이블TV와 IPTV의 경계가 사라진다 - CJ헬로비전의 케이블 융합 솔루션(CCS) 승인"

비전은 영서방송 지역(강원도 원주·평창 등)에 CCS를 도입하기 위해 기술결합서비스 승인을 신청하였다. 이에 구 미래부는 시청자 의견수렴 후 관련 전문가로 심사위원회를 구성하여 CCS 제공계획을 심사한 결과, 시청자·이용자 권익 및 공정경쟁 등 측면에서 특별한 우려사항이 없어 조건 부과 없이 승인하는 것으로 결정하였다. 특히 기존 디지털 케이블TV 서비스와 비교 시 전송방식의 변환만 있을 뿐 시청자 측면에서 체감하는 채널·요금·부가서비스 등은 큰 차이가 없는 것으로 판단하였다.

〈그림 7-14〉 CCS 서비스 개념도

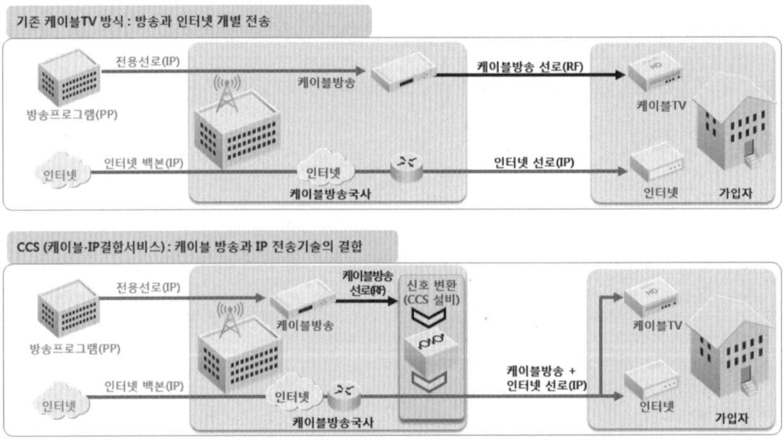

출처 : CJ헬로비전

CCS 승인을 통해, 주파수가 부족한 케이블TV의 한계를 극복하는 길이 열려 기가인터넷 확대, 양방향 서비스 속도 개선 등 시청자·이용자 편익이 증진될 수 있을 것으로 기대되었다. 이와 더불어 방송용/통신용

*) 미래창조과학부(2016.12.27), op.cit., p.7.

선로가 이중으로 구축될 필요 없이 하나의 선로로 유료방송과 기가급 인터넷을 동시에 제공하는 것이 가능해져 효율성 높은 망 구성이 가능할 것으로 예상되었다.

또한 그간 케이블TV 업계가 준비해 온 '케이블의 All-IP 전환'을 시작하는 첫걸음으로 볼 수 있어, 향후 CCS가 시장에 안착되고 케이블 업계 전반으로 확산될 경우, CCS 서비스 이용가능 지역이 전국적으로 확대될 것으로 예상되었다.

세계적으로 통방융합이 가속화되고 모든 방송기술이 All-IP 중심으로 수렴되어 가고 있으며, 이를 반영하여 미디어 관련 제도도 전송기술의 선택권을 다양하게 보장하고 있는 추세이다. 미래부는 여전히 전송방식별 허가를 엄격히 구분하고 있는 우리나라 유료방송 허가제도의 문제점을 인식하고, 지속적으로 허가체계를 통합 개편할 필요성을 제기하고 관련 정책을 추진해 온 바 있다.

2013년 12월 '방송산업발전 종합계획'에서, 유료방송에 "동일서비스 동일규제"를 적용하여 규제를 일원화한다는 계획을 밝힌 바 있으며, 2015년 11월, '유료방송 기술규제 재편 방안'에서 유료방송 매체별 칸막이 방식인 허가체계를 통합한다는 계획을 수립하였다. 다만, 허가체계 통합을 위한 법령 개정에 시일이 걸리는 만큼 단기적으로 전송방식을 혼합 이용할 수 있도록 허용하는 기술결합서비스를 도입하고, 케이블TV의 규제를 IPTV 수준에 맞추어 규제를 대폭 완화하였다.

구 미래부 '유료방송 발전방안'도 이러한 정책의 연속선상에 있었다.[*] 케이블TV는 CCS와 같은 기술결합서비스가 허용되어 있으나 아직까지 전송기술별로 허가체계가 구분되어 있어, 어떤 형태로든 전송방식의 "혼합"까지만 가능하고 완전한 All-IP형 전송방식 도입은 불가능한 상황이었다.

따라서 케이블TV는 방송채널사용사업자(PP)로부터 IP방식으로 받은 신호를 국사에서 케이블방식(RF)으로 일단 변환한 후 다시 IP 방식으로 변환해야만 하는, 형식적 혼합과정을 구성할 수밖에 없는 한계가 남았다. 구 미래부는 현행 제도에 어긋나지 않는 선에서 최대한 효율적·자율적 서비스 제공이 가능하도록 기술결합서비스 제도를 적극적으로 운용하고 있으며, 향후 허가체계의 완전한 통합으로, 사업자가 정부 승인 없이 자유롭고 신속하게 기술·서비스 다양화를 할 수 있는 방향으로 정책을 추진할 계획이었다.

(2) 케이블TV망과 IPTV망 하이브리드 셋톱박스 허용

케이블TV망과 IPTV(인터넷TV)망을 동시에 이용하는 하이브리드 셋톱박스가 허용되었다. 기존 케이블TV망의 주파수 한계를 벗어나 채널 확대, 화질 개선, IP 기반의 양방향 서비스 등이 가능해질 것으로 보인다. 구 미래창조과학부는 2017년 3월 27일 서경방송의 '하이브리드 셋톱박스'를 승인한다고 밝혔다. 서경방송은 지난 2월 케이블TV 전송방식에 IPTV 전송방식을 추가로 사용하는 기술결합서비스 승인을 신청한 바 있다. 기술결합서비스는 지상파, 케이블, 위성, IPTV 간 전송방식을 혼합해 사용하는 서비스로 2016년 6월 방송법 개정으로 도입됐다.[137]

앞서 스카이라이프가 IP망을 이용하는 접시 없는 위성방송(DCS)을 출시했고 이어 CJ헬로비전이 케이블융합솔루션(CCS)을 내놓은 바 있다. 이번 하이브리드 셋톱박스는 3번째 융합형 방송서비스이자 개별 SO가

137 머니투데이(2017. 3. 27.), "케이블TV야? IPTV야? 융합 셋톱박스 나온다"

처음으로 내놓은 융합서비스이다.

하이브리드 셋톱박스의 경우 디지털 방송상품의 소규모 채널 상품에 해당하는 채널은 기존 케이블TV 방식으로 제공하고 다채널 상품과 VOD는 IP 방식으로 제공한다.

구 미래부는 서경방송의 기술결합서비스 제공 계획을 심사한 결과 "기존 디지털 케이블TV 서비스와 비교했을 경우 전송방식이 변환됐을 뿐 시청자 측면에서 체감하는 채널, 요금, 부가서비스 등은 동일하고 시청과 권익과 공정경쟁 측면에서 특별한 우려 사항이 없어 조건 부과없이 승인했다"고 설명했다. 또 이번 기술결합서비스로 케이블TV가 전송 주파수 대역 한계를 극복하는 새로운 길이 열려 다양한 시청자 편익이 향상될 것으로 기대했다.

〈그림 7-15〉 서경방송 하이브리드 셋톱박스 전송방식 개념도

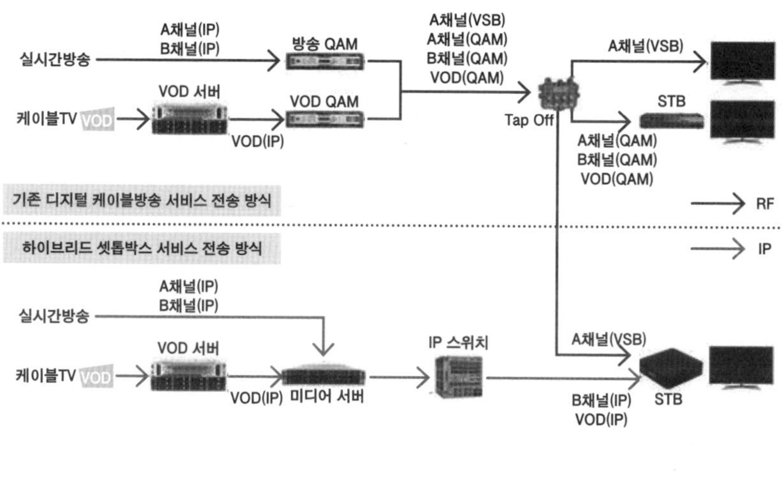

구 미래부는 전송방식별 허가를 엄격히 구분해 온 우리나라 유료방

송 허가 제도의 문제를 해결하기 위해 기술결합서비스를 허용하고 동일서비스-동일규제 원칙을 확대해 왔다. 장기적으로는 사업자가 정부 승인 없이 자유롭고 신속하게 기술·서비스를 다양화할 수 있도록 유료방송 허가 제도를 통합 개편하는 방향으로 정책을 추진할 계획이라고 밝혔다.

6) 유료방송시장에서 OTT의 등장

OTT란 Over The Top의 머리글자를 모아 만든 단어다. 여기서 Top이란 TV에 연결되는 셋톱박스를 말한다. 즉 OTT란 셋톱박스를 통해 TV로 동영상을 볼 수 있게 해 주는 일종의 방송 서비스다. 다만, 케이블TV나 위성방송과 다른 점은 방송 네트워크를 통하지 않고 인터넷을 이용한다. 그리고 서비스 제공업자가 기존 방송사가 아니라 제3의 사업자, 제도권 바깥에서 등장한 방송 사업자라는 점이다. OTT는 좀 더 넓은 의미로 변화하고 있다. 셋톱박스를 이용하지 않아도, TV 대신 PC나 핸드폰을 단말로 이용해도, 기존 통신사나 방송사가 추가적으로 서비스를 제공할 목적으로 이용해도 인터넷 기반의 동영상 서비스라면 OTT에 포함된다(서기만, 2011, pp.91~101).

인터넷으로 동영상을 소비하는 행위가 점차 늘어남에 따라 장기적으로 OTT 서비스가 유료방송시장, 채널시장, 방송프로그램 시장, 광고시장 등에 직간접적인 영향을 미칠 가능성이 존재한다. 아직은 사업 초기 단계이지만, 미국의 Netflix 사례 등을 감안하면, 기존 유료방송시장에서 쟁점으로 부각될 수 있다. OTT 관련 설문 조사 결과, 응답자 중 63.2%가 유료방송 서비스와 OTT 서비스가 유사한 서비스라고 생각하고 있으며, OTT 서비스를 사용하면서 유료방송 서비스도 계속 사용하겠다는 응답이 증가하는 등, OTT를 유료방송의 보완재로 인식하는 경향이 우세한 것으로 조사되었다. 조사 결과 유튜브가 가장 광범위한 이용자층을 가진 것으로 나타났다(정보통신정책연구원, 2014).

OTT라고 명명되는 신 유형의 방송 서비스는 미국에서 유료 방송 해지의 주요 원인으로 인식되고 있으며, 가장 대표적인 서비스로는 넷플릭스가 있다. 넷플릭스가 영화, 드라마 등의 VOD를 온라인으로 제공하기 때문에 일반적으로 OTT라 하면 VOD 서비스를 연상하게 된다. 국내에서도 OTT가 VOD뿐만 아니라 실시간 서비스를 제공하고 있다. 콘텐츠 연합플랫폼의 Pooq, KBS의 K, CJ헬로비전의 Tving, 현대HCN과 판도라의 에브리원TV, KT의 올레TV나우팩, SK브로드밴드의 B tv 모바일, LG 유플러스의 U+HDTV, 다음의 다음tv팟, 아프리카의 아프리카TV 등이다.

〈그림 7-16〉 국내 OTT 사업자 경쟁 현황

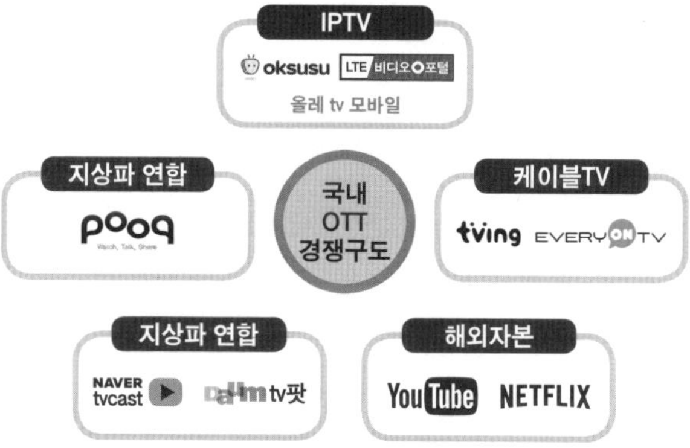

출처 : 메리츠종금증권 리서치센터(2016)

글로벌 OTT 사업자에 대응하기 위하여 SK브로드밴드의 옥수수와

Pooq이 통합을 추진하여 '웨이브(wavve)'를 2019년 9월부터 서비스를 제공하였다. 지상파방송사와 IPTV사가 연합을 한 것이다. 웨이브는 지상파 방송 3사 콘텐츠 기반 OTT이다. SK텔레콤을 비롯해 외부 투자를 유치해 오리지널 콘텐츠도 늘릴 방침이다.

〈표 7-29〉 국내 OTT사업자 현황

	옥수수	Pooq	티빙	왓챠플레이
운영사	SK브로드밴드	콘텐츠연합 플랫폼 (지상파3사공동)	CJ E&M	왓챠플레이
가입자 수	964만 명	약 400만 명	-	-
주요 콘텐츠	영화, 지상파 일부 채널, 종편 및 보도 채널, 유료 방송채널, SM 엔터테인먼트, 아이돌콘텐츠	지상파3사 및 계열 채널, 종편 및 보도 채널 등	CJ E&M 계열 채널, 종편 및 보도 PP 등	영화, 방송 VOD
수신 기기	모바일, PC	모바일, PC	모바일, PC	모바일, PC
제공 방식	실시간/VOD	실시간/VOD	실시간/VOD	VOD

출처 : 가입자 수는 머니투데이(2019. 3. 25.)

기존 방송은 비교적 한 국가 안에서 통제 가능한 전용 전송망을 기반으로 하기 때문에, 영상의 내용에 대한 국가의 통제가 가능하다. 한편, OTT는 국경이 없는 범용 네트워크인 인터넷망을 사용하기 때문에 규제에 한계가 있다.

전 세계적으로 OTT 시장이 성장하며 보급이 확산되고 있지만, 유독 국내 시장에서만 OTT가 부진하다. 유료방송서비스와 OTT 서비스 간 대체관계가 아직은 두드러지지 않는다. OTT가 기존 유료방송의 코드 커팅(cord cutting)으로 이어지지 않고 있다. 그 원인은 현저하게 낮은 국내 유료방송 요금에 기인하는 것으로 추정된다. 미국의 경우 OTT 이용료가 유료방송의 14% 수준에 불과하지만, 국내 유료방송과 OTT 서비스 이용료 차이가 크지 않아 소비자에게 아직 대안이 아니다. 통신사들은 자사 통신서비스를 이용하는 고객 중 일부 고가 요금제를 선택하는 고객을 대상으로 OTT 서비스를 무료로 제공하고 있다. 이는 OTT를 기존 서비스를 이용하기 위한 '부가서비스' 개념으로 인식하고, OTT 시장의 질적 성장을 더디게 만드는 원인이다.

〈그림 7-17〉 미국과 한국의 유료방송과 OTT 이용료 비교

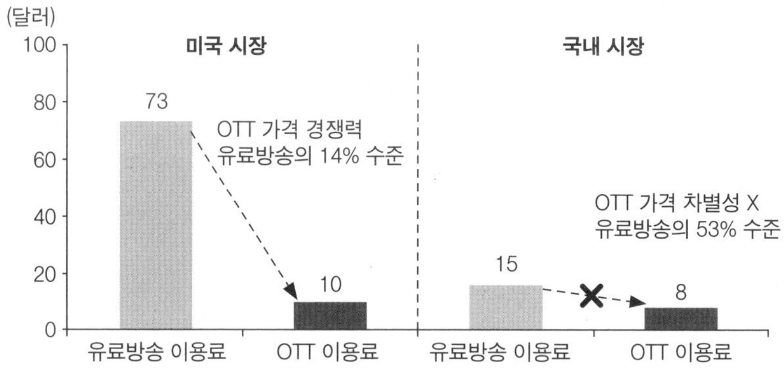

출처 : 메리츠종금증권 리서치센터(2016)

이용자 규모는 정확하게 집계되지 않았으나, 2014년 기준으로 약 2천 3백만 명 정도가 OTT 비디오 서비스를 이용하고 있으며, 이중 월정액 가입자는 약 10% 남짓 되는 것으로 업계는 추산하였다(KISDI, 2015). Pooq은 꾸준히 가입자가 증가하고 있는 상황이며, 2017년 1월 기준 유료이용자만 52만 명(조선일보, 2017. 1. 4.)에 달하는 것으로 집계되었다. 티빙은 유료 가입자를 발표하지 않아 알 수 없으나, 모바일 웹 등 기준으로 유료 이용자 수를 추정하면 2016년 8월 기준 13만 명, 2016년 7월

기준으로 무료 이용자는 약 800만 명, 월 평균 방문자 수는 2017년 2월 기준으로 약 315만 명으로 추정되었다(동아일보, 2017. 2. 22.).

〈그림 7-18〉 OTT 이용 추세

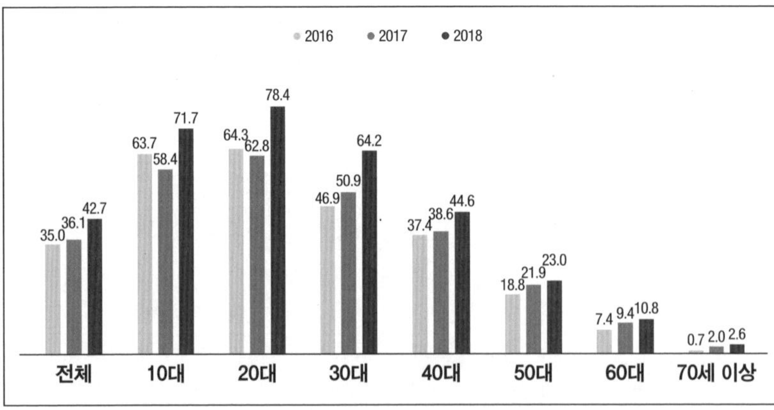

출처 : 방송통신위원회(2018), KISDI(2019. 3.) ICT 통계분석에서 재인용

〈그림 7-19〉 OTT 사업자별 이용 추세

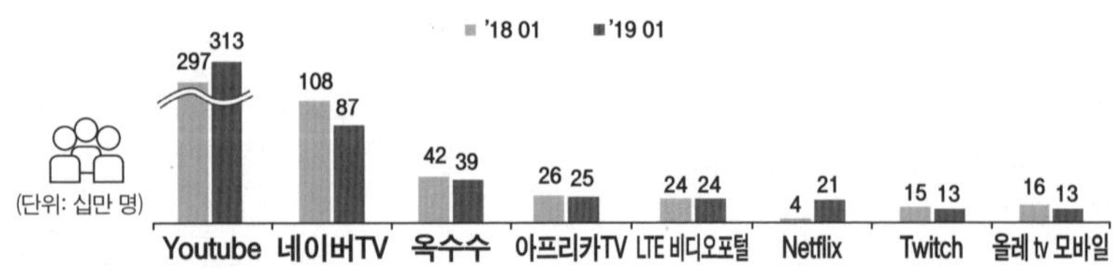

	Youtube	네이버TV	옥수수	아프리카TV	LTE 비디오포털	Netflix	Twitch	올레 tv 모바일
순이용자수 증감	+5.6%	-19.7%	-8.5%	-1.8%	-0.1%	+375.6%	-15.5%	-22.9%
평균이용시간 증감	+25.9%	-15.1%	+73.0%	-20.4%	+20.9%	+143.2%	-7.6%	+70.5%

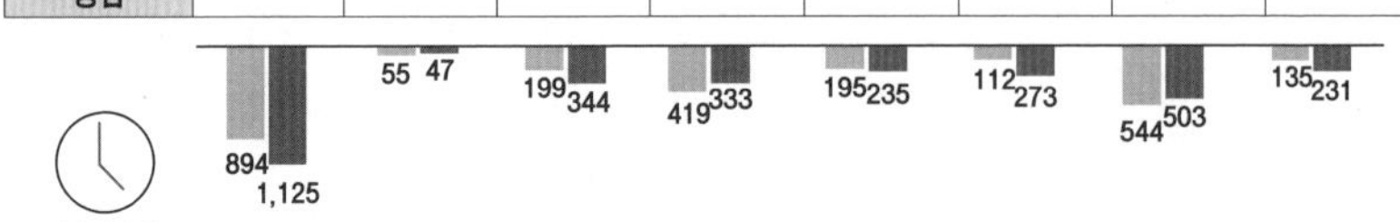

출처 : NielsenKoreanclick PC & Android Mobile Behavioral Data(2018.1./2019.1.)
2019년 1월 기준 순 이용자 수 100만 이상인 동영상 서비스를 대상으로 분석함

국내 OTT 이용률은 꾸준히 상승하여 2018년 기준 42.7%로 전년에 비해 6.6% 증가한 가운데, 특히 10~30대의 이용률이 큰 폭으로 상승하였다. 정액제나 추가 요금을 지불하고 이용한 비율은 2017년 5.6%에서 2018년 7.7%로 증가하였다.

OTT 사업 현황의 특징으로는 첫째 유튜브의 이용률이 가장 높고, 둘째 1년(2018~2019) 동안 375.6%라는 Netflix 등의 급성장이 두드러진다. 한편, 국내 대부분의 OTT 사업자들은 순 이용자 수가 같은 기간 감소하였다.

(1) OTT에 대한 국내 규제 정책

현행법상 OTT 서비스는 방송법, IPTV법, 전기통신사업법 등 어느 쪽에도 규제를 받지 않고 있는 사각지대에 있다. 국내 현행 방송법은 방송과 방송사업을 열거형 positive 방식으로 규정하고 있으며, IP망을 통한 실시간 채널 제공의 경우 QoS가 보장될 경우 인터넷멀티미디어방송사업법(IPTV법)에 따른 IPTV에 해당하도록 규정하고 있다. 따라서 IP망을 통해 제공되더라도 QoS가 보장되지 않는 서비스는 OTT 동영상 서비스로, 현행 전기통신사업법상 부가통신사업에 해당된다. 기간/별정/부가로 구분된 현행 전기통신사업법 규정 중 부가통신사업(제5조)은 '기간, 별정통신사업의 여집합'에 해당하며, 진입 제도는 신고제로 운영하고 있다(제22조).

구 미래부는 2014년 12월 OTT 서비스를 네거티브 규제, 최소 규제, 자율 규제를 하겠다는 원칙을 설정했다. 하지만 실제 규제는 이루어지지 않고 있다. 방통위는 2011년 1월 스마트 TV 서비스 경쟁력 강화 방안에서, 스마트 TV의 안정적 서비스 여건을 마련하기 위한 방안을 발표했다.

방통위는 통합방송법 제정 추진 등과 연계하여 스마트 TV 서비스의 법적 개념과 포괄 범위를 검토했다. 다양한 온라인 동영상 콘텐츠 서비스 중 상업적으로 운영되고 사회적으로 영향력이 큰 TV 방송과 유사한 서비스에 우선 주목하였다. 스마트 TV의 양방향 특성을 감안하되, 기존 실시간 방송과의 내용 심의 및 광고 규제의 조화 방안을 검토하였다. 국제적 정책 흐름과의 조화, 집행 가능성, 관련 산업 경쟁력, 이용자 편익 등을 종합적으로 고려하였다. 사업자 자율에 의한 가이드라인 제정과 준수를 장려하였다. 이용자의 관점에 입각하여 오픈 앱 마켓의 운영, 맞춤형 광고, 콘텐츠 내용 등의 측면을 자율적으로 점검할 수 있는 체계를 마련하겠다는 입장이었다. 방송통신심의위원회를 통한 사후 모니터링 활동을 강화할 것을 추진하였다.

〈그림 7-20〉 유료방송 법률 규제 현황(OTT 포함)

출처 : 메리츠종금증권 리서치센터(2016)

(2) OTT 규제 정책 수립

OTT가 빠른 속도로 시장에 자리를 잡아가고 있음에도 국내 방송 정책의 대응 속도는 매우 더디다. 현행 방송 관련법으로 방송의 개념에 포섭할 수도 없거니와, 방송 사업자로 분류할 수도 없다. 규제의 법적 근거도 마련되어 있지 않다. 이에 CJ헬로비전의 Tving 서비스와 같은 방송

권역 외 OTT 사업 추진에 대해 다른 경쟁 케이블TV사들이 기존 권역 기반의 케이블 방송 사업 모델을 위협하는 행위라고 주장하는 데 대해, 정부는 어떠한 조치를 취할 수도 없는 상황이 발생하고 있다.

방송사가 직접 제공하는 OTT 서비스의 경우처럼, 수용자들이 OTT를 통해 이미 사회적 영향력이 큰 것으로 인정된 방송 콘텐츠를 동일하게 시청할 수 있다는 점에서 그 사회·문화적 영향력을 무시할 수 없게 되었다. 또한 수용자 시각에서는 IPTV와 OTT 셋톱박스를 이용한 영상물 시청 간에 큰 차이를 느끼지 못할 가능성이 크다. 따라서 수평적 규제 체계를 가지고 있지 않은 한국, 미국, 일본 등에서는 IPTV를 방송으로 분류하고 있다는 점에서, OTT 서비스도 유료 방송 서비스들과 동일한 규제를 받아야 한다는 주장이 가능하다.

방송통신위원회는 2016년 유료방송 발전 방안을 수립하면서 OTT가 아직 초기 단계로 시장 규모가 작아 먼저 규제하기보다 시장 성장, 변화 양상 및 기존 서비스와의 대체 가능성을 검토하기로 하였다.[138] 그렇지만, 빠른 속도로 OTT가 활성화되면서 방송 방송통신위원회는 2019년 들어와서 OTT 서비스의 영향력 확대 및 글로벌 사업자 본격 진입에 대응하여 제도적 기반 마련 및 국내 사업자를 지원하기로 하였다. 신유형 융합미디어에 대한 법 제도 정비가 필요하다고 판단한 것이다. OTT 등 융합서비스 확대와 글로벌 미디어 사업자의 국내 진입이 본격화되고 있으나, 공정 경쟁과 이용자 보호를 위한 법 제도 정비는 미진하다고 보았다. OTT 서비스에 최소한의 규제를 적용하는 방송관계법 개정안 국회

138 미래창조과학부(2016. 12. 27), op.cit., p.18.

논의를 지원할 계획을 발표하였다.[139] 방송·통신 연합 OTT 컨소시엄 구성 등을 통해 방송·통신사업자가 글로벌 사업자에 대응할 수 있도록 유도한다는 방침을 발표하였다.[140]

〈표 7-30〉 방송 관련법 개정안(김성수 의원 발의)

<table>
<tr><td colspan="7">방송사업(서비스)</td><td rowspan="2">방송
전송망
제공사업</td></tr>
<tr><td rowspan="3">지상파
방송
사업(자)</td><td colspan="2">유료방송사업(자)</td><td colspan="4">방송콘텐츠제공사업(자)</td></tr>
<tr><td rowspan="2">다채널
유료방송
사업자
(SO, 위성,
IPTV 등)</td><td rowspan="2">부가
유료방송
사업자
(OTT,
중계유선 등)</td><td colspan="3">채널사용사업자</td><td rowspan="2">인터넷 방송
콘텐츠 제공
사업자</td><td rowspan="2">방송
전송망
제공
사업자</td></tr>
<tr><td>종편
및
보도
전문
PP</td><td>홈쇼핑
PP</td><td>전문
편성
PP</td></tr>
</table>

2019년 들어와서 국회 김성수 의원은 방송법 전부개정법률안을 입법발의하였다.[141] 주요 내용 중의 하나가 신유형의 방송 서비스에 대한 규제안을 담고 있다. 이 법률안 역시 VOD 서비스에 국한하지 않고, OTT 서비스까지 포함하고 있다. 법안 제2조에서 유료방송사업자를 다채널유료방송사업자와 부가유료방송사업자로 분류하고, 방송콘텐츠 제공사업자를 방송채널사용사업자와 인터넷방송콘텐츠제공사업자로 분류하였다.

법안 제2조 제2항 나호에서 유료방송사업을 "방송국, 유무선의 설비 또는 광대역통합정보통신망 등을 이용하여 시청자와의 계약에 따라 여러 개의 채널단위, 채널별 또는 방송프로그램별로 대가를 받고 그 방송을

139 의원발의 : 방송법·IPTV법 개정안('18.10. 변재일), 방송법 개정안('19.1., 김성수)
140 방송통신위원회(2019. 3. 8.), "방송통신위원회 2019년 주요업무 추진계획", p.14
141 '방송법 전부개정법률안'(김성수 의원 대표발의), 2019. 1. 11., 의안번호 2018159

제공하는 사업"으로 정의하였다. 법안 제2조 제7항 다호에 따르면, 부가유료방송사업자는 방송을 수신하여 중계송신하거나 이용자와의 계약에 따라 정보통신망에서 방송프로그램을 이용자에게 판매·제공할 목적으로 제11조 제3항에 따라 승인 또는 등록을 하거나 신고를 하도록 하였다.

법안 제17조 제3항에 의하면, 외국인 또는 외국의 정부나 단체는 부가유료방송사업과 인터넷방송콘텐츠제공사업을 할 수 없도록 규정하였다.

7) 유료방송사 간의 UHD 기술 확보 경쟁

유료방송과 지상파방송 그리고 유료방송사 간에 새로운 기술을 도입하여 가입자 확보를 위한 경쟁이 점점 심해지고 있다. HD, 3D, 나아가 UHD 기술 경쟁이 본격화되고 있다.

방송시장은 세계적으로 UHD 시대로 넘어가는 추세를 반영해, 유료방송사들이 경쟁적으로 UHD 방송을 시작하였다. 케이블TV 업계는 2014년 4월 '세계 최초 UHD 전용 채널'인 '유맥스'를 론칭했다. 일부 국가가 실험방송을 진행한 사례는 있었지만 정부가 마련한 UHD 기술 표준에 기반을 두고 상용 UHD 방송 서비스를 제공하는 채널은 유맥스가 처음이었다. 이에 뒤질세라, 전국적인 매체의 특징을 살려서 KT스카이라이프는 2015년 1월 UHD 전용 3개 채널을 운영하기 시작하였는데, 스카이UHD1은 드라마·오락, 스카이UHD2는 네이처·다큐 프로그램 중심으로 편성하였다. UXN에서는 CJ E&M의 영화·드라마 등 인기 프로그램을 선보였다. IPTV 업계가 가장 치열하게 UHD 가입자 경쟁을 벌였다.

UHD 방송 시장은 고가의 수상기 저가화, 콘텐츠 확보가 관건인데 수상기 가격은 많이 인하되었다. 앞으로 화질 경쟁을 넘어 콘텐츠의 수와 시간, 가격, 부가 서비스 경쟁에서 승패가 갈라질 것으로 예상된다. 2017년 지상파 UHD 방송이 시작되면서, 유료방송과 지상파방송이 초고화질 방송을 두고 본격적 경쟁이 시작되었다.

구 미래창조과학부(현 과학기술정보통신부)와 방통위는 2015년 12월 29일 지상파 및 제조사, 연구기관 31곳과 함께 '지상파 UHD 방송 도입을 위한 정책방안'을 발표한 바 있다. 당시 정책방안에 따르면 지상파는 2017년 2월 KBS와 MBC, SBS가 수도권에 UHD 방송 송출을 시작해 같은 해 12월 부산과 대구, 광주, 대전 등 광역시권과 평창, 강릉 일대로 확대, 2021년 전국 서비스를 완성해야 한다는 조건을 부여했다.[142]

UHD 편성비율은 2017년 5%에서 2018년 10%, 2019년 15%, 2020년 25% 달성하고, 2027년 HD 방송을 종료로 UHD로 100% 방송 송출이 가능하도록 로드맵을 마련하였다. 이를 위해 지상파 방송사는 UHD 시설 및 장비 투자에 9천 604억 원, UHD 콘텐츠 제작에 5조 8천 298억 원 등 12년간 총 6조 7천 902억 원을 투입하기로 했다.

그러나 지상파 UHD 송출은 유럽식 DVB-T2와 미국식 ATSC 3.0 표준 선택, 콘텐츠 암호화 방식 도입여부, 이에 따른 UHD TV 보급 난제 등으로 인해 실제 송출은 2017년 5월 31일에야 가능했다. 이 결과, 2018년 KBS1과 대전MBC, 대구MBC는 목표 편성비율 10%를 지키지 못해 방통위로부터 시정명령을 받았다.

지상파는 어려운 경영환경을 이같은 문제의 원인으로 꼽고 있다. 지

142 아이뉴스24(2019.8.14.), "방통위, 4년만에 UHD정책 전면 재검토…의견수렴 나선다"

난 2011년 2조 3천 754억 원에 달하던 광고매출은 2017년 1조 4천 211억 원으로 절반 수준까지 줄었고, 수신료 역시 2011년 1조 2천 92억 원에서 2017년 8천 120억 원으로 감소했다는 설명이다. 지상파 방송사들은 중간광고 도입 등을 통해 확보된 재원으로 UHD 사업에 투자하려 했으나 여의치 않는 상태여서, UHD 방송을 위해서는 콘텐츠뿐만 아니라 전송장비 교체 등 막대한 비용이 필요해 보편적 시청권 보호를 위해서라도 지원이 절실한 상태이다.

이에 따라 방통위는 우선적으로 현행 UHD 프로그램 인정 기준을 완화하기로 했으나 미봉책이라는 지적이 나왔다. 재방송의 경우 30%를 인정하기로 했으나 100% 상향했으며, 삼방송까지도 2022년까지 100% 인정하기로 했다. UHD 리마스터링 콘텐츠에 대해서도 오는 2022년까지 100%를 인정한다는 게 골자다.

이에 따라 방통위는 UHD 산업 육성을 위해 지상파에 한정된 게 아닌 전체 유료방송을 포함한 다각적인 대책 마련이 시급하다는 판단이다. 또 전 세계에서 UHD 시장은 아직 걸음마 단계로 UHD 콘텐츠 자체 경쟁력은 아직 살아 있다는 점도 정책 변화 등의 필요성으로 꼽고 있다.

방송통신위원회가 2019년 들어 4년 만에 UHD 정책 전면 재검토에 나섰다. 지상파 방송사의 경영악화에 따른 UHD 사업전개 우려와 이용자 시청권 확보 등이 필요하다는 판단에서다. 방송환경은 지난 2015년 UHD 정책방안을 마련했을 때와 달리 급격하게 변화된 상태라고 보고, 광고규제 완화와 MMS 방송, 직수율 상향 등으로 지상파 UHD 활성화를 기대했으나 결과적으로 환경은 악화됐고, 이용자들의 UHD 시청권도 제대로 확보되고 있지 않아 근본적인 대안 마련이 시급하다고 판단한 것이다.

제8부

종합적 결론

1. 유료방송 정책과 산업의 역사적 변화
2. 미래 전망

제8부

종합적 결론

1. 유료방송 정책과 산업의 역사적 변화

국내 유료방송 시장은 세계 어떤 다른 나라와 비교되지 않을 정도로 다양한 매체가 경쟁하고 있다. 새로운 매체인 유료방송이 도입된 1990년대 중반부터 2000년대를 지나 2010년대에 이르는 시기는 과거 어느 때보다 격변의 과도기로 평가할 수 있다. 특히, 1995년 국내 최초 뉴미디어로 평가받은 종합유선방송의 도입을 시작으로, 2002년 디지털 직접위성방송, 2006년 지상파DMB와 위성DMB, 그리고 2009년 IPTV, 2010년대 들어오면서 각종 다양한 스마트TV 등의 새로운 유료방송들이 속속 도입되었다. 국내 작은 규모의 방송 시장에 새로운 매체가 등장하면서, 제로섬 게임(zero sum game)이 불가피하였다. 이 결과, 국내 방송계의 외연은 크게 확장되었지만, 내적으로는 여러 측면에서 혼돈의 상황이 지속되었다.

매체 기술은 급속하게 발전하고, 매체 시장은 급변하는 데 반해 관련 법 제도는 시의적절하게 뒷받침되지 못했다. 특히 유료방송의 복잡한 속성으로 인해, 실타래처럼 얽혀있는 방송 사업자들 간의 복잡한 이해관계를 해결하는 것이 더욱 어려웠다.

다매체, 다채널 경쟁 시대에 지상파방송사와 통신사업자들의 적극적인 행보가 두드러지게 나타났다. 지상파방송사의 콘텐츠 경쟁력과, 통신사업자의 막강한 자본력은 유료방송 시장의 지배적 사업자였던 케이블TV를 위협하기에 충분했다. 지상파방송사들은 유료 플랫폼에 PP 형태로 성공적으로 영역을 확대했다. 지상파방송사들은 디지털 전략을 고화질에서 다채널(MMS)로 선회하는 것을 시도함으로, 유료방송의 시장 확대에 대응하려고 하였다. 그렇지만, 교육방송만 다채널 서비스를 제공하였고, 나머지 지상파방송사들은 다른 유료방송사업자들의 반발로 인해 어려움을 겪었다.

통신사업자들은 통신 시장의 포화 상태에서 방송 플랫폼 사업에 진출하였다. 위성방송 사업 진출에 이어, IPTV와 DMB와 같은 신규 매체에 진입하면서, 부족한 콘텐츠 문제를 해결하고, 경쟁 플랫폼과 차별화시키기 위해 콘텐츠의 확보에 역점을 두었다.

성장이 거의 정체된 위성방송사 역시 자구 노력을 전개하였으나 역부족이었다. 위성방송에 의한 지상파 재전송이 원활하지 못함으로 인해 가입자 확보에 어려움을 겪었다. 이에 위성방송은 중저가 시장을 선점한 케이블TV와 차별화하기 위해 중고가 시장을 중심으로 가입자를 확보해 나갔다. 아울러 케이블TV의 저가 전략에 대응하기 위해 공동수신설비(SMATV)를 활용하려고 하자 케이블TV사업자와 갈등을 빚었다.

유료방송 정책과 산업의 역사적 변화를 살펴본 결과, 유료방송 도입 초기 만들어진 구 질서는 신 질서로 급속하게 이행해 왔다. 유료방송의 역사를 McQuail이 유럽 미디어 정책의 역사적 분석을 위해 만든 분석틀에 따라 정리하면 다음과 같다(Denis McQuail & Euromedia Research Group, 1990, *op.cit.*, pp.319~321).

〈그림 8-1〉 유료방송 정책과 산업의 역사적 변화

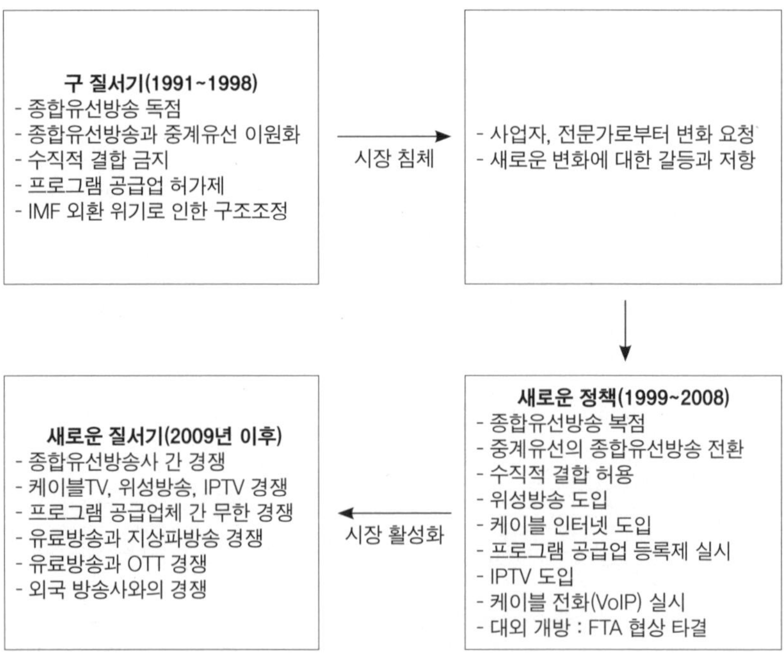

국내 경제 전반에 결쳐 큰 영향을 미쳤던 IMF 외환 위기는 유료 방송 산업에도 역시 큰 영향을 미쳤다. 외환 위기 전후를 중심으로 유료방송의 신 구 질서기라고 구분될 수 있겠다. 외환 위기는 시장에서 사업자들의 자율성 확대와 함께 경쟁 체제가 본격화되는 계기가 되었다.

국내 최초 유료방송인 케이블TV 산업 초기에 문민정부가 만들었던

소위 한국형 모델로 일컫던 구 질서는 시행하자마자 사업자, 전문연구자, 시청자, 심지어 정부 부처 간 갈등으로 인해 제도 개선의 강한 압력을 받았다. 정부는 케이블TV를 국책사업으로 추진하면서 적극적으로 시장에 개입해 규제와 지원책을 강구하였으나, 한국형 모델은 시장 실패로 평가받았다.

실패의 근본적 원인은 과거 국책 사업의 추진 경험이 없던 공보처가 가시적 업적에 지나치게 집착한 점과, 사업자들의 경험 부족, 그리고 초기 산업 구도를 형성함에 있어 자문 연구자들의 전문성 부족 등의 복합적인 요인들에 기인되었다.

구 질서가 가져온 사업 초기 부진한 시장 성과에 설상가상으로 IMF 외환위기라는 외부의 강한 압력은 사업 자체의 존립을 위태롭게 만들었다. 문민정부 김영삼 정부 시절 제도 개선을 위한 시도가 있었지만, 정치적 갈등으로 인해 법 제도화되지 못하였다. 국회는 정당 간의 첨예한 대립으로 인해 법 개정이 지연되어 산업에 부정적 영향을 미쳤을 뿐만 아니라, 종합유선방송법 개정 후 불과 1년 만에 통합방송법을 제정하는 비생산적 국회의 모습을 보여주었다(김정기, 2003, op.cit., p.25).

국민의 정부인 김대중 정부가 신자유주의를 기본 이념으로 내세우며 추진한 케이블TV 관련 탈규제 정책들은 이미 문민정부 시절 제안된 것들로, 김대중 정부기에 들어와서 입법화되었다. 구 질서기의 규제들은 구조 규제에 초점이 맞추어져 있었기에, 국민의 정부가 추진한 탈규제 정책들은 주로 시장 구조의 개선에 역점을 두었다.

산업 초기 공보처가 만들었던 시장 구조가 한계에 직면하자, 방송위원회는 종합유선방송법의 개정과 방송법의 제정으로 부진한 시장 성과의 원인으로 꾸준히 지적되어 왔던 시장 구조를 크게 개선하였다. 새로운 질서의 특징은 주로 신규 사업자들에 대한 시장 진입 장벽을 낮추고, 소유 규제를 완화한 것이 특징이었다.

그동안 산업 발전에 주요한 구조적 장애 요인으로 제기되었던, 삼분야 사업자 간의 수직적 결합의 허용, 중계유선방송 사업자의 종합유선방송 전환 승인, 프로그램 공급업의 등록제 실시 등에서 나타나듯이, 시장구조와 관련된 주요 규제에 대한 완화가 이루어졌다. 이 결과 새로운 질서가 2000년 전후에 형성되었다.

새로운 정책들 역시 그 시행에 있어 적지 않은 갈등을 초래하였다. 참여정부를 표방한 노무현 정부가 출범하면서, 방송 정책과 관련하여 다양한 이해집단들이 제 목소리를 높였지만, 정부는 이러한 다양한 이해를 조정하는 데 그다지 성공적이지 못하였다. 법적인 정책 권한이 과거 공보처, 문화관광부로부터 반관 반민 형태의 방송위원회로 이양됨에 따라, 방송위원회는 과거 어느 때보다 막강한 방송 정책 권한을 법적으로 가지고 있었으나, 이러한 권한을 행사할 수 있는 제도의 미비로 인해, 사업자들 간의 갈등을 조정하는 데 역할은 제한적이었다. 방송위원회는 시장경쟁 체제를 지향하도록 규제를 완화하였으나, 시장 행위와 관련된 공정한 경쟁 규칙을 미처 마련하지 못한 점과 분쟁 조정 기능이 제대로 작동되지 못한 점 등에서 한계를 보였다.

통합방송법에 의해 새로운 질서가 만들어졌던 2000년 초에 출범한 통합 방송위원회는 탈규제 정책의 결과 새로운 사업자를 선정하는 데 진력하였다. 이러한 갈등을 조정하기에 구 방송위원회의 전문성과 인력구조로는 힘에 부쳤다. 과거 시장의 특성을 고려하지 않고 정치적으로 추진한 새로운 매체의 도입으로 인한 혼란한 시장 상황을 구 방송위원회가 해결해야 하는 부담을 안았다. 그동안 내용 규제가 주된 역무였던 구

방송위원회가 증가하고 있는 경제적 규제도 담당해야 했다.

방송위원회는 법적 권한을 가지고 있었지만, 불공정 행위와 관련해서는 공정거래위원회가 시장에 중재자로 나서게 되었으며, 이로 인해 양 위원회 간에 경제적 규제를 두고 갈등이 발생하였다. 종합유선방송과 전환된 중계유선방송사 간에 가격 인하 경쟁, 중계유선사들의 불법 채널 송출, 중계유선사들의 전환 승인 신청 시 경쟁 사업자의 시장 진입 봉쇄 등이 나타났으며, MSP사들이 경쟁 PP를 배제하기 위한 시도 등이 나타났다.

새로운 질서를 향한 방송 정책 - 특히 종합유선방송의 전국적인 복점화 정책은 세계에서 유래를 찾아볼 수 없는 또 하나의 한국형 모델로 기존 사업자들로부터 강한 저항에 직면하였다. 과거 문민정부 시절 정부에 대한 물리적 저항은 권위주의적 방식으로 해결하였다. 그렇지만, 탈권위를 강조하던 국민의 정부 시절, 중계유선방송의 종합유선방송 전환 승인 과정에서 나타난 사업자들의 법적인 강한 대응은 이러한 경험이 별로 없었던 방송위원회를 당혹스럽게 만들었다.

새로운 정책들은 새로운 질서를 만들어내고 있고, 구 질서에 비해 훨씬 좋은 시장 성과를 나타내고 있다. 높은 가입자 비율, 많은 채널의 수와 다양성, 나아지고 있는 경영 실적, 저렴한 가격, 케이블TV HFC망의 광대역 통신을 위한 NGcN 망으로 활용 등 어떠한 기준에서 보더라도 짧은 기간 동안 달성했다고 보기에는 믿기 어려울 정도의 놀라운 실적을 보였다.

시장 규모는 지속적으로 확대되어 2000년 이후 전체 방송 시장에서 차지하는 케이블TV 가입자 규모는 총 시청 가구를 기준으로 지속적으로 증가해 왔다. 총 시청 가구 대비 유료 가구의 비율 역시 크게 증가하였다. 그러나, PP에게 수신료를 배분하는 유료 가구는 1997년 이후 거의 증가하지 않았다는 점은 시장 성과의 한계로 남았고 지속적으로 정책적인 주요 관심사였다. 이러한 시장의 힘이 작용한 결과, 경영 실적은 SO들은 비교적 안정된 모습을 보여준 반면, PP들은 MPP나 MSP들을 제외하고 여전히 어려운 상태가 지속되었다.

외형적 성장에도 불구하고, SO와 PP의 차별적 시장 성과의 문제점을 설명함에 있어, 정부의 정책, 시장 구조, 시장 행위에 대한 종합적인 이해가 필요하다. 정부가 전 채널 의무 재송신 규제를 폐지하고, SO의 채널 편성권을 법적으로 보장한 결과, SO와 PP 사이 힘의 균형이 깨지면서 SO로 무게 중심이 옮겨지는 계기가 되었다. 시장 구조 측면에서 종합유선방송과 중계유선방송의 이원화 구조로 인해, SO들은 중계유선방송과 과당 경쟁을 펼치지 않을 수 없게 되었고, 이는 시장 행위에 영향을 미치게 되었다. 즉, SO들은 중계유선방송과 경쟁하기 위해 주로 저가의 보급형 티어 상품을 제공하는 데 역점을 두었다. 이 결과, 전 채널을 제공하는 기본형 가입자의 증가는 둔화되기 시작하였다. 중계유선방송 가격 수준의 티어 가입자를 중심으로 유료 시장이 확대되었다. SO들이 다채널 상품을 저가로 판매함으로, 수신료 수입을 PP에게 제대로 배분하지 않는 결과를 초래하였다.

2000년 중반 들어, 국내 방송사업자들은 무한 경쟁을 전개하였다. 케이블TV는 국내외적인 강한 도전에 직면하게 되었다. 지상파방송, 위성방송, 통신사업자, 그리고 해외 사업자 등과 같은 거대한 사업자들과 무한 경쟁 상황이 전개되었다. 지상파방송의 MMS 시험 방송, IPTV의 실시, 위성방송의 SMATV 등이 대표적 예이다. 이에, 케이블TV SO 사업자들도 디지털 방송 추진을 가속화하였고, VoIP 서비스의 실시 등으로 맞대응하였다.

국외적으로는 미국과의 FTA가 체결되었다. 이로 인해 외국 기업들의 투자나 프로그램 그리고 채널의 유입이 활성화될 것으로 전망되었다. 기존 케이블TV PP들은 가뜩이나 힘겨운 채널 송출 경쟁 상황에서 외국 프로그램 전문업체들과 힘겨운 경쟁을 벌어야 하는 상황이 발생하였다.

2010년대 들어와서 케이블TV는 사면초가 상황에 처하였다. 아날로그 케이블TV에서 디지털 케이블TV로 도약해야 할 시점에 처해 있지만 디지털 확산이 순조롭지 못하였다. 중계유선방송 가입자들이 종합유선방송으로 자연스럽게 전환되었으나, 종합유선방송은 기존 중계유선 수준으로 전락하고 있다는 지적이 있을 정도로 ARPU는 낮았다. 외연적 시장 확대는 이루어졌지만, 방송사업자들의 공익성, 다양성, 지역성과 같은 공적 책임은 시장 논리에 밀려서 소홀히 다루어졌다.

2010년대 후반 들어서면서, 유료 매체 시장은 IPTV의 가입자가 크게 증가한 결과 포화 상태에 달하였다. 유료방송 가입자는 전체 가구 수를 넘어설 정도로 가입자 확산이 이루어졌다. 케이블TV SO와 IPTV 사업자는 결합상품 시장을 두고 사활을 건 경쟁을 전개하였다. 높은 가입자 기반과 풍부한 콘텐츠를 선점한 케이블TV가 경쟁 우위를 점하였으나, IPTV가 활성화되면서, 디지털 전환을 추진 중인 케이블TV 사업자들의 경쟁력은 감소하기 시작하였다. 플랫폼 간 가입자 및 콘텐츠 확보를 위한 치열한 경쟁이 뒤따랐다.

흥미롭게도 케이블TV와 IPTV 간의 경쟁으로 인해, 유료 매체 시장이 확대되는 결과를 가져왔다. 기존 초고속인터넷 가입자(1,200만 가구)와 케이블TV 가입자(1,400만 가구)를 두고 양 매체 간 가입자 전환을 위한 경쟁이 이루어졌다. IPTV는 위성방송과 통신 사업자들의 자사 가입자들을 대상으로 결합 상품을 이용한 마케팅을 전개함으로써 초기 확산에 성공하였다. 대부분의 케이블TV 가입자들이 저가 티어 상품에 가입해 있어, 통신 사업자들이 덤핑과 같은 가격 인하를 통해 가입자를 확보하였다.

한편, 케이블TV 사업자들의 경우, 지역 전화 사업자로 허가받았고 케이블TV 가입자들을 대상으로 한 제한된 전화 서비스가 가능할 뿐만 아니라, 통신사업자로부터 높은 접속료 비용을 요구받았기 때문에, VoIP를 통한 TPS 서비스의 경쟁력 역시 통신 사업자들에게 그다지 위협적이지 않았다. 특히, 통신 사업자들의 결합상품에 비해 케이블TV사업자들은 휴대전화 상품이 결여되어 있어 경쟁력이 약할 수밖에 없었다.

2010년대 들어오면서, 유료방송 시장의 심한 경쟁의 결과 시장 구조 조정이 나타났다. IPTV사들의 공격적인 결합상품의 판매의 결과 가입자가 급증하고 케이블TV가 상대적으로 열세에 빠지면서, IPTV사들 모두 케이블TV 인수 합병에 나섰다. 2015년 SKT의 CJ헬로비전 인수합병 시도는 케이블TV 1위 사업자가 IPTV 사업자에 합병된다는 점에서 유료방송 시장 구조 개편의 신호탄이 되었다. 이동통신 시장 지배적 사업자와 케이블TV 1위 사업자 간 인수합병으로 인해 공정위의 불허 판정을 받았지만, 합병의 불씨는 여전히 남아 있었다.

결국, 2019년 들어 통신 3사들은 주요 케이블TV MSO사들을 인수 합병함으로써 유료방송 시장에서 시장 지배적 사업자가 되었다. LGU+의 CJ헬로 지분 인수, SKT의 티브로드 인수 및 합병 추진 등 IPTV 사업자의 케이블TV M&A 움직임이 본격화되었다. 과학기술정보통신부는 IPTV 3위 사업자인 LGU+의 CJ헬로비전 지분인수를 2019년 승인하였다. 국내 케이블 TV 1위이자 알뜰폰 사업자 1위인 CJ헬로를 인수하면서 LGU+는 단숨에 유료방송 시장 2위, 알뜰폰 1위 사업자가 됐다. SK브로드밴드와 티브로드 합병 법인이 2020년 출범하면서, 유료방송 시장이 IPTV 중심의 3강 체제로 재편됐다. 이제 남아 있는 케이블TV 사업자 수도 몇 개 되지 않을 뿐만 아니라, 케이블TV 가입자의 IPTV로 전환으로 이어질 것이기에 케이블TV 업계의 독자생존이 쉽지 않을 전망이다.

2. 미래 전망

향후 유료방송 업계에 영향을 미칠 가장 중요한 요인은 온라인 동영상 서비스(OTT)이다. 국내 OTT 시장 규모는 빠르게 성장할 것으로 전망된다. 국내에서 방송 사업자들의 OTT 서비스는 활성화될 전망이나, 유료방송 서비스의 가격이 매우 저렴하기 때문에 가입자들이 유료방송을 해지하고 OTT 서비스로 전환할 가능성은 낮을 것으로 예상된다. 장기적으로 망과 플랫폼까지 보유한 모바일 IPTV가 시장에서 영향력을 확대할 것으로 예상된다. 자체 망 사업 추진으로 서버 부담이 적고, 이동통신 가입자의 모바일 IPTV 전환이 용이하기 때문이다(Meritz Research, 2016).

현재 최상위 인기 채널들(지상파 3사 채널, JTBC 등 종편 채널, tvN)을 모두 제공하는 OTT 서비스는 없다. Pooq이 모든 지상파 채널을 서비스하고 있으나, CJ E&M 계열 채널은 제공하지 않고 있다. OTT사가 국내 방송 채널들을 확보해 나갈 경우, OTT 서비스가 유료방송을 위협하는 존재로 부상할 가능성이 있다.

OTT 서비스와 유료방송서비스 간 유사성 인식 증가, 젊은 층의 동영상 시청 패턴, 1인 가구의 증가, OTT 서비스 간 경쟁 증가로 인한 서비스 품질 개선 등을 고려할 때, OTT 서비스가 유료방송시장 경쟁에 미치는 영향은 증가할 가능성이 있는 것으로 판단된다. Netflix는 국내 OTT 시장에 자극제 역할을 할 것이며, 국내 콘텐츠를 얼마나 확보하느냐에 따라 국내 유료방송 시장에 대한 영향력이 달라질 것으로 예상된다.

2020년 이후는 완전히 포화한 시장을 두고 국내외 모든 유료방송 매체들이 경쟁을 벌일 것이다. 결국, 소비자가 중요하게 고려하는 가격 경쟁은 지속될 것으로 보이며, 양질의 콘텐츠를 확보한 플랫폼이 승자가 될 것이다.

참고문헌 Reference

1. 한글 자료

강대인(1997). 한국방송 70년의 정치·경제적 특성. 한국방송학회(편). 〈한국방송 70년의 평가와 전망〉. 커뮤니케이션북스

강상현(2008). 디지털 전환 특별법의 실효성 문제와 향후 과제. 한국방송학회 2008년도 봄철 정기학술대회 발제문.

강하연(2012). 〈FTA 시대의 방송 ·통신 통상정책〉. KISDI Premium report.

강하연 외(2013). 〈FTA 협상대상국 방송통신서비스 시장 개방 및 규제 제도 현황〉. 정보통신정책연구원 정책자료, 13~16.

강혜란(2012), 시청자입장에서 본 지상파 재전송 제도 개선 방안, 한국여성민우회 미디어운동본부 주최 세미나 발제문

공보처(1995). 〈선진방송5개년 계획(안) 〉

______(1996). 〈케이블TV백서〉

공정거래위원회(2006). 〈케이블TV 시장구조/가격 경제분석 결과〉. 기업결합팀 경제분석팀 미간행보고서

공정거래위원회(2007. 11. 22). 〈인터넷 멀티미디어 방송사업법안 관련 공정위 의견

공정거래위원회(2009. 9. 25), 방송법·IPTV법 개정안 검토의견.

공정거래위원회(2010. 12), 유료방송시장 모범거래기준(안)

관계부처합동(2011. 5). 콘텐츠 산업 진흥 기본계획.

권만우(2010. 6. 17). 미디어시장 상황과 종합편성채널 도입, 합리적 수와 선정 방식. 한국언론학회 주최 세미나 발제문.

권오상 외(2008). 〈방송 시장 구조변화 분석 및 매체 간 경쟁 활성화를 위한 규제 체계 연구〉. 한국전파진흥원.

권호영, 김도연(2005). "케이블TV 시장에서의 독점과 경쟁 : 동일지역 복수 SO 정책의 효과 분석". 〈한국언론학보〉. 제48권5호. 39~43.

권호영, 오정호(2005. 7. 8). "케이블TV 10년의 산업적/정책적 평가". 한국케이블TV협회/한국언론학회/한국지역언론학회 주최. 케이블TV 10주년 출범 기념 세미나 발표 논문

권호영, 하윤금(2007), "유료방송시장 개방이 PP와 콘텐츠 제작에 미치는 영향과 대응 방안,"한국방송영상산업진흥원 주최 세미나 발표문, 2007. 5. 28, 방송회관

김국진, 주정민(1998 겨울). "종합유선방송과 중계유선방송의 경쟁구조와 정책에 관한 연구". 〈방송연구〉

김달진(2002). 〈케이블TV 프로그램 공급 계약에 관한 실증적 연구 - 불완전 계약을 중심으로〉. 서강대학교 언론대학원 석사학위논문

김대규(2016.12.1.), 넷플릭스(Netflix)의 미래 전망 - 재무적 관점을 중심으로, 정보통신정책연구원, 초점 제28권 22호 통권 636호

김대호, 김은미, 류춘렬(2001). "케이블 채널 사업의 시장 성과에 관한 검토 : 편성 요소, 시청률, 수입간의 상관 관계". 〈한국언론학보〉. 제45권3호. 39~68.

김대호(2012. 5. 29). ICT 거버넌스 체계의 변화와 전망. 한국방송학회 세미나

발제문.

김도연(2003). "방송사업자의 공정거래 관련 규제 방안". 방송위원회 주최 '방송사업자의 공정거래관련 규제방안'전문가 토론회 발제문.

김명중, 류춘렬. 〈디지털 위성방송과 케이블TV의 공존방안에 관한 연구 -디지털 SCN 방식을 중심으로〉. 한국디지털위성방송 2003 연구보고서

김선미, 김성태(2015), 국내 방송채널사용사업자(PP)의 매출 성과 영향요인 연구, 〈한국언론학보〉, 59(2), 324-361.

김성환(2015), 방송통신 서비스 결합상품 규제의 최근 이슈 검토, 〈경제규제와 법〉, 8(2), 122~136.

김성태, 김선미(2007). "방송 정책에 따는 케이블TV 장르의 집중도 변화에 관한 연구". 〈한국방송학보〉. 제21~3호

김정태(2019). 〈방송법 해설〉, 커뮤니케이션북스

김재철(2014), 〈한국의 미디어 법제와 정책 해설〉, 커뮤니케이션북스

김정기(2003). 〈전환기의 방송정책〉. 한울아카데미

남윤미 ·유진아(2011). 〈SO-PP 간 프로그램 사용료 지급기준 개선방안 연구〉(정책연구 11-49). 정보통신정책연구원.

대외경제정책연구원외 10개 기관(2007. 4. 27). 〈한미 FTA의 경제적 효과 분석〉. 한미 FTA 국회특위 제출 보고서.

도준호(2011). 종합편성채널 도입과 비대칭 규제 이슈, 〈방송문화〉, 4월호, 40~45.

문화공보부(1979). 〈문화공보30년〉

문화관광부(1998). 〈케이블TV 현안 및 회생지원대책〉.

______(1999. 1). 방송과 통신의 융합에 따른 정책 체계 관련 검토. 방송개혁위원회 접수 문서.

______(2001). 〈디지털시대 방송영상산업진흥정책 추진전략〉

문화관광부 미디어국(2005.6.21). 〈방송통신융합과 미디어정책〉

______(2006), 〈2005문화미디어백서〉

문화체육관광부(2011). 2012년 범정부 콘텐츠 산업 진흥 계획 논의. 보도자료.

문화체육관광부, 한국콘텐츠진흥원(2013), 〈방송영상산업백서〉

문화체육관광부(2020). 문화로 행복한 국민 신한류로 이끄는 문화경제.

미래창조과학부·방송통신위원회·문화체육관광부(2013. 12). 〈방송산업발전 종합계획〉.

민영상(2007). "케이블TV 시장 전망과 SO/PP Valuation". KCTA Exhibision & Conference 2007 발제문. 제주.

미디어미래연구소(2007). "디지털케이블방송과 하나TV의 가입자 추이"미디어 통계

______(2010). 유료방송 공동발전 및 공정경쟁 촉진을 위한 정책방안, 방송통신위원회

미디어미래연구소 대한민국 유료 방송 50년사 편찬위원회(편), 〈대한민국 유료 방송 50년사〉. 한미디어북.

미래창조과학부 ·방송통신위원회 ·문화체육관광부(2013. 12). 〈방송산업발전 종합계획〉.

미래창조과학부·문화체육관광부(2013. 7. 4). 콘텐츠 산업 진흥계획 - 콘텐츠로 열어가는 창조경제.

미래창조과학부·문화체육관광부 ·방송통신위원회(2013. 12). 창조경제 시대의 방송 산업 발전 종합계획.

미래창조과학부·방송통신위원회(2014. 7. 1). 창조 경제의 핵심 PP산업 발전 전략.

미래창조과학부, 방송통신위원회, 문화체육관광부, 중소기업청(2014.12.5.), "스마트미디어 산업 육성계획"(2015-2020)

______(2015), 방송·통신 결합상품 관련개선(안)

______(2016. 1. 4), 방송·통신 결합상품 제도 주요 개선 사항, 보도자료

미래창조과학부(2015. 1). 과학기술 ·ICT 혁신을 통한 역동적 창조경제 실현.

미래창조과학부(2016.12.27), 〈유료방송 발전방안 - 플랫폼(케이블, IPTV, 위

성)을 중심으로〉, 정보통신 전략위원회 의결(의안번호 제2호)

미래부 유료방송 발전방안 연구반(2016. 10. 27), 유료방송 발전을 위한 정책 제언, 제1차 공개토론회 발표자료

______(2016.11.9.), 유료방송 발전방안, 제2차 공개토론회 발표자료

미래창조과학부(2016), 유료방송 발전방안, 제 2차 공청회 발표자료

미래부 보도자료(2016. 10. 10), 규제혁신으로 정식 도입되는 첫 '융합형 방송 서비스'등장 – KT스카이라이프'접시없는 위성방송(DCS)'승인

미래부(2016. 12. 26) 보도자료, "융합 혁신으로 케이블TV와 IPTV의 경계가 사라진다 – CJ헬로비전의'케이블 융합 솔루션(CCS) 승인"

방송개혁위원회(1999).〈방송개혁의 방향과 과제〉

방송위원회(2000). "중계유선방송의 종합유선방송 사업 승인 방안". 공청회 자료집

______(2001, 2002, 2003, 2004, 2005, 2006, 2007). 〈방송산업실태조사보고서〉

______(2001). 〈방송정책기획위원회 종합보고서〉

______(2001). "종합유선방송 이용약관 개선 방안". 종합유선방송 이용약관 표준화방안 공청회발제문

______(2002). 〈케이블.라디오방송의 디지털 전환 및 데이터방송에 관한 종합계획〉

______(2003). 〈제1기 방송위원회 백서〉

______(2005. 10. 12). "중계유선방송 신규 허가 추천 거부 소송 승소", 보도자료

______(2005. 12). 〈케이블TV 10년〉

______(2007. 4. 23). 〈한미 FTA 방송분야 협상 결과〉. 미간행 국회 보고자료

방송제도연구위원회(1990). 〈2,000년대를 향한 한국방송의 좌표〉

방송통신위원회(2009. 11. 25), 〈방송시장 금지행위 도입과 시청자 권익 세미

나〉, 플라자호텔
________(2010. 6. 29), 〈제 1회 방송통신 사후규제 세미나〉, 방송회관
________(2012. 1. 31), 2011년 방송통신 민원 주요 동향 발표, 보도자료
방송통신위원회(2012. 10). 유료 방송 디지털 전환 활성화 정책 방향.
방송통신위원회(2013), 〈2013 방송산업실태조사 보고서〉
방송통신위원회(2013). 〈2012년도 방송통신위원회 심결집〉
방송통신위원회(2015. 1). 〈2015 주요업무계획〉
방송통신위원회(2015), 〈2015년 방송시장 경쟁상황 평가〉
방송통신위원회, 미래창조과학부(2015. 8. 6), 방송·통신 결합상품 제도개선 (안) 주요내용.
방송통신위원회(2016), 〈2016년 방송시장 경쟁상황 평가〉
방송통신위원회(2016), 〈2016년 방송매체 이용행태 조사〉
방송통신위원회, 한국방송광고진흥공사(2016), 〈2016년 미디어다양성 조사 연구〉, 정보통신정책연구원
방송통신위원회(2017), 〈2017년도 방송시장 경쟁상황 평가〉
방송통신위원회(2017), 〈2017년 방송산업실태조사보고서〉
방송통신위원회(2018), 〈2018년도 방송시장 경쟁상황 평가〉
방송통신위원회(2018), 〈2018년 방송산업실태조사보고서〉
방송통신위원회, 한국방송광고진흥공사(2018), 〈2018년 미디어다양성 조사 연구〉, 정보통신정책연구원
방송통신위원회(2019. 3. 8.), "방송통신위원회 2019년 주요업무 추진계획"
방송통신위원회(2019), 〈2018년도 방송사업자 재산상황 공표집〉
방송통신위원회(2019), 〈2019 방송산업실태조사 보고서〉
방송통신위원회(2019), 〈2019 방송시장경쟁상황평가〉
방송통신위원회(2019. 3. 8.), "방송통신위원회 2019년 주요업무 추진계획"
방송통신융합추진위원회(2008), 〈2008 방송통신융합 추진 백서〉, 국무총리실
백준봉 외(2013). 〈한중 FTA 추진 동향 및 ICT 분야 주요 이슈〉. KT경제경영

연구소.
서기만(2011). OTT 서비스의 이해와 전망, 〈방송공학회지〉, 16(1), 91~101.
손창용, 여현철(2003). 〈한국케이블TV산업론〉. 커뮤니케이션북스
손창용, 여현철(2007). 〈한국케이블TV산업론〉. 커뮤니케이션북스
송종길(2015). 지상파 다채널 방송도입과 규제 정책 이슈. 김영석 외(편) (121~141). 〈스마트미디어〉. 나남.
신용문(2015). 한중 방송 콘텐츠 교류 현황과 향후 대응 방안, 〈방송문화〉, 봄호, 10~34.
심주교(2006), "IP미디어(IPTV) 서비스 도입을 위한 정책 제언", 방송위원회 주최 통신망 이용 방송서비스 도입 방안 세미나 발제문
심지혜(2015. 9. 11), "지상파 재난방송 제대로 하려면 'TV수신환경' 개선부터", 뉴데일리경제
양찬우(1965). 유선논단 : 농촌의 생활과 유선방송. 〈유선방송소식〉1965년 8월호
여현철, 김영수(2010), 국내 프로그램공급업의 산업조직론적 분석, 〈한국콘텐츠학회논문지〉, 10권5호. 229~240.
여현철, 김재범, 이상식(2009), 국내 방송채널사용사업자(PP)의 전략집단과 성과에 관한 연구, 〈한국언론정보학보〉, 5, 387~419.
오갑환(1965). 지역적 특수성에 적응한 방송과 협동의식의 扶植에 있어서. 〈유선방송소식〉1965년 10·11월 합병호
윤석민(2010). 〈우리나라 유료 방송 시장 정상화 방안〉. KCTA 연구과제.
윤성옥(2014. 12. 10). 지상파 다채널 플랫폼 도입을 위한 정책 방안. 한국방송학회 학술세미나 발제문.
윤성옥(2009), 지상파방송 재송신 쟁점과 법리적 검토, 〈미디어경제와 문화〉, 봄호 제7-2호, 7~50
왕상한(2002). 〈디지털방송과 법〉. 나남
외교통상부(1999. 4). 〈우리 나라의 WTO 서비스 협정(GATS) 양허표 및 양허

표에 대한 이해〉

윤석민(1996), "케이블TV의 도입이 TV시청 관련 활동에 미치는 영향에 관한 연구", 한국언론학보, 제38호 가을호, 5~38.

윤성옥(2009), 지상파방송 재송신 쟁점과 법리적 검토, 〈미디어경제와 문화〉, 봄호 제7-2호, 7~50.

윤충한, 이인찬(2001), "유선방송시장에서의 경쟁 권역과 독점권역의 특성 비교", 〈산업조직연구〉, 제9권4호

이상식(1995). "케이블TV 사업구조의 변화와 대응방안". 종합유선방송위원회 주최 제3차 종합유선방송 정책 수립 세미나 발제 논문

________(1996). "케이블TV 보급률에 영향을 미친 요인에 관한 연구". 〈언론과사회〉. 제13호. 37~63.

________(1999). 〈종합유선방송과 중계유선방송의 효율적 통합방안〉. 한국무선국사업단

________(1999). "종합유선방송과 중계유선방송의 법규 비교 연구". 〈한국언론학보〉. 142~181.

이상식, 김관규(2001). "케이블TV의 채널 레퍼토리에 관한 연구"〈한국언론학보〉. 제45-3호 여름호.

이상식(2002). "한국 케이블TV 산업에 대한 역사적 평가". 한국방송학회 주최 학술세미나 발표 논문

________(2002). "한국 케이블TV 산업 조직에 대한 연구". 〈방송연구〉겨울호. 285~310.

________(2003). "중계유선방송의 종합유선방송 전환 승인 정책의 시장 효과에 대한 연구", 〈방송연구〉 여름호. 245~272.

________(2003), 〈방송채널사용사업 활성화 방안 연구〉, 방송위원회 연구 보고서.

________(2003). "케이블TV방송 정책의 현황과 활성화 방안". 2003 케이블TV 방송 및 광고 활성화 방안 세미나 발제 논문. 한국광고주협회/

한국케이블TV방송협회 주최

______(2005). "SMATV : 위성방송과 케이블TV간 경쟁". 유재천외. 〈컨버전스와 미디어 세계〉. 커뮤니케이션북스

이상식, 홍종배(2007), 〈종합유선방송국 경쟁이 다양성에 미치는 영향에 관한 연구〉, 방송위원회

______(2008), 〈한국케이블TV산업정책론〉, 나남

이상식, 이연, 유승관, 김세은(2008), 〈수용자 복지 증진을 위한 알라카르테제도 도입 타당성 연구〉, 방송통신위원회 지정 2008-17.

이상식(2010). 방송과 통신의 융합에 대비한 정책 및 규제 기구의 변화 방향. 〈한국방송학보〉, 통권 15-3호, 183~220.

이상식 ·이종관 외(2012). 〈방송 시장의 불공정행위 실태조사 및 공정경쟁 확보〉. 방송통신위원회.

이상식(2013). 멀티 플랫폼 시대 지상파 재송신 정책. 〈사회과학논총〉, 32집 1호, 203~229.

______(2013), 방송분야 금지행위 규제체계에 대한 비판적 검토, 〈방송문화연구〉, 제25권1호, 163~195

______(2015), 방송 산업의 전문규제기관과 일반경쟁규제기관의 관계에 대한 연구, 〈방송통신연구〉. 102~128.

______(2015). 신 유형의 방송과 규제 체계: VOD를 중심으로. 김영석 외(편저), 〈스마트미디어〉. 나남.

______(2015). 〈유료방송정책〉, 커뮤니케이션북스

______(2016). 유선방송 산업조직의 역사적 변화, 한국언론학회 가을철 정기학술대회 발제문

______(2017), 다채널 유료방송, 김영석외(편저), 〈디지털 시대의 미디어와 사회〉, 나남.

______(2019), 유료방송산업의 역사적 변화와 공진화 방안, 한국방송학회 봄철 정기학술대회 발제문.

이상우, 이인찬(2005.12), 〈다채널 유료방송시장의 경쟁에 관한 연구〉, 정보통신정책연구원,

이상우(2007), "케이블TV 산업의 구조가 가격 및 서비스 제공에 미치는 영향에 대한 실증적 분석“, 〈한국방송학보〉 제21-2호. 475~505.

______(2007). “IPTV 성공할 것인가?”. KISDI-정보통신정책학회 쟁점 세미나 발제문

이상우 ·황준호 ·김성환 ·정은옥 ·신호철 ·오수민 ·송정석 ·김원식(2007). 〈통신방송 융합환경하의 수평적 규제체계 정립방안에 관한 연구〉(연구보고 07-06). 정보통신정책연구원.

이인찬(2000), “케이블TV 산업의 이원적 시장 구조와 시장 성과”, 〈경제학연구〉, 제48집 제1호

이인찬, 김도연, 고동희(1999). 〈케이블TV 산업연구〉. 정보통신정책연구원.

이종원, 김태오, 권용재(2015), 매체환경 변화에 대응한 규제개선 연구, 미래창조과학부 융합활성화정책연구, 15-4, 정보통신정책연구원.

이화진(1997). 〈방송규제와 시장 성과 : 케이블 네트워크 산업의 사례분석〉. 연세대학교 대학원 박사학위논문.

______(1998). 케이블 네트워크 산업의 규제와 시장 성과. 〈언론과사회〉. 21호. 51~82.

전혜선(2005), “독립SO와 MSO의 시장 행위 및 성과 분석”, 〈방송연구〉, 겨울호. 203~229.

정두남(2007). 〈지상파 디지털방송 멀티 모드 서비스(MMS) 도입에 관한 연구〉. 한국방송광고공사.

정두남 ·노창희(2014). 〈국가간 FTA협약이 방송광고 시장에 미치는 영향 및 대응 방안 연구〉. 한국방송광고진흥공사 연구보고서.

정보통신부(1996. 10. 22). 통신 방송 융합에 대응한 정책방향. 미간행 정책토론회 자료집.

______(1998. 8. 12). 전송망사업자 사업 구역 확대 및 추가 지정 계획(시

안).

정부통신부 방송과(1999. 1. 11). 방송통신 융합에 따른 규제기구 개편방안. 방송개혁위원회 접수문서.

______(2006.12). 방송통신 기구개편 추진방향.

______(2007. 1). 방송통신 기구통합을 위한 입법 추진.

정보통신부 전파방송기획단(2007. 9). "위성방송 공동수신설비(SMATV) 정책 방안"

정보통신전략위원회(2016.12.27), 유료방송 발전방안, 의안번호 제2호, 제출자 미래창조과학부 장관 최양희

정보통신정책연구원(2014), 〈미디어 다양성 지표 개발 연구〉

정보통신정책연구원(2016), 〈2016년도 미디어다양성 조사 연구〉

정윤식(2004). "IPTV도입과 진입장벽". 한국정보법학회 워크샵.

______(2004), "정책 연구 어떻게 할 것인가", 2004 한국언론학회 춘계학술대회 특별세션 발표 논문.

정인숙(1995). 〈방송정책결정과정에 관한 연구: 케이블TV 정책 사례를 중심으로〉. 한국외국어대학교 신문방송학과 박사논문.

______(2005). "방송과 통신의 보편적 서비스 법제 비교- 방송통신융합의 입법적 측면에서". 한국커뮤니케이션학회 춘계학술대회발표.

______(2005). "방송통신융합형 서비스의 도입에 따른 규제모델 연구 : Ground Zero 모델". 한국언론학회 세미나 발표논문

______(2007), 〈방송 정책 : 이론과 방법론〉, 커뮤니케이션북스

______(2010), 방송통신시장에서 결합판매 규제의 쟁점: 방송학적 관점, 〈경제규제와 법〉, 제3권제2호, 83~101

정회경(1995). 〈한국 케이블TV산업의 구조적 특성과 경제적 효율성에 관한 연구〉. 성균관대학교 대학원 박사학위논문

정회경, 김지운(편저). (1999). 〈미디어경제학〉. 서울: 나남

조은영 ·유세경(2014). 종합편성채널 도입과 방송 뉴스 보도의 다양성. 〈한국

언론학보〉, 58권 3호, 433~508.
조신외(1996). 〈케이블TV 산업 활성화를 위한 정책 방향〉. 통신개발연구원. 통권 제8호
조항제·방석호(1995).〈WTO 체제하의 방송시장 개방추세 및 대응방안 연구〉. 서울: 한국방송개발원.
종합유선방송위원회(1997). 〈케이블TV 당면 현안 극복 및 활성화를 위한 연구보고서〉
________(1998. 10) 〈국정감사 요구자료〉. 미간행 자료집.
________(1998. 7. 24). 〈케이블TV 위기극복과 정책방향에 관한 연구〉. 미간행 정책보고서.
________(1999). 〈케이블 TV 산업 구조 개편과 대응 방안〉
종합유선방송국협의회(1996. 11). 〈종합유선방송사업자와 중계유선방송사업자의 효율적 업무권한 부여를 위한 건의〉. 미간행 자료.
주정민(2010), 산업조직론 관점에서 본 IPTV 정책의 성과에 관한 고찰, 〈방송통신연구〉, 여름. 72~98.
________(2018), 종합유선방송 사업자의 지역 사업권과 지역성 구현에 관한 연구, 〈방송통신연구〉, 봄호, 80~103.
최영묵, 이상훈(2006. 9). 〈SO 지역채널의 프로그램 포맷 연구〉. 방송위원회 자유 연구 과제.
최양수, 장성아(1998). "케이블 텔레비전 시청자의 채널 레퍼토리(repertoire) 분석". 〈한국방송학보〉. 제10호, 323~353.
한국디지털위성방송(2003. 2). 〈위성방송 SDM 방식 관련 SkyLife 입장〉
한국유선방송협회(1995. 6). "김영삼 대통령께 드리는 탄원서"
________(1998. 3). 〈중계유선방송의 실체와 위상정립〉. 미간행 보고서.
________(1999. 2. 5). 〈유선방송 쟁점사항관련 의견제시〉. 방송개혁위원회 실행위원회 제시자료
한국케이블TV방송국협의회(1999. 1. 18). 〈케이블TV관련 현안 해결방안 : 방

송, 영상산업진흥을 위한 제언(1)〉. 미간행 방송개혁위원회 제출 의견
한국케이블TV방송국협의회(1999. 2), "호소합니다", 미간행 발표문.
한국케이블TV방송협회(1998. 6). 〈케이블TV 현안과 회생방안〉. 미간행 보고서
________(2000). 〈케이블TV5년〉
________(2005). 〈케이블TV10년사〉
________(2006. 8), "케이블TV 디지털 활성화를 위한 대정부 건의서"
________(2007.4), 〈케이블방송의 TPS 사업활성화를 위한 정책연구〉
________(2016), 모바일 결합상품 제도개선 관련 내부 자료
한운영(2006), "IPTV규제방식에 대한 케이블사업자의 입장", 방송위원회 주최 통신망 이용 방송서비스 도입 방안 세미나 발제문
한진만, 이상식, 주정민, 홍성구(2011), SO 지역채널의 보도기능 역할과 위상정립 방안 연구, 한국케이블TV방송협회
한태열, 조은기, 현진석(1997), 〈케이블TV 시장분석 및 중장기 수요모델 연구〉, 한국케이블TV방송협회
합동통신사(1969). 〈합동연감 1969〉. 합동통신사
홍대식(2008), 방송시장에서의 금지행위 규제의 문제점과 개선방안, 〈경제규제와 법〉, 제1권 제1호, 70~90
홍대식, 김성환, 이상식, 이종관, 한광접, 황창근, 황태희(2010), 〈방송법 금지행위 법제도 실행방안 연구〉, 방송통신위원회
황상재·정영주(2005). 방송채널 사용사업자 등록제 이후 케이블 방송의 다양성 변화에 관한 연구. 〈한국방송학보〉. 19권2호, 200~239
황준호, 신호철외(2008), 〈융합환경에서의 경쟁과 다양성에 관한 연구 - 케이블TV 시장을 중심으로〉, 정보통신정책연구원, 기본연구 08-01
황준호, 김남두, 박병선(2013), 〈주문형방송서비스(VOD)의 선택과 시청에 관한 연구〉, 정보통신정책연구원
황현탁(1983). 〈유선방송개설〉. 집문당

2. 영문자료

Ahn, Hoekyun & Barry R. Litman(1997), Vertical Integration and Consumer Welfare in the Cable Industry, *Journal of Broadcasting and Electronic Media*, 41

Albarran, A. B.(1996), *Media Economics: Understanding markets, industries and concepts*. Ames: Iowa State University Press

Albarran, A. B. & Sylvia M. Chan-Olmsted(1998), *Global Media Economics: Commercialism, Concentration, and Integration of World Media Markets*, Ames: Iowa State University Press.

Bae, H. & Baldwin, T. F.(1998), Policy issue for cable startup in smaller countries : The case in South Korea. *Telecommunications Policy*. 22(4/5)

Baldwin, T. F. & D. Stevens McVoy(1988), *Cable Communication*, NJ: Prentice Hall

Briggs, A & Peter Burke(2003), *A Social History of the Media*, Cambridge : Polity

Cuilenburg, Jan van and Denis McQuail, "Media Policy Paradigm Shifts: Towards a New Communications Policy Paradigm", *European Journal of Communication*, Vol 18(2), 181~207.

Emmons, William M. III. & Robin A. Prager(1997), The effects of market structure and ownership on prices and service offerings in the US. Cable Television Industry, *Rand Journal of Economics*, Vol. 28 (4)

Forrester, C.(2000). *The business of digital television*. Oxford: Focal Press.

Heeter, C.(1985), "Program Selection with Abundance of Choice : A

Process Model," *Human Communication Research*, Vol.12.

Katz, Yaron(2005), *Media Policy for the 21st Centry in the United Sates and Western Europe*, NJ: Hampton Press, Inc.

Levin, Stanford L. & John B. Meisel(1991), Cable Television and Competition, *Telecommunications Policy*, Vol 15

Li, S., Shu-Chu & Chin-Chih Chiang(2001), Market Competition and Programming Diversity : A Study on the TV Market in Taiwan, *Journal of Media Economics*, 14(2)

McQuail, D. & the Euromedia Research Group(1990), Caging the Beast: Constructing a Framework for the Analysis of Media Change in Western Europe, *European Journal of Communication*, Vol. 5.

McQuail, D., de Mateo Rosario & Helena Tapper(1992). A Framework for Analysis of Media Change in Europe in the 1990s, In Siune, Karen and Truetzschler, Wolfgang(Eds.) *Dynamics of Media Politics: Broadcast and electronic media in Western Europe*. London: Sage

Mullen, M(2008), *Television in the Multichannel Age: A Brief History of Cable Television*, MA: Blackwell Publishing

Napoli, P. (1997). Rethinking program diversity assessment: An audience-centered approach. *Journal of Media Economics*, 10, 59~74.

Napoli, P. (1999). Deconstructing the diversity principle. *Journal of Communication*, 49(4). 7~34.

Napoli, P. (2001). *Foundations of communication policy: Principles and process in the regulation of electronic media*. Cresskill, NJ: Hampton.

Neilsen, AC.(1982), "The Outlook for Electronic Media," *Journal of*

Advertising Research, Vol.22.

Oba, G. & Sylvia M. Chan-Olmsted(2005), The Development of Cable Television in East Asian Countries: A Comparative Analysis of Determinants. *Gazette*. Vol 67(3)

Parsons, P. R. & Robert M. Frieden(1998), *The Cable and Satellite Television Industries*, MA: Allyn & Bacon.

Parsons, P.(2008), *Blue Skies : A History of Cable Television*, PA: Temple University Press

Schejter, A. & S. S. Lee(2007), The Evolution of Cable Regulatory Policies and Their Impact, *Journal of Media Economics*, 20(1)

Winston, B.(1998), *Media Technology and Society*, London: Routledge

3. 기타

노컷뉴스(2012.10.22), "KBS, 난시청 해소하지 못하는 이유 있었네"

동아일보(2008년 4월 1일), "광란의 속도 100메가 광랜, 440만을 쐈다"

디지털데일리(2019. 8. 14), "케이블TV 부진 심화…IPTV는 고공비행 지속"

머니투데이(2017. 3. 27), "케이블TV야? IPTV야? 융합셋톱박스 나온다"

미디어 오늘(2018. 11. 14), "방통위, 지상파 반발 속 '분쟁 직권조정'권한 추진"

'방송법 전부개정법률안'(김성수의원 대표발의), 2019. 1. 11, 의안번호 2018159

아이뉴스24(2019. 8. 14), "방통위, 4년만에 UHD정책 전면 재검토…의견수렴 나선다"

아이뉴스24(2005. 6. 13), "지상파 위성 DMB재송신 불허는 담합"

의원발의 : 방송법·IPTV법 개정안('18.10월 변재일), 방송법 개정안('19.1월 김

성수)

이영실(2019. 12. 13), [반쪽짜리 시청률①] 지상파 vs 비지상파, 무너진 경계 , 시사위크

'인터넷 멀티미디어 방송사업법 일부개정법률안'(남경필의원 대표발의), 2013. 12. 4, 의안번호 8288.

전자신문(2013. 3. 18), "명확한 재전송 원칙, 제도부터 만들어라"

전자신문(2016. 11. 9), [이슈분석]결합상품 논란 2라운드 시작

조선, 동아, 중앙, 한국, 국민일보(1998. 8. 3; 1998. 8. 4). "케이블TV 말살기도를 철회하라"

쿠키뉴스(2019. 2. 8), "지상파 재송신료 협상 본격 돌입…입장차 팽팽, 인상요구 vs 공정 협상"

한겨레(2019. 2. 20), "케이블 삼키는 통신자본…방송 공익성·지역성 이상없나"

한국방송신문(1998. 11. 2). "SO 프랜차이즈 해제·채널 제한 철폐요구"

ITFind(2006.2.15). "VoIP 시장 경쟁 현황". 〈주간기술동향〉

ITFind(2006.5.31). "VoIP 동향 및 전망". 〈주간기술동향〉

KCT(2007.2). 〈인터넷전화(VoIP) 및 방송통신 융합 시장 동향 분석〉. 미간행 내부 자료.

KCT(2007.2). 〈인터넷 전화 활성화를 위한 제도 개선 사항〉. 미간행 내부 자료.

KT(2005.7). 〈통신사업자 입장에서의 IPTV 사업과 정책방향〉.

NSP통신(2015. 4. 28), 이동통신 결합상품에 대한 오해와 진실…①] "SKT의 무협의판정 과연 이유있나?"

TU미디어(2008. 9). "위성 DMB 활성화를 위한 정책 건의 사항", 국회 자료

PP협의회(2009. 8). 〈PP 채널사용료 25% 실질 배분 방안〉. 미간행 보고서.